开国将领丛书

铁甲元勋 许光达

许福芦 著

山西出版传媒集团
山西人民出版社

图书在版编目（CIP）数据

铁甲元勋许光达/许福芦著.—太原：山西人民出版社，2015.2
ISBN 978-7-203-08936-0

Ⅰ.①铁… Ⅱ.①许… Ⅲ.①许光达（1908~1969）-传记
Ⅳ.①K825.2

中国版本图书馆CIP数据核字（2015）第021936号

铁甲元勋许光达

著　　者：	许福芦
责任编辑：	吕绘元
装帧设计：	谢　成
出 版 者：	山西出版传媒集团·山西人民出版社
地　　址：	太原市建设南路21号
邮　　编：	030012
发行营销：	0351-4922220　4955996　4956039
	0351-4922127（传真）　4956038（邮购）
E - mail：	sxskcb@163.com　发行部
	sxskcb@126.com　总编室
网　　址：	www.sxskcb.com
经 销 者：	山西出版传媒集团·山西人民出版社
承 印 者：	山西出版传媒集团·山西人民印刷有限责任公司
开　　本：	720mm×1010mm　1/16
印　　张：	26
字　　数：	435千字
印　　数：	1—5000册
版　　次：	2015年2月　第1版
印　　次：	2015年2月　第1次印刷
书　　号：	ISBN 978-7-203-08936-0
定　　价：	52.00元

如有印装质量问题请与本社联系调换

前　言

阅读一个时代，只需要阅读那个时代的英雄就可以了。毫无疑问，许光达大将是最为典型的、令人崇敬的时代英雄，他的人生经历就是这样一份不可多得的阅读材料。你通过他那些如火如荼的生命体验，可以真切感受到时代脉搏在强劲地跳动，仿佛看到那个大时代的背影耸然矗立眼前，又或者正在渐渐远去，于肃然起敬之后，你会生出些许的喟叹。

我把许光达称之为大将军，与他在1955年被授予大将军衔，并没有多少直接的关系。大将军之"大"在于许光达的精神质量。作为一个人，他具有大写的意义。为了自己的信念，许光达一生都在顽强地搏斗，坚持到生命的最后一息，绝不存半句怨言。他是一名真正的军人，是真正用特殊材料制成的人，中华传统文化，尤其是军事文化的价值理念，完全融入他的血液之中，像炉膛里化开的钢水沸腾着、流淌着，并凝固成筋骨——忠贞不渝的筋骨，也确乎掩埋于青山，成就了一段惊世传奇。他从不向敌人屈服，也从不向自己屈服，生活着就要战斗着，而生命对于他而言，只不过是一件上好的兵器。

从刚刚过去的那个时代来看，许光达的生命轨迹既有鲜明独特的典型性，又有极为离奇的异数。他出身于中国南方最普通的农民家庭，父亲许子贵老实巴交，世代土里刨食。所幸的是，湖南长沙乡下那块肥沃的故土，自古盛产"革命"和"教育"这两样东西。它使得少年许光达有了与中华传统精神文化结缘的得天独厚。许光达的恩师，也是他后来的岳父大人邹希鲁老先生，曾是位怀抱教育救国梦想的旧时知识分子，其执教生涯竟和长沙师范这样响亮的名字联系在一起。许光达的精神摇篮从一开始就决定了他的起跳尺度。他在这里汲取到那样丰富的精神营养，获得了那么坚实的革命理念，且走出乡关第一站就是黄埔

军校。他所在的黄埔五期炮科班,辗转广州、武昌,几乎成了北伐大军的后援分队,而这两个地方在大革命时代又是那般不同寻常。

在南昌起义的大旗下,许光达虽然是迟到者,但会昌城头与三河坝岸边怒放的血花,足以将他的名字刻在英雄纪念碑上。接着又有千万里寻党的一段非凡与传奇,在皖西、皖南,在冀东、冀中乃至北平街头,他遭遇到数不清的追捕与困厄,甚至到了下井背煤维持生计的地步。因叛徒告密,新婚十天深夜脱逃,临敌一刻秘密转移,诸如此类的惊险奇观成为家常便饭。艰难困苦之中,他无时无刻不用全部的生命热情,拥抱神圣的革命信念,直到被党中央派往洪湖根据地,成为一名红军师团指挥员。

自此,许光达的人生道路似应常理般地延伸下去,就像许多老资格的革命同志那样,跟随大队人马,一路浩荡过来,踏着血泊枯骨以成就将帅功果,名垂千古。然而,许光达的道路却打破了这个常规。正是跃马扬鞭的时候,国民党军的一颗子弹,让他异乎寻常地离开了湘鄂西,命运突然间急转直下,又安排他重回大上海历险一番,而后竟意想不到地折往列宁主义故乡——苏联。红色莫斯科从许光达身上取出了那颗距心脏只有十厘米的弹头,并让他从此与钢铁结下不解之缘。不仅如此,这期间的传奇还在于他居然被赋予特殊使命:代表苏军边防司令部远赴祖国新疆,调解盛世才与马家军之间的复杂纷争。因为这项毫无章法的任务完成得漂亮,苏军边防司令部最高长官甚至动了挽留人才的念头。

然而此时,祖国抗战的烽火已熊熊燃烧,许光达断然不能久留在异国他乡。在强烈的责任感驱使下,他终于在组织安排下回到延安。在许光达的革命生涯中,有了莫斯科却略过了长征,这使他从任命为抗大教育长那天起,就格外"歉疚"地更加铆足一股劲,要把列宁大学给予自己的那份热量,加倍焕发出来。延安不但给许光达提供了没日没夜为党工作的舞台,也让他的个人生活掀开了崭新的一页。他与十天新婚十年分别、生死两茫茫的妻子邹靖华,与那位情深义重的桃妹子奇迹般地在延安重逢了!此后,从抗大的课堂到晋西北敌后根据地,直至解放战争时期大西北的纵横驰骋,这对革命夫妻始终患难与共,相濡以沫,成为那一代人传统婚姻生活与现代革命情感结合至为完美的典范。

新中国成立后,许光达受命组建中国人民解放军装甲兵部队。在20世纪50

年代和60年代初,许光达全部的光荣与梦想都投放在那些钢铁战车上。他在北京前门外的一家小饭店展开事业的翅膀,搭班子、建院校、培养人才、研制坦克,忽而下到基层连队,忽而奔赴朝鲜战场,自己还带头研练坦克驾驶技术,终于让一支全新的装甲兵部队成为中国人民解放军战斗序列中的重要组成部分。而在"文化大革命"期间,许光达同样在劫难逃,竟然成了他亲手组建的装甲兵部队重点审查的对象。他被肆意指为所谓贺龙"二月兵变"的"二号人物"、"总参谋长",还被莫须有地污蔑为"里通外国",是"苏修特务",并被非法拘押,剥夺人身自由与人格尊严,身心长期遭受折磨,直至生命终结,一代英雄的勃勃生机就这样被邪恶无端扼杀了。令人格外敬重的是,直到离开这个世界,许光达也无怨无悔于自己的信仰。为了人民的解放与国家的强盛,他恪守了一个共产党员崇高而神圣的承诺,真正是"粉身碎骨若等闲"。

一个时代没有英雄是不可以的。英雄贵在具有自我牺牲精神,以身殉道,毅然决然,胸怀大义,至死不渝。英雄也是常人,有儿女情长、亲朋至爱,但英雄又不是常人,神性所在总有言必行、行必果的壮举,总要置生死于度外,献身理想而无所畏惧。古今中外忠义之士无不如此,许光达的人生之路也同样展示了这样一种非凡的气度。他属于那个时代,更属于我们的民族,是每个有着起码民族自尊心的中华儿女,都应该为之骄傲和自豪的。正因为这样,他最终所遭遇到的一切,才格外令人心痛。

1967年4月中旬,专案组的迫害与折磨急剧升温,那些经过挑选派去的看守,基本上都充当着打手,他们恣意凌辱许光达,甚至故意把面条倒在地上,逼着许光达趴下去舔吃,并且放肆地呵斥道:"你中央委员有什么了不起?你大将有什么了不起?我们想什么时候斗你,就什么时候斗你;想怎么斗你,就怎么斗你!"最后竟轮番上阵拳打脚踢,打得堂堂共和国大将嘴角的鲜血抿不住外流。许光达实在受不了了,他就一个劲地高呼:"毛主席万岁!"这声声的呼喊、这异样的情境,今天想来岂止是让人震撼!我要说,这是那个时代的耻辱,也是我们民族的耻辱!

说到这些,人们往往要习惯性地联系到"文化大革命"动乱的历史因素。自然,这是不可否认的事实和重要原因。但冷静地想一想,质而言之,问题的症结

还是要从文化劣根上去寻找。一个漠视崇高的精神价值、不懂得尊崇英雄的民族,一个恣意诋毁和侮辱本民族英雄的社会,势必普遍地漠视人的尊严、具有不愿意尊重他人的心理倾向,普遍地具有一种专横无理的暴虐倾向,普遍地具有一种非理性的、野蛮的蹂躏倾向。它似乎可以称之为民族心理的顽疾,数十上百年的现代化教育,也不见有治愈的迹象。这种情况下,无论社会物质建设如何发展,国家经济能力达到怎样的高度,也不可能真正进入到现代化的精神核心,不可能建立起健康的社会精神文化大厦。这应该是我们当下社会精神文明建设或曰先进文化建设,最为要紧的本质任务所在,且任重而道远。

记得在《父亲许光达》这部资料专辑的序言中,曾读到许光达之子许延滨将军的这样一段话:"父亲的思想代表了一个理性社会的秩序,以伦理为法,以个人修养为本,以道德为处事的基础。他终身鄙视跳梁小丑和政治小人,从不和这些人交往,以至在高层获有'清高'的声名。我在知天命之年后才体会他那'峰高无坦途'的境界和悲天悯人之一代儒将的坎坷!"对此我深以为然。许光达心目中的"理性社会"是什么呢?我想其核心就是"秩序"二字,即建立以科学规则为前提的公平、公正及合理化的社会机制。这就需要充分地尊重人,从人性的本质利益出发,去反思种种非理性倾向,思考真、善、美、爱等这些重要范畴的价值内涵,以及它们积极的社会文化意义。

大将许光达用毕生努力证明了自己的精神品格,也阐释了自己的人文理想。我们相信,其生平所洋溢的这种感染力,会透过文字的藩篱走到读者的心灵深处。语言和文字历来都是一个矛盾体,既是交流、传播的必要工具,又总会对人们的心灵沟通形成某些障碍,因而能够诉说出来的、能够书写出来的东西,也只能是八九,总之是极为有限的,而更多的不可言说则存在于字里行间,愿读者诸君能尽量静下心来,读得稍微慢一点、从容一点,或许这样,会从语言文字中得到些许意外也未可知。

许福芦

2013 年 5 月 7 日

目录

引子 风骨 / 001
  共和国的早春 / 001
  江山月光曲 / 004
  人间温情与壮士胸怀 / 010
  灵魂永驻英烈间 / 015

第一章 湘鄂西的痛 / 022
  非常时期的陷没 / 022
  红军团长三开膛 / 033
  "上海老板"历险 / 038
  带着颗子弹从洪湖出发 / 042
  松树炮壮英雄胆 / 047
  "水龙"、"火龙"驾一片祥云 / 050
  洪湖血,浪打浪 / 060

第二章 回首大黄埔 / 075
  革命夜晚比白天精彩 / 075
  李将军看见北伐胜利的旗帜 / 079

不想做伟人其实很难 / 083
蒋介石不因口号立地成佛 / 088

第三章　经历上海 / 095

寂寞黄昏忆乡村游戏 / 095
从泥土中冉冉升起 / 101
手术台上的惊险奇观 / 108
黄浦江畔识故人 / 111
不露声色的温情 / 116

第四章　血泊中的义旗 / 122

南昌城外追红旗 / 122
夜色苍茫遭遇叛逃 / 125
低潮中举起庄严的拳头 / 131
会昌城头杀出"娃儿排长" / 133
朱德布阵三河坝一指对五指 / 139
血色阳光及河岸上的腥风 / 144
他乡竹寮——茂之前村的伤痕 / 147
从上海四马路到皖西学兵团 / 152

第五章　风雨泛舟 / 160

两人世界的序幕 / 160
一个农民的一百块现大洋 / 163
清河县警察局局长畏罪潜逃 / 164
寓公、矿工与北平遭遇 / 171

青弋江畔无头枪案 / 176

第六章　人在莫斯科 / 181

把激情交给红场 / 181
代表红色苏联夜宿戈壁的滋味 / 194
告别喀什"游戏"与黑海风光 / 200
莫斯科郊外的最后时光 / 205

第七章　宝塔山高,延河水长 / 213

延河岸边的已知和未知 / 213
远方有个"好人的天下" / 226
运动总得有人受过 / 230
林彪身边的另一个头脑 / 235
路在天涯:姑嫂手挽手 / 241
十年悲欢心自知 / 245
绝不是毛主席叫他们干的 / 250

第八章　与黄河共存 / 256

校长教育理念与情报智慧内涵 / 256
吃保德小米饭顶第二分区天 / 264
人站立在天地之间 / 268
政治见解与父母之邦 / 273
保德最像样的秋天 / 278
河东来了双蓝眼睛 / 282
深入敌占区的风险抉择 / 288

　　智攻八角堡，义收榆树坪　　　　　　　　/ 292

第九章　北出西渡 / 297

　　喜宴饮狂风，雄师出雁门　　　　　　　　/ 297
　　重伤员干部抬，轻伤员骑干部的马　　　　/ 302
　　陕北搏杀从高家堡开始　　　　　　　　　/ 306
　　保卫"脑壳"，三纵生死置之度外　　　　　/ 313
　　这个同志一向靠得住　　　　　　　　　　/ 318
　　中国革命"过山坳"　　　　　　　　　　　/ 320

第十章　鏖战大西北 / 328

　　兵临清涧，枪炮未响先攻心　　　　　　　/ 328
　　倒吊柳进攻受阻，闵洪友计退"一号"　　　/ 335
　　生擒同窗话玄机　　　　　　　　　　　　/ 340
　　将帅战前谈兵论道　　　　　　　　　　　/ 343
　　破宜川打扫战场绘风景　　　　　　　　　/ 348
　　大西北最后一仗总攻推迟　　　　　　　　/ 353

第十一章　新中国铁甲元勋 / 364

　　大事业从小饭店起步　　　　　　　　　　/ 364
　　在老大哥和鬼子之间选择　　　　　　　　/ 369
　　三十六个数据与一行王八的幽默　　　　　/ 372
　　白发学子的紧急制动　　　　　　　　　　/ 376
　　光荣与梦想：战车是我，我是战车　　　　/ 380

尾声　一缕忠魂随风飘去 / 385

引子　风骨

共和国的早春

1955年的春天，比任何一个春天都更像春天。3月开头，灿烂的迎春花尚未谢尽，中南海怀仁堂小花园里的夹竹桃，便已闹出一团一团的缤纷。这给全国人民的意气风发，恰到好处地作了注解。

太阳刚刚冒出一点鲜红的边儿，彭德怀和解放军总政治部主任兼总干部部长罗荣桓，以及总干部部副部长徐立清、宋任穷、赖传珠等几位同志，准时来到怀仁堂门前那块芬芳馥郁的空地上。他们是按约来向毛泽东主席汇报全军军衔评定工作方案实施细则的。

半年前，彭德怀被任命为国务院副总理兼国防部部长和国防委员会副主席。在朝鲜战争差不多就要水落石出的时候，他成了毛泽东在和平时期治军方面的重要助手，这不能不给他的精神面貌带来深刻的影响：蓬勃、稳健、自信而勇往直前。

早在1951年国庆节的晚上，彭德怀还远在朝鲜半岛指挥志愿军迎击美军秋季攻势，战斗间隙就给毛泽东发回了一封电报，提出了后来对新中国国防建设产生过巨大意义的七项建议，其中有一条就是：在全军实行军衔制。

这实在不是件容易做好的工作，头绪相当纷繁复杂。在解放军二十八年的战斗历程中，哪位将领没有自己的一段曲折经历？所有人员都来自不同的革命根据地和方面军及一些地区性的部队，军衔评定的高低，难以用天平来衡量。要

实现"既增强团结,又提高积极性"这样一个工作目标,绝非一蹴而就。其间,有人发几句牢骚,争个衔级的高低,甚至哭鼻子抹泪也是有的。毛泽东对此很不舒服,听到汇报后曾揶揄说:"男儿有泪不轻弹,只因未到授衔时。"

年前的一次专题会议上,彭德怀谈授衔工作情况时,反映党内外提出要给毛泽东授予大元帅军衔,给刘少奇、周恩来、邓小平授予元帅军衔的意见,并说明这是全体工作人员一致的看法:"斯大林同志,也被授予苏联大元帅了嘛。"

毛泽东夹着一支烟,连连摆手,诙谐地说:"苏联是苏联,人家搞人家的,我们不要搞这个……让我穿上大元帅的制服,多不舒服啊!到群众中讲话、活动,多不方便啊!依我看呀,现在在地方工作的同志,都不评军衔为好!"说完了这些话,毛泽东看了看坐在旁边的刘少奇,说:"你在部队里搞过,你也应是元帅,你也应该评嘛!"

刘少奇摇头:"我不要评了。"

毛泽东又转过头去,问坐在另一边的周恩来和邓小平:"你们的元帅军衔,还要不要评啊?"

周和邓态度坚决,都直摆手:"不要评了,不要评了。"

在场还有几位已到地方工作被列入大将名单的人员,如李先念等。于是毛泽东再问他们:"你们几位大将军衔,还要不要评啊?"

李先念等同志也纷纷表示:"不要评了,不要评了。"

记不清经过了多少次大小会议的讨论斟酌,这份授衔名单终于尘埃落定。

按照要求,十名元帅和十名大将,由中共中央书记处提名,最后经政治局集体审议确定。而一千多名将军,特别是其中五十五名上将的授衔名单,则由彭德怀主持拟定,上报中央政治局。几个月前,彭德怀的方案就拿出来了,并且带着名单分别拜访了相关的老总。现在,万事齐备,只要毛泽东点个头,下一步就是落实一切具体事宜,诸如服装、衔牌、工资级别啦,以及授衔典礼的安排和进一步的政治思想工作等。

毛泽东已不止一次校点名单,每次都看得非常仔细,今天亦不例外。看完之后,他点点头,说:"不错,你考虑得很仔细,也很周到,是个好名单。"

接着,徐立清让总干部部的一位干事念授衔人员的部分简历。这是一份冗长的文件。虽说没有严格地划分大单位，但上将以下的一百七十五名中将和八百零二名少将，原则上还是按照红一、红二、红四三个方面军的顺序往下排列的。

毛泽东听得极为耐心，不时插进一句话，表示他的强调和重点关注。

"老彭，拟授将军以上的同志里面，有多少个是黄埔生？"毛泽东突然问道。

彭德怀一愣，这个数字他事先并没有刻意地去统计。但是，按照他的一贯作风，又绝对不愿意报个概数，于是当场扳指头。约莫算了十分钟，彭德怀告诉毛泽东："据我所知，是八十一个。"

"嗬！"毛泽东嘲讽地惊讶着，朝大家看看说，"蒋校长晓得了要生气啰！"

彭德怀憨厚地笑笑："我们有许多同志，从一开始就是受党的选派，进到黄埔学习的。而后，又是周恩来同志的军事训练班，又是苏联老大哥的军事学堂，加上战场上的实际锻炼，有理论有实践，牌子硬得很！像我们一野的许光达同志，就是这样子的一个。"

1955年，许光达被授予大将衔

"大将里面，许光达也是二方面军唯一的。"毛泽东说。

"二方面军的将才、帅才本来也很多……"说到这里，彭德怀叹息了一声，"都是那个左倾路线，屈死了多少好同志哟，像段德昌……"

"听说此人书读得好，很会打仗？"

"还很会做群众工作。他也是个黄埔生……"彭德怀陷入痛苦的回忆。段德昌是彭德怀的入党介绍人，两人当年情同手足。对于他的死，彭德怀一直心痛不已。在与许光达私下交谈中，彭德怀多次袒露过这一隐衷。因为许光达曾在湘鄂西战斗过，并和段德昌同样结下了深厚的情谊。

毛泽东说："许光达的脑壳也差了一点啊！"他用手指着自己的脑门比画："贺老总讲，他是捡了一条命。"

"是啊，不是国民党给他那一枪，去不得苏联，今天还有么子许光达哟！"话到这里，两人都觉得很动感情，一块儿沉默了，静静地抽烟。

共和国的早春,乍暖还寒。最初岁月的流行情绪,弥漫在人们心头,浓密而绵厚。一个时代的新生,无法不背负沉重的记忆作为代价。它当然绝不仅仅是肃穆的陵园和热闹的纪念碑之类。一切的悲伤在被抽象成某种仪式的时候,都意味着或多或少的矫饰。真正的刻骨铭心,是个人的无言。因为,只有无言才能表达生命间那种真实而深刻的联系。就像此刻,毛泽东与彭德怀面对一个活着的、即将成为共和国十名大将之一的许光达。

许光达是一个个别的幸存者,但又是一个军事集团、一种政治权威的符号。他的幸与不幸,都是历史注定了的。那是一代人负重前行的整体命运,无论胜利如何轻松,而它的身后总会拖着沉重的影子。因而"重"便成为一代英雄豪杰之间最容易沟通的媒介。

毛泽东起身,又接上一支烟,一语不发地摆摆手。

彭德怀示意总干部部的干事:"不念了。"并吩咐"改日再议"。然后,彭德怀走到毛泽东身后,道了声"再见"。

江山月光曲

秋天就这样在无数的祈盼中,静悄悄地来到古都北京。

八一建军节,许光达照例起得特别早,在十分钟内着装和洗漱完毕。快捷的起居,是他在多年戎马生涯中养成的习惯。尤其是着装,晚上就寝之前,对衣帽的放置非常讲究,一件压着一件,先后次序纹丝不乱。这还是黄埔军校新生的早课内容呢,许光达一直沿袭下来,即便已经担任了装甲兵司令员兼政治委员,也绝不存有半点马虎。

到装甲兵营院沸腾的大操场转了几圈回来,许光达便开始读书。

自从五年前受命组建解放军装甲兵部队以来,许光达默默钻研相关军事理论的劲头更足了。要让一个全新的兵种在自己手上从无到有,单凭

1955年10月,许光达下班回家时,妻子邹靖华在宿舍楼下摄下这张照片。

热情是不够的。这两三年里,他亲临抗美援朝前线做实地调查,组织志愿军后续坦克部队入朝作战,组建第一所战车学校,甚至不顾年近半百,猫着腰钻进坦克肚子里学习驾驶技术。同所有的开国元戎一样,他心中拥有太多的情结,无法不驱动自己负重前行。

许光达的骨子里始终是个战士,勇往直前,不屈不挠,无论职位高低都是普通一兵,与部属们平等地生活和战斗在一起。他的这种士兵情节,给机关干部留下的是平易和温暖,而在妻子邹靖华那里,有时则多少有点不近人情。

夏天有段时间,邹靖华晚饭后总愿意拉着许光达到大院里散散步。室外风清气爽,缓解了一天工作的劳累,又有益于身体健康,还可以借此机会彼此聊一聊家常。起初两口子散得心情很愉快,谁知不久后的一天,许光达突然生气了:"不去了!不去了!从明天开始再也不去散步了!"

原来,当时的机关干部宿舍条件很有限,营级干部按政策规定可以带家属了,可筒子楼里还只能分到一间不到二十平方米的住房,晚饭后屋里闷得很,只好穿着背心裤头到室外空地上乘乘凉。当他们远远看到司令员散步过来了,慌不迭地躲到屋里回避,有的还穿戴整齐后赶紧跑出来给首长敬礼……这让许光达非常不快,心里难受地冲着妻子嚷嚷道:"天气热,下面的干部住房条件差,一家子好不容易乘个凉,叫我这一撞,受多大影响!我可不想当瘟神!"从此,晚饭后他再也不到大院里散步了,实在闷得慌,只限于在自家房前屋后溜达溜达。

考虑到许光达战争年代落下了严重的风湿病,多次负伤做手术,伤口经常复发,右半身长期处于半麻痹状态,晚上睡觉被硬板一硌,痛得合不上眼,保健医生建议机关管理处给司令员换张床。管理员拉来两张沙发床,架好之后许光达很高兴,坐在上面颠了颠,连说不错:"这下我的腰会好受点了!"转身对妻子邹靖华说:"快快快,付钱、付钱。"

管理员急了:"首长,这是营具,可以报销的,我们有发票啊!"

许光达严肃起来:"我说同志哥,自己睡的床,报么子销啊?"他坚持照单付钱,开销了自己差不多两个月的工资。

诸如此类的事情多了,妻子邹靖华早已习以为常,夫妻俩逐渐形成了默契,不用公车、不占公家分毫便宜,成了这个家不成文的规矩。

1957年，许光达（前排右二）陪同在华访问的波兰军事代表团参观旅顺，与舰艇官兵合影

这天晚8点，邹靖华轻轻地走过来提醒丈夫道："别忘了今晚还有外事活动，去修修面，整理整理吧。"

一个礼拜前，国防部就通知许光达，8月1日晚上，国防部要在人民大会堂举行盛大宴会，招待各国驻华武官，解放军一批高级将领要出席宴会，代表国家当东道主，陪同外国客人。

"这怎么能忘。"许光达说。

长安街华灯初上时分，许光达已经按照条令规定换好了礼服，依外事活动惯例，比宴会时间稍稍提前一刻钟，来到宴会大厅的侧旁休息室等候。

先许光达而到的已有好几位。都是多年相识的老战友、老首长，但在正式的外事场合相见，又都穿着礼服，还免不了正正规规地敬个礼、握握手，寒暄几句。之后，就不知不觉地随便开了，你说我笑，指指戳戳。大家又都成了穿着硬邦邦的粗布棉袄、在陕北土窑洞里袖手、捉虱子和在黄土岭上猫腰钻堑壕的那一群人，彼此之间没遮没拦吼着嗓子，无话不说。

这一年来，大家谈得最多的话题，当然是即将实行的军衔制。

"……你从暴动开始，四个时期都有大功，这一回，肩牌上豆豆少不了！"

"什么豆不豆的，不戴那个牌牌，革命照干不误！"

"有个牌牌比没有牌牌好，地位、职权一看就明白嘛，将来打仗……"

"过去咱有啥牌牌？还不照样打漂亮仗呀！"

"光达，你怎么不讲话？"不知什么时候，贺龙握着烟斗踱到许光达面前，大声问道。

许光达忙敬个礼，叹口气，说："古人讲得好，'一将功成万骨枯'啊，我们都是幸存下来的，戴上那个豆豆，恐怕心里不好受。"

"嗨，挂豆不挂豆，那是组织上的事，服从大局嘛！"贺龙声音压低了点，"跟你通个气,军委给你定了四颗豆啊。"

"大将?"许光达惊愕地望着贺老总,"授我大将?……高了!太高了!"

"高啥子嘛!你是黄埔五期的老党员,又在南昌起义最困难的关头参加战斗。搞兵运又搞得四处流浪,三番五次差点掉脑壳。后来在洪湖地区,你的血也没比别人少流,要不是负伤去了苏联,骨头早就打鼓了。去苏联学习那么多人,唯有你让苏联红军指挥员看中,差点就当了人家的参谋长哩!到延安当抗大教育长,给我军培养了多少人才啊?可以说桃李满天下嘛!解放战争中,沙家店、宜瓦、扶郿、兰州,哪一次不是恶战,你打得呱呱叫嘛!特别是沙家店,要不是你带三纵上去顶那么一家伙,伙计,后果可怕呀!再说建国后的装甲兵建设……"贺龙握着烟斗的手一点一点,如数家珍。

"好了好了,我的老总,这些陈芝麻烂谷子,哪个没得一箩筐?"许光达顾不得礼貌,打断了贺龙,"别个我不讲,就是我们红二方面军,许多同志功劳也都比我大。革命最艰苦的一段时间,大家都在爬雪山、吃草根,我却不在。"

贺龙说:"那也不是你有意地逃避。从党的整体利益来看,你去了苏联,为革命保存了力量。再说,你在苏联学了军事、学了技术、学了理论,还带着大家跟王明斗,对革命的贡献还小啊!依我看,贡献大小也不能单单就看啃了多少草根嘛,要看革命事业的需要!"

许光达不吱声了,但心里一直放不下。

宴会结束时,许光达主动找到贺龙:"老总,我正式向你请求,降低我的衔级,这样我才能心安一些。组织上也该考虑一下我个人的意见嘛!"

"我可以把你的意见带上去,你听从军委的决定吧!"

"老总,我是认真的、诚恳的。"

"你呀……"贺龙在许光达的手臂上深情地拍了一下,转身上了车。

这天晚上回到家,许光达的情绪始终很沉闷,一声不吭,进门就钻进了书房。全家人见他这样,都觉得挺奇怪。往日的许光达,一向看重天伦之乐,不论工作多么繁重、多么累,回到家军装一脱,跟妻子儿女有说有笑。今天是建军节,又刚刚参加完外事活动,按说更应该高兴才对呀,怎么反倒……邹靖华和孩子们

的心里,都结了一个大大的疑团。

一连三天,均是如此。

邹靖华终于沉不住气了。这位与许光达曾有过十天婚别十年相思,在颠沛流离的人生中尝尽酸甜苦辣的患难伴侣,几十年的共同革命和生活道路上,对许光达已是知心见骨。她知道,若不是有什么过重的心事,许光达是绝不会把苦愁写在脸上的。

这天晚餐后,许光达回到书房,静静地坐在书桌旁。儿女们都散去了,一大片月光穿过窗棂,轻拂着他独坐的身影。

"德华,你有心事啊?"邹靖华不知什么时候走进来,唤着许光达年轻时的名字,小声地问道。

许光达抬起头,长吁一口气,感慨万分:"是啊……"

"么子心事,不能跟我讲一讲呢?"

"中央要给我授大将军衔,我不安啊。"

邹靖华会意地哦了一声,随即拿条木凳在丈夫对面默默地坐下来。陪着坐了好一会儿,她想出了一句安慰的话:"风风雨雨几十年,国家和人民给这么一份荣誉,也是一份鼓励嘛。"

"太高了!"许光达摇摇头,"这几十年来,有多少优秀的同志都在我身边牺牲了。没有他们的流血流汗,哪有我许光达的今天。想想他们,么子都没得,有的同志骨头早就抛在荒郊野外,连一堆土包包也找不着了,我却在革命胜利后,领受这么重的荣誉,心里实在愧得慌……"

许光达举头望月,窗外的明月在云层中游移。他觉得那仿佛是无数与自己并肩战斗过的英烈们在深情地倾诉。他闭上眼睛,一幕幕往事涌上心头,烈火烟尘之中,走来了柳克明、段德昌、周逸群、孙一中(德清)、李剑如……比如说孙一中,参加南昌起义战斗时,他们就在一起共同战斗,后来又一同深入虎穴做兵运工作,一同参加周恩来的军事训练班,一同奔赴湘鄂西革命根据地。最让许光达感到心痛的莫过于段德昌。当年许光达负伤离开湘鄂西去上海治疗时,段德昌来为他送行。他们钻在同一床被窝里,有过一夜的倾谈,令人终生难忘。那时候,许光达是团长,段德昌是师长。分手之际,被称为洪湖"火龙"的段德昌,堂堂五尺男儿，竟表现出那样的伤感！他期盼着许光达早日康复回到洪湖一起战斗，坚决顶回了肃反委员会对许光达的"定罪"。他们相约，胜利后如何铭记洪湖的父老乡亲、如何建设洪湖的美丽家园。而当许光达从苏联回到延安时，带给他的却是段德昌等数百名战友惨死在肃反委员会之手的往事！命运太过无常了，从此，湘鄂西便成为许光达心中永远的痛……

"多少生死战友，许多人连个名字都不晓得，默默无闻，就牺牲了，尸抛荒野。他们个人、家庭承受那么些苦痛，可都得到了么子？而我们，却在这里享受荣誉、享受权力……"许光达似乎在说给自己听。

邹靖华叹息了一声，说："就算是替他们戴这块牌牌吧！"

"我戴不动啊，这块牌牌它有多重，你知道吗？"妻子的话更加勾起许光达对往昔的情怀，"要是德昌还活着，周逸群他们还活着，会怎么想，会怎么做？"

"荣誉也好，权力也好，都是组织给的，人民给的，又不是我们自己要的。"邹靖华嗫嚅。

许光达叹口气，望着邹靖华。她是自己的妻子，也是革命老同志了。静静地过了许久，许光达深情地打开心扉："话是这么说，但这些东西会改变一个人，看出一个人的品格。要说挂牌牌，贺老总几十年前民国时期就挂过了，还挂得不低，你看他那个相片，多风光啊！他一扔，么子都不要了，参加革命，穿粗布棉袄，补丁叠补丁，睡稻草窝子，吃糠咽菜……周逸群在南昌起义时，职位就很高了，带部队守潮汕，独当一面的指挥权力啊。到湘鄂西从头干起，跟贺胡子搭伴，后来当了特委书记、军团政委，可中央派来的邓中夏，一句话就免了他的职，当军团委的代书记，专门去搞地方工作。那时候，大家都替他抱不平，周逸群自己却淡淡地一笑……

"你说，邓中夏是坏人吗？人家是北大中文系毕业的，五四运动中表现非常突出，是学生游行主要的组织人，还帮李大钊成立北京共产主义小组，投身工人运动，当过全国劳工书记，到莫斯科参加党的六大，当选为中共中央委员。最后在湘鄂西撤职之后，回到上海，组织上几个月不安排他工作，也不给生活费，就靠妻子在纱厂当徒工，一个月七块钱，那么过日子，他硬是半句怨言都没得。后来在法租界被捕，党派人秘密问候他，他说：'请告诉同志们，我邓中夏就是烧成

灰,也是共产党的人!'直到南京雨花台,上刑场了,至死绝不叛党,不向国民党屈服,高呼'打倒国民党'、'中国共产党万岁'。就这样一个人,中央分局说他阳奉阴违。我看不是,你见过这样的两面派吗?信仰那么坚定……"

"可是……"许光达顿了顿,一声沉重的叹息后,自言自语地接着说,"可是,邓中夏在洪湖苏区的那个权威呀……想批哪个就批哪个,要打倒哪个就打倒哪个,哪个的意见也听不进去。明摆着嘛,洪湖苏区快完蛋了,偏要部队去打长沙,多大的危险、多大的牺牲,全都不顾了,开口闭口中央指示、国际意图,那个固执啊,八匹马也拉不住……人说他是书生意气,我看也不对。是么子呢?是权力呀!还有那个夏曦,搞肃反、抓改组派,柳克明的死就是他一句话。我要不是中那一枪,命也保不住了。段德昌啊、王炳南啊等,多少好同志死于非命!权力这东西啊,很古怪哟,革命事业没得它行不通,但它也能叫人发疯、发狂,丧失理性,会害死人的!"

邹靖华惊讶地看着自己的丈夫。这些话从没有听他说过,乍听起来,觉得心里沉甸甸的,一时不知说什么才好,便宽慰道:"总之不要想那么多了……"

"不想怎么能行啊,现在革命胜利了,我们都走上了领导岗位,荣誉越来越多,权力越来越大,无论如何要警惕啊!毛主席总是在提醒大家……"许光达若有所思,忽然固执地说,"不行,我得给毛主席和中央军委打份报告!"

邹靖华不再说话。这么多年,她深知许光达要做的事,没有人能拦得住。他的执着便是自己的执着。自从两人长久分别又在延安戏剧性地相逢之后,她跟着他风雨硝烟,多少个沟沟坎坎,都彼此拉着手一同跨过来了,只要许光达随心如愿完成了组织上交给的任务,便是她邹靖华无限的拥有。什么荣辱得失,她想都不曾想过。她相信他要做的事总是有道理的。邹靖华轻轻地拧亮台灯,将一沓稿纸和钢笔放到丈夫的面前。

人间温情与壮士胸怀

记不清彭德怀召集过多少次像这样的评衔工作小组会议。每次会议的套路基本就是:各方提出新的问题,他来一一作答。然后,由他发表下一步工作的主导意见。大家如认为可行,就分头去办。

这次会议很特别,彭德怀一上来就让人宣读一份"文件"。"文件"便是许光达要求降衔的申请书,全文是这样写的:

军委毛主席、各位副主席(国防委员会副主席——笔者):

授我以大将衔的消息,我已获悉。这些天,此事小槌似的不停地敲击心鼓,我感谢主席和军委领导对我的高度器重,高兴之余,惶惶难安。我扪心自问:论德、才、资、功,我佩戴四星,心安神静吗?此次,按新民主主义革命时期的功绩授勋,回顾自身历史,1925年参加革命,战绩平平。1932—1937年,在苏联疗伤学习,对中国革命毫无建树。而这一时期是中国革命最艰难困苦的时期,蒋匪军数次血腥的大围剿,三个方面军被迫作战略转移。战友们在敌军层层包围下,艰苦奋战,吃树皮草根,献出鲜血生命。我坐在窗明几净的房间喝牛奶,吃面包。自苏联返回后,有几年是在后方。在中国人民解放军的行列里,在中国革命的事业中,我究竟为党为人民做了些什么?

对中国革命的贡献,实事求是地说,是微不足道的。不要说同大将们比,心中有愧,与一些年资较深的上将比,也自愧不如。和我长期共事的王震同志功勋卓著:湘鄂赣竖旗,南泥湾垦荒;南下北返,威震敌胆;进军新疆,战果辉煌……

为了心安,为了公正,我曾向贺副主席(国防委员会副主席——笔者)面请降衔。现在我诚恳、慎重地向主席、各位副主席(国防委员会副主席——笔者)申请:授我上将衔。另授功勋卓著者以大将。

许光达
1955年9月10日

会场出现短暂的静寂,每个人的呼吸仿佛都能听得清。

好一会儿,彭德怀起身踱了几步,说:"我早就讲过,军衔这个东西,我并不太喜欢。可是,我们这次评定军衔过程中,我看见了我喜欢的东西。光达同志我了解他,人不糊涂,而且言必行,行必果!但是,这次我要做他的工作。"

因为是许光达,彭德怀所说的"工作",就显得雷鸣电闪。他抄起电话,劈头一句:"你是怎么搞的嘛?"

许光达说:"给我定大将,太高了。"

"高么子嘛,我看不高!"

许光达说:"我给主席和军委的报告……"

"报告我看过了,三个字:'不同意!'"

许光达说:"彭总,我是经过深思熟虑的……"

"中央也是深思熟虑过的嘛!是你许光达的深思熟虑大,还是中央和主席的深思熟虑大呀?"

许光达说:"要是你不答应,我就再给中央和主席写报告。"

"那好,你用不着写报告了,请你来当面跟我解释!"彭德怀不由分说挂了电话。

授衔、授勋的日子一天一天迫近,许光达的心情矛盾极了:问题已经提到了组织纪律的高度,他还能不答应接受这个大将衔级吗?他只好怀着巨大的不安,等待着组织最后的决定。

即便如此,事情也已大大地惊动了毛泽东。

那是一个艳阳高照的日子。中央军委会议室因为毛泽东的激动而显得温度有所升高。除了林彪之外,朱德、彭德怀、贺龙等都不约而同地解开了风纪扣。例行的发言非常热闹,贺龙的态度分外肯定:"光达同志有大革命的经验、有内战的经验、有抗日战争的经验,特别是还有苏联红军的经验,我觉得应该授予大将,一点也不高哇!"说着说着他站了起来,捧着烟斗的手在空中挥舞了一下。

毛泽东端起杯子呷了口茶水,将燃烧的烟蒂掐灭在烟灰缸里,撩着衣襟静静地起身。大家的目光均在热烈地迎着他,倾听从毛泽东嘴里吐出的每一个字。

红光满面的毛泽东,抓住许光达要求降衔的那份申请书,举起来高高一扬,并伸出一根手指:"这是一面明镜,共产党人自身的明镜!"

彭德怀插话:"这样的报告,许光达一连写了三份。"

毛泽东点头会意,离开座位,边走边说:"不简单哪,金钱、地位和荣誉,最容易看出一个人的本质,古来如此!"

大家点头，相互交换眼色，表示此言的真理性已被充分领会与肯定。

豪情完全笼罩着毛泽东那伟岸的身躯。他大步走到窗下，气度非凡地双手用力一推，两扇窗户哐啷一声洞开，一股清新的空气扑面而来。毛泽东心胸顿觉开阔，想作诗，用他浓重的湖南乡音脱口而出："五百年前，大将徐达，二度平西，智勇冠中州；五百年后，大将许光达，几番让衔，英名天下扬。"

毛泽东的这番感慨不胫而走，让许光达这个名字在人们心目中，变得那样神圣而庄严。在他生活与工作的周围，无论军人还是老百姓，都由衷地爱戴他、敬重他，不仅仅因为他身居高位，是共和国的开国大将，是赫赫有名的新中国首任装甲兵司令员，是国防部副部长，还因为他是人们心中那个充满理性信念与人间温情的许光达。他的平民情结及民主、平等、公平、正义的意识，他的善意与美德，照亮了身边的每一个人。

1963年夏天，解放军总医院为许光达体检，准备安排张福星医师为他手术治疗沙眼。张福星时年六十多岁了，是一级教授，新中国成立前在上海开过眼科诊所，有不少亲属身居海外，专业视野很开阔，新中国成立后参军来到驻在上海的解放军第二医科大学，后调入解放军总医院工作。

听说要给许光达大将做手术，张福星格外小心。兴许是过于紧张，手术中不慎碰伤了许光达的角膜，眼睛顿时红肿起来。事情惊动了中央保健局。那是时刻绷紧阶级斗争这根神经的年代，很快就有了三条指示：第一，追查责任；第二，许光达立即转到北京医院治疗；第三，写出事故报告。一时间，巨大的精神重压推向了张福星。

许光达知道这件事后，同样给保健局提出了三条意见：第一，不转医院，仍住解放军总医院治疗；第二，不换医生，请张福星教授继续治疗；第三，不许追查责任，让张福星教授放下包袱。与此同时，他用自己的配车把张福星父女接到家里，非常温和地说："教授，没有关系，哪个还没有点小差错，我相信你，眼睛就交给你，今晚我还住在总医院，你放心大胆地给我治疗。"接着又吩咐厨师张进保专门加两个菜，留张福星父女在家吃便餐。

当晚许光达回到解放军总医院。入夜，眼睛红肿得厉害，痛得许光达睡不着觉，可他又不想深更半夜打搅医生和护士，就忍着疼痛在病房里来回踱步。值班

护士半夜查房,推开房门,发现许光达双手捂着眼睛,在病房内走来走去,着急地问:"首长,您这是……怎么啦?!"

许光达说:"别紧张,眼睛有点痛,我起来走走,分散分散注意力。"

护士查看了许光达红肿的眼睛,哽咽着叫道:"都肿成这样了,还……"

"坚持坚持吧,大半夜的,不要惊动专家和医生了!"许光达说。

张福星得知这些,又自责又感动。经过一段时间的精心治疗,许光达的眼睛终于痊愈了。出院那天,他对有关人员表示了感谢,同时语重心长地说:"今后遇事不要大惊小怪的,没有必要嘛!医院的专家们为我们治病,是尽了他们全力的,政治上要对他们绝对相信才行嘛。有这样或那样的疏忽,出一点小纰漏,也是难免的,何况专家们年纪都那么大了,怎么能怪他们呢?如果让保卫部门一插手,问题就复杂了,以后人家还怎么工作?"

这样的话语、这样的处事风格,许光达身边的人,个个感同身受。老警卫员蓝德明是战争年代跟过来的,1950年随许光达从兰州进北京,感情很深。蓝德明的个人发展问题,一直挂在许光达心头。他说:"德明啊,你是老同志了,我们是老战友,战争年代一起出生入死,如今虽然上年纪了,但建设强大的军队,我们还得从头学习啊!"

蓝德明被送到坦克学校学习,毕业后分配到装甲兵机关当保卫干事,后来转业到徐州某坦克工厂工作。1963年3月的一天,蓝德明调回家乡山西忻县,路过北京,专门来看看老首长。一见面许光达可高兴了,拉着蓝德明的手,亲热地问长问短。邹靖华急切地打听:"你爱人和孩子呢?他们怎么没来?"

"全来啦,在车站前的旅馆里等着我哩!"

许光达生气了:"德明你这是做么子嘛……"立即让警卫员把司机李志恒叫来,吩咐到旅馆把蓝德明的爱人和孩子接到家里,留下来吃饭。

临别时,许光达让警卫员把办公桌下一块小地毯卷起来交给蓝德明。他拉着蓝德明说:"古人讲,军人身边无长物,我也没么子像样的东西送给你。这是波兰国防部长送给我的,现在归你了!"

邹靖华说:"老家那边冷,带回去铺炕用得着。"

许光达还嫌不够,又拿出自己的一件皮大衣,送给蓝德明。

"不,我不能要……"蓝德明直往后退,"首长,这个你自己留着穿吧!"

"带去吧,你受过伤,晋西北那个地方,我晓得的,很冷……"许光达突然有些伤感,"德明啊,你到了老家,我们见面的机会就不多了,这件大衣带去,留着做个纪念吧!"

蓝德明的泪水夺眶而出,抱着皮大衣,一句话也说不出来。

送走了蓝德明,许光达回到书桌前,静静地坐了很长时间。几乎每次与老战友话别,都会引起他思绪万千。那些数不清的烽火岁月,又会在他心中熊熊燃烧,无数生命的期待、一张张熟悉的面孔,始终呼唤着内心最坚硬和最柔软的那些情愫,激发着责任与担当。他决心无论如何也要让自己更加坦然地面对往日情怀,不能轻易地接受这么高的衔级、这么大的荣誉,绝不能够!

灵魂永驻英烈间

1955年9月27日,全世界的新闻记者都涌到了中国北京。他们在这座张灯结彩的古老皇城竞相追逐,直到精疲力竭。再有能耐的新闻巨笔也难以在一夜之间消受这么多高层级的时代明星:十名元帅、十名大将、一千多名上将以下的将军啊!

隆重的典礼、轻松的演出,当然还有接见、报告、宴会以及种种正式、非正式的聚首座谈,采访工作便在这林立的活动项目中穿梭进行。

金光闪闪的元帅和将军们,全都累坏了!在有警卫和秘书挡驾的会议间隙,成了他们最好的休息机会。

1955年,周恩来在怀仁堂为许光达(左一)授大将衔

大家可以随心所欲地找到一块儿工作过的老战友,轻松愉快地聊几句,或者开点玩笑什么的,全无顾忌。

元帅当中最活跃的要数贺龙。他的心像他手中的烟斗一样,永远那么热乎乎地燃烧着,既亮堂又实在,走到哪里都可以听到他爽朗的笑声。

这天，一宣布会间休息，贺龙立刻起身，四下张望。终于，他在靠近窗户的阳台上，发现了目标。贺龙大步流星走过去，一路微笑着跟所有人点头致意，眼睛情不自禁地朝对方的肩头瞄一瞄。

贺龙要找的人是许光达。中央军委意见一致，不批准许光达的降衔申请，仍授予他大将衔，同时授予他一级八一勋章、一级独立自由勋章、一级解放勋章。许光达迫于组织纪律，接受了所有的衔级，但再次向军委呈送要求降级的报告。经他反复坚持，硬是降低了一级薪金待遇，将自己的工资级别由四级降到五级。在我国十员大将中，九员大将都是行政四级，唯独许光达是行政五级。

这件事对贺龙触动很大。他急切地想要找许光达谈谈。

"谈么子呢，我服从了组织，哪个叫我是个共产党员呢！"许光达说。

贺龙收起笑容："我很感动，我个人也是理解你的。但是，军委也有军委的考虑。你对革命的贡献，大家都看得明白。要我说，你对得起那四颗豆豆，也对得起那三块勋章！就把它们看作是对烈士们的纪念嘛。我们活着的人，要做他们没有完成的工作……"

这席话说到了许光达的心里。他感到自己承受着无数的期待，那些死去的和活着的人，多少双眼睛盯着自己，肩上的担子何止千斤！1956 年 9 月，许光达出席了八大，并被选为中央委员。11 月，又被增补为中央军委委员。1959 年 9 月，被任命为国防部副部长。这些头衔，每一个在许光达的心中都有一份沉甸甸的责任。

"老总，你总是鼓励我……"许光达望着面前这位比自己正好年长一轮的老首长，心中生出无限感慨。当年，贺龙指挥南昌起义兵败潮汕时，许光达在地下党组织安排下，硬是从驻防江西九江的张发奎队伍上，追赶到起义部队的前线；在湘鄂西的洪湖，许光达奉命去当师长、团长，又曾在贺龙的指挥下九死一生地血战；从苏联回国后到延安、晋西北，贺龙身为晋绥联防军司令员，仍经常关怀着许光达的成长。当然，此时的许光达尚不能预知，他人生命运的最后，也是致命的一场劫难，同样与面前这位面目慈祥的贺老总有着密切联系。

见许光达动了感情，贺龙笑眯眯地说："啥子鼓励哟，你许光达本来就是不简单嘛！"

许光达心头一热。这句话,贺龙已不止一次说了,他听起来是那么耳熟。记得二十多年前的1931年,正是夏曦到湘鄂西取代邓中夏不久,不足两万人的红二军团内外交困,不得不在枝柘坪进行改编,缩编为红三军。贺龙当军长,许光达由师长改任红二十二团团长。时任军政治部主任的柳克明问许光达:"把你由师长改任团长,有什么想法吗?"

二十三岁的许光达胸脯一挺:"管他是师长、团长,只要能带兵打仗就可以了!"

一旁的贺龙看在眼里,满意地点着头。

当时部队处境非常困难。因为听从邓中夏指挥,攻击方向直指大城市长沙,从而孤军南下,脱离了洪湖根据地,陷入国民党军的包围之中。地方的封建会道门猖獗,群众频繁"反水",红军内部又起肃反之祸,白色恐怖搞得鸡飞狗跳、血浪滔天。自红军向江南方向撤出洪湖后,内部领导层就围绕着"上山"还是"下湖",始终意见不一。部队除了一仗接着一仗之外,宣传群众、组织地方武装和政权建设方面,一点基础都没有。基层指战员家在洪湖地区的居多,思乡心切,走的走溜的溜,心都飞到了洪湖,而邓中夏等人硬是抱着左倾中央打大城市的死理,完全不把群众基础、人心向背放在心上,以为部队离开洪湖根据地随处可以扎根。他们甚至于全然不顾国民党军的重兵合围,坚持要到鄂中或鄂西北大山深处开辟理想中的"井冈山"。

夏曦来到湘鄂西,批了邓中夏之后,前委决定:主力先到荆(门)当(阳)远(安)地区站住脚,缓口气再作打算。于是,这年的4月初,红三军又硬着头皮向荆当远地区进军。

贺龙集中两个师的兵力,一天拿下野三关、三尖观。第二天乘胜北进,攻占巴东县城,全军渡过长江,进入荆当远地区。战斗中,许光达的红二十二团始终一马当先,拿下荆门还来不及喘口气,接着奉命增援红七师。战斗还没展开,贺龙的命令又到了:迅速撤退!

原来,红三军主力陷入了敌人的包围圈。贺龙命令许光达的红二十二团再加强一个营,立即占领马良坪以西高地,以猛烈火力向正面之敌发起攻击,摆出主力突围的架势,以掩护真正的主力从另外的方向撤退。

太阳下山时,在许光达的红二十二团正面,国民党军郭勋的部队加紧了攻势。因敌我力量悬殊,佯作突围的红二十二团很快便被国民党军包围,与主力分割开来。紧急关头,许光达三次派人与军师联系,都石沉大海。显然,主力已撤出并远离马良坪地区,求援毫无希望!

这时,红二十二团的伤亡情况相当严重,甚至来不及清点具体人数。许光达只能凭着印象,估计有三分之一的人员丧失了战斗力。

许光达借敌人冲击的间隙,铁塔似的往起一站,朝周围幸存的红军指战员大喊:"同志们!看来,我们只能独立苦战才能求生了!估计敌人天黑前,还要跟我们来一次凶猛的冲击!大家团结一心,拼出去了!就是剩下最后一个人,这个人也要战斗到底,坚决策应军师主力安全转移……"

许光达话没说完,成批的迫击炮弹怪叫着从天而降,在阵地上好一顿猛砸。随着密密麻麻的爆炸声,硝烟四起,火光一片,弹片和碎石雨点般地横飞,劈头盖脸地落了下来。

许光达预计中的敌人凶狠攻击说来就来了。他暗暗镇定自己,冷静分析战场形势。眼下,全团连加强营合到一起不到两个营,尚能战斗的最多不过三百人。继续与敌人硬拼下去,只会全体战死。可如果不硬顶,掩护主力突围的任务又怎能完成?贺龙约定派来通知撤退的军通信员迟迟没有到,怎么办?战场上每秒钟都在死人,部队在阵地上多待一分钟,就多一份危险。

紧要时刻,许光达当机立断:把现有兵力集中到最利于发扬火力,亦最利于实施反冲击的高地上,依托有利地形,减少牺牲、拖延时间,吸引和抗击敌人。

国民党军的这次炮火及炮袭后的冲锋,显然是铆足了一股吃奶的死劲。他们企图在天黑之前解决战斗。此时,只见薄薄的暮色中,漫山遍野是国民党军的官兵,如同撒下黑芝麻似的,包围圈密不透风,长满松杉的小山坡烟火一片。敌人越冲越近,有的地段双方已经面对面抵近,只能展开肉搏战了。许光达见此情形,别无选择,大吼一声"杀——!"带着团侦察队的勇士们,率先冲入敌阵,与敌人展开了肉搏。战士们一见团长都上了,个个瞪着血红的双眼,猛虎似的扑向敌人,其势如排山倒海,硬是把多于我方数倍的敌兵,杀得招架不住。他们纷纷调转屁股,极不情愿地往后退下去。

天完全黑下来了,团团战火舔着夜幕。阵地上敌人尸横遍野,红军烈士的尸体不计其数,让人不忍目睹。趁国民党军退回山下重新集结兵力的机会,许光达抓紧时间分析战场情况。他注意到除了本团周围,其他地方丝毫听不见枪声,断定军、师机关已突围出去,而军部通信员一定是出了意外。那么,如此等到天明再行动,势必会失去突围的机会。因此他决定趁天黑撕开一道口子,集中手中兵力,在一个点上猛砸,打他个措手不及,坚决突围出去。

许光达小心地察看了地形,发现本团据守的高地东、南、北三面都有敌人设防,唯有西面,因是悬崖峭壁,所以没有敌兵把守。他让警卫员把几名营长找来,提出自己一个大胆的想法:"同志们,大家都清楚,我们目前的处境……情况很危急,现在是死是活,都要试试这条路通不通!"

营长史海光站出来:"团长,我下去试试!"

"好!"许光达拍拍史海光的肩膀,"你抓住这根藤萝,摸准了下脚,安全到达沟底后,就往上面学几声杜鹃叫。要是实在下不去,不要勉强,就赶快上来,我们再想别的办法。"

史海光双手抓住藤萝,一点一点摸索着向下滑去。好久好久,不见动静,崖上的人个个能听得清自己的心跳,许光达更是心悬到了嗓子眼。终于,谷底隐约传来几声杜鹃鸟的叫声……

黑暗中一双双粗糙的大手紧紧握在一起。许光达带领三百名红军官兵,悄无声息地在敌人眼皮底下脱离了险境。几十年后许光达还清楚地记得,那座山叫官帽山,那是一个没有月色和星光的沉沉暗夜,战友们下到谷底时,那份紧张中的欣喜、欣喜中的紧张,简直无法言说。许光达站在岩壁旁边,几乎在每个从身边走过的战士胳膊上,都重重地抓握一下,并轻声叮嘱:"不要松懈!跟上队伍!随时准备战斗!"

国民党军郭勋所部满以为红军插翅难飞,放心大胆地松懈下来,只待次日天明再来收拾残局。结果,当许光达他们突然出现在敌阵地前沿时,敌军还以为是自己人在开玩笑。他们从睡梦中突然被惊醒,来不及反应即被一阵猛烈的火力袭击打得懵懵懂懂分不清南北了。待敌兵胡乱摸到枪弹仓促应战时,许光达已率领队伍冲出了包围圈。接下来,他们晓行夜宿,越过榛子岭,转到了房县、兴

山交界的九道梁地区。在那里打土豪分田地,用洪湖根据地的传统办法组织发动群众,筹粮筹款,创建了一个新的根据地。

两个多月过去了,大家都以为红二十二团打光了。有一天,许光达突然带着队伍出现在贺龙面前时,贺老总简直惊呆了!自从分别之后,他无时无刻不在惦念着红二十二团的安危。按照当时的情况判断,十之八九凶多吉少,没想到许光达在九道梁地区经过一番休整补充,又给他带回一个完完整整的红二十二团!

"光达,你真是不简单啊!"贺龙发自肺腑地赞叹道。

这句平平常常的话,在当时的许光达心中有着多么重的分量啊!他与孙一中一块儿在周恩来的军事训练班毕业后,奉命来到湘鄂西苏区,历尽艰险,血战连连,这还是第一次听到贺老总的亲口夸奖!

几十年后,还是那么一句平平常常的称赞,但站在面前的,却是共和国的赫赫元帅了,而许光达自己,也是大将了。想到这些,他百感交集,万分动情地说:"老总,有一个想法,憋在心里很久了……"

"啥子想法,说出来我听听。"

"我真想再回湘鄂西看一看。"

这句话触动了贺龙。他长长地叹了口气,重新装上一锅烟丝,划着了火柴,那红红的火苗,让他回到令人自豪而又心痛的从前……

"是该去看看他们啰……"贺龙洪钟般的声音低沉而感伤,"苏区的人民,还有我们那么些很好的同志!他们没有死在国民党手里,却死在了自己人手里!他们都是硬汉子,都是有骨气的革命同志!"

许光达知道贺老总又想起了苏区肃反。他后来知道,在自己离开洪湖之后,根据地遭受了大难。强敌步步进逼,苏区越来越小,夏曦还在一个劲地抓所谓的改组派。1932年11月初,贺龙率红三军一万四千人从随县以北出发,开始七千里长途大转移,夏曦的火线肃反还不罢手,红七师王一鸣师长、朱勉之政治委员、湘鄂西军委会参谋长唐赤英统统被杀。部队翻越秦岭南脉时,那个后来证明是国民党军卧底的姜琦,一夜之间就枪杀了一百多名改组派。部队转移到湘鄂边,已经减少了九千人马。到1933年3月,夏曦的第三次肃反中,段德昌和红九师参谋长王炳南在劫难逃;不久后第四次肃反,红七师师长叶光吉、政治委员盛联钧,红九师政治委员宋盘铭等一百七十二人悉数被杀。

这把无形的魔刀,甚至也指向了贺龙。夏曦指责贺龙是旧军阀作风,要对他动手。关向应站出来说话:"你我要是把贺龙也搞掉了,那么中央不杀我们,国民党也要杀我们。军事上没有贺龙,万万不行……"这句话把贺龙保了。

"夏曦一批批杀人,我也产生了怀疑……"贺龙说,"那时,我是个新党员,只懂得严格遵守党的纪律,坚决服从组织决定,怕弄不清党的政策,搞错了,给革命造成损失。虽然跟夏曦也有过尖锐斗争,保过一些同志,但是大的方面保不下来,中央规定政治委员有最后的决定权,我没得办法……最后只能服从他……心里很苦很苦。"贺龙难过地低下了头:"段德昌跟夏曦斗争得最厉害,后来逮捕他时,感到问题严重了,就在小本本上留下首诗……"

那是根据古人于谦著名的《石灰吟》翻过来的四句绝唱。贺龙和许光达每谈及此,都情不自禁地小声吟诵起来:

千锤百炼出深山,
烈火焚烧若等闲;
浑身碎骨全不怕,
只留清白在人间。

贺龙郑重地说:"找个空子,我同你一块儿去,到洪湖住他一阵子!"

历史告诉人们,这个"空子"事实上他们一直没有找着。后来的国家、社会种种,让他们感觉到面对往昔的困难。可见人生之不可逆转,一旦跨出了某一道门槛,再想回去是多么艰难,或者干脆说,简直就是不可能的。但是,回忆的闸门又是那样不可遏制。人们总要让心回到过去的某个出发点上,让深情的火光,在那些熟稔的枝叶间,开出绚丽的花朵。

授衔后的很长一段时间,许光达都没有戴那两块牌牌和几颗豆豆。或许他觉得,在没有牌牌和豆豆的梦中,回到过去那些血肉相交的战友们中间,才会心安。事实上,他将自己的灵魂永久地留在了他们中间。

第一章　湘鄂西的痛

非常时期的陷没

有时候记忆中的某个模糊感觉,往往就是一段割舍不下的岁月。

那是座陈年炮楼。许光达依稀记得,敌人的机关枪就架在炮楼的顶层,由镂空的八个射击孔轮番吐出火舌,火力相当猛烈。战士们趴在山坡上,面前是一垄过冬的麦地,只听到子弹在耳边叫,一刻也不停息,简直无法抬头。

"二营长!"没错,那是第二营的主攻方向。许光达印象颇清晰:他解下身上的公文包和望远镜,交给参谋长张杰,只留下那支子弹上了膛的二十四响。他对张参谋长说:"二营那边好半天没见进展,肯定是遇到困难了,我过去看看!"

参谋长没拦住,他就骑马去了第二营。马一路小跑,人在马上直不起腰。沿途是个小山梁,山脚有条不大不小的旱渠,渠边有树,东倒西歪,已被敌人的迫击炮打秃了,树干冒着青烟。许光达的战马紧挨着渠埂走,渠底满是冻酥了的冰碴碴,每走一步都发出咕吱声响。许光达一路走一路躲着枪弹,后来干脆下马,马缰绳牵在手上,人在地下匍匐前进。

"爆破组呢?爆破组么事不上去!"许光达责问二营长。

二营长没有回答。二营长牺牲了。

"不是没有上,上去五个爆破组,都没有打下来。妈的,白白死了七八个人!"许光达已记不得那答话的是谁,反正一口娃娃腔,尖声细气,小丫头似的,头上也打着厚厚的绷带,只留出两只眼睛。绷带上的血还在浸,黄泥巴粘住一大片,湿乎乎的。

犹豫不得，敌人大批增援部队立马就到，几乎都能听得清马蹄声了！许光达的五脏六腑快烤焦了，眼里直冒火星。

"跟紧我，别拉开！"战士们听到许团长朝他们高声喊道。然后，就见他一跃而起……事实就是这样：情况紧急到没有思考的余地了，许光达再也抑制不住，带领战士们迎着敌人炮楼上的机关枪冲了上去。

嗒嗒嗒嗒……这是许光达最后听到的声音。骤然间，一股疾风扑向自己，浑身震颤一下，被穿透了。透心的凉意弥漫开来，脚底突然抽空。身体一虚，就黑洞洞地倒了下去。

所有的印象由此消失，世界陷没了……

许光达饥寒交迫，身体疲惫到了极点！这是一场漫长的征战终点，时间飞快地归位，回到一年前的1931年1月31日。那天大清早，天空便纷纷扬扬飘起雪花。晌午时分，野地里的积雪已能埋没脚踝，地上一片白茫茫的。山坡、阡陌、高高低低的农舍及鹤立鸡群的炮楼，都只是些淡淡的痕迹。

红军战士们穿着单薄的破衣裳，趴在地上牙花打牙花，苦苦等候敌人炮火过去。炮弹就在身边爆炸，大片小片的泥浆瓢泼似的倾泻下来。战士们虽然个个都像泥猴子，全都静静地卧在原处，身体不住地颤抖，但谁也不敢动一动，眼巴巴地盯着面前那个小集镇。

小镇叫柳枝集，集上出盐，这两座炮楼是过去盐老板专门为盐工修筑的。现在成了敌人据守瓦庙集一带的屏障。炮楼上有国民党军的一个加强连，居高临下，火力交叉，形成一张网。许光达率领红二十五团的攻击行动在这里卡了壳。

红二十五团隶属红九师，红九师师长不是别人，是段德昌。节骨眼上，段德昌的通信兵打马过来，马背上喊了声"报告"，上气不接下气，从怀里摸出个皱巴巴的纸卷："许团长，段师长给你的急件！"

段德昌的急件上龙飞凤舞地写道："查徐源泉已率敌第一四四旅一个团及第十军特务团由应城赶往皂市。敌新三旅一个团正阻击我向戴家河附近发展。你尽快结束战斗，免陷被动。"

许光达看完信，心中大感焦急，豆大的汗珠挂在额上。

红二军团因邓中夏的立三路线，已经铸下战略性决策错误，部队孤军南下

意欲攻打长沙,折腾大半年之久没有结果,致使洪湖苏区错失国民党军中原大战无暇顾及这一巩固与发展的最佳机遇。待到中原大战结束,洪湖苏区强敌压境,军团部队理应迅速回援,邓中夏又错误地认为"从井救人,人固不救,救者必死",坚持就地重新创建根据地。如今部队历经周折,疲惫不堪而元气大伤,中央才看清邓的决策问题,最终决定放弃错误主张,调整部队部署,自五峰北上,踏上回归洪湖苏区的茫茫惊险征途。

许光达举起刚从敌人手里缴获来的望远镜,急切而又细心地审视前沿。结论是,能够突破敌炮楼火力封锁的,唯有第二营。望远镜里,第二营已经推进到柳枝集对面的小山包,前有三百米的开阔地。若能靠得更近一些,把爆破组拉上去……许光达凝神片刻,当机立断。

"通信员!"

"到!"

"命二营长立即向敌侧后迂回,靠敌人炮楼越近越好!我组织一营火力正面佯攻,掩护他的行动!"

"是!"

许光达刚要转身,忽见指挥所的屋角边转过第四连指导员李小初和第七连一排长马文光。两人耷拉着脑袋,脚步拖拖沓沓。这是什么时候,战士们每分钟都在流血牺牲,你两个还……许光达正要发作,猛然发现他们被反剪着双手,身后还跟着另外几个脸面不太熟悉的红军干部。

许光达心头一颤,哆嗦了一下,什么都明白了。

这是个非常时期,湘鄂西红军中出了个凌驾于党组织与贺龙之上的肃反委员会。后来的历史已清楚表明:红二军团的那场悲剧,与一个叫夏曦的中央代表联系在一起。夏曦是湖南益阳人,早年也曾就读于赫赫有名的长沙师范,和毛泽东说起来还是校友。后来与何叔衡一起创办学生联合会,是新民学会的成员。当过中共中央委员、中共湖南省委书记,参加过南昌起义,并在莫斯科东方大学学习,是王明那个著名的"二十八个半"布尔什维克之一,同郭亮、柳直荀(克明)他们一样,都堪称湖南革命运动的先驱。此人作为中央代表来到湘鄂西,第一件事就是以中央分局的名义,给红二军团发出指示信:决定取消军团前委,把红二军团改编为红三军,贺龙当军长。那个犯了立三路线错误的邓中夏,暂时留任政治委员,参谋长是孙德清,政治部主任柳直荀。原红二军缩编为红七师,辖红十九、红二十、红二十一团;原红六军缩编为红八师,辖红二十二、红二十三、红二十四团。许光达由红十七师师长改任红二十二团团长。

夏曦秉承的左倾中央路线,给湘鄂西红军带来的深刻恐惧,对于中国革命来说,是一场全局性的阵痛——信仰杀人,虽然后来它被"揭秘"为国民党的离间计,但从此这种违反人伦常情的勾当,便成为红色政权的牛皮癣,贻害无穷而不能治愈。夏曦在高级军政会议上公开表示:湘鄂西苏区混进了大批改组派、托洛茨基派、AB团、第三党、取消派……情况相当复杂,问题相当严重,因而肃反运动义正词严且神秘莫测,终至风声鹤唳,人人自危。不到两个月的时间,一千五百多名"反革命分子"被揪了出来,或明或暗一律处决,其中包括红八师参谋长胡慎己、湘鄂西根据地和红军创始人万涛、省委巡视员潘佳辰、湘鄂西苏维埃政府副主席刘革非、苏维埃党团书记彭之玉、红三军参谋长兼红七师师长孙德清、红三军政治部主任柳直荀、红八师师长段玉林、红七师参谋长赵奇、红九师参谋长张应南、红八师政治部主任戴君实、红九师政治部主任刘鸣先……后来发展到连段德昌、周逸群等大批军政干才与革命精英,均不能幸免。他们历经万险没能死于敌手,却在自己人罗曼蒂克的想象中悄然葬身。

这是一段血泪凝成的历史,全军上下到处抓改组派、第三党……杀人只凭中央代表夏曦信手一张白纸小条。保卫局的干部更是为所欲为,一个村的同乡,见面打声招呼,说几句话,就被当作"密谋反革命"抓起来。几个好友,小酒馆里撮一顿,喝两杯小酒,或是凑在一起品个茶聊个天,只要有人告发,也是铁定的罪证材料。然后便是刑讯逼供皮开肉绽,不招供绝对过不了关。凡是认识的人,提到谁的名字就是谁,下午抓走,晚上就在花名册上抹掉了。红军将士对此莫不战栗,人心惶惶。许光达任红十七师师长时的政治委员李剑如,就这样不明不白地消失在某个深夜。眼下许光达在战场所见,是肃反委员会新近出台的又一个花脸"战术":火线肃反。

被反剪着双手的两名基层指挥员,一见自己的老团长,马上委屈得泪流满面。李小初和马文光当即哭着向许光达求救:"团长,我们……他们……"

许光达指着李、马二人,厉声喝问押送他们的肃反干部:"请问,他们俩犯了

么子罪啊？"

"他们是改组派，有揭发材料，铁证如山！"

"团长……"李、马二人大声喊道，"我们俩是做么事的，你还不晓得呀？他们是血口喷人！我们冤枉啊……"

肃反干部脸色铁青："你们要敢再胡说，就罪加一等！"

"团长，我们愿意死在战场……"李、马二人声泪俱下。

"把人交给我吧，"许光达说，"敌人援兵就要来了，我这里正需要人填炮火。"

"不行，这是组织纪律！出了事，你能负得起责任吗？"

"我请求你们，打完仗再抓人，行不行？我团的事，天塌下来我顶着。"

"许光达同志，你的纪律观念怎么这样淡薄，对当前轰轰烈烈的肃反工作，你要提高认识！这是政治问题，你不要替改组派打包票，否则后果自负！"

为着所信而贡献一切，早已化成那代人的血肉灵魂。"组织"及由"组织"所发出的声音，便是他们行为的最高准则。崇高的信仰，赋予他们宗教般的情感，成就了伟大的革命及在革命洪波中的一个个辉煌人生，但也衍生出许多革命环节上的不可思议及许多革命人生中的悲剧结局。

许光达当然也不能例外。

两位朝夕相处的部属，眼睁睁地被带走了。许光达目送着他们远去。他知道，这就是永别了！他默默地低下头，揪下自己的帽子。

过了不到半个小时，许光达为部属"打包票"的"后果"来了。一个肃反干部腰上别着盒子枪，气势汹汹地破门而入，后面跟着的两个战士，亮着枪刺的长枪端在手上，一进门便左右分列，完全是武装捕人的架势。

"许光达，跟我们走一趟！"

许光达一惊，随即平静下来："可以，但要等我打完这一仗。"

"中央代表找你谈话，你不要借故推托！"

"我没有推托，我只知现在是在战场，我是这里的指挥员。你让我离开指挥位置，我不干！"

指挥所的所有人员都惊呆了。谁都知道，违拗中央代表只会是死路一条。十七岁的小警卫员，眼泪夺眶而出。他将衣袖塞在嘴里，尽量不让自己哭出声来。

"那好吧。"肃反干部悻悻地表示，"我们回去如实汇报。"话中有话地说着，几个人就要出门。

许光达伸手一拦:"慢走!着么子急呀,仗一打完,我就跟你们去,顶多个把钟头,你们就在这里等我一会儿嘛。"说着,向警卫员递个眼色。

肃反干部无奈地坐下来。许光达头也不回地冲出门去,打马去了第二营……

红三军突然北渡的行动,打乱了国民党军欲将湘鄂西红军主力围歼于湘鄂边的部署。其第四十八、第三十四两师,新二、新三、新四旅加湖北警备旅等,重压在洪湖地区展开"围剿"。还有川军郭勋所部的一个团,远驻在五峰渔洋关,没有来得及回调。这时为了堵截北上红军主力,郭勋的三个团正好全部压到沙市,另外还急调江陵地区的第四十八师,补充第一、第二两团,向兴山推进,以阻止红军东进的企图。同时急调驻在四川万县的王陵基师,纠合由巴东败退四川的戴天民残部,匆匆忙忙乘船沿江向巴东、秭归进攻,试图形成对红军的夹击之势。

国民党军的各路兵马风起云涌,其汹汹来势大有不可阻挡的意思。

1931年4月3日,红军固守数月的五峰县城被攻陷,艰苦创立的长阳、麻池等地苏维埃政权及游击队武装,顷刻间损失惨重,石门县的红色苏维埃也被迫退到鹤峰境内的南北墩一带。

红三军趁敌后方空虚之际,在兴(山)(秭)归巴(东)苏区略事休整即挥师东下。4月13日攻占了远安县城。18日,许光达的红二十二团奉命夺取荆门。来不及休整,又接到军部命令:火速增援当阳玉泉寺、慈化寺一线与敌激战的红七师。

部队接上火,许光达就感到不对劲。当面之敌火力相当猛烈,绝非平庸之辈,刚要召集几个营长商量对策,军部通信员由远及近,小伙子边翻身下马边报告:"老总命令你部赶快撤出战斗!"

"么事要撤?"许光达和营长们全都惊疑地望着通信员。

通信员说:"敌人是从宜昌刚调来的部队,武器好、装备全……"

许光达一听明白了:"贺老总是怕我们要吃亏啊!"

"怕啥子呀,都接上火了,干吧!"营长们七嘴八舌地议论起来。

许光达虽然心里很懊恼——又回不去洪湖了!但还是果断而冷静地做出决定:"坚决执行军首长的命令!"目前最重要的,是保存部队战斗力。他沉下心来对大家说:"同志们,现在要千方百计积聚革命力量,还不到跟敌人硬拼的时

候……"

此后数月之内,洪湖成了许光达及红二十二团全体红军指战员藏在心中迟迟不能了却的愁肠。这些日子,贺龙率领红三军主力且战且进,由远安经南漳,步步转战到鄂西北地区,来到保康一个叫马良坪的地方。准备以此地为中心,建立一个新的根据地。

马良坪位于苍苍茫茫的大山深处,是个具有传奇色彩的古老小镇。据说三国时期蜀汉名臣马良长眠于此。一条名为沮河的山溪穿镇而过,给小镇带来充足的灵秀与神韵,也给疲惫征战的红军队伍带来一丝宽慰。

然而,红三军的"马良坪之梦"还没有成形,部队尚在立足未稳之际,国民党武汉行营就部署完"围剿"事宜。他们快速集中了郭勋的三个团、第四十八师两个团,由南及东南方向展开;范石生部三个团由正东方向展开;王光宗、赵寇英等部由北及西北方向展开,总计十九个团的兵力,对贺龙红军形成合围之势。

敌人的全面围攻压缩,是4月26日开始的。各个方向的国民党军几乎在两天之内,就推进到峡口、洋坪、东巩、刘猴集、抱信坡及石桥一线,逐步向红三军驻地马良坪靠拢,形成暮云四合的态势。

5月8日,国民党军发起总攻。这个地区当时的群众基础,自然无法与洪湖根据地相比。听说国民党部队来了,社会沉渣立刻浮出水面,各种会道门如大刀会、白带会等,马上把群众煽惑起来,对红军展开敌对攻击,与外围的国民党军遥相呼应,红三军派到地方建立苏维埃政权及分散在群众家里的伤员,还没有来得及完全收拢,国民党军的合围就已经形成,情况十分危急。

"同志们,现在只有和敌人短兵相接,杀出重围了……"贺龙脸上布满了少有的忧郁。他把许光达单独叫到身边,手中的烟斗丝丝烧着,声音有些低沉,"光达,情况你晓得啰,敌前锋到官帽山的脚底了……你二十二团掩护主力撤出去,打得越猛越好!一定要做出大部队突围的样子,骗过敌人。若不然,我们的主力就没法子走脱啰!"顿了顿,他有点动情:"这是个硬战……我最多再从二十三团给你拨一个营。全军生死在握,我相信你们……"

这确实是场生死未卜的恶战。马良坪的地理位置极为重要,红二十二团阵地只要有一处被敌人突破,就会导致红三军全军覆灭。所以,贺龙临别时千叮咛万嘱咐:"许团长,你团不管出现多大的伤亡,也要给我拼到底!"

"胡子,你放心！就是剩下我许光达一个人,也要……"

贺龙严厉地打断许光达："仗要打好,但不许蛮干！"

果然,红二十二团战士刚刚占领阵地,郭勋的教导第三师就如数压了上来。这个师装备精良,训练有素,是合围红三军所有国民党军的部队中,战斗力最强的一支力量。顿时,许光达的肩头像压了一座山,重得透不过气来。

绝境中的红二十二团,在许光达的率领下,靠一根藤萝攀越绝壁,深夜冒险由悬崖下到谷底,又大幅奔袭到天明,出其不意与敌短兵相接,用智慧与勇敢冲出了国民党军的重兵围困,进入大山深处的原始森林,并沿着山谷日夜兼程。

渐渐地,枪炮声越来越远,寂静的森林中,只能听到自己疲惫的脚步声和伤员的呻吟。许光达让部队放慢行进速度,边走边休整。约莫又走了十天左右,终于摆脱了国民党军的追击部队。

这天黄昏,许光达带着精疲力竭的队伍,在深山里的一条涓涓细流旁歇下了脚。只见那乱石间的溪水盘曲而清澈,溪流转角处让出一块球场大的空地。水源来自百多米外高丈余的瀑布,哗哗声响清晰可闻。经验告诉许光达,应该是到了原始森林的边缘。他让大家在空地上宿营。清点人数,还有二百八十七人,其中三十二名伤员,重伤员七人。好在战士们手中的武器基本没丢,但是弹药……现在是真正意义上的弹尽粮绝！几天之内,那么多熟悉而又亲切的身影,就这样从眼前生生地抹去了,一丝前所未有的悲凉感,在许光达心中忽闪了一下。然而他很快掐灭它,努力让自己的精神振作起来,立刻召集党员、骨干开会,首先恢复组织,部队一切行动计划,都通过党的组织会议决定。

许光达把队伍整理了一下,按照现有人员重新编成班排。并要求大家把干粮匀一匀,统一分配,然后安排好岗哨警戒,部队充足地睡一觉。他操着嘶哑的嗓音,坚定有力地给大家讲话："同志们,这里的每个人,都是革命的火种！转过这个山谷,我们就会遇到群众,我们一定要生存下来,联系军部,争取早日归队！在没有和大部队联系上之前,我们要宣传群众、组织群众,开展筹钱筹粮工作,扩大队伍……这些都是我们下一步要做的工作！眼下再饿再累,我们都要严格执行纪律,取得群众的信任和支持,这是当前最重要的……"

讲完话之后,许光达挨个察看了重伤员,吩咐卫生员,要多弄些松毛和枯树叶垫在伤员身下。有个失去一条胳膊的"轻伤员"在一旁小声嘟囔："团长,我们

还能回洪湖吗？"许光达走过去，俯下身子，用自己的毛巾帮他擦了擦脸，把他轻轻揽在怀里，郑重地告诉他："相信我，一定带你回到洪湖！"

实际情况比许光达最初的想象要严峻得多。国民党军连续展开大规模搜捕，以王陵基师张海云、戴天民部为例，他们沿万县顺江而下，企图配合郭勋等部将红军围歼于兴山地区，直到4月13日重陷巴东、秭归后，听说红三军已经东下荆（门）当（阳）远（安）地区，才悻悻地停止了追杀，但矛头立刻转向兴归巴苏区的红三军教导二师。教导二师为了应付敌人的"围剿"，把修械所、缝纫店、卫生院等后方机关，全部转移到山势险要的万仙洞里，派留守主任谭斌武带领特务连三个班守护洞口。该师主力先后在跑马坡、朱家山及万仙洞地区多次与敌人交火，已被打得七零八落。在万仙洞，红军官兵依托险要的地形，坚持战斗了十八个昼夜，终因敌我力量过于悬殊，二百多名指战员全部壮烈牺牲。为了保存力量，师政治委员涂美中带领一部兵马突围后，下落不明……

许光达带领的近三百名衣衫褴褛的红军官兵，不得不在深山老林中长久地攀缘，前后度过了两个多月饥寒交迫的困境。这天午后，侦察员从山里的猎户口中得知，他们已来到九道梁地区。沿山脚溪水东行六七里地，便有人烟稠密的村落。猎户肯定地说，那里没有国民党正规军，只有少量保安团之类的地方武装。这可是个好消息，战士们禁不住欢呼起来。更让他们欣喜万分的是，根据猎户描述："两天前也有一队红军人马经过此地，朝同样的方向开过去了！"

"太好了！"许光达心头一动，"难道军部……"这个想法刚一露头，立刻自己给否定了：按照他的判断，军部突围后不可能是在这个方向，那一定是打散的零星分队……不管怎么说，许光达立即加派侦察员，要求他们"一定要联系到这支红军队伍"。

第二天清早，派出去的侦察员便带着教导二师政治委员涂美中等来到许光达面前。战友们紧紧拥抱，百感交集地流下泪水。两支队伍合到一处，力量顿时壮大了不少。经过进一步调整编制，形成一支完整精干的战斗分队。他们依托山林的隐蔽，出没于村镇，一边坚持游击活动，夺取地方武装的枪弹，扩大自己的队伍；一边打土豪分田地，积极宣传红军的主张，发动和组织群众，建立红色政权；同时，不断派出侦察人员，四处打探，寻找主力部队。

九道梁地区地处大巴山东端,崇山峻岭连绵不断,一条名叫九道梁的河流穿越峡谷,养育着山水之间淳朴善良的山里人。穷苦人不堪地主老财及地方恶霸的压迫和蹂躏,从红军身上看到了生活的希望。经过宣传工作,他们纷纷觉悟起来,加入红军队伍。转眼到了6月底,随着根据地面积的不断扩大,许光达的红二十二团很快恢复到往日的建制规模,部队的元气也一点一点找回来了。初夏来临,战士们个个都有了身像样的衣裳。许光达用心整训一番,部队行军打仗声威重现,又是半年前那个生龙活虎的红二十二团了!

侦察员终于带回红三军占领房县的消息,但同时告知:周逸群牺牲了!他是在由洞庭湖特区返回江北途中,遭敌袭击不幸中弹的。接下来与主力会师,是许光达终生无法忘怀的人生时刻。见到奔跑过来的贺龙军长,许光达千言万语一句话也说不出,眼圈顿时红了,两人紧拥相抱,许久哽住了。红二十二、红二十三团及原教导二师的老战士们,个个痛哭失声……

庆祝大会在几天后举行,前委通令表彰许光达:带兵有方,多谋善断,在极其艰难困苦的条件下,保住了一个团,开辟了一块根据地,十分难能可贵。贺龙爬到高高的台子上,对着浩浩荡荡的队伍,大声地喊道:"许光达带领的二十二团和二十三团一部革命力量,为开辟鄂北苏区,立了一个大功劳!"

这声音多少天后还一直回响在许光达的耳边。它是那样温暖,充满着信任和鼓舞的力量。此后不久,在保卫均(州)房(县)苏区的战斗中,许光达率领红二十二团和红二十四团一部,三天三夜水米未进,再次与敌激战到弹尽粮绝,直至主力部队赶到,共同粉碎了敌人的进攻。接着又作为红三军的前锋,从房县根据地出发,左冲右突,杀出一条血路,踏上回师洪湖的艰险征程。

……

这一路上,国民党军没有一天不在集结、"围剿",战斗一个接着一个。炮声隆隆之中,许光达已经记不清那些繁复的生死之痛,记不清自己是怎样被敌人击中,怎样被无数双手传递着,来到这个陌生的后方……

昏迷不醒的许光达被送到洪湖瞿家湾红军医院。这里离柳枝集、瓦庙集和皂市都很远,隆隆的枪炮声听不清了,是一个真实的"红色怀抱"。

不知什么时候,许光达有了一丝知觉。随即,他感到胸口堵得慌,像压着一块沉重的大石头。他做着种种努力想搬去它,心中一千遍一万遍地默念着:"搬

掉它！搬掉它！"

不知搬了多久，他成功了！就在他搬掉那块大石头的同时，巨大的疼痛骤然袭来。

现在，他欣慰地想，也许走运，自己还没有死。

那么，眼下身在何处？是浮在一个深不可测的大水潭里吗？他刚要寻思这个问题，身体立刻支撑不住，晃晃悠悠地沉下去了。在身体下降的同时，意识也在飞快地消失，包括胸口的疼痛在内，一切都在极速闪逝。下降、下降……终于，身体落到实处。是到底了吗？或者，死了？

死了。许光达觉得自己像是死了。

然而，不可思议的是，他居然闻到一股香味。不知什么地方，有一线涓涓的泉水流下来。他用嘴去舔。他渴极了！

水把身体重新托举起来，轻轻地漂着。许光达觉得自己的身体轻如鹅毛，慢慢地向上浮动。突然间，刺眼的光明捉住了他。他再也无法挣脱剧痛，情不自禁地呻吟起来。

原来是躺在一间四壁土坯的茅屋里。门前，逆着光，有一个人站在那里，好像是个女子。她的发辫是金色的，一缕一缕闪着光芒。她惊奇地喊："有救了！"

许光达蒙眬中看清了那女子，好眼熟。约莫二十来岁的年纪，梳着耳刀毛，文文静静，像个女学生。她眯起好看的眼睛，像是在笑："你总算醒了，总算醒了，把人急死啦！"说着，她端起许光达枕边的一只海碗，用粗大的汤勺从碗里舀了一勺水，送到许光达嘴边。

"喝吧，你流的血太多，要补补哩！"女子的脸上，分明泛着喜色。

许光达闭上眼睛。他很累，无力说话，只顺从地吮着汤勺里的汤水。渐渐地，神情爽落了一些，挣扎好半天，嗓子眼儿里总算发出了声音。

"我……没死啊？"他吃力地问。

"别说不吉利的话，你好好的呢，能治好的！"

"你是……"

"我是刘淑云呀，你不认得啦？"

许光达又一次奋力睁开双眼，惊喜地喊："认得，认得！是你……"

红军团长三开膛

血战七天七夜才算消停下来。

瓦庙集地区的这场战斗,是湘鄂西苏区历史上最为辉煌,也是最为惨烈的一仗。事后人们才知道,国民党军以武汉绥靖公署主任何成浚担任总指挥,第十军军长徐源泉为副总指挥,以第四十四师的两个旅为第二支队,重新组建的第一四四旅、独立旅和新三旅为总预备队,浩浩荡荡来实施其对湘鄂西苏区的第四次"围剿"计划。而在王明左倾路线影响下的湘鄂西中央分局,一味强调对敌正面作战,根本不许部队后退半步,致使红三军陷入僵持、被动的境地。更何况还有那个火线肃反、新"战术"的悲剧在时时上演,不知使多少优秀的红军将士恨洒碧血!

战斗结束的那天下午,段德昌的第一件事,便是打马直奔瞿家湾。

"许光达不可多得呀,你们一定要救活他,一定一定要救活他……"段德昌大老远特地赶来,似乎就是为了对红军医院的余学艺院长强调这么一句话。

许光达负伤时,段德昌因指挥战斗脱不开身,就匆忙通知当小学教员的妻子刘淑云,专程赶到瞿家湾护理许光达。他对刘淑云说:"光达要是有个三长两短,我们可怎么好?"

这会儿,段德昌拉着余学艺一边往许光达的病房走,一边还是重复这个意思。

"啊呀,你可来了!"刘淑云见到段德昌,心里放下一大截,"吓死人了,头热得烫手,几天几夜烧也不退,净讲胡话,今早才好点,一会儿醒一会儿困……"她附在丈夫的耳边小了点声:"痛得架不住!"

刘淑云皱紧眉头,仿佛许光达经历的所有痛苦,都在她自己身上发生了似的。

"吃东西了吗?"段德昌问。不知是因为奔跑得太急,还是因为内心的焦虑,他满脸滚动着豆大的汗珠。

刘淑云也不顾别人在场,扯条毛巾就给丈夫擦汗,边擦边炫耀似的说:"得你的信之后,我就搞到一斤红糖,还有一点点莲子,昨晚又在老乡那里买来一只老母鸡。莲子粥也熬了,老母鸡也连夜炖出来了。你看,油漂漂的,他一醒,就给他喂点汤水。"

段德昌想了想:"还是得治伤!不把子弹抠出来,再好的东西也吃不进去。"

这时,一个二十出头的小伙子过来了。他叫杨鼎成,是瞿家湾医院很有点权威的医生。实际上也只是在红军学校学过一点中医技术,后来跟王炳南打了一段下手。但他胆子大,敢动刀子,锯胳膊锯腿也都不含糊。

杨鼎成对段德昌说:"别做大指望,子弹离心窝子近得很,动刀子危险性大。可是,不赶快动刀子,人就没了!"

"那还等个么子?就开刀吧!"段德昌冲着余院长,急不可耐地嚷嚷。

"开?怎么开?一滴麻药都没有。这么大的手术,开膛破肚的,不用麻药,还不把人疼死啊!"

段德昌一听,毛了。他正要申辩点什么理由,忽听病榻上的许光达开了口:"没麻药,不要紧,里外是个痛,我能忍!"

见许光达说话,段德昌惊喜不迭。他三步并作两步扑上去:"光达,你醒啦……"

两双大手掌用力抓在一起。

"炮楼打掉了吗?"许光达虚弱地问。

段德昌直点头,眼里发涩:"柳枝集打下来了!瓦庙集也打下来了!"

许光达嘴角微微含笑:"那好,请把我送到肃反委员会去吧……"

"谁说的?"段德昌愤怒地问。

"不用问了,师长,我要接受组织审查!"许光达态度坚决。这几句话仿佛耗尽了他周身的气力,说完眼皮一跳,又合上了。

段德昌仰天长叹,语气中隐隐含着悲声:"余院长,拿出你最大的本事来,一定把光达胸口那个铁砣子抠出来呀!"

余学艺院长再次把有经验的医生召集在一起,给许光达会诊。大家商定,手术立即进行,分秒都不能耽误。

一张简易的长条木桌,四角吊着汽灯;一堆刀刀剪剪,只有少数几件是通过地下组织从上海、武汉搞到的制式用品,大多数来自当地的铁匠铺;一桶烧滚过的盐水浸泡着半桶棉花,还有一个可以洗澡的长形木盆,接在条桌底下。这就算是手术室了。

因为没有麻药,医生的牙齿咬得咯咯响,就是不忍心下刀。

"没关系,我吃得住,干吧!"许光达催促医生。

医生横下心手一哆嗦,刀扑哧一声下去了。

许光达嘴里死死咬住毛巾,两手攥紧拳头,骨节轧得嘎嘎直响。

一把铁刀就这样拉开了许光达的胸膛。一位叫黄超云的小姑娘,在旁边当护士,看着这情景,眼泪止不住地往外涌。几十年后她回忆起这件事,还心颤不已:"我从没见过那么刚强的人!地上鲜血接了一大盆啊……"她当时实在不敢看手术台上的人,干脆闭上眼睛,使劲咬自己的舌头。手术下来后,她才发现自己把舌头咬破了。

整整折腾了三个多钟头,由于子弹进得太深,手术没有成功。

"子弹搞不出来,性命就保不住啦!"段德昌急得朝医生们大喊大叫。

是的,这是个无可回避的现实。医生们只好又在刚刚缝合的刀口旁边,再拉开一道口子。

第二次手术仍然没有成功。

贺龙从前线赶来了。正好是许光达在做第三次手术,贺龙急得把脸贴在窗玻璃上往里看。他看到一派惨不忍睹的情景,浑身禁不住打起战来。"莫说是人,就是一棵树也要吼几嗓子么!许光达硬是一声不吭。没有麻药啊,一点麻药都没用啊!"贺龙四处跟人诉说。

第三次手术还是没把子弹取出来。

子弹也不知钻进了哪块骨头哪块肉里,它时时危及着许光达的生命。余学艺院长把贺龙叫到一边,摊开那双血糊糊的手:"老总,我们尽力了!没得麻药,家伙也不齐全,弹头在我们这里是搞不出来了,跟组织上汇报汇报吧,赶快想办法往大城市大医院转!他淌了那么些血,万一子弹松动了,耽误不起呀!"

考虑到许光达是肃反委员会挂了号的人,贺龙也没有当即做出决定,而是磕磕烟斗说:"我去找他们……"

"还找啥子嘛!"段德昌粗胳膊一抡,"人都成这样子了!"

大家都知道贺龙所说的"他们",实际上就是指一手遮天的党代表夏曦。

一听到许光达这个名字,夏曦就很不开心。他气呼呼地说:"这个人对肃反工作的态度很坏,而且……"

这个"而且"大有蹊跷,夏曦说不下去。那是两天前,他跑到医院大吹特吹中央分局和省委如何执行了王明路线的"正确方针",使瓦庙集战事转危为安,终

获全胜。许光达在病床上听到这些话,气呼呼地对夏曦发起牢骚来:"你们在后面,对前线的敌情一点儿都不了解,就晓得让我们打大仗、打硬仗,打大城市,好像一打游击战就丢了你们的人。我们吃你们指挥上的亏已经不少啦!部队军政指挥员意见大着呢!这次能打胜仗,还不是贺军长、段师长诱敌深入,我们打运动仗打出来的呀!靠你们那一套,人死光了还不知怎么死的呢……"这些话虽然没有指名道姓,而多数问题似乎都在前任书记邓中夏身上,可对夏曦的刺激不小。夏曦觉得心里不舒服,严肃地板起脸,咽不下这口气。

"再大的问题,也要治伤嘛!"贺龙摸透了夏曦的心思,义正词严,平静之中透着坚硬,"我们对敌人尚且有优待一说,何况他现在还是自己的同志。"

夏曦理屈,勉强地点了点头:"好吧,先去治……"那话中留着很长的尾巴。

贺龙一走,夏曦立即吩咐省委书记杨先华给中央写信,详细汇报许光达的"政治问题"。这是夏曦的"绝对机密",贺龙和段德昌等人当然一无所知。这时他们全都围在许光达病床前,静静地告别。

不知为什么,许光达要远赴上海治伤的决定一出来,段德昌的心跳就骤然加快了。诚然,许光达是他红九师的一名团长,但他们之间的关系,显然是远远超出一般的革命同志。

江汉2月天,冷得人锥心刺骨。深夜就更是如此。

贺龙吃过晚饭说是有事,先走了。刘淑云和黄超云在隔壁忙着收拾第二天抬送许光达的担架和他远行的衣物,屋里只剩下段德昌和许光达,两人默默无言地彼此相对。

"天这么冷,你还是解了绑腿,把脚伸到我被絮里面暖和暖和吧!"许光达打破寂静。

段德昌说:"今晚两人捣腿吗?也无妨,反正天就快亮了!"他便弯腰解绑腿,边解边说:"这倒让我想起一个人。"

"哪一个?"许光达问。

段德昌脱了鞋,一猫身子,把腿伸进许光达的被窝:"算起来也有五年啰……"他放妥自己的双腿,又给许光达披披被子,接着说:"那晚也是这个样,我两人捣一个被窝子……那时候,我们都在国民革命军第八军独一师参加北伐,他在一团三营当营长,我在师政治部当秘书长。虽说他没有正经念过多少书,也没进过黄埔,带出来的队伍那真是顶呱呱的。当时,他那个营在独一师最能打仗,军纪也非常严明。他本人勇猛刚直,不贪不赌、不抽不嫖,也不开小公馆,而且跟士兵打成一片。湘军的青年军官当中,哪一个能跟他比!

"有一次,他奉命带队伍到宜昌,在玉泉山截击吴佩孚残部,我也跟去了。没想到赶到玉泉山,敌人已早一天通过了,只好就地宿营。

"这个玉泉山可不简单,地势险要,古柏苍松,山上还有座关帝庙。据说就是《三国演义》中关云长显圣的那一座,所以,别有一番韵致呀!

"那晚,我跟他就在关云长的塑像面前铺些稻草,伙两条棉絮一垫一盖,钻一个被窝子睡觉。躺倒了,我仰脸见着横眉怒目的'关云长',便问他:'你看这个关公老爷,有何感想?'他笑笑说:'么子关公老爷,无非忠义二字,没甚意思。'我问:'你要怎样才有意思呢?'他说:'我是贫苦人出身,小时候要饭饿昏过。我觉得,为工人农民服点务才有意思。'

"接着我们又谈到眼前的国民革命。我问他:'你以为国民革命革来革去,能革出个什么结果来呢?'他就一五一十地给我掏心窝子,说:'如今天天喊打倒军阀,打倒土劣,打倒贪官污吏,实行二五减租。要我说,二五减租管个屁用!应该耕者有其田嘛,老百姓没有自己的田地,哪来的平等?哪来的富裕?'我就向他介绍了一些共产主义的道理,介绍了苏俄十月革命。他一听可来劲了,追着就问个没完没了。

"我悄声问他:'你加入国民党了吗?'他可气啰,说没加入,也不想加入。还对我说:'你看那些国民党里头的人,么子唐生智呀、何键呀,都是军阀大地主,抽大烟的、长大疮的、吃斋念佛的,有的还同外国人勾结,连二五减租都反对,还谈么子为工农服务呢?讲么子革命,都是骗人的鬼话哟!'

"那晚我们谈了很多很多话。后来,我受党组织委派,到沙市一带搞暴动,负了伤,回老家疗养,我们又碰到一起,我就介绍他加入了组织。我伤好了,他送我一批枪,还给了笔款子。我就是靠这点本钱到公安干起来的……"

许光达越听越着迷,瞪大眼睛问:"这位同志现在何处,叫么子名字啊?"

"他叫彭德怀。这是后改的名字,原先叫彭得华。也是我们湖南人,家在湘潭,在湘军干到团长,起了义,把队伍拉到井冈山去了!"

许光达说:"真了不起!听你这一讲,我真是很敬佩他。巧得很,我原来的名

字也叫'德华'。不过他的名字改得漂亮,古人不是有句话嘛:'有威可畏,有德可怀',正好应上'德怀'二字嘛!"

"你的名字改得也不坏呀!光达,光达,蛮有味道哩。"

"那是刚在中央军训班学习完,我跟一中,哦,就是现在的孙德清同志,我们一块从上海过来。在上海上船,都觉得胸襟大开。他说他要改名字,叫孙德清,决心弃旧图新,并说,你也改一个吧,可以叫'光达'嘛,不懈奋斗,必达光明,怎么样?我觉得不错,就叫了许光达。"

提起孙德清,段德昌不由得皱起眉头:"要说打仗,孙参谋长也算是把好手啊,有勇有谋的,经验很丰富!"

"他也是个老黄埔喽,一直当我领导。"许光达掩饰不住内心的思念。

"可不是嘛,这么个很好的同志啊,可惜……"

许光达听出段德昌话中有话,急问:"他是不是有么子问题啊?"

段德昌垂下眼睑:"光达,说句实话,他这次怕也是凶多吉少啊!"

"怪不得呢!"许光达忽然醒悟过来,"怪不得这么些日子,他也没来看我一看。"

"唉,德清啊,人太厚道!太爽直!"段德昌说,"斗争形势这么复杂……"

话说到这里,许光达仿佛预感到什么,禁不住浮想联翩,往事历历在目。

"上海老板"历险

许光达和孙德清是1928年8月离开大上海的。

头天晚上,周恩来特意把他们叫到一起。这是例行工作,每个派往苏区的干部在出发前,周恩来都要亲自交代几句。

"坐吧,坐下谈。"周恩来将自己的藤椅掉转过来,然后指着面前另外两条长凳,边让座边问,"你们的任务都明确了吧?"

"明确了,到沙市找地下组织接转,去洪湖……"

周恩来详细交代说:"今年春上,贺龙、周逸群、史庶元、卢冬生他们几位参加过南昌起义的同志,已经先行一步去了那里。中央决心成立湘西北特委,不但要把湘鄂西革命根据地建立起来,还要一步一步发展壮大。现在,他们已在沙市那边把特委组织起来了,名叫湘鄂西特委,由周逸群同志担任书记,把湘鄂西地区的党组织和武装斗争,统一领导起来了。

"洪湖地区问题复杂一点,游击队很活跃,但缺少统一领导。中央决定,要把洪湖地区各路游击队归拢起来,成立一个红六军。然后,再和贺龙同志领导的红四军合在一起,组成红二军团。

"这个决定就由你们二位去传达。到了以后,首先要协助那里的同志,先把红六军搞起来。任务很艰巨呀!你们要有思想准备。"

孙德清和许光达频频点头,表示对中央指示的理解与完成任务的决心。

踏上西去的江轮,对许光达和孙德清来说,是件非常值得兴奋的事情!南昌起义中,三河坝一仗之后,他们搞兵运、走麦城,四处遭通缉,八方流浪,一言难尽。今天,终于就要投入武装斗争如火如荼的行列,真刀真枪地跟敌人斗了。这对于黄埔军人来说,简直就不亚于生命的复归!

泰州号长鸣一声,从上海起航了。孙德清和许光达离开甲板钻进舱房,两人心里都像揣着只小兔子。舱房人来人往,苦于无法交谈,孙德清只好摸出本《三国志》来看,也好打打掩护。

孙德清目光从书页上移开,左右侦察一下,发现没有别人,便小声对许光达说:"听说那边有个响当当的人物,名叫段德昌,在公安县闹得挺带劲,连沙市国民党鲁涤平第二军也不敢惹他!"

许光达说:"此人我晓得,也是黄埔老学友。"

"他是几期的?"孙德清问,目光仍盯着书页。

"好像是四期的吧……也可能是三期。"许光达的眼睛警惕地守在舱口。

孙德清还想说什么,许光达着意咳嗽了一声,原来是茶房送开水来了。

"二位先生不用点什么?"茶房见孙德清和许光达西装革履,俨然巨商大贾。斟茶时两眼骨碌碌转着,故意献殷勤。

孙德清从没有零食小酌的习惯,不由分说就要摆手,被许光达用目光制止住了。许光达正了正身子,斜睨着茶房不慌不忙地哼了声,说:"来半斤卤牛肉、半斤猪头肉,再要四两花生米,小菜嘛,随便弄几样,老酒一壶,要温的!"

"好嘞!"茶房兴颠颠地出去了。

孙德清说:"想不到你的胃口还这么好!"

"你还看不出来?"许光达压低声,"这前后舱有身份的人,哪个不在花天酒地?只有我们俩对着一本书呷清茶,一杯茶冲过五六遍也没换。我敢断定,茶房

起疑心了！别忘记啰,我的孙董事长,我们俩现在是上海蜂蜜公司的大老板！"

孙德清一听,醒悟似的连连点头:"吃！吃！"

茶房送进酒菜,许光达摸张大面额纸钞塞在他手上,豪气十足地把脸一扬:"不用找了！"

"哎哟,侬格是礼重格！"茶房讪讪地垂立在许光达身边,"先生,侬有啥事体,只管吩咐阿拉！"

许光达慢悠悠地抬起眼皮:"我们二位都喜欢清静,不想有人打搅,劳烦你照看着点。"

"小意思、小意思,侬放宽心！"茶房点头哈腰地离开了。从此一直到沙市港口下船,再也没有第三人进入这个舱房。茶房鬼得很,亦颇守信用,差不多一直堵在舱口,只要有客人,立即迎上去,把人引向别处。

孙德清不无感慨:"光达,你真行,还有这一手！"

"都是这几年的漂泊,逼出来的呀！"许光达心里有种说不清的滋味。

这一路,两人就着酒菜自有叙不完的往事。快到沙市了,船上气氛在悄悄变化。孙德清和许光达正谈得起劲,忽听船舷上一阵骚动,有人惊慌地喊:"……游击队！"

两人实在抑制不住兴奋,装作散步,不动声色地登上甲板。

正是夕阳时分,只见不远处的江汉边,几艘小船出没在波涛之中。有艘稍大点的船头,还插着一面红旗。船上的游击队员们,一律扎着腰带、打着绑腿,远远地朝江轮上的旅客挥手致意。孙德清和许光达久久盯着,直到小船全都划进港汊,隐没到金黄色的秋野中……

这情景真是太动人了！许光达和孙德清倚着栏杆,身体靠在一起,暗暗抓紧彼此的手,直到握出汗来。

船靠岸了,素有"小汉口"之称的湖北沙市就在眼前。孙德清和许光达刚要打点行装准备下船,那个得了好处的小茶房,慌忙过来提起他们的行李,一直把他们送出了检查口。

沙市的街面上店铺林立,五花八门的叫卖声不绝于耳。长袍马褂的阔佬、破衣烂衫的乞丐、小心翼翼的乡下人和蛮横无理的警察,都市喧嚣中的众生相,一一触动着行色匆匆的旅人。为了避人耳目,许光达他们特意叫了一辆人力车。车过一条宽街,正要往一家门面阔绰的客栈奔去,忽见街口围着一大群男女老少。

人群中,有个瞎眼老汉在唱谣曲。许光达和孙德清听得明白,老汉的谣曲这样唱道:

> 铜锣一打响噹噹,表表湘鄂英雄榜。
> 邓赤中,破沔阳,设计巧赚李伯岩。
> 乔装打扮彭国才,胡慎之当卖柴郎。
> 监利有个王步云,领兵夜袭下车湾。
> 肖仁鹄,取螺山,半路杀出王大全。
> 弥陀镇,出奇兵,里应外合段德昌。
> 洪湖岸边有黄鳌,贺锦斋的队伍在荆江。

人力车夫一溜烟朝那个叫西江月的客栈飞奔而去。等到两人在西江月的头等客房安顿下来,即吩咐店中听班的小伙计给福昌祥货栈送去一张名片之后,孙德清才长长地嘘了一口气,笑着跟许光达打趣:"许老板,这台戏也该收场了吧!"

许光达说:"早得很哪,这里离真正的洪湖还远,搞不好大戏还在后头。"

话刚落音,就听大街上警笛四起。不大会儿工夫,房门被人打得嘭嘭响。许光达和孙德清面面相觑,一时不知如何是好。

门被旅店的伙计打开了,进来几名杀气腾腾的军警。

"哪来的?"一个瘦高个的家伙极无礼貌,张口粗声大气。

许光达从容不迫:"上海。"

"做么事的?证件!"

"上海蜂蜜公司供职。"许光达一边掏证件,一边指着背起双手、挺立一旁的孙德清,"这是我们的董事长。"

孙德清略微敛一敛胸:"鄙人姓孙,孙德清。"

瘦高个军警对照人脸验看了证件和船票,没发现破绽。又在房间里嗅了一圈,也没有疑点,口气和缓了些:"听口音,二位不是上海人啊?"

许光达心里一惊,但立即强迫自己镇静下来:"是啊,我们也是湘鄂人士,鄙人的故里在长沙,我们董事长是鄂东……唉,闯荡江湖几十年,乡音难改啊!"

瘦高个军警立刻对孙德清产生了兴趣:"哦,孙老板府上是鄂东哪个县份?"

孙德清慌不择路,拣个熟悉的地名随口答道:"英山。"

"哟,我是浠水的!"瘦高个军警口音突变,露出轻薄,"你家在英山么屋头?"

"鸡鸣河。"孙德清随机应变地应了一句,心中一点底也没有。

"啊呀,我在洗马畈!"

许光达一听不对头,赶紧插进来:"你看看,你看看,大水冲了龙王庙了!"

瘦高个军警脸色大见阳气:"兄弟例行公事,多有冒犯。他妈的,怪只怪共匪活动太猖狂,上头追得紧,伤脑筋!"

孙德清和许光达一连声打着哈哈,说着慰勉的话,顺势将一条白金龙牌香烟塞进那家伙的大裤兜里,总算把几个丧门星送出了门。两人相对喘了口气,才觉出浑身冷汗凉兮兮的。

"孙董事长,你的戏演得不错,蛮有派头的嘛。"许光达笑着说。

孙德清也笑了:"你怎么不讲我是安徽人,偏偏提个鄂东,幸亏我还知道有个英山,旁边有条鸡鸣河。那家伙再多问一句,我非露馅不可!"

正在两人千般庆幸、万般宽怀时,忽听门上又有人不轻不重地敲起来。

带着颗子弹从洪湖出发

段德昌从许光达手中接过中共湘鄂西省委给中央的信,凑到床头油灯下,仔细端详着每一个字,仿佛执意要从那短短的字里行间,看出这位情同手足的战友未知岁月无尽的祸福吉凶:

许光达同志简历及医病介绍信

中央:

许光达同志,曾任三军八师师长,在中夏上山逃跑时,他带八师攻藕池回苏区,未下,又回五鹤转鄂西北,三军回洪湖,又任九师二十五团团长。他曾做过反中夏路线的斗争,应城之役受伤甚重,弹未出,特来诊治,希接洽。

伤愈,并望给以短期军事政治训练,随派回三军工作。

湘鄂西省委

二月二十九日

许久,介绍信终于看完了,段德昌把它小心地折起来,还给身边的许光达,转而将手按在他的脚踝上。他发觉那脚踝冰凉冰凉的,知道这是流血过多的原因,于是边聊天边在许光达的脚踝上轻轻揉搓着……

　　许光达把介绍信放到灯头的火苗上,点着了……这是组织规矩,介绍信的原件由地下同志传递,许光达和护送人员须牢牢记住信上的每个字,以备到上海与地下组织接头时,能够准确地识别。许光达一边烧信,一边叹息:"真想不到,这么快就……"

　　段德昌接过话:"记得你跟德清刚来洪湖时,贺胡子和锦斋、冬生、逸群他们,全都去了桑植。洪湖这边,县县乡乡都在搞暴动,游击队遍地都是。我们也盼着中央早点派人来收拾局面。革命要想成气候,东一枪西一炮的,肯定搞不成,非得攥紧拳头不可!"

　　"我们党像你这样懂大局又能搞军事的同志太少。"许光达若有所思,"可惜我这个伤啊……说句心里话,我真不想离开……"

　　在湘鄂西这块寒凝彻骨的土地上,此时此刻不知有多少热血奔流的男儿,怀抱着一颗颤动的心,沉入季节的深处……段德昌面对这样的现实,真不知道该怎么办。他将许光达的双脚紧紧暖在怀里,带着一丝感伤,幽幽地说:"光达,有一天革命搞出来了,党成功了,给多大的官,我们也不当,我们就一起留在洪湖,搞建设,好好改造改造这块地方!"

　　许光达说:"可不就是嘛,这也正是我的心愿。"

　　"但愿我们都能战斗到那一天……"段德昌叹道。

　　"我到上海把刀一开,子弹一抠出来,就立马赶回来。要是组织上许可,我还到二十五团,当么子都无所谓。"

　　"一言为定啊。"段德昌嘴里说着话,手上使着劲,"只要有个信,我亲自到汉口接你。"

　　许光达说:"那倒不必,汉口过来这一路,到处是组织同志。再回来时就轻车熟路了,不比三年前我跟德清初来的时候,还要扮成大老板,拿着一本《三国志》打暗号……"

　　那一幕的确是许光达难忘的记忆,以至于几年后总是挥之不去。

　　离开沙市的头天晚上,许光达和孙德清刚哄走了几个军警,福昌祥商号的

老板就长袍马褂来到西江月旅店,声称要见上海蜂蜜公司的客人。

小伙计也不知深浅,一路小跑上了楼,急急忙忙敲响房门。

福昌祥商号的老板一副土财主的模样。一见面,彼此打量一番,寒暄几句,许光达便在皮箱里摸出那本《三国志》递过去,说:"听说老板好藏古籍,这是上海新近重印的版本,特备一册,请笑纳。"

这老板接过去,慢慢打开,随便翻到第九回,只见那回目上方,八个粗放的楷字映入眼帘:

长河落日　　大漠孤烟

"欢迎你们——同志,一路辛苦了!"所谓商号老板,分明是地下组织同志。对上暗号之后,顿时脸上堆起笑容,一把抓住孙德清和许光达的手。

第二天一早,孙德清和许光达按照地下交通员的要求化装成渔民,被护送到江边的一艘小木船上。船老伯姓郝,交通员称他为郝伯。郝伯五十来岁,湖北沔阳人,是个地道的渔民,但很有交通工作经验。有好几次撞上国民党的巡江快艇,都顺顺当当地过去了。

许光达十分敬佩郝伯,一路兴致勃勃地跟他聊着。

"早就听说你们湖北沔阳是个好地方,那首歌谣怎么唱的……湖北沔阳洲,十年九不收。若有一年收,狗都不吃粥。"

"好么子用?如今老百姓的日子还不照样没法过……"郝伯脸上闪过一丝忧愁,随即手一指,"你看看,又来了,都是这班王八羔子糟蹋的呀!"

随着郝伯手指的方向看去,一艘国民党炮艇直奔渔船而来。

许光达撩起渔网,按照郝伯的指点,顺手轻悠一抛,网口溜圆,网脚一齐落水,刷的一声,好精彩的一网,罩入江中。

郝伯一声赞叹还没出口,炮艇已减慢速度,向渔船靠拢。

许光达和孙德清右手情不自禁碰着了怀里的手枪。

"莫慌,收你的网!"郝伯给许光达递个眼色,转脸笑嘻嘻地朝炮艇上喊,"辛苦哇,老总!"

炮艇上一军官模样的人嘴上叼着烟,脸一沉:"废话少说,带走!"

几个小兵立刻要往船上跳。许光达和孙德清往起一站,正要掏枪。就见郝伯一拍船帮,厉声喝道:"做你们的事!"

炮艇上的国民党官兵被这声喝吓了一愣,随即本能地呼呼啦啦端起枪来,稀里哗啦拉开枪栓。

"啊呀老总,这是做么事哟!我两个伢子不成器,我管教就是……"郝伯故作害怕地双手发抖。

国民党军官镇定下来,冷冷一笑道:"两个伢子?我看你们是游击队!"

"老总,这你就冤枉了,我们爷儿仨天天在江上打鱼,你不认得我们,我们还认得你哩!"

那军官阴险地审视着许光达和孙德清。只见他二人一个择网、一个刷锅,跟打鱼人家的后生并无两样。他放心地跳上渔船,走到舱板旁边,一脚踢开盖板,看见满舱是活鱼,新鲜乱跳,其中一条三四斤重的大鲤鱼,在脚边一蹿,差点蹿到舱外。军官吃了一惊,身体不稳,弄得小船左右摇晃。

"嗬,鱼倒不少,好大嘛!"那军官咂着嘴。

郝伯对许光达说:"还愣什么,赶快给长官捞鱼。"

许光达不情愿地抄起小捞子,净挑小的捞。

郝伯夺过小捞子,大声说:"我来,孝敬老总,要拣大的。"他三下五除二,捞出几条大鲤鱼,甩到炮艇上。

那军官走过来拍拍郝伯的肩膀:"你比你小子大方!"说着瞪了许光达一眼,跃上炮艇,开足马力,扬长而去。

郝伯拉着许光达和孙德清的胳膊哈哈大笑:"同志,回家去!转过这片芦柴滩,狗日的想追也不敢追啦!"

是啊,到家了!许光达和孙德清精神为之一振,浑身涌动着阵阵暖流。

到家的感觉是从那个手持红缨枪的小男孩开始的。几十年后,许光达还充满深情地忆及那个刻骨铭心的时刻:"那个小男孩带我们进村到一个老乡家去住宿。一进村,只见墙上到处是红绿纸写的'打倒土豪劣绅!''把地主土地分给农民!''拥护苏维埃!''消灭民团警备队'等标语。看了这些标语,我们心里那个兴奋啊,长期在白区行动中那种提心吊胆的心情顿时消失了。

"到了老乡家以后,一位中年妇女出来亲切接待我们,她给我们准备了晚

饭。饭后,就和她坐在堂屋里交谈起来。她说她的丈夫原是雇工,因为参加农协被民团杀害了;她的儿子几个月前参加了游击队。她以自豪的口气说,现在我们这里是红区了!一闹起革命,土豪劣绅有的被杀掉,有的跑到县城里去了。他们的房屋、土地都分给了我们穷人。她指着自家的房子和家具说,这些都是分来的。接着,她又给我们介绍当地群众参加革命斗争的情况。并且指着羞涩地偎依在身后的十来岁的女儿说,连她也参加放哨哩!我们也把外面的情况告诉了她,一直谈到深夜才休息。因为真正感到是到家了,所以,那夜里我们着着实实地睡了个好觉。"

与回家的幸福恰好相抵,三年后的许光达,在这么一个又寒冷又温馨的不眠之夜,他正经受着离家的煎熬。

已是后半夜了,刘淑云和黄超云为许光达铺好一副担架,将换洗的衣服一件一件洗净烘干,收进几年前来时用的那个小皮箱里。并且,不知从哪里弄来几两棉花,给许光达穿旧了的一件棉背心重新续了续。约莫十来个茶叶蛋也装进了铁盒子,甚至洗脸手巾也用粗布剪出两块,方方正正压在一处。一切收拾停当,听到段德昌和许光达还在谈话,便使劲敲敲土壁,那意思不言自明。

段德昌笑笑:"光达,人家提意见了。"

许光达盯着墙缝里透过的一束灯光:"淑云同志真是把好手,有文化,又能干,这些日子要不是她……"

段德昌忽然想起什么:"你今年二十几?"

"么事?"许光达敏感地反问。

"也该成个家了。"段德昌神秘地眨眨眼睛,"注意没有,盯着你的女娃儿大有人在啊!"

许光达带着涩意地笑了笑:"你还不晓得呀,我是有妻室的人了。她姓邹,岳丈就是我的启蒙先生。"

"邹希鲁老先生?"

"正是他。我和他女儿虽是父母之命,也算患难相知。我们匆忙办了婚事,只在一起生活了十天。因为有人叛变告密,国民党追到家里抓我,就连夜逃了出来。这一别好几年了,么子音讯都没得……"

段德昌嗔道:"你呀你呀,这么大的事,我们相处几年,连一个字也没见你吐露过,把我蒙在鼓里。人家还缠住我跟淑云给你当媒人呢……怎么样,想不想晓得她是哪一个?"

许光达闭上眼睛,就着土枕摇了摇头。

松树炮壮英雄胆

从瞿家湾到水码头,有几个钟头的路程。医院决定由刘淑云和黄超云护送许光达过去。可是,担架一抬出来,却有一大群人陪在里面,有医护人员、有群众,还有一些轻伤员。他们一直跟着担架送到码头边。

段德昌拉着马站在村口呆呆地看了一会儿。就在刚才,当他伸手将担架上的许光达的一只胳膊掖进被絮时,突然意识到这次分别有可能就是历史性的。诀别就在眼前,许光达的脸白得像一张纸。段德昌忍不住鼻头一酸,要落泪。当即他改变了送到码头的打算,就此一握,把这个时刻留在了瞿家湾。

段德昌打马去了中共石首县委的驻地横沟。那是红六军汪家桥会师之前,段德昌初识许光达的地方。

当初,许光达和孙德清由沙市到郝穴,最早见到的地方党组织领导人,是石首县委书记屈阳春。这位跟普通老农一丝不差的石书记,把他们转送到段玉林的游击队——江陵中队。当时,先期到达湘鄂西的周逸群他们,已经将游击队改编妥当,江陵和石首的游击队编为第一中队,中队长叫段书甲,也就是段玉林;监利和沔阳的游击队编为第二中队,段德昌担任中队长,还有个副中队长,叫彭国材。正好,那天赶上了石首县团防来"清乡",许光达和孙德清饭也不吃了,抄起家伙就要上阵。

江陵中队的中队长段玉林先是不同意,怕这两位中央代表不安全。后一问,知道他们不是耍嘴皮子的,而都是响当当的老黄埔。"那还有么话讲哟,干吧!"他拉着二位的衣袖就走。

石首县团总听信了当地一个土豪的牛皮,说是游击队只有四五十个人,不堪一击。于是,鼓起勇气把全县五百多散兵游勇召集起来,用小火轮拖着五艘木船,北渡长江,气势汹汹地直奔段玉林而来。

段玉林毫不含糊地拉出他的队伍。孙德清和许光达一见,心里嘀咕开了:这叫什么队伍?装束是五花八门:长袍、短褂、背心、礼帽、瓜皮帽、光和尚头,全都

有。而且大多光着脚板,连双草鞋也不穿。手里的家伙更有意思了:除了几位干部和老兵手里还有两件汉阳造、英国花轮什么的,别的人手上差不多都是土货,什么鸟枪鸭铳、独镢、九响棒、列宁驳壳,真是十八般兵器,应有尽有。

"行不行啊?"许光达小声地问孙德清。自从进了黄埔军校同军事打交道以来,他还是第一次见识这样的队伍。

孙德清摇摇头,不置可否。显然,他心里也没底。

狭路相逢,只有一拼。据侦察员报告,敌人将从游击队驻地附近的小河口方向过来。许光达和孙德清同段玉林商量,决定在小河口打伏击,队伍立刻拉到小河口埋伏起来。

方案一定,段玉林跳上一个土墩,大声问:"同志们,我们要不要群众?"

"要——!"几十个人异口同声。

"我们要不要苏区?"

"要——!"

"那我们怎么办?"

"打——!"

段玉林跳下土墩,大手一挥:"出发!"

好家伙,这就是战前动员啊!许光达和孙德清相互点点头。不知是因为对段玉林的敬佩,还是因为被他这几句简短有力的动员所鼓舞,两人都觉得身上火烧火燎的,热血沸腾。

队伍静悄悄地出发了。许光达问段玉林:"搞到炮没有?"

"我们都是土包子,哪有那玩意儿。"

"土炮也没?"

段玉林一拍脑门:"倒有两门松树炮,还搁在桃花山上哩,好久没用了。"

"该用上!有门把炮,仗就好打多了!"许光达搓着手掌说。

段玉林立即派两个壮小伙子牵条水牯牛到桃花山上驮炮。

土炮驮来了,许光达一看,这也叫炮!原来就是两根中间掏空了的松木!他看了看,决心试一试。于是,让驮炮的两个小伙子搭把手,把炮架到圩埂边。根据敌人可能出现的位置,伸手判定距离,设定了几个不同的射角,然后冲两个小伙子下令:"装填!"

两个小伙子傻傻地望着许光达:"许同志,么事?"

许光达愣了愣,马上醒悟过来,连忙改口说:"往里头塞火药嘛!"

两个小伙子明白了,立马干起来。正忙着,江面上传来了小火轮的马达声。

不一会儿,一艘小火轮拖着一串木船,急急地朝小河口的汊口开来。小河口是紧临长江的一个汊口。船上的敌兵,有的袖着手,有的打着哈欠,完全没有想到自己已经进入了游击队的伏击圈。

段玉林沉住气。他要把敌人全部放到岸上再打。

小火轮缓缓地靠岸了。当官的吆喝着:"快点,上岸了!都他妈的快点!"敌兵勉强打起精神,一窝蜂地涌向岸边。几艘船并排争靠,乱糟糟的,毫无戒备。

"打!"段玉林挺身将手枪一挥,游击队员们在苇子边一齐开火。打了一阵,一跃而上,冲过去了。

战士们手中的九响棒,是用土枪改装出来的。火药填进去,能够连发九响,而列宁驳壳却是竹筒子做的,里面放上鞭炮,响声跟机关枪差不多。顿时,虚虚实实,枪声、喊杀声响成一片。

敌人胡乱地放着枪,当官的朝当兵的屁股上踢来踢去,大喊大叫,拼命维持着队形。

这时,忽听身后杀声山响,附近村里的老百姓出动了!这个队伍铺天盖地,有老头、妇女,还有儿童团员。他们打着红旗,手中操着大刀、长矛、鱼叉和锄头,吼得地动山摇。

"撤!快撤!"敌人前后受攻,一时顾头不顾腚,也摸不清深浅,赶快吆三喝四地往木船上撤。没等全部爬回木船,小火轮就起锚了,一离岸便加足马力没命地开。

许光达一见这情形,熟练地调整出一个高低射角,胳膊伸直,透过手指朝小火轮瞄准,下达口令:"放!"见两个小伙子没反应,赶紧又说:"快点火!"

这时,游击队和老乡们早冲到水边,把没来得及爬上船的敌兵全部解决了,但大多数敌人已随船逃到江面,可大家手中的家伙够不上,心中好不懊恼。

突然,就听身边的圩埂旁呼啦两声,两团火球飞向敌船,两声巨响后,敌人的小火轮在浓烟中震颤了一下,烧起来了。

没有了拖头,木船上的敌人像无头苍蝇,跳水的、扔枪的、抱头钻舱板的,洋

相百出。

许光达高兴坏了！没想到这两个老古董还真派上了用场。他急忙重新瞄准木船，下令再装火药。可一看那松木炮身，已经冒烟了，不能再点火了。

"真可惜，本来敌人一个都跑不掉的！"许光达对段玉林说。

段玉林咧开嘴巴呵呵笑着，大拇指举过头顶，一边奔跑一边喊："呱呱叫！呱呱叫！这也够他们吃一壶的啦！"

游击队员和乡亲们就着埂边把许光达围在中间，数不尽的敬佩和赞扬："你看看，共产党里头就是有能人！没想到一脸书生气的中央代表，手段这么高强，两截破树筒子，荒搁了多少年，经他上手一摸，硬是把火球砸到团防队的脑壳上。分毫不差，真正是神了！"

孙德清说："光达，你干脆把'神功'教教大家，让它在战场上发挥作用嘛！"

"好哇！"许光达让大家把松树炮带上，"我来改进改进！"接下来的两三个月里，他协助段玉林又指挥了熊河、马家寨、观音寺等战斗，没有一仗不打得漂漂亮亮。松树炮经过改进，既打得比过去远，又能连续点火。战斗中松树炮一响，必胜无疑，游击队员们索性就把它称作神仙炮，说是"神仙开口，胜利到手！"

战斗间隙，许光达就把军校学到的战术、技术知识，一点一点传授给游击队员。他操着一口乡音，尽量通俗易懂地讲解。诸如地形地貌的利用、战场协同动作及火力配合等理论知识，经他的嘴一转换，就显得极为生动有趣。他挂在嘴上的一句话："同志哥呃，打仗不能光靠傻大胆，蛮牛脾气也要不得，还要动脑子、想办法、用巧劲！"道理讲过了，接着就给大家来段孙猴子斗牛魔王的故事。故事讲完了，课也就结束了，弄得大家都忘记了鼓掌。

转眼已入深秋。这一天，许光达又利用休整机会给游击队员们讲战术课。讲到一半，忽见石首县委书记屈阳春过来了。他声称有重要消息要向许光达和孙德清当面报告。

"水龙"、"火龙"驾一片祥云

横沟镇天高皇帝远，正好是红色苏维埃政权生根发芽的好地方。

段德昌打马来到镇东，迎面一副豪门，气势宏伟。这原是一家王姓地主的深宅大院。主人因为罪大恶极已被镇压，现在便成了这一带红色政权的活动中心。

段德昌在门前的石狮子旁下马,顺手将缰绳结个大大的活套,往狮子头上一扔。然后,拾级而上,径直跨进门槛。

一位缠着白头巾的老汉迎出来,大家都叫他陈伯。陈伯认得段德昌,见面就埋怨开了:"嗬,是段师长,怎么老不见你?仗打得家也不回了,有大半年了吧!"

上一次,是段德昌来参加湘鄂西特委各县联席会。那天段德昌来得很早,主持会议的周逸群也来得很早,彼此就聊起来。周逸群告诉他,中央最近派来的两位代表一会儿就到,并说:"他们也是黄埔军校的毕业生,军事上很有一套。这次中央派他们来组织成立红六军,安排得很妥当……"

周逸群同样是个老革命了,也是个老黄埔。他是贵州铜仁县人,早年留学日本,回国后在上海创办了一份叫《贵州青年》的旬刊。他是1924年10月黄埔二期的学生,后来到贺龙身边工作,担任国民革命军第九军第一师的政治部主任。他还是贺龙的入党介绍人之一,是贺龙投身革命的引路人。南昌起义中,周逸群任起义军的第二十军第三师师长,瑞金、会昌战斗都参加了,所以对许光达实际并不陌生,只是名字没对上。

说着话,段玉林和屈阳春领着孙德清、许光达进来了。段德昌和周逸群一块儿起身与他俩握手:"欢迎、欢迎,欢迎中央代表同志!"

"两位都是黄埔学长,又都是南昌举义的老首长,还请对我们的工作多指教、多批评啊!"许光达拉着周逸群和段德昌的手,谦虚地笑着。

听许光达这么一说,周逸群和段德昌更高兴了。于是谈起黄埔军训和南昌起义的激战。孙德清和周逸群早就认识,就把许光达给两位做了简单介绍。当听说许光达就是当年的许德华,是南昌起义军南下打会昌、守三河坝战斗中,那个大名鼎鼎的虎胆英雄"娃儿排长"、"娃儿连长"时,周逸群和段德昌激动得跳起来,重新握住许光达的手:"啊呀,你看看,革命洪流又把我们冲到一起来了!"

接下来的会议显得既融洽又庄严。先是孙德清传达中央关于成立红六军的指示。接着,周逸群讲湘鄂西的现实斗争。他首先谈到队伍建设的基础条件。当年三河坝分兵后,周曾奉命带领起义军第三师驻守潮州。在敌人海陆军的联合进攻下,第三师寡不敌众,被打散了。周逸群自己也被俘,后来趁乱逃脱出来,与贺龙在湘鄂西重新汇合,收罗起义军中逃回老家的一批骨干,继续搞武装斗争。眼下各路人马虽然都是游击队的编制,但骨干力量很强,整体上军政素质并不

差,这对组建一支正规部队极为有利,条件相当成熟。

许光达谈形势。他从国际到国内,娓娓道来,不慌不忙地打着手势。周逸群与段德昌都注意到,许光达的讲话中措辞相当讲究,逻辑关系非常严密,特别是军事术语频率使用很高,加上他那个挺胸收腹的站立姿势,配着高大身材,黄埔军人的风格一目了然。这给周逸群和段德昌都留下了极为深刻的的印象。

会议决定:先以最快的速度把中央的指示精神传达给各路游击队战士,同时更深一步地宣传和发动群众,再做些必要的准备工作,争取在1930年春节期间正式成立红六军。

为了这个不同寻常的决定,周逸群提议大家起立,由他领头打拍子,一起唱《国际歌》。

段德昌的耳边仿佛又回荡起那段雄壮的旋律。可是,时光无法倒流,短短的三年,周逸群牺牲了,孙德清下落不明,许光达现在重伤在身,生死未卜,再要有个三长两短……

段德昌的战马在横沟去往汪家桥的土埂上踏碎整整一个上午。

怪不得说战争是个大熔炉,三年前的许光达还是那么年轻,尽管他的经历早就可以写一本书,但在段德昌的眼里,仍旧是"嫩嫩的"。

段德昌和许光达握手的时候,段玉林一旁对许光达介绍说:"这就是我们洪湖大名鼎鼎的'火龙将军'啊!"

许光达轻轻地惊讶了一声,便睁大眼睛打量段德昌。

"不大相信,是不是啊?"段德昌难得露出了笑容。

许光达说:"相信!相信!你火烧彭霸天,砍伤国民党师长岳维峻和谭道源的故事,早就听说了。老乡们都讲,洪湖有两条龙,贺老总是'水龙',你是'火龙'嘛!"

"贺龙是龙不假,我谈不上啊……"段德昌想了想,幽默了一句,"我倒愿意做片云雾,让贺胡子腾云驾雾……"

许光达拉住段德昌的手,坐到他身边,一直到散会。那天,段德昌说了很多话,差不多把他一年的话都说完了。

再一次的会面,便是1929年12月,湘鄂西特委在石首召开第二次党代会。

这时中央又派来了王一鸣、周小康等一批同志,加强特委和武装队伍的领导力量。接着经过两个来月的精心准备,终于迎来了红六军的出征誓师。

那是1930年2月5日,段德昌和段玉林所率第一、第二两个纵队,在监利西北的汪家桥会师,由周逸群主持宣布新编的中国工农红军第六军正式成立,并建立起党的前委会,许光达为候补委员。两天后的2月7日清早6点多钟,全军两千多人的队伍集合起来,拉到沙岗东北角的河堤上,既是纪念二七大罢工七周年,又是新成立的红六军誓师出征。大会声势浩大,军民武装上万人聚在一起,加上远近赶来的群众,黑压压的一大片。

议程很简单。军长孙德清因病没能到场(后由邝继勋接任),周逸群就以军政治委员的身份,代表军长来了几句开场白,接着便由第一、第二两个纵队自己领着喊口号。段德昌是副军长,同时担任第一纵队的纵队长;许光达既为军参谋长,又兼着第二纵队的政治委员。两人轮番登台,代表各自纵队表决心。段德昌说了一句:"死活要给洪湖的父老乡亲争个脸。"许光达抢上台说:"二纵队要是对不起洪湖苏区,我和段玉林都去坐禁闭!"段玉林是第二纵队的纵队长。

第一、第二纵队的指战员们群情振奋,齐声高呼:"誓死决战,革命到底!"

会议没开到一个钟头时,队伍按计划举行庆祝游行,军民夹杂在一起,显得格外壮观。此前,许光达曾建议,新成立的红六军首先打几个漂亮仗,以扩大根据地的影响,也检阅一下战斗力。中央采纳了这个建议,并下达了具体指示。按照中央的指示精神,队伍游行结束就分头出发,向周边敌据点发起进攻。

许光达领导的军司令部忙活开了!说是司令部,实际只有三个人,许光达这个参谋长和另外两名参谋。三个人也有三个人的工作套路:按照军首长的总体意图,三人充分讨论,集思广益,包括分头听取各方面指挥员和有经验的战士意见,再由参谋拿出具体的文字方案,参谋长许光达来审定,最后报知军长、政治委员并传达到部队中去执行。麻雀虽小,五脏俱全。不管什么事,只要经许光达的手去做,总会讲究规矩方圆,秩序井然,有原则有灵活,绝不想当然。这种几乎贯穿他一生的黄埔作风,让当时红六军的许多军政指挥员大开眼界。之前的洪湖游击队打仗就不同了,都是长官说了算,令出一人,打胜仗打败仗,完全取决于指挥员的个人意志。

新成立的红六军果然了得！还不到天黑，段德昌的纵队便攻克了龙湾、熊口、老新口和张金河，而第二纵队则占领了新沟，消灭了敌第五师的一个连。接下来一连几天，捷报频传：17日占领渔阳镇，22日攻克潜江，3月8日又一鼓作气打下了郝穴，吃掉国民党军独立第十四旅两个营……这一仗，许光达打得满堂生辉！

第十四旅的队伍，说是"独立"却并非一般的地方部队，而是国民党正规军岳维峻的家底，其战斗力比那些杂七杂八的团防要强得多。郝穴的防务号称是"铁嘴钢牙"，城内外修了坚固的野战工事，甚至设置了鹿砦。红六军刚刚拉起架子，能不能碰这个硬？许光达在军部作战会上做了保证。他带领部队神不知鬼不觉地插到郝穴附近，按照划分地域，选择有利地形悄悄隐蔽起来，丝毫没有惊动守敌。

部队行动的头天夜里，许光达及司令部的两个参谋和段德昌、段玉林，已经摸到城边把地形琢磨透了，精心选择了突破口。许光达还利用简易草图堆了个沙盘，把基层指挥员都集中起来明确任务。

听说打郝穴，农民自卫军和民兵们参战热情也很高，都赶来要任务。许光达说："现在有正规部队了，你们不必到第一线，多准备些红旗、火把，动静搞大一点，造成红旗如林的形势，迷惑敌人！"

战斗在拂晓打响。天还没大亮，破城的口子就被第一纵队打开了，后续部队一拥而上。这时候，外围的自卫队和民兵们点燃了火把，鞭炮齐鸣，真假难辨，红光冲天，杀声四起。黎明的薄雾中，红旗像排山倒海一样涌向城边，国民党军完全没想到红军来势如此凶猛，根本摸不透到底有多少攻城队伍，赶紧向岳维峻发报求援。

郝穴防务是下了血本的，这一告急，岳维峻先就慌了手脚。他不假思索立刻就派出一个团的兵力，匆匆赶来增援。谁知道这正好中了许光达的圈套，红六军伏击部队早就在预定地区张网以待了，敌人的增援团稀里糊涂扔下一大片尸体，慌慌张张又缩了回去。

整个战斗9点钟结束，守在郝穴的国民党正规军两个营和一个团防大队，被消灭得干干净净。红军缴获长短枪二百六十多支，弹药堆成小山一样。红六军牺牲很小，军心大振，加上武器装备这么一补充，部队士气高涨得不得了！

紧接着3月12日,红六军乘胜出击,又连续攻占沙市外围的一批国民党军据点,拿下了藕池、石首县城、仙桃镇。也就短短的两个来月,部队人枪已经翻了一番,由两千多达到四千多,并且把监利、沔阳、江陵、潜江几个根据地全部打通,连成了一片,特别是控制了潜江、石首和沔阳这三个县城,红六军发展的底气一下子充足多了!

这一来,根据地的规模大体上出来了。石首、藕池、调关攻下来之后,江南的公安、华容一带工作就好做得多了。在长江和汉水之间,除了沙市、监利还有少量国民党军的队伍把守之外,其他地区全都在红军手上,成片的根据地纷纷建立起苏维埃政权和赤卫队。

几仗打下来,红六军的干部战士得到很大的锻炼。战斗间隙,许光达见缝插针地安排时间,组织部队搞训练。他亲自讲解军事技术和战术战法,恨不得把黄埔的课堂也搬过来。同时,军司令部的建设也让许光达很上心。经过一番总结,他在司令部附设了个侦察队,组织一批精明强干的战士当侦察兵。许光达言传身教,给侦察兵上课,讲侦察方法,教他们如何拿情报、搞心战,使侦察队很快成了他的"信息资源库",在后续的战斗中,给许光达的军事指挥帮了大忙。

部队通过边打边整,越来越正规了。攻克观音寺之后稍事休整,纵队编制改成红十六、红十七两个师,许光达先担任红十七师政治委员,后改任师长。4月初,部队一下子发展到了一万三千多人,协同作战能力更强了。于是跨越长江,连克藕池、石首和调弦口等城镇。这期间,鄂西特委在石首的调弦口召开了江陵、监利、石首、潜江、沔阳五县工农兵代表大会,各县区乡都相应地建立起苏维埃政权和总工会、妇女会、少先队、儿童团、赤卫队等群众团体和武装。洪湖根据地开始有了正式的中共政权机构,崭新的苏区初步形成。

红六军相继攻下仙桃镇、系马口、蔡甸、峰口……这些地方,距汉口只有几十里路,国民党武汉政府大惊失色,立即摆出了决战的架势。

这天深夜,月上梢头,苦战一天的部队已经宿营,段德昌打马去见许光达。他心里有事,憋得慌,要跟许光达唠唠。

那是"左"倾中央头脑发热的日子。李立三鼓吹以城市为中心,急于取得"一省或几省的首先胜利",下令湘鄂赣红军要"会攻武汉,饮马长江"。但就当时的军事实力而言,红六军要"直取汉阳,配合鄂豫皖红军进攻武汉",谈何容易!

"光达,你跟中央接触过,你说说,中央怎么……"段德昌百思不得其解。

许光达说:"中央的问题由中央解决,眼前是我们还要不要往前打。"

"再打,非吃亏不可!我们手里是什么玩意儿?人家是什么玩意儿?我们才多少人?人家是多少人?况且人家早有准备,是以逸待劳。"

"常言道,好汉不吃眼前亏。莫不如主动撤退,积蓄力量,攥紧拳头再干。"

"对呀!当务之急,是想方设法联络贺胡子!"

"听说他带着人马也在往洪湖这边靠,在西斋、申金渡一带还杀了好几个恶霸哩!"

"我认为应该打公安,不妨跟邝继勋和周逸群同志建议建议,打下公安就一定能联系上贺胡子嘛,公安县离申金渡不远……"

"是啊,满打满算也只有三十四里路!"

……

段德昌和许光达商定,要把这些想法给当时代任军长的邝继勋和政治委员周逸群和盘托出,以避免可能出现的军事危机。很快,段德昌就接到了上级通知,要他到上海参加中央军事工作会议,上述意见也就被直接反映到了中央。

这是洪湖革命根据地历史上一段沉重的记忆。5月上旬,段德昌从上海带回中央指示:红六军与贺龙的红四军合编,组成红二军团。随即,鄂西特委派万涛到湘鄂边地区,去寻找红四军。

话说贺龙的红四军,也已经发展到四千人马。接到中央和省委指示,贺龙当即安排好湘鄂边苏区的工作,率兵直下洪湖。谁知走到长阳的渔洋关,被国民党川军第二十六师和长阳、五峰两县团防拦住了,几经突围没有成功,只好回师鹤峰。如此反复了三次,非但没有下得了"湖",反而付出了重大牺牲。而此间红六军却遵照"左"倾中央的立三路线,一个劲地在配合鄂豫皖红军攻打武汉,红十七师的侦察分队,甚至都已经摸到了汉口城里……

放弃打武汉,掉头迎接贺龙的命令,是邝继勋到任红六军军长后,执行中央决策中最重要的一项指示。

在军部军事工作研究会上,许光达的建议是:"红六军部队立即渡江南进,首先攻克华容,然后向石首、公安发展,把开辟江南根据地与迎接贺胡子的红四军,当作一个战略行动来完成!"

邝继勋是个老资格的军事指挥员。在上海中央军事训练班,许光达曾经听他讲过课,两人在军事观念上一点就通。所以作战计划出来后,不需过多解释,立即达成共识,然后就是落实部队行动的具体组织指挥工作。

许光达的红十七师主攻华容、南县。华容县位于湖南北部边陲,历来是兵家必争之地。县城东北有条小河,约莫六十米宽,城居紧挨着河边,城墙不算太高,隔河而望,上面有来回走动的民团巡逻队。侦察员的情报是:守城部队不是正规军,而是清一色民团,几百号人的兵力。

红十七师在许光达的指挥下,经监利尺八口渡江南下,进至墨山铺为敌所阻。担任攻击的第四大队,从拂晓打到上午9点,不但没有拿下墨山铺,一部兵力反被敌人包围了,情况十分危急。大队长贾鸣忠气喘吁吁地跑到师指挥所报告:"许师长,没见过这样的民团,死硬死硬的,干不下来,牺牲很大!"

许光达一听觉得不对劲,里面肯定有问题,当即决定亲自带领第五大队上去支援。命令下达后,许光达一口气跑到阵地前沿,静心地看了看对方的工事质量和火力配置,立刻明白了,敌人哪是什么民团!分明是国民党的正规军。让侦察队上去抓了个俘虏一审,原来还是何键的部队!

兵力要增强,打法要调整。许光达果断做出判断,当即命令:第四大队一部,向敌人侧翼迂回,牵制敌人;第五大队从正面向敌人发起猛攻,被围困的部队积极配合,由内向外突击。部队新的部署迅速展开,攻击开始,国民党军三面受击,招架不住,顿时乱了阵脚。红六军很快转被动为主动,各路人马越战越勇,形成对敌人的包围态势。

激烈的战斗持续了一个小时,原先被国民党军围困的部队顺利撤出来了,战斗过程中还歼灭了敌人的一个机炮连,缴获到重机枪和迫击炮。部队士气大振,很快拿下了墨山铺,乘胜向华容挺进。

这天黄昏,许光达与邝继勋、周逸群、段德昌、段玉林几个人带着两名参谋,火烧火燎地赶到华容县北城的小河边。隔河就是城墙,河这边有片芦苇丛,正好可以隐身。他们悄悄地趴在芦苇丛里,趁着天没大黑观察河两岸地形,小声商量攻城方案。当即决定:兵分三路,由段德昌率一部东面出击,强占上游;段玉林率一部西面出击,占领下游;许光达率一部正面从城北渡河,强攻县城。

国民党守军预料到城北河岸可能是红军攻城的突破口,但直到黄昏都没有看到河南岸有一艘船,更没见攻城的部队,也就放松了警觉。战斗打响后,听到枪声时他们还以为红军就是隔河放几枪,吓唬吓唬人而已,或者在玩声东击西的把戏,于是忙着在城东、西、南三门格外加强警备。殊不知许光达早就从红十七师挑选出百余名水性好、战术过硬的战士,组成了精干的突击队。天黑下来,攻击号令一下,突击队立即从北城凫水过河,突然登上小河南岸,飞快地强占北门,不足十分钟北城的缺口就打开了。

这时,段德昌和段玉林的上下游,也分别得手。他们紧紧咬住敌人,并迅速靠拢北城主攻部队,国民党华容守军很快就被解决了。许光达命令在北城小河上架起浮桥,顺便弄了个小仪式,迎接邝继勋军长和周逸群政治委员进城。

红六军借着华容的胜利,一鼓作气把南县、安乡、津市、石门全都打下来了,江南一大片肥沃的山野成了根据地。周逸群高兴地说:"这下贺胡子他们红四军过来,不会饿肚子了!"

许光达说:"贺龙同志离我们不远了!部队战斗情绪很高,战士们都在想,打下公安县,迎接贺老总呢!"

"好!"周逸群显得更为急切,"那就尽快,三天拿下公安,怎么样?"

大家几乎异口同声:"没问题呀!趁热打铁嘛……"

1930年7月1日,红六军兵分两路:许光达的红十七师经积玉口、新口,攻取闸口;段德昌率军部和红十六师进军胡家场、渣滓岗。很快,南平镇外围敌人一扫而光。紧接着势如破竹,直取公安县,动静传到了不远处的红四军。贺龙闻讯乘胜东进,部队进至离公安县只有一步之遥的地方。

于是,一幕动人的历史壮举由此展开:声威大震的红六军与贺龙带领的红四军在公安县城大会师。

那是7月上旬的一个下午,天气闷热难当,红六军的几个负责人顶着烈日去往公安城西迎接贺龙。两天前,中央特派代表柳直荀已经到了公安,带来中央指示:红四、红六两军合编为红二军团。两军会师时间确定为7月4日,地点选在公安县的陡湖堤。

这一天终于到了,大家起早做好准备,随便喝了口稀粥,就赶到会合地点。不一会儿工夫,大路上来了几个骑马的人。为首的大汉穿一身灰洋布便服,戴一顶大草帽,浓密的唇髭掩着厚厚的嘴唇,边在马背上一高一低地颠着边说话。大家老远就认出来了:"那不是贺老总嘛!"

南昌起义时,贺龙是总指挥,而许光达只是第二十五师第七十五团的一名排长。两人虽然见过面,却没有交谈的机会。这次,贺龙真切地来到自己身边,让许光达感到十分的亲切,心中那份欣喜与激动难于言表。

"逸群、继勋、德昌……啊呀,许光达……"贺龙高声招呼着大家,笑眯眯地一一握手,又车过身指着身后的几个人,给红六军来人介绍,"这个是贺炳炎,这个是王炳南,这个是……"

三天后,红二军团在公安县城正式成立。贺龙任总指挥,周逸群任政治委员,孙德清任参谋长,柳直荀任政治部主任。红二军团下辖两个军,红四军改为红二军,贺龙兼任军长;红六军军长邝继勋、政治委员段德昌。红六军下辖两个师:红十六师师长王一鸣,政治委员王鹤;红十七师师长许光达,政治委员李剑如。

这天晚上,在公安县文庙大殿里,段德昌下令摆开十八张八仙桌。菜肴虽不算丰盛,水酒却有十桶。

贺龙举着酒碗,手挽周逸群,哈哈大笑着豪饮一大口,高声对大家说:"想当初,我与逸群诸同志离开武汉的时候,只有三把枪,过洪湖,踏湘西,几经艰险,九死一生。现在两支队伍合到一块,精兵上万,战将千员,只要我们大家齐心协力,何愁革命不成功啊!"

酒热、心热,天气更热,贺龙敞着怀,摇着一把很大的芭蕉扇,走下桌子跟大家一一劝酒。他忽然发现许光达和柳直荀两个年轻人,只顾文质彬彬地交谈,却不动筷子,就用芭蕉扇指着他们大喊:"喂,你们两个年轻人,怎么搞的嘛,光说不吃呀!"

"放心吧,胡子,我们亏不了!"柳直荀笑着说。

贺龙呵呵笑着:"洪湖的鲤鱼,硬是好吃嘛!"他走到许光达身边:"光达,你也是长沙人吧?"

柳直荀代答:"我们都是长沙东乡的。"

"唔,怪不得呢!"贺龙打着趣,又问许光达,"听说你在三河坝负了重伤,后来去了哪里呀?"

许光达于是把自己寄养乡间、千里寻党的曲折故事,大概说了一遍。说到牺

牲的烈士，许多在座的同志眼圈都红了。

贺龙沉下脸："国民党想把我们斩尽杀绝，办不到！"接着他声音低沉下来："我四、六两军能有今日，不知流了多少烈士的鲜血……"

贺龙将碗中余酒静静地洒到地上："这碗酒，让我们祭奠烈士的英灵！"

所有的人都将酒默默地洒在地上。

大殿出现了短暂的安静。周逸群突然诗兴大发，于寂静中吟出一首诗来：

壮士何慷慨，志欲威八方。
驱车远行役，受命念自忘。
良弓挟乌号，明甲有精光。
临难不顾生，身死魂飞扬。
岂止全躯士，效命争战场。
忠为百业荣，义使英名彰。
重声谢后世，气节故有常。

段德昌清楚地记得，那一刻，整个文庙大厅静得连针落到地上的声音都能听得清。而这首意味深长的诗作，又恰恰是周逸群自身辉煌壮烈的人生写照。

洪湖血，浪打浪

贺龙骑马赶到码头时，运送许光达的小船已经离岸而去。其时，刘淑云和黄超云以及许多来送行的人，都还站在码头上挥手。贺龙只好坐在马背上，扯开他的粗嗓门喊："光——达，路上走好喽——！"

不知什么时候，段德昌的战马也悄悄来到贺龙身后。他只是呆呆地朝远去的小船望着，并不高喊，甚至也没有挥一挥手。

红二十五团参谋长张杰早一步赶到。他是肩负着全团干部和战士的重托，来送许光达的。见贺龙和段德昌先后都过来了，他也跨上马背，和他们并排站在一起。

许光达的船上还有三个人，一个是撑船的老船工，一个是负责送许光达去上海的地下交通员刘鳖，还有一个是警卫员小龚。

别离洪湖苏区，在许光达湘鄂西战斗生活的这三年里，只经历过一次。那是红二军团刚成立不久，左倾中央于1930年春季给湘鄂西特委下达扩红三十万的巨大任务，被湘鄂西党委据实打下折扣，提出竭尽全力也只能扩充三万的指标，从而遭到中央的严厉批评，被扣上"机会主义"的大帽子。湘鄂西党委一班人万般无奈，硬着头皮决定扩红五万。殊不知这在当时来说，也是个天文数字。任务下达到部队，师团具体落实的扩兵方法，不免有些简单：先召开群众大会，会场上扎两个大彩门，一个写着"革命之门"，一个写着"反革命之门"，宣布愿意革命的走"革命之门"，不愿意革命的走"反革命之门"，扛着梭镖的群众当然都从"革命之门"走出来，好，既然走"革命之门"，一律留下姓名，参加红军。这一来群众不干了，弄得怨声载道。

扩红的同时，部队趁着国民党中原大战不可开交的机会，埋头在红色苏区版图上拔"白桩"，一口气拔掉了国民党军手中的天门、京山、钟祥、荆门、沔阳等一大批"白桩"。挨个儿拔得正起劲，中央1930年6月通过的那份《新的革命高潮与一省或几省的首先胜利》决议案又压了下来，特委书记周小康在军团政治部主任柳直荀的陪同下，召开师以上干部参加的前委扩大会，秉承中央左倾路线，主张放弃根据地的巩固，把"白桩"交给赤卫队和农民自卫军去拔，大部队去攻打沙市、宜昌、武汉等大中城市。结果，队伍打得倒是英勇顽强，但指挥层急功近利，分队协调一团糟。打沙市那次战斗最窝囊，守军是国民党李虎臣的一个师，武器精良，又居高临下，红军突击连冲击一次被敌人火力压退一次，好不容易有个连队冲上去了，竟又给自己的炮弹轰了下来。仗打了一夜，攻城未克，部队一次就损失了一千多人。

就这样，中央代表仍不甘心，逼着部队再去打岳口，红二军的全部、红六军的红十七师统统拉上去了，可还是以失利而告终。其时，红二、红六两军之间，还存在着不大团结的现象，彼此有些猜疑。失利了再打，跟守敌拼消耗，城市是打下来了，部队内部及汉水北岸的工作却始终没有建立和巩固起来。这种情况下，红十七师又奉命在沔阳镇压猖獗一时的白极会。这股势力与地主豪绅武装、地方民团勾连在一起，暗地里操纵群众抗击红军，闹得赤区和白区群众严重对立，根据地给封死了，不是国民党政府封锁，而是周边群众封锁起来的，油盐酱醋柴一样也进不来，跟外界断绝了往来，苏区群众长期吃不到盐。这一来情绪就很不

稳定了，出现了成百上千的群众"反水"，情况更为严重。

打下岳口时，红军部队住在街上，突然遭到群众大规模的袭击，邝继勋险遭不测，赶紧撤退出来，返回沔阳的府场、峰口一带去休整。监利的黄穴口群众"反水"，暴动起来竟杀掉八十多名苏维埃和红军干部。沔阳和监利两地群众，被豪绅地主利用，到处成立白极会、大刀会、铲共团、自卫队之类的武装集团，见到红军和苏维埃干部就杀。他们也学红军组织发动群众的一套办法，宣传、讲演、散发传单，搞得声势浩大，蓄意把白区群众忽悠到苏区，以流动游击的方式烧杀抢掠，制造尖锐的矛盾冲突，挑拨群众之间的仇恨心理，沔阳成了一线无人区。而就在根据地"反水"逆潮尚不能控制的节骨眼上，左倾中央又硬性命令红二军团配合红一、红三军团去攻打长沙。

红二军团羽翼未丰，被迫放弃刚刚有点起色的扩军运动，含泪告别洪湖，走向万险的南征之路。

许光达永远也不会忘记，在那个滂沱大雨里面哭着给他下跪的老大娘。她一把眼泪一把鼻涕地哀求着："娃儿，不能走哇，你们一走，他们进来了，我们老的老小的小，活不成啦！"

但是，许光达还是要奉命率部出发。部队临近渡江之前，贺龙和周逸群再次很无奈，也很策略地向邓中夏提出建议：先把监利打下来，再按中央意图去会攻长沙。这样，鄂西苏区不至于因为红军渡江而完全放弃，同时还可以收到声东击西的效果，趁敌不备突然渡江，减少牺牲。而攻打监利也不会耽误太长的时间，三天就差不多了，胜利是有保证的。

邓中夏勉强同意了这个意见，但必须速战速决，抓紧体现中央意图。

打监利那天，是个风雨交加的夜晚。红二、红六军在周家嘴集合，分三路向监利进发。

监利紧傍长江北岸，是洪湖地区的重镇，国民党军死力扼守，仅县保安团就有十六个连，武器的配备和工事的修筑，也都狠下了功夫。所以，之前游击队两度攻打，都没有啃得动，每每无功而返，提起来都有点不好对付的意思。

红十七师受领主攻任务，作战部署刚刚完毕，浑身湿透的许光达便赶到前沿阵地。他亲眼盯着尖刀连偷袭成功，敦促后续部队向纵深发展。当发现冲击过程中许多战士不会隐蔽利用地形地貌而满大街乱跑时，赶紧传下口令：顺着街道的墙根冲击,不许在街道中间跑,要边隐蔽边射击!命令正下达着,自己便提着驳壳枪几步跃出工事,带着部队冲了上去……

监利守敌一向骄横,没想到这晚的红军攻势如此凶猛,风一把雨一把地硬撑了个把钟头,接着招架不住,顿成兵败山倒之势。

天亮时,大雨渐渐停了。残敌龟缩到一个叫七根檩的小区域内,固守待援。红军部队刚把七根檩团团围住,突然从敌人内部响起阵阵枪声,敌营垒中升起一面红旗。后来知道,有个叫杨家瑞的连长,是打入国民党军内部的共产党员。他带领两个连火线起义,红军趁机抄了敌指挥部。敌人从朱河、东湾赶来的援军刚刚露头,便被红军伏兵痛击了回去。开来一艘军舰,又因为监利港口滩高水浅,靠不了岸,胡乱放了几炮,掉头就走了。

监利一仗是个大胜利,歼灭了国民党军新三师教导团和县保安团两千多人,缴获枪支千余,红军只有较小的伤亡。最重要的是,将荆江两岸和鄂西、湘西连成了一体。当天大家很高兴,军民齐聚监利城内的上清观,召开祝捷大会。

谁知,第二天的军团军政联席会议上,遵照中央指示,鄂西特委改成湘鄂西特委,邓中夏为特委书记兼红二军团政治委员和前委书记,周逸群的前委书记和军团政治委员职务竟被免去了,只让他担任军团委代理书记,专门做地方工作。

又是段德昌站出来,愤愤不平地质问:"周逸群同志当军团委书记,还有必要在前面加一个'代'字吗?"

邓中夏摇摇手:"中央的指示,就不要深究了。大家还是讨论一下,如何配合红一、红三军团攻打长沙的问题。"

还是段德昌第一个发言:"我反对……据侦察员报告,红一军团和红三军团已经合编,叫红一方面军。他们都撤出了长沙,退到醴陵了!"他激动地从怀里掏出一份《民国日报》,抓在手上摇了摇:"看看吧,报纸上消息都登出来了,白纸黑字……我们再去孤军深入,后果不堪设想啊!"

"同志,不要捕风捉影好不好,要相信中央!有什么后果我负责,我是特委书记和军团政委……这件事不需要再议了,执行中央的决策,这个决心不能动摇,我们要对中央负这个责!"邓中夏生气了。

不由分说,许光达的红十七师被迫南下,再由监利陶家埠过江,经长岗庙、松木乔,在红十六师的配合下,攻克藕池,并在闸口歼灭敌人新七旅一部,直逼

澧州城下。

这种以满足于短暂虚荣为目的攻城略地,貌似雄心勃勃,而实际上是把胜利和危机一同培植起来。果不其然,当天贺龙便从缴获的敌人文件中得知,红一、红三军团确已撤出了长沙。当时蒋、冯、阎军阀混战已基本结束,何键把他的女婿李觉兵团拉上来了,有十八个团的兵力,加上"湘西王"陈渠珍的两个旅,以及土匪收编的杂牌军,总兵力达到二十多个团,一齐向孤立无援的红二军团扑来,且已经把华容、南县和公安三个县统统掳到了手……红二军团同洪湖苏区的联系一下子被割断了!

早在9月20日,鄂西前委在苏区中心周家嘴开扩大会时,周逸群就一针见血地发了顿脾气:"这就是乱弹琴!明显违背游击战的原则了嘛,以我们目前的力量,根本不具备这个条件,慢说长沙啃不动它,就是打下来了,也是守不住的!"结果,他的前委书记和军团政治委员被抹去了。攻打监利之后,到9月24日的军团军政联席会议,这位老资格的红军将领,居然没有说话的余地了。

万幸的是,到9月底,红二军团部队打到了聂家河,正欲大规模挥师长沙之际,中央派来加强红二军团军事指挥力量的汤慕禹和刘鸣先赶到了。他们带来中央紧急指示:放弃攻打长沙的计划!

"再耽误一下下,完屎啰!"贺龙气呼呼地黑着脸,急令部队回撤。

红二军团大部队迅速撤到了朱家河,立即就地召开前委会。什么议题还没有展开,邓中夏先把段德昌军长的职务免掉了,让刚从中央赶来的汤慕禹取而代之。在反对军团攻打长沙的过程中,段德昌态度最为坚决,曾多次跟接替周小康特委书记的中央代表邓中夏拍桌子打凳,甚至声称邓若再这样一意孤行瞎指挥,他就拒绝执行命令。

这话刺激了邓中夏,使他成为邓的心腹之患,邓中夏的无名之火憋了很久。他不止一次冷冷地对段德昌说:"打长沙不仅是中央的意见,也是共产国际的意图!这个责任你能负得了吗?你想回洪湖,你一个人回吧!"

许光达等师团军政领导,都坚决支持贺龙和周逸群的判断,一再提醒邓中夏:"这不行啊,队伍离开洪湖,那是死路一条,中央也要实事求是嘛!"

邓中夏信心百倍地说:"洪湖能跟长沙比吗?打下长沙,对全国、全世界有多大影响!当年俄国革命……一个或几个大城市拿下来,革命就前进了一大步啊！"

"目前的情况，还不到跟敌人硬拼的时候。在敌人兵力薄弱、群众基础好的农村发展和壮大革命根据地，才是我们唯一正确的出路……"第一次讨论打长沙时，许光达就深有感触地发表了自己的看法。

邓中夏很神圣地梗起脖子："你这是狭隘的'山沟理论'！中央和国际的指示，必须坚决贯彻！我们都是共产党员，组织原则不能含糊……目前我们的原则是，第一个是集中进攻！第二个是集中进攻！第三个，还是集中进攻！"

贺龙气得一跺脚："胡闹！这是中央的指示吗？这是国际的意思嘛……"说完，噌地站起来离开了会场。事后，贺龙主动找邓中夏谈话，摆事实、讲道理，阐明部队不能离开洪湖的理由，也检讨了自己在会上的态度。

现在，中央已经派人赶来纠正了错误的决策，邓中夏还要撤段德昌的职，摆明了是在意气用事。但考虑到维护团结，顾全革命事业的大局，贺龙还是忍着脾气，平静地站起来磕了磕烟斗，发表自己的反对意见："我看不妥！德昌是老同志，军事指挥有一套，对党忠心耿耿。不要他当军长，会影响部队情绪。这样吧，我不再兼任红二军的军长，让孙德清接替，汤慕禹就担任军团参谋长吧。"

邓中夏心中不快，可也找不出反对的理由，于是权威占了上风，蛮横地说："就是汤慕禹任军团参谋长，段德昌也不能再当军长……这样吧，正好成立湘鄂西联县政府赤卫队，让他去当总队长！"

做完这个决定，邓中夏还是不能消气。对于湘鄂西这个家，他要为党中央结结实实地担待着，而总觉得南昌起义转来的这些军事干部，说话办事过于从局部战事上考虑，每每在政治上不太靠谱。这使他这个老牌的布尔什维克，感到极大的压力和苦恼。他不能放弃党对他的信任，不能放弃组织赋予的权力。他必须运用手中的权力，坚定地斗争下去。

当然，妥协也是必需的。既然贺龙说了话，邓中夏最终只好默许部队暂缓南下，而转头攻打湘西，使湘西和鄂西连成一片。这个决议一出，红二军团立刻从小河口渡江兵分两路：红二军打南县，红六军攻华容，形成新的战略格局。

谁知南县打下之后，贺龙与邓中夏认识上的矛盾终至不可调和。

贺龙自从"两把菜刀闹革命"之后，吃尽没有地盘落脚的苦头。他深知"野鸡

有个山头,白鹤有个滩头"的道理。千辛万苦流血牺牲建立起来的洪湖苏区,是绝不能轻易放弃的。况且眼下,红军吃穿生存及与国民党军作战,离开可靠的群众基础,寸步难行!因此他坚决主张:南县打下之后,应该接着打津市和澧州,以利下一步夺路北上"回家",巩固和发展洪湖根据地;而邓中夏则言必称全国革命形势大局,执意要打安乡。即便红一、红三军团撤离了长沙,"打大城市"仍是邓中夏心中的"重要战略决策",他还是放不下长沙这块肥肉。

"南县到安乡,要过五条大河,队伍夹在水网中打仗,那是兵家大忌嘛!"贺龙据理力争,觉得军事指挥上自己的意见应该被重视。

压在邓中夏心头的无名之火,终于按捺不住了。他认为自己作为军团党组织的最高领导,在部队面前说话不管用了,立马觉得问题严重,于是带上警卫员,打马从红二军赶到红六军。他要尽最大努力为组织"控制住"部队。

然而实际情况是:此时国民党中原大战已确实结束了,老蒋正在腾出手来准备全力剿共,而红一方面军也真真切切地撤离了长沙,红二军团部队必须尽快收拢拳头,巩固和扩大洪湖根据地,以应对即将来临的残酷条件下的生存考验。面对这样的形势,贺龙和孙德清、段德昌、许光达等军事指挥员上下意见一致,唯有邓中夏坚决反对。

"撤走二军,赶紧回洪湖!这是形势所迫,缓不得的!"贺龙用命令的口气,要部队立即无条件调整行动计划。

邓中夏气得涨红了脸:"你这样做是目无组织,完全是旧军人的作风嘛!"

这句话戳到了贺龙的痛处,心里很不好受,但面对组织,且对邓中夏本人,贺龙在骨子里也有几分敬重,因而还是耐心解说。恰好,这时居于后方的军团特委周逸群、万涛和周小康他们,也获取了可靠情报,星夜派人给前委送来急信,要求部队"速回江北,做好保卫根据地的准备"。贺龙举着这封信:"事实摆在这里,再不调整部队,要犯大错了!"

"小题大做!"邓中夏坚决不松口,"有什么错,我这个政委负责!"

红二军按照邓中夏的计划,于10月6日攻占了沔城,夺取张沟,残敌被压到里仁口;红六军从东路经尤拔和彭家场,消灭了仙桃外围之敌。7日上午,两军会攻仙桃镇。如此重拳出击,据守的国民党军不战自退,主动撤过汉水,与红军隔江对峙。

"既然把仙桃镇搞到了手,索性一鼓作气,横渡汉水……"贺龙再次无奈地坚持北上意图。他要部队向襄北进军,摧毁天门、荆门、京山、钟祥等县国民党军的武装力量,达到巩固和扩大洪湖根据地的目的。

邓中夏连连摆手,坚决主张移师南征:"你们眼里就只有洪湖吗?有点全局观念好不好!我军南下,既可开辟江南根据地,又可伺机夺取常德,直逼长沙!这样一来,肯定会给一方面军莫大的鼓舞,重新激发他们攻打长沙的信心!"

段德昌被迫离开了部队,孤零零地一个人回洪湖。临别时,他来看许光达。

"你怎么能一走了之啊?要死大家死一堆!"许光达拉住段德昌。

初秋天气,段德昌满头大汗地望着许光达:"不走怎么办?职务给人家抹掉了,又不能带兵,不能指挥部队了……还是先回苏区吧,收集一点火种,将来接应你们!"

许光达说:"算了,那我也跟你一起回去,把那些伤员都带上……"

"这可不行!"段德昌说,"我走了,你再离开,部队还怎么打仗!红二军是党的武装,可也是我们的心血,多少同志流血牺牲换来的……你不但不能走,还要把部队好好地带出来!"

段德昌一走,部队心也散了。上万人的兵马,松松垮垮地放在杨林寺和公安一线。结果,在敌人三路进袭而刚收编的一支土匪武装又在后方纷纷叛变的情况下,一败涂地是预料之中的结果。

"现在怎么办啊?"贺龙站在一筹莫展的邓中夏面前,气呼呼地把手枪往桌子上一拍,摊开双手,"队伍死的死了、散的散了,洪湖也搞丢了,段德昌给你赶跑了……"

邓中夏悻悻地说:"丢个洪湖算得了什么,到鄂中再开辟新苏区么!"

贺龙愤怒地吼道:"开你个鬼哟!你当这是唱歌子啊?"说着捡起手枪,又要掉屁股走人。柳直荀和邝继勋赶紧拉住贺龙:"胡子,光生气不解决问题呀!枪声越来越近,情况紧急呀!"

贺龙叹了口气:"莫急,我让许光达的十七师上去了,死活能顶他一阵,指挥部快撤,带上伤员!"

许光达是拂晓时分接受掩护主力撤退任务的。他让全师沿着沧河展开,决心据守西斋、宝塔寺、石子滩一线的河堤,把陈渠珍的三个旅挡在河对岸。

这一仗明摆着敌众我寡,兵力悬殊。陈渠珍一上来就拿出看家本领,杀鸡祭血,把他的"双枪"队伍一个劲地往河里赶。这些大山里的亡命之徒,照例赤膊上阵,胸前描龙绘凤,贴着鸡毛符咒,口中念念有词。第一个亮相就如同芝麻般的黑压压一片,轮番往河对岸冲。

子弹密密麻麻地打在河堤上,尘土飞扬,让人睁不开眼。一些来不及构筑工事的红军分队,牺牲很大。

许光达贴着土埂连滚带爬地从红四十九团到红五十团,一个阵地一个阵地检查过来。一路上,不断要求部队,必须节省子弹,争取不放空枪,能用土炮用土炮,能用手榴弹用手榴弹,并且做好拼刺刀的准备。他明白,这一仗的重心在后面。"拖住敌人,拼到最后,就是胜利!"他对团长们说。

许光达从红五十团阵地刚刚回到指挥所,作战参谋李玉伦就急匆匆地报告:"陈渠珍又在西斋新增加了一个团的兵力,四十九团伤亡过半,团长也牺牲了!"

"什么?"许光达眼前一黑。五分钟前,红四十九团团长还活蹦乱跳地和他一块儿观察敌情,研究打法,转眼就牺牲了,这不能不让许光达心头一震。

许光达皱起眉头,强压悲愤,急速地思索片刻,做出了判断。他立即下令:"一、四十九团参谋长代替团长指挥,二、五十团预备队向西斋方向机动,三、五十团一、二营各抽一个连加入四十九团战斗!"

"那……五十团?"李玉伦干裂的嘴唇流着血,为难地发问。

许光达说:"敌人进攻的重点在西斋,西斋后面是街河市,打开了西斋就可能占领街河。那是军团指挥部的驻地呀!陈渠珍这个老狐狸打他的如意算盘呢!他对沿河宝塔寺、石子滩的进攻,不过是想分散我的注意,消耗我的兵力!"

"也就是说,要重点保障四十九团正面!"

"就是嘛!这么长的防线,我们的人排都排不过来,牺牲又这么大,而且子弹……"

李玉伦转身去传达命令,没跑几步又踅回来:"可是,敌人火力那么猛,顶不住啊,师长!是不是向军团总部请求援兵,哪怕少一点……"

"别说了!"许光达紧紧咬住牙关,"你没见贺老总都拎着枪跳到河里打冲锋了吗?哪里还有援兵!十六师打津市就伤亡很大,缺员还没来得及补充,现在又叫敌人断成两截,过也过不来,红二军还远在公安……"许光达狠劲地朝脸上抹了一把,"告诉各团,不要指望有援兵,有一个顶一个,死了算,活着上!没有我的命令,谁也不许后退半步!"

战斗从凌晨一直打到黄昏,敌人终于占领了西斋,红四十九团无力抵抗,街河市暴露在敌人面前。

"街河不能丢!"许光达急红了眼。虽说情况危急,但他心中那股血战决死的牛劲上来了,反而多了一份必胜的信心。

许光达急令红四十九团撤到街河市,又把红五十团预备队调过来压了上去。他操着沙哑的嗓门喊:"给我死死顶住敌人,确保军团指挥部的安全!"

这时的红十七师,兵员已极为紧张,本来就兵力悬殊的态势更加严峻。许光达下令:"趁着天黑,由司令部牵头,把师部所有勤杂人员全部组织起来作为预备队,关键时刻投入战斗。"

又一天来临了,战斗一开始就显得比前一天更为激烈。陈渠珍果然把三个旅的兵力全部集中起来,攻打街河。不到一个钟头,另一支敌军李抱冰部,又把两个旅也投入了进来。这一下,别说冲杀,就是站队也可以结结实实地站出一大片。而红十七师,经过一天一夜的激战,牺牲自不必说,活着的人十之八九都负了伤。战士们一天一夜连口水都没喝上,疲惫至极。

许光达把师机关勤杂人员组成的预备队充实到最困难的红四十九团第一营,他自己一马当先,端起一挺机枪高喊:"同志们,为了苏维埃,跟我拼上去啊!"

战士们原本已精疲力竭,一看师长满身是血冲在最前面,全都站起来,抱着刺刀、马刀冲进敌阵。手榴弹打光了,就耍大刀。有些重伤员,干脆冲到敌人最密集的地方,拉响手榴弹导火索……

直到黄昏时,军团部才送来命令:"十七师撤离街河,向刘家场转移。"

此时,红十七师只剩下了三分之一的兵力。面前的浣河煮饺子似的漂满敌我双方的尸体,河水全都呈暗红色。河岸上也是横一具竖一具尸堆如山,到处是残肢断臂。

听到撤退的命令,战士们恨不得一步离开。许光达命令:"四十九团趁天黑给敌人来个反冲击,越猛越好,迷惑敌人。而后,再有组织地向西撤退,到刘家场

与军团主力会合。另外两个团在四十九团打响之后,迅速西撤。"最后,许光达特别强调:"撤退时必须把所有伤员全部带走!"

几天后,在鹤峰茅坝召开的军团全委会上,邓中夏说:"这次,许光达功劳大,是他救了我们。"

"不,这不是功劳!"许光达气愤地站起来,"这是耻辱!这一仗是不应该打的,是红六军四分之一烈士的鲜血救了我们,是洪湖儿女用生命救了我们!"

邓中夏听了这话,心里很不是滋味。他抬眼朝贺龙看看,贺龙只顾埋头抽他的烟,一言不发。

"下湖"还是"上山"已成为红二军团内部心照不宣的分歧。邓中夏觉得必须彻底解决思想认识问题,排除大部分人对洪湖地区的依赖。他分析,之所以队伍总想回洪湖,根本原因就是许多战士家在洪湖。要是在江南建个新的根据地,就地扩充人枪,搞得人强马壮,部队回洪湖的想法就形不成力量了!正打着主意,忽然得到贺炳南独立团报告:"川东有支土著武装,叫共产军,有三千多人马,两千多支枪,从四川方向开过来,要求加入红二军团……"

邓中夏大感振奋:"好!赶快组织迎接,做好改编的准备工作!"

扩大红军队伍,贺龙当然也非常赞同。更何况这么一大批现成的人枪,而且又是共产军,但以他对这些地方杂牌队伍的了解,同时又有几分警惕:"可以发个邀请信,但还要派侦察员去摸摸底再说。"

听贺龙这么一说,邓中夏心里也在敲鼓:红二军团本身内部情绪不太稳定,又刚刚受到军事上的重创,这共产军两三千人枪,政治色彩目前还看不清楚,万一日后"反水",整个军团部队旧伤未愈,又添新伤,会招架不住的。但是放弃接收改编,实在是太可惜了。

许光达等几位师团长,纷纷向军团指挥部表示,要慎重对待共产军。最后,军团指挥部形成决议:先请共产军三个首领甘占元、覃伯卿、张轩,到走马坪的指挥部来谈一谈,再做计议。结果,这三个人还没到,贺龙派去的红军侦察员却报告:抓到一个共产军的信使,从他身上搜出一封密信……

密信是急件,写给正在湖北负责剿共的国民党第三十三军军长夏斗寅。信中声称他们打着共产军的旗号,实际是诈降红军,希望和夏斗寅里应外合,袭击红军,并一举消灭之。

邓中夏吃惊地张大嘴巴,目瞪口呆。贺龙大怒,拔出手枪就要集合队伍,正好这时那三个共产军的头头带到,贺龙怒吼道:"先杀了他们!"

宣布他们的罪恶之后,三人中的覃伯卿高声叫道:"谁是贺老总?我有话要说……"他被反剪着双手不能挣脱,执行处决的战士不由分说拉着就走,转眼工夫就解决了。与此同时,不动声色地收编了共产军的全部人马,将那些人枪分头补充到军团下面的各个师团部队,穿插编到班排。

贺龙隐约听到喊声时,便问:"那个龟儿子喊啥子嘛?"

"他晓得你,说有话跟你讲!"警卫员悄声告诉贺龙。

贺龙想了想,急忙跑出去,人已经处决了。他把许光达找来交代:"光达,这件事我看有点蹊跷,让侦察员仔细查一查。"

一查,情况明白了。原来,这支共产军首领中甘占元、张轩原本是地方军阀小头目,而覃伯卿倒是真正的中共地下党员。甘占元与张轩因受四川军阀刘湘、杨森相逼,才在覃伯卿的工作下,联合组成了共产军。给夏斗寅送密信是甘占元与张轩背着覃伯卿干的,覃伯卿并不知情。

事情原委搞清楚了,贺龙追悔莫及。想起因为自己的一时冲动,不明情由地处决了一名地下党员,而且又是这么个忠心耿耿的好同志,心里极为难受。而在邓中夏坚持下,前委还在忙于依托五峰、鹤峰进军澧县、石门,创建五(峰)鹤(峰)石(门)长(阳)新的根据地,试图冲破敌人的包围向外发展,时时刻刻都在发生无谓的牺牲。这样一来,部队的立足点与洪湖根据地差不多分割为两块,红二军团命运十分堪忧……更让贺龙感到了内心的重压。

果不出所料,湖南省主席何键瞅准机会,急令李觉、李国均两个师,在飞机大炮的协助下,汹汹而来。红二军团各部被动迎敌,激战一天,伤亡惨重,不得不放弃东下计划,退回五峰、鹤峰、桑植、慈利、石门、长阳一带打游击……

贺龙连日来吃不好睡不着。不久后的一天傍晚,贺龙派警卫员把许光达悄悄叫去,说:"光达,派给你一个新任务……部队现在这个样子,你也看到了,情绪低落,都想回洪湖,逃走的天天有。冬天又来了,棉衣、毯子、粮食、啥子都没得,伤员放在老乡家里,没有医药,也拿不出银圆……大家饭都吃不上,苦得很,你带部队到松滋、公安那边跑一趟,搞点粮食过来,给下面分一分吧!"

许光达认真听着,心头一动:"那不是去往洪湖方向吗?"

贺龙装上一锅烟,一边注视着许光达的表情一边说:"我让直荀同志同你一块去,遇到情况有个照应。"

"有柳主任带队,那就更好了。何时动身?"

"连夜准备,明早动身。"

第二天,柳直荀和许光达率领红十七师从驻地枝柘坪出发了。他们跨过清江、汉阳河,一路上避实就虚,边打边走,边走边筹集粮食。五天后的一个深夜,来到公安县地界的高何场附近。

许光达跟柳直荀商议:"莫不如把藕池打下来,从藕池过江就是洪湖老苏区的地面啦!"

"行不行啊?不要因小失大呀!"柳直荀有点犹豫。

"你还不明白大伙儿的意思?想洪湖啊!"许光达说。

柳直荀想了想:"打就打吧,到苏区筹粮也容易得多!"

打藕池必先攻克高何场。许光达把红五十团的张团长找来:"怎么样,给你一个连,能完成任务吗?"

这一带没有国民党的正规军,只有一些地方团防在老百姓面前耀武扬威,老百姓恨透了他们。

此时,高何场的团防队长刚搓完麻将,正脱了衣服上床。这些家伙只知公安境内"有小股红军活动",做梦也没想到,红军大部队会突然来端他们的老窝,思想上毫无防备。

张团长带着一个连悄悄摸进去,突如其来地给团防一阵猛揍,打得敌人措手不及,几分钟便全都束手就擒。

当晚,红军占领了高何场。审问中,团防头目交代,藕池镇没有国民党正规军。于是许光达命部队当晚休息,封锁消息,次日一早打藕池。

还是红五十团打主攻。谁知一交火就感觉不对劲,对方的火力相当猛,迫击炮弹不时落到我方阵地上。张团长一看,这哪是地方团防,团防哪有迫击炮!一定是碰上国民党的正规军了。正规军也不怕,张团长的牛脾气上来了,心一横,举起驳壳枪:"冲上去,消灭它!"

可是,几次冲锋都被打下来了。

这时候许光达飞马赶到。他当即提审俘虏,仔细一问,这才知道藕池的正规军是国民党第一四二旅。

"一四二旅不是昨天下午开到石首去了吗?"作战参谋李玉伦奇怪地问。

俘虏交代:"到石首去的是旅部,在藕池还有一个团哩!"

这些正规军的变化,团防的那些土货怎么会知道!许光达来不及深究,立即命红五十一团以一个营的兵力警戒石首方向,另两个营配属红五十团强攻藕池。然而,直到太阳偏西,藕池也没有攻破。这期间,石首和申津渡的守敌闻讯全都出动了。形势非常不利,迫不得已,许光达只好下令部队撤出战斗,带着已筹集到的粮食返回枝柘坪。

晚上,贺龙捧着烟斗过来了。他自己拉条凳子坐下,问道:"你们打了一下藕池?"

"没打开,要不然就跟洪湖联系上了。"许光达低着头,神情有些沮丧,"都怪我,要是早一天进高何场,把敌情摸透就好了!现在这样,打得不痛不痒……"

贺龙吡吡地抽着烟,好半天,抬头盯着桌上的小煤油灯说:"也别懊悔,你打这么一下也不错,对红军有利。清剿洪湖的敌人心里有点慌了嘛,怕我们又要杀回去了嘛。你把敌人的部署打乱一些,段德昌那边的压力就小了嘛。油灯虽小,可一点着,老远就知道有人在那里,是不是啊?"

许光达没想到得到贺龙这么个评价,心里顿觉豁亮多了。

"不过,"贺龙停了一停又说,"光达,你要准备接受组织处分哩。"

许光达一惊:"处分?"

"是啊,说你是'左倾盲动',叫你去带兵筹粮,么事要去打藕池?老想着回洪湖,是涣散军心……这个错误也有我的份。"

许光达无言以对。一天后,他接受了一个党内警告处分。这是他参加革命后受到的唯一一个组织处分。

1931年3月,中央派夏曦来到洪湖根据地,组成湘鄂西分局。本以为这位新的党代表来当书记,会结束邓中夏噩梦般的历史,没曾想走了个立三路线,又来个王明路线,夏曦比邓中夏有过之而无不及……

所有的回忆,都和湘鄂西的硝烟、热血以及张张亲切的面孔一起,随着洪湖两岸冷凝的冬景与飘散的寒雾,在许光达耳边缓缓隐去,而渐渐化作现实中一个真实的、巨大的疼痛。他不知道自己还能与这夺命剧痛搏斗多久,但必须咬紧

牙关,坚持着搏斗下去,直到生命终止。

许光达躺在小木船上,深知记忆中的一切都在离他远去,只有那颗罪恶的弹头仿佛离心脏越来越近。他胸前的压迫感时时见重,额头不停地滚着汗珠,但他除了皱一皱眉头,绝不呻吟一声。

木船走得不急,第二天傍晚才到达沙市,转上了江轮。一天后,船过汉口,因为大雾,在汉阳门码头过夜。

晚上,伤痛折腾得许光达无法入睡。交通员刘鳌和警卫员小龚急得没有办法,把他扶到舷窗旁边,说:"你看看外面的江景吧,也许会好过些!"

舷窗外,渔火尽在浓雾之中,什么也看不清楚。许光达瞪大眼睛看了半天,问:"这是汉阳门码头吗?"

"是的,是汉阳门码头。"刘鳌肯定地回答。

许光达合上眼睛,五年前的往事历历在目。他禁不住喃喃自语:"不错,那天是在汉阳门过江的,大家在两湖书院大操场上开的会,向孙中山先生遗像三鞠躬,喊'打倒蒋介石'的口号,而后唱《国际歌》,唱《黄埔行军歌》,从汉阳门过江去游行,沿着大街……"

说着说着,许光达睡着了。在梦中,他仿佛又回到了那个风云激荡的黄埔时代。1926年底,随着北伐推进,国民政府迁都武汉,黄埔五期师生随邓演达迁往武昌,改名为中央军事政治学校武汉分校,许光达亦在其中。那时他叫许德华。在武汉这块土地上,许德华经历了大革命的兴衰欢愁。

从武汉到上海,整整三天两夜的行程,他是那样执着地沉浸着,不停地给刘鳌和小龚讲述黄埔及后来武汉分校的种种故事。

他说:"这样谈一谈,好像伤痛就减轻了一些。"然而,让他意想不到的事情,还是发生了!

第二章　回首大黄埔

革命夜晚比白天精彩

武汉三镇的迷雾起于1927年初春。

其时，投入北伐的各路大军节节胜利，东到上海，西至武汉，雪花般的捷报如从天降，让坐镇南昌的蒋介石一时难以自持。他只觉得腰部一天比一天粗了，身体一天比一天重了。而恰在此时，李宗仁又蓄意将上海工人纠察队拥有枪支的消息添油加醋地报告给他。于是，一个以"清党"为由的反革命阴谋产生。

武汉国民党右派的鼻子异常灵敏，立刻以戴季陶主义为护身符，与北方的西山会议派遥相呼应，对革命实行反动。对进步群众的反蒋情绪，则表现得极为粗暴。

3月12日，武汉各界群众召开纪念孙中山先生大会，实际目的心照不宣：矛头直指蒋介石。

这是个颇为特别的会。会议以纯粹民间的面目出现，但因出席者包括了产业工人、市郊农民、商会团体、青年学生以及武汉分校的军人代表，因而也就带有一丝无法掩饰的官方色彩。

会议开始，例行的开场白是免不了的。之后，一个粗胳膊大胡子的年轻人作为武汉工人代表，登上主席台。他发言说："北伐军所到之处，我们各地工人都奋力响应，罢工罢市，组织工人纠察队，因为北伐立下的功勋有目共睹。

"可是，蒋介石怎么样呢？他不但不领这份情，反而下令收缴我们的枪支，烧

我们的房屋,多少人被逼无家可归呀!北伐北伐,究竟给我们工农大众带来了哪些好处?

"大家睁大眼睛看一看哪,蒋介石早已违背了他当年亲口许下的诺言,背叛了革命,成为祸国殃民的国贼,我们要罢免他的所兼各职,申罪致讨……"

工人代表的话还没说完,有个胖胖的武汉分校学员站起来责问:"难道北伐还伐错了不成?难道北伐大军势如破竹攻城略地、所到之处万民欢欣不是事实吗?难道这些业绩不是蒋先生秉承先总理遗志运筹帷幄……"他边说边登上台。

"你是什么人?"有人大声发问。

"鄙人孙文主义学会会员,百分之百的中山先生信徒!"

"你懂得三民主义吗?"

"他懂个屁!滚下去!"武汉分校的分队人群里,另一些学员挥舞着拳头,齐声轰击这个胖子。

"老子为啥子要下来?老子就是要替蒋校长说句公道话!"

双方吵吵闹闹,大会指挥官制止不住。

这时,武汉分校的队列里又一个青年学员站起身。他不慌不忙地走上台,义正词严地问那个要"替蒋校长说句公道话"的同学:"你开口闭口孙文主义,难道就不知道孙中山先生三民主义——联俄联共扶助农工的纲领吗?而蒋介石做了些什么?他把中央政府完全不放在眼里,一意孤行,搞所谓'清党'、'控制',破坏国共两党的和睦相处,破坏北伐的内部团结,这算什么?这不是拿北伐将士的鲜血开玩笑又是什么!"

"许德华,你敢诬蔑蒋……"胖胖的分校学员冲了过来,身后跟着三四个"捍卫吾党尊严"的年轻人,一起挽起袖子,做出要打架的架势。

许德华不甘示弱:"什么蒋总司令蒋校长,屠夫民贼!"

许多群众围上来助阵,大家纷纷指责那些标榜孙文主义学会的人,你推我搡,怒不可遏。胖子颇有点号召力,把手一挥,吆喝一声"打!"后面几个人立刻举起拳头大打出手。顿时,场面一片混乱,不可收拾。

"运周,赶快回校报告!"许德华在混乱中急忙吩咐好友廖运周。

半小时后,武汉分校的特别党部召开各队紧急会议。许德华和多数同学在会上慷慨陈词,要求坚决反蒋,同广大工农民众站在一起。武汉分校教育长张治中、政治部主任邓演达和政治总教官恽代英,决定把少数几个在会场"闹事"的学生关禁闭。

此时的许德华,就是后来血染湘鄂西、声振大西北,并成为新中国铁甲元勋的大将许光达。

这天深夜,许德华怎么也睡不着。他悄悄地披衣起床,点亮罩子灯,随手从床头摸出一本《共产党宣言》。那里面夹着一份油印的小报,是前两天一个同乡从长沙老家带给他的。报上的文章系由大名鼎鼎的毛泽东所作。它原是毛泽东在党内所做的一份考察报告,湖南党组织那边广为印发流传。许光达细心地打开小报,一行一行往下读。当他读到"革命不是请客吃饭,不是作文章,不是绘画绣花,不能那样雅致,那样从容不迫、文质彬彬,那样温良恭俭让。革命是暴动,是一个阶级推翻另一个阶级的暴烈的行动"时,猛然间大有所悟,内心抑制不住喜悦,便蹑手蹑脚来到同宿舍廖运周的床前,轻轻叫醒他:"喂,起来,我想跟你聊聊。"

廖运周揉揉眼睛,懵懵懂懂:"啥时辰了,你也不困?你……"

"小声点,不怕关禁闭呀!"许德华附上耳朵,"睡不着啊!你看现在的形势,总有一点山雨欲来的兆头,分校就是一根敏感的神经,师生之间、同学之间,由校内到校外,两派的明争暗斗是这么激烈,难道你我能置身度外?"

听了这番话,廖运周也睡不着了,干脆趿拉上鞋来到许德华的床边。他看到许德华的床头除了学校发的一些步炮操典之外,还堆着许多课外书,比如《向导》《中国青年》《创造》《共产党宣言》《国家与革命》以及蒋光慈的《赤恋》等。他深有感触,便说:"你我都是共产党员,可我跟你比,刻苦心可差远了。"

许德华说:"这一年多,红红火火的大革命,泥沙俱下,搞得人心都看不清了!什么人都喊口号。"他长叹一声:"其实,革命哪有那么容易?我是横下一条心,为我的所信,拼他一辈子!"

"可是眼下,同那些国民党右派分子争来争去,我觉得毫无意义!不如痛痛快快去做点啥事,比方说像北伐将士那样,轰轰烈烈地生、轰轰烈烈地死!"廖运周说。

许德华想了想,感慨道:"有些争论是必要的,有意义的!宣称革命不是难事,难的是晓得革命首先要做的是什么?要依靠什么人,跟什么人斗!不如此,绝

难成功！"

"现在这么乱糟糟的，谁能搞得明白呀。"

"明白人是有哇……"许德华沉吟一会儿，说，"你还记得去年9月初，我们在黄埔那边，给我们做讲演的那个大个子吗？就是那个我们湖南人。"

"你是说……毛泽东？"

"是嘛，就是他。他就一直想搞明白这个问题呀！我记得那次他给我们讲的题目是《中国社会各阶级的分析》……"许德华神往地望着窗外，脱口诵道，"'谁是我们的敌人，谁是我们的朋友，这个问题是革命的首要问题。'你听，这句话讲得多深刻、多实在！革命不动脑子不行啊。"

廖运周的记忆被唤醒了："毛泽东说话的声音是那么洪亮，用词是那么凝练，大手举起来一劈一劈的，侃侃而谈。印象最深的是他在黑板上画了一座宝塔，并且一层一层地指给我们看……"

"是嘛，他告诉我们……"许德华目光闪亮地接过话头，"最下层是塔基，有工人、农民，还有小资产阶级，人数最多，受压迫最深。压在他们上面一层的是地主阶级、买办阶级，人数不多。再上一层就是贪官污吏、土豪劣绅，人数更少。更高一层的是军阀，塔顶是帝国主义。俗话说，百姓齐，泰山移。只要我们穷苦大众团结起来，就一定能推翻这几座大山！"

"你看你。还记得这么清楚，不愧是咱们炮科的……"

"谁？就寝时间，不许讲话！"窗口传来值日官严厉的斥责声。

许德华机警地一口吹灭罩子灯。两人屏住呼吸，等待着值日官的脚步声渐渐远去。

"我要告诉你，"许德华悄悄喘口气说，"毛泽东最近又写了篇好文章！"

"是啥好文章？"

"人家不善空谈，硬是到我们湖南的湘潭、湘乡、衡山、醴陵和长沙五个县跑了一个多月，把农民运动的情况摸得一清二楚，写出一份报告。他在报告中讲，'目前农民运动的兴起是一个极大的问题……一切革命的党派、革命的同志，都将在他们面前受他们的检验而决定弃取'。"

"这话讲得可真带劲哩！"

"还有更带劲的哩！毛泽东说革命不是文质彬彬地请客吃饭，而是暴烈的行动！你想,我们在黄埔学军事,是干什么用的？"

廖运周疑惑地说:"这跟陈独秀先生讲的可不一样啊,陈先生要大家缴枪呢！"

许德华若有所思:"运周,你觉得毛泽东讲得对,还是陈独秀讲得对？"

"当然是毛泽东讲得对啊！在咱中国,历朝历代,老百姓哪有讲理的地方啊！那些有钱有势的人,贪官污吏啊,地主恶霸啊,谁会自己放弃权力、退出财产！咱老百姓要想过上好日子,不拿起枪杆子,笃定不成啊！"

"是嘛！"许德华激动地说,"我的体会有两条:在我国,革命没有农民不行,没有枪杆子不行！可是光喊口号,光有枪杆子,没有正确的政治信仰,也是要栽跟头的！现在,分校这边鱼龙混杂,人心难测……"说到这里,许德华忽然想起什么:"你认识那个要替蒋校长说公道话的家伙吗？"

"他呀,我认识的！他叫廖昂,是个好事之徒,经常在同学们中间没事找事,挑起事端,制造摩擦,上次要拉我跟他一块参加孙文主义学会。我才不干呢！不用怕,国民党学员当中的右派分子,就那么几个……"

"怕？"许德华冷笑一声,"你莫非忘记了,我们刚到黄埔当新生时,我跟四期那个叫冯岳峰的大块头比对刺……"

廖运周在许德华胸前擂了一拳:"你呀！砸不扁的铁榔头,还说呢！"

一轮明月高高挂起,月光静静地洒在武昌文昌门学兵宿舍那扇小窗前。两颗年轻的心,像是两团火焰在熊熊燃烧。

李将军看见北伐胜利的旗帜

1926年5月11日,对于黄埔军校——这座矗立在前清广东虎门陆军速成学堂遗址上的中国20世纪军事明星摇篮来说,是个值得纪念的日子。这天,有位不同寻常的军界名流来到学校,拜访了校长蒋介石。由此,北伐战争拉开了序幕,蒋介石由一校之长成为国家命运的数十年主宰。

这位不同寻常的军界名流就是李宗仁。

早操结束后,许德华便和同学们一起奉命到黄埔码头列队,说是要欢迎一位贵宾。

黄埔师生迎来送往并不是件新鲜事。黄埔军校面向社会办学,丰富的教学

内容和灵活的教学方法,师生们了然于胸,即使像许德华这样刚刚入学的新生,也非常熟悉了,比如像讲演、政治讨论会、政治问答、政治调查等教学形式,几乎每个礼拜都有。学校为锻炼学生的群众工作能力,还成立了宣传队、血花剧社。特别是经常请一些社会名流到校讲演,谭延闿、张静江、何香凝、毛泽东、刘少奇、吴玉章、鲁迅等一大批大名鼎鼎的人物,都曾登上黄埔的讲坛。每次,都要有规模不等的迎宾仪式。

但无论如何,这次的规格不比寻常,全校数千教职员工,几乎没有不到场的。大家全都穿上制服,分列在道路两旁,站得笔挺笔挺。尽管贵宾还没有影子,连蒋介石等校方官员也还没有出场,大家的队列动作依然按照军事操典要求,始终一丝不苟。

鸦雀无声地站了一会儿,值日官便站出来指挥唱黄埔校歌:

怒潮澎湃,党旗飞舞,
这是革命的黄埔!
主义须贯彻,纪律莫放松,
预备做奋斗的先锋!
打条血路,引导被压迫民众,
携着手,向前行;
路还远,莫要惊。
亲爱精诚,继续永守,
发扬本校精神,发扬本校精神。

这首歌,许德华进入黄埔军校的第二天就会唱了。他将歌词并孙中山对黄埔军校的遗训,工工整整地抄写在笔记本上,背得滚瓜烂熟。因此,遇有这种集体唱歌的机会,便不像有的新生那样含含糊糊不敢张嘴,而是放开喉咙,唱得十分带劲。

大家正在唱着,值日官打拍子的手突然向下一劈,歌声立刻像刀切一样被斩断了。随即,便是一声"立正"的长口令。

这时,许德华用双眼余光朝排头看去,只见蒋介石武装整齐地朝码头上走过来了。他的身后跟着许多人,其中有周恩来、邓演达、恽代英、叶剑英、聂荣臻以及军事总教官何应钦、刘峙、顾祝同、陈诚、钱大钧、季方等人,还有几名外国教官,除那个鲍罗廷外,许德华都很眼生,像加伦、巴甫洛夫、斯切藩诺夫这些名字,都是后来才逐渐熟悉的。

差不多就在蒋介石踏上码头的同时,载着来宾的舰艇也过来了。这让许德华觉得主宾都是极为守时的军人。

李宗仁的随员很少,只有两个勤务兵和一名副官(或参谋)模样的军官。遵照校方安排,蒋介石陪同李宗仁参观完讲坛和礼堂,接下来就得看军训。于是,各队都上了操场。

许德华他们队的训练课目是对刺操习。为提高新生的刺杀技能,教官找来一些四期老生做对刺练习。许德华是刚入学不久的新生,很有点初生牛犊不怕虎的劲头,就选择了一个大块头来练对刺。此人名叫冯岳峰,刺杀功夫是四期拔尖的。因为块头大,臂力过人,加上快速多变的出枪动作,就是同期老生也少有对拼过他的,何况五期新生,他根本就不放在眼里。

与冯岳峰相比,许德华的身体首先就单薄下去了。仅此一条,对刺就不占优势。至于刺杀基本功,尤其是对刺技能,许德华更没有什么优势可言,但他咬定一条,认认真真地练下去,在拼对操练过程中,寻找对方的弱点,总结自身战术技术经验,精神上一定要占优势!

教官下达对刺口令后,许德华极为认真地端起姿势,朝冯岳峰挺枪而去。冯岳峰老道地做了几个防守后,忽然发起攻势。只几个回合,许德华便招架不住,退守之中,乱了脚步,竟被对方刺倒在地。

队列中哗哗地响起掌声。

冯岳峰不屑地朝许德华看了一眼。这一眼让许德华浑身打了个激灵。他一骨碌从地上爬起来,大喊一声"杀——"又将枪刺挺起,冲到冯岳峰对面,逼迫对方应战。

于是,对刺再次在两人之间展开。又是左冲右突几个回合,许德华依旧被冯岳峰刺倒在地。

"算了吧,等你再练两年再来跟我比!"冯岳峰说着就要入列。许德华又从地上爬起来,再一次跃枪而上。

教官愣了一下,随即带头鼓起掌来。显然,这次掌声是给许德华的。

几番倒地复又跃起,许德华已是满脸尘土,汗水在尘土间划出一道道鲜明的深沟,但是,他越战越猛,一次比一次出枪利索,以攻为守。开始,冯岳峰还虚应着,渐渐地,不得不较起真来。他想再次把这个不起眼的对手刺倒在地,竟不是轻而易举的事了!

队列里,学兵们个个瞪大了眼睛。大家已不再是关注刺杀操习的心情,而是替新生许德华搂着一股劲。

就在此时,蒋介石和李宗仁走过来了。教官慌不迭地喊"立正",报告分队番号和操课内容等。

蒋介石挥手"稍息"之后,突然问:"先总理遗训是什么?"

学兵们齐声回答:

三民主义,吾党所宗。
以建民国,以进大同。
咨尔多士,为民前锋。
日夜匪懈,主义是从。
矢勤矢勇,必信心忠。
一心一德,贯彻始终。

蒋介石点点头,炫耀似的朝李宗仁看了一眼。

李宗仁做出满意的表情。他朝学兵队列扫视一遍,之后,径直朝许德华走过来。显然,他在远处已经注意到了刚才的一幕。

在距离许德华一步远的地方,李宗仁立定,关爱地看了看,掉头向蒋介石:"可否问一问这位同学叫什么名字?"

"可以!"蒋介石朝教官一扬下颌,"告诉李将军,他叫什么名字。"

教官立正报告:"他叫许德华,新生第二团学员。"

"唔,"蒋介石自言自语,"他是个新生。"

李宗仁满意地点着头:"蒋校长,在下已经看见北伐胜利的旗帜了!"

队列里响起哗哗的掌声。关于李宗仁这句话的含义,乃至他的到来与蒋介石从事北伐的关系,许德华和同学们当时一无所知,真正把这些问题弄明白,那是几个月以后的事情了。

不想做伟人其实很难

时间一晃两个月过去了。这两个月把李宗仁的畅想和预言,一步一步推向现实。许德华和同学们后来才知道,李宗仁那次出现在黄埔军校,实际上是来游说蒋介石的。当时,吴佩孚在湖南把唐生智打得几无隐身之地,不得已求助于雄踞广西的李宗仁。为唐两肋插刀的李宗仁,一面在湖南与吴佩孚战至胶着状态,骑虎难下;一面匆匆赶到广州,希望以三寸不烂之舌,促成粤桂联合兴师北伐的盛举。经若干天的苦苦奔波,李宗仁把目光投向了蒋介石。就这样,黄埔军校不知不觉成了大革命的发祥地。

6月2日,唐生智在湖南衡阳正式宣布就任国民革命第八军军长及前敌总指挥,而这时的第四军陈铭枢(第十师)、张发奎(第十二师)已经从南路和琼崖北调;叶挺独立团也在6月初离开广州,北上进入湘省。6月5日,国民政府正式任命蒋介石为国民革命军总司令。北伐,就这样真刀真枪地发动起来了。1926年7月9日,国民革命军在广州北校场誓师北伐。

这是个晴好的天气,北校场周围人山人海。上午9时,震动全城的礼炮响过之后,所有参加北伐的将士,全副武装组成严整的方阵,跟随总司令庄严宣誓:

我不杀贼,贼岂甘休!
势不两立,义毋夷犹!
……

蒋介石的亮相当然是最引人注目的。他一身戎装,热血沸腾,并不显胖的身体像一枚随时将会引爆的炸弹,戳在队前。这让列队在一旁护送北伐将士上路的黄埔军校师生队伍,不时爆发出阵阵难以抑制的兴奋与骚动。

黄埔原初的那份温柔敦厚,早已成为历史。它的刀光剑影在数月前就达成了,并且正一步步成为蒋氏心中的如意金箍棒,其中最重要的步骤是1926年5月的整顿党务案。早先军校的共产党员们,根据国共合作的基本精神,多半以个

人身份加入国民党。这种跨党党员是国共两党蜜月期的产物,反映了许多善良真诚的热血青年拯救国民的急切期盼。他们既信仰孙中山的三民主义,也信仰马克思的共产主义,只要能改变中国、救民于水火,怎么着都行。

然而,青年的愿望和理想总是单纯的。假如革命只是如此这般,蒋介石这个校长还当个什么劲?蒋校长之心路人皆知。他要求限期三天,所有跨党党员,重新进行党籍登记,要么退出共产党,要么退出国民党,只准参加一个党,三民主义和共产主义必选其一。

在如此严峻的选择面前,早就主义确定的许德华没有退路。他在登记表上慎重地写下七个字:"死不退出共产党。"对此,许光达后来回忆说:"因为我没有任何其他的出路,所以也更加忠于党。"

国民政府军事委员会颁发北伐动员令时,许德华已结束三个月入伍生期训练,分到五期炮科第十一大队学习。目睹着声势浩大的誓师场面,他简直羡慕得要命,双眼忙不停地盯着即将出发的北伐方阵,尤其是从本校刚刚毕业的四期同学。他甚至想,自己为什么不早一期来到黄埔军校呢?真恨不得冲到阵前拉下一个谁来,由自己替补进去。

"男子汉不应错失这个良机……"许德华忍不住小声对相邻的廖运周说,"真愿意跟着他们到沙场上一决雌雄!"

廖运周的心头何尝不也在痒痒:"等着吧德华,总有一天……浴血征战,你我总有这么一天的!"

"只怕到那时,头功都给人家抢走了!我们上去只有打扫打扫战场的份呢。"

廖运周说:"你怕什么?你是学校挂了号的优等生,还读了那么些革命书籍。才不会叫你干那个呢……"

许德华还想说什么,廖运周用目光制止了他:"你看,冯岳峰,那不是冯岳峰么,他也参加北伐了!"廖运周朝北伐将士方阵扬起下腭,眼睛亮亮地闪着兴奋的光芒。

果然,许德华看见了那个高出别人一头的脑袋,铁锤般地杵在队伍里。

冯岳峰就是两个月前同许德华操练对刺的那个大块头。从那之后,许德华没早没晚,小腿肚子肿了消、消了肿,胳膊肘打烂了再打,一直打出厚茧,终于练出个全队第一名。

"可惜没时间了,"许德华小声嘀咕,"要是有时间我该谢他一谢,没他我还下不了苦!"

廖运周说:"要我看,你再跟他撂两手,他料你要再练两年,你这才练了两个月嘛!"

许德华没再吱声。他忽然想起政治部主任周恩来的一次报告。那报告的题目叫作《武力与民众》。周恩来说:"我们军校是培养军事骨干的基地,我们要明白这个道理,现在为民众来学习,将来为民众去打仗……我们的军队是推翻帝国主义和军阀的工具,是解放人民、拯救祖国的武器,我们要铭记这个使命……"

许德华咀嚼着"使命"二字。这是让他多少日子以来始终萦绕的心事。

黄埔军校的伟大,就在于它不是一个单纯培养武夫的地方。一个军事家,仅仅只会驱赶战场搏杀,就算统兵百万也是一个"小",而面对人类社会领受使命,为着所信奉献血肉的人,即便手中没有一兵一卒,都可称之为"大"。黄埔军人之"大",就在于他们都是怀着使命感出征的人。这一点,到1926年底武汉国民政府成立武汉分校,黄埔五期学员随迁武汉并入该校后,显得更为突出。

这是1926年10月,北伐军攻占武汉三镇,北洋军队纷纷归附,接受国民革命军的改编。为了改造这些具有旧式色彩的北洋军队,积极准备第二次北伐,政工军官分外短缺。这可急坏了北伐军总司令部政治部主任邓演达。他决定就地开办政治训练班,并交给共产党员包惠僧负责筹办,先招上五百来人再说。

9月29日,黄埔军校教育长方鼎英致电蒋介石,提出在武汉或长沙开设分校的建议。蒋介石正为中央军校的左派力量大伤脑筋,琢磨了将近一个月,决定采纳方的建议:"把黄埔政治科移到武汉来,加以扩充,好好整治一下,纯洁队伍,从头开始……"此外,除了政治人员稀缺,炮兵和工兵的基层指挥员在北伐队伍中也深感不足。蒋介石一面命邓演达"重点物色和接收"炮、工两科学生,一面电催方鼎英将黄埔本校炮兵科和工兵科调到武汉来培训。显然,蒋氏此番用心,有点痛下赌注的意思。

1926年12月初,黄埔军校第五期政治大队五百多名学员到达武昌。

1927年1月19日,国民党中央执行委员会和国民政府联合会议决定:将中央军事学校政治科,改为中央军事政治学校武汉分校,蒋介石是当然的校长,汪

精卫兼任党代表,张治中担任教育长兼训练部主任,周佛海任秘书长兼政治部主任。

武汉分校本部所在地,选在武昌兰陵街前清两湖书院旧址(炮兵科驻在文昌门)。那是当年湖广总督张之洞的功业。与广东黄埔的基址相同,它给学员扑面而来的气息,同样是一部中国近代百年春秋史。用这样的地方发奋练武,培养革命精神,确实是再合适不过了。

也就在这个月,黄埔五期炮兵大队、工兵大队一千二百名学员,分别从广东黄埔本校和江西前线来到武汉武昌的文昌门。2月12日,隆重的开学典礼上,宋庆龄、徐谦、吴玉章、于树德、董必武、孙科、彭泽民等都赶来祝贺。邓演达、宋庆龄、吴玉章还兴高采烈地发表了讲话。

从黄埔码头到两湖书院,是泛载许德华青春之舟的一条河。

北伐出征之后的黄埔,俨然成了这场革命战争的大本营。非但所有军政训练加紧了进程,而且一切训练内容都带有真实的战场敌情背景。一段时间,全国人民中都传有"战场大黄埔,黄埔小战场"的说法。这显然是对蒋介石当时特殊身份及处境的绝妙概括。

2月14日,武汉分校正式上课。每天"三操"(早操、上下午两场军事战术技术课目训练)、"两讲"(军事、政治教程讲授),安排十分紧凑。许德华与廖云周、郭化若等同学,编入炮兵大队第十一队,继续他们紧张有序的军政学业。

在广州的黄埔本校学习时,教学训练无论怎样忙碌,星期六的组织生活,许德华始终雷打不动。他常在这一天带上一些熟读的如《共产主义ABC》《帝国主义浅论》等政治书籍,和其他党员一道,由长州岛乘船渡海进城,到广州农民运动讲习所去听课,或到工厂、农村去做社会调查。过海之后几公里的徒步,正好是许德华操习队列动作的机会。他挺胸收腹,目视前方,手臂规范摆动,实践着自己给自己规定下而别人无从知晓的诺言。他是全队队列动作标兵,即使在去课堂和饭堂的路上,只有他一人行进,也迈着标准的军人步伐。

当许德华以标准的军人步伐迈出黄埔校园、踏上那条乡郊土路时,就并不是简单的步兵操典养成,不是普普通通的走路问题了。他要表达一种人生的精神姿态及以这种精神姿态规约每一步人生之路的决心。

许德华初到武汉时,正值革命高潮。北伐军打垮了盘踞两湖的北洋军阀,会师武汉。武汉三镇自然而然成了政治、军事、文化和革命的中心。

一个狂热的革命时代,一个居于这一时代中心的城市,究竟意味着什么呢?意味着白天和夜晚都在瞪大眼睛仰望星空,意味着每一寸土地甚至空气中都洋溢着烈火硝烟的味道,意味着大街小巷标语口号铺天盖地,激情演讲与高昂的歌声不绝于耳,当然也会隐隐约约夹杂着尖利的警笛声……

在这革命的海洋里,武汉分校实际上成了一叶帆影。它标志着一缕来自广州的劲风,漫漫卷扬,其原汤原汁的革命滋味,只要往两湖书院那扇红色大门前一站,就能立刻感觉得出。

师生的士气当然是第一位的。校门口触目可见的就是这样的两行标语:

第一步使武力与国民结合
第二步使武力为国民的武力

稍稍展开的两面侧墙上,白底红字印制出了对内政纲和对外政纲的全文,对面高墙抬头便是国民政府建国大纲二十五条。

进入校园,扑面又是两条惊心动魄的著名标语:"革命的向左来,不革命的滚出去!"显然,这同老黄埔门前那副"升官发财请往他处,贪生怕死勿入斯门"的对联,已不是一个滋味。

这座古色古香的书院仿佛是一位倔强的老人,顶着一头白发站在风中。正是山雨欲来,一个巨大的历史性嘲讽已步步紧逼:还是那个当初赶到黄埔码头游说革命的李宗仁,此时又离开了安徽安庆的北伐前线而直趋上海,把一个惊人的消息送到蒋介石面前:共产党企图消灭国民党,建议蒋立即着手"清党"!

于是,当了一年多革命明星的蒋介石,突然举起反革命的屠刀……

至此,许德华和他的同学们已别无选择。他们除了政治军人的人生道路之外,还能如何呢?他们肩负的使命太重,他们手中所拥有的除了梦中的主义,就只有钢铁与火药,而矗立在他们面前的古国城堡又多么需要这一切:假如他们不想虚度人生,不想成为一个庸碌无为的人,不想太委屈青春时光,路只有一条,那就是成为踏着鲜血而站立起来的伟人。

那时,他们想不做伟人事实上是很难的。

蒋介石不因口号立地成佛

蒋介石不需要隐藏什么了。随着北洋军阀大势已去,帝国主义早把希望放在国民党右派身上,蒋介石便是他们的不二人选。内外勾结之后,蒋介石觉得自己把中国的"命"革到了头,到了该亮底牌的时候了。

1927年4月11日,蒋介石密令:强行搜缴工人纠察队的枪。于是,两千七百名共产党的工人纠察队,顷刻间将赤手空拳站在历史的交汇点上。第二天,1927年4月12日,广东、广西、福建、浙江、江苏、安徽以及南京、上海……一场血流成河的大屠杀全面展开。一周后的4月18日,蒋介石在南京宣布另立国民政府,与武汉国民政府分庭抗礼。顿时,全国震惊,武汉怒吼!

武昌的文昌门和两湖书院再也无法平静。到处可见斥责蒋介石的标语口号,漫画更是无所不有,其中惹人注目的一幅巨画,贴到了文昌门的高墙一侧:蒋介石表情漠然,穿着马靴的脚高高抬起,正朝着黑咕隆咚的深渊迈去。题款点明意旨——从光明走向黑暗的蒋介石!

武汉分校的同学们,精神上备受折磨。他们喊了"打倒独裁蒋介石"的口号,既不解恨也不解渴,反觉心头更加沉甸甸的,便向孙中山遗像再三地鞠躬。接着,继续喊着口号、唱着歌一路游行到汉阳门,过江,继续游行,直到天色擦黑,还不想散。好像世界的末日来临了,大伙一散,说不定天就会塌下来。

结果,游的游、看的看。天一点一点地黑,大家嗓子哑了,肚子饿了,这成了第一位的压迫。尽管什么名堂都没游出来,也只得返校。

返校的队伍完全没有章法了。许德华走在队伍里面,有一肚子的话想找人倾谈。可是,由于政治风云突变,同学中间的共产党员和国民党员、国民党员中的左派与右派,彼此之间关系微妙。本来坦坦然然的心胸,不得不存有一层保护膜。大家见面,除了彼此特别了解的挚友亲朋,一般都只是点个头,咧一咧嘴,少说为佳。但这毕竟是很压抑的事情,许德华觉得有违自己做人的准则。然而生活在这样一个环境中,不如此又能怎样呢?

这么思忖着,不知不觉来到分校不远处的一条街巷口,迎面有一队工人纠察队走过来。许德华和颜悦色地迎上去,热情地同他们打招呼。可那些纠察队员一反往常温和的笑容,个个满脸怒气。有人还一边走一边撕下手臂上鲜红的袖章,狠狠地扔在路边。

"这、这是做么事哟？"许德华大惑不解。

没有人理会他的疑问。

许德华不甘心,再次追问:"么事把袖章都扯了？"

"枪都缴了,还要这个破玩意儿做么事！"

"啊？真的缴了枪！"此前,许德华只是道听途说,工人纠察队要被缴枪,只是把它当作传闻而已,并不相信党组织会真的把手中的武器交出去。现在眼见为实,他除了深为惊讶,更意识到今后的革命恐怕不会那么简单了。他哪里知道,当时共产党的头面人物陈独秀,一听说蒋介石要"清党"就着了慌,怕工人手中有枪会刺激蒋介石发怒,将导致共产党组织无处寄生。于是,匆忙跑到上海,找到从莫斯科共产国际那里刚刚回国的武汉政府首脑汪精卫,两人来了个联合宣言,重申共产党接受孙中山的三民主义,并且辟谣:共产党绝无破坏国民党的企图,也没有攻击租界。他用下令工人纠察队缴械,来表明自己的诚意与纯洁。

身为总书记的陈独秀书生意气一言既出,共产党对于农民、城市小资产阶级和资产阶级,尤其是工人武装力量的革命领导权,就彻底放弃了！他自己做梦也没有想到,武汉政府的汪精卫实际上已在秘密与蒋介石联络,准备彻底出卖革命。与此同时,北方的张作霖也派警察搜查苏联使馆,以李大钊为首的一批企图借使馆避难的共产党人,被统统缉拿无遗。这才有4月11日蒋介石大屠杀的密令,共产党人的鲜血染红大江南北……

许德华从一份《民国日报》上,详详细细看到这些消息。

许德华冷汗淋漓地读完详细报道后,气得把报纸揉成一团,狠狠地扔在脚下,牙缝里挤出三个字:"蒋介石！……"

校内校外,报童的叫卖、师生的斥责,满世界如同开了锅的滚油。他踉踉跄跄地迈开双腿,不知不觉来到大队炮兵科的炮库。他双手抚摸着冰冷的炮身,久久沉默。

不知过了多久,廖运周来了。他气喘吁吁地边跑边喊:"啊呀,我的老兄,你真能待得住啊,学校都翻天啦,快去看看吧！"

果然,如廖运周所说,短短几个钟头,武汉分校的整个校园已经翻了天！

他们首先跑到炮兵科宿舍,发现里里外外的墙上,无处不是反蒋、斥蒋的标

语口号。校本部就更加热闹了,从院内的影壁开始,大大小小的反蒋标语密不透风,所有漫画、标语,都是师生心中对蒋介石既痛恨又无奈的真实写照。

廖运周和许德华正在神情专注地看那些漫画和标语,忽听背后有个教室里响起激昂的歌声,一听曲调就很熟悉,原来是用半个月前还日日必唱的那支老歌曲调,填上了新词:"蒋介石,蒋介石,新军阀,新军阀,我们大家起来,打倒他,打倒他……"

先是几个人唱,接着另外几人和了进去,渐渐地,教室内外齐声加入,歌声一直扩散到整个校园。

一连数日,这支改头换面的歌声始终不绝于耳,但很快,大家觉得光唱歌不过瘾,于是组织集会。分校各期学生的讨蒋大会,是在4月23日开起来的。会上,有人专门散发讨蒋宣传大纲,矛头指向十分明确。

愤怒、激动、兴奋和沉痛交织在一起,许德华觉得,虽然时日短暂,但自己一天比一天成熟。那几天,他和廖运周每晚都要谈到深夜,毫无倦意。

"真带劲!"廖运周说,"蒋介石越批越臭,大家越声讨越来劲!"

许德华对扯开嗓门喊口号很不以为然:"光声讨有什么用?军人就该投身沙场,到火线上让手中的枪炮发言!"

廖运周说:"上火线?我看是没指望啰。北伐搞得那么轰轰烈烈,到头来伐倒了什么?军阀没有伐倒,把革命伐倒了,岂有此理,一塌糊涂!"

"以后的革命怕不是那么简单了!肯定要艰难得多啊……"许德华陷入沉思。

许德华的忧虑是有理由的。历史已经鲜明地告诉人们,蒋介石在四一二反革命政变之后,就完全变了味。他在南京成立新政府,同武汉国民政府摆开对阵的架势,本身就是在北伐的脸上扇了个响亮的耳光。北伐军早已无心北伐,反过来直扑各地的革命力量。武汉的国民党右派分子自然是闻风而动:暗地里紧锣密鼓,策划新的阴谋。一时风云突变,剑拔弩张。

武汉国民政府不知出于什么想法,竟把北伐大军悉数推到河南,而武汉只留下一个叶挺的第二十四师,外加国民政府警卫团,把武汉分校的学生也算在一起,总共才有四五千人。一个在磨刀霍霍,一个却高唱空城计。它注定了某个悲壮的历史断面,要在不知不觉间浮现出来。

形势急转直下,武汉分校笼罩着一片扑朔迷离的神秘色彩。表面上沉静了一段时间后,谜底一个一个揭开了。先是教育长张治中拍拍屁股投奔南京,途经九江时,拍回一个告别武汉分校同学书的电报。颇有讽刺意味的是,分校将这份电报全文登载在校刊《革命生活》的头版,让人看了又滑稽又心寒。没过几天,一波又起:分校的秘书长周佛海也趁人不备潜逃南京。这位曾对革命信誓旦旦的周先生,从下关码头一上岸,就抛出一篇题为《逃离赤都武汉之后》的文章,借对革命的诽谤与谩骂,一举两得,既洗刷了自身,也拍舒服了蒋介石。此后,差不多每天都有一点诸如此类的新闻。局势到了不可收拾的地步,而人们的精神却似乎越来越麻痹。

政治科的舞台上演起一幕幕活剧。他们隔三岔五组织学生展开政治局势大讨论,好像这就可以让人们从困惑中理出一点头绪,给予渐入低谷的革命以微不足道的支撑。而学生中叛逃的人也越来越多,许德华不知道为什么革命局势逆转得如此之快。他选择了思考,变得越来越沉默了。

然而公开的讨论永远是热烈的,尖锐的交锋随处可见,慷慨激昂的军校师生各抒己见,辩论成为家常便饭。有时,急了眼的辩论者粗俗地冲向对方,让拳头发言。一片吵吵嚷嚷的大舞台上,谁也不会在意某一位同学悄无声息地加入。许德华总是坐在会场的某个角落,默默地听,然后,再悄无声息地离去。

非常时期的沉思默想,为许德华积蓄了一生的能量。他毕生都追求行为的两端:思想和行动,而把诺言压缩到最低的限度。是的,语言充其量不过是过程的载体,况且有赖于他者的合作。就个体行为来说,它非但没有什么实质性意义,反而因为过于强烈的表白,将会削减思想和行动的力度!对于信口开河的人来说,语言还常常是不可救药的变节者,让思想成为轻薄的鲜衣美服。归根到底,世界上的一切都得靠双手创造,而不是凭借轻佻的嘴皮子。

现实就是这样真真切切地告诉了许德华:蒋介石并没有因为举国声讨而立地成佛。相反,一时间,倒戈、叛变、卖身投靠倒是全都成了最时尚的道德。

进入5月中旬,驻防鄂南的独立第十四师师长夏斗寅,半夜间背叛武汉国民政府而接受蒋介石的密令,把队伍开到距离武汉只有几十里地的纸坊车站附近;原为四川军阀的第二十军军长杨森,一改桀骜不驯的做派,而如同猫一般对蒋俯首称臣。他从偏远的鄂西将人马驱赶到离汉阳县只有一百八十里的仙桃

镇,以示效忠;直系军阀的第十五军军长刘佐龙,更是投蒋所好,不动声色地由鄂东向武汉徐徐推进兵力,向蒋表达了心有灵犀。一时间,号称革命都府的武汉三镇,四面临敌,黑云压城。可它除了那些热血沸腾的记忆,几乎是一座空城啊!

无谓的辩论还有什么意义?由分校师生改编的中央独立师,在师长侯连瀛、副师长杨树松、党代表恽代英的率领下,受命西征。

随着子弹和行军作战的必要装备一一下发,黄埔五期第十一大队炮科学员许德华,转眼间成为中央独立师第一团团长张洪儒手下的一名士兵。许德华记住了1927年5月17日下午这个时间节点,也记住了武汉分校那个不甚宽阔的大操场,记住了担任西征总指挥的武汉卫戍司令叶挺和自己的第一位师长侯连瀛、党代表恽代英,记住了他们站在队伍前开展作战动员的每一个字眼。

"我命令,"侯连瀛的嗓音并不高,但一声砸一个深坑,"蓝腾蛟率第二团沿粤汉铁路迎击夏斗寅之十四师;张洪儒率第一团北渡长江,向杨森之二十军出击;史文柱率第三团,于长江下游沿葛店、青山之线布防……"

革命与战斗就这样划开了许德华人生的第一道口子。

刚上前线的许德华,紧张和兴奋参半,欢悦与忧虑交织。他暗暗立下个规矩:必须在自己倒下之前,消灭一个敌人!然而,战斗持续五分钟后,他便觉得这个标准太低了。他亲眼看到成批的步兵战友先于敌人倒在血泊中,而他居然还安然无恙地活着。在那一刻,他体会到为他人活着的含义。就这样,负重感不可避免地来临,成为他军旅生涯的必然起点。

步兵开始冲击了。看着他们将枪刺捅进敌人的胸膛,许德华的心中生出莫名的快意。他的眼睛不知不觉红了。怀着一股难耐的饥渴,他高声复诵阵地指挥员的口令,并装填了第一枚炮弹。当五门与之相濡以沫的教学火炮同时喷出耀眼的火焰时,许德华下意识地吼了几声。

这时,天空突然响起一阵刺耳的啸鸣。接着,一声巨响在相距许德华五六十米的地方爆炸了。他本能地闭上眼睛,谁知,这一闭就再也睁不开……

许德华初战便挂了彩。所幸的是炮身挡了一下,居然只受了点轻伤。战后,他受到团长张洪儒的嘉奖。那是许德华第一次负伤,也是他第一次受到嘉奖,所以刻在记忆中的印痕也就越发深刻。

胜利班师的队伍还没有回到武汉,忽有消息传来,说长沙出事了!

"么子事啊?"许德华急切地追问。毕竟那是他的家乡,关系到一大批同学老师和亲朋好友的安危。

何键部第三十五军第三十三团团长许克祥,突然带兵围攻湖南省总工会、省农民协会、国民党省党部等机关重地,长沙全城刀剑横飞,枪声大作,正在重演上海四一二的血色悲剧,大有直指武汉三镇的蔓延之势。而唐生智的队伍趁这个机会,直接从前线开回武汉,说是"拱卫政府",实际用心谁都能看得明白。

回到武汉分校,许德华和同学们看到校园里的气氛大变。其时,国民政府中的共产党员已经撤出,大街上公然贴出挺蒋标语,那些夸张的漫画早不见了,横幅上取而代之的口号是:"打倒中央军事政治学校武汉分校的赤子赤孙。"

进入初夏,号称"火炉"的武汉,政治空气更加令人窒息。焦虑和迷惘笼罩在许德华的心头。校园内外,左右两派学员的辩论、争吵,国民党学员始终站在上风口,大声宣示主义之类,强词夺理,国共尖锐对立,国民党人多势众,占据主流位置,气焰十分嚣张,而共产党处于被诛杀的地位,许多政治立场不够坚定的共产党员,纷纷自动放弃党籍,有的甚至公开撇清和共产党组织的关系,革命形势急转直下。

学员的政治面貌到了最后亮相的关头。这天,同学们照例把课堂变成了辩论会场,许德华依然静静地坐在后排一言不发。

"各位同学,听我说!"同学廖昂兴奋地站起身,重重地拍了拍巴掌,那趾高气扬的神态,一看便知是国民党积极分子,"现在最后登记一遍,大家可千万不要站错了队伍,今后可就没得机会啦……"说着,把一张《学员政治面貌登记表》放到同学们面前。

廖昂专门走到许德华身旁,眼睛挑衅地斜睨着,阴阳怪调:"德华同学,你打算选哪一边啊?"

许德华倔强地扬了扬脸:"选哪一边?老子反正不跟你站一边!"说着,掏出钢笔在表格上自己的名字后面,郑重地填上"共产党"三个字。

军校已经成为是非之地,黄埔五期还没有毕业,不少人已经改换门庭,另谋出路,一段时间管理也比较松懈,学员们走的走、溜的溜,在校学生人数锐减,炮兵大队不得已缩编为一个连。校方已经明确:炮兵科学员将被提前毕业。

许光达就读于黄埔军校武汉分校时的毕业证书

武汉三镇的血腥气息日渐浓重。老天也似乎懂得人心,连绵阴雨下个没完没了,江城到处湿乎乎的。文昌门和两湖书院的墙基上,长满绿茵茵的苔藓。这天下午,有个身材魁梧的青年男子,冒雨来到武昌两湖书院。这位中共重要人物受党组织委派,前来传达党的指示,要求军校共产党员参加毕业分配,利用武汉政府与南京政府互争地盘、正在组织东征讨蒋的机会,进入张发奎的部队,积蓄革命的军事力量,以准备迎接突然的事变。

经组织秘密安排,毕业分配方案出来了,许德华和几位共产党员同学前往驻扎在江西九江张发奎的第二方面军第四军任职,许德华到直属炮兵营当见习排长。时光早已摊开历史的底牌,他们离开武汉之后,一切该来的全都接踵而至:7月15日,汪精卫召集武汉国民党中央执行委员会,正式做出分共的决定,宣布国民党各级党部、政府、军队中任职的共产党员,"即日起声明脱离共党组织",否则一律停止职务。国民党党员未经许可加入他党者,以叛党论处。

汪氏终于步蒋氏后尘,把血腥的屠刀指向了共产党人,而且有过之而无不及。汪精卫的口号是:"宁可枉杀千人,不使一人漏网。"仅国民党武汉市党部就有百余名共产党员和革命志士惨遭杀戮。鲍罗廷、罗伊等百余名苏联顾问及工作人员,纷纷撤离回国。

宣布完毕业命令、登上泰昌号江轮的那一刻,顺江而下的许德华,望着烟波中的蛇山和龟山,不禁浮想联翩。同船的学友中,竟然也还有人尚存吟诗作赋的雅致。那时候大家对革命的理解,多少还充满着浪漫主义的色彩。青春就这样起航了,它负载着革命青年的理想,缓缓离开雨中的江岸。远方的未来,会是一段怎样的航程?许德华想了很多,然而他怎么也不会想到,短短五年后的自己再一次顺流而下时,竟是个身负重伤、危在旦夕的肃反对象。

第三章　经历上海

寂寞黄昏忆乡村游戏

轮船到达上海港停靠差不多一支烟工夫,海关钟声便打响正午12点。这是地下党组织约定接应的时间。警卫员小龚和交通员刘鳌都不安起来,焦急地问躺在门板上的许光达:"怎么还没有动静?不会出岔子吧!"

"莫要慌张,相信组织上会安排好的。"许光达吃力地答道。这一路他受尽伤痛的折磨,嗓子完全哑了,说话几乎听不到声音。

刘鳌比小龚沉得住气。他吩咐小龚留在轮机舱照顾许光达,自己溜到甲板上去打探情况。刚走到左舷口,忽听一阵吵闹,伸头一看,糟了!只见起岸的跳板上,有几个横眉竖目的国民党军警,在逐个检查下船的人。有三四个人被拉到旁边搜身。他们中一位衣着体面的中年女子刘鳌认识,她从武汉上船,一路总喜欢到舱外廊道上溜达。有一次,刘鳌给许光达取水时还碰上她。她问刘鳌水是在哪里取的,刘鳌告诉她在二层后舱,她说声谢就去了后舱。刘鳌还奇怪她为什么手中没拿水杯,一路都在想这个问题。正是她因为遭到搜身而大吵大闹。这时下船的人已近尾声,大概是查出了什么麻烦,其他被搜身的人一一放走了,唯有那个女子被扣了下来。这使她的吵闹声更为激烈。

军警们检查完最后一个人,不由分说上了船,那女子也被带到船上。刘鳌吓得一溜烟钻回轮机舱,插上门,气喘吁吁地说:"有情况,别出声!"

许光达挣扎着抬起头:"千万不要莽撞……"话没说完即大咳不止。小龚着

了慌,只好用洗脸毛巾捂住他的嘴巴。

不一会儿,混乱的脚步声和那女子愤怒的申辩声越来越近。可怕的现实迫在眉睫,小龚情不自禁地用身体护住许光达。刘鳌则守在门边,全神贯注地听着门外的动静。

门终于被粗暴地砸开了。刘鳌一看,船上的轮机手、大副和那个操一口扬州口音的厨子,全都低着头站在军警们身后。

"他是什么人?"军警指着地上大口喘气的许光达,凶狠地责问。

刘鳌把小龚往身后一拦,答道:"是我们家兄弟,来上海看病的。"

"带走!"领头的军警毫无道理可言,不由分说地一挥手。

许光达闭上眼,料想这次有可能难逃劫数。难过的是,连累了护送一路的两位同志。但又有点不甘,或许是组织上出了什么差错……

"老总!"刘鳌见军警要带人便急了,"我兄弟病得可不轻啊……"

"少废话!"军警们七手八脚抬起许光达就出了门。刘鳌和小龚死死拉住许光达身下的门板,但怎奈势单力薄,仍被军警们连拖带拉地从轮机手、大副和那个厨子面前抬过去了。

见此情形,申辩吵闹的女子反倒不骂了,居然站在一边看热闹。当刘鳌和小龚经过她身边时,她还故作镇定地说:"怕什么?我们又没有做犯法的事,看他们能把我们怎么样!"

码头上,一辆高架子警车早已等在那里。

小龚趁人不备朝刘鳌使个眼色,意思是说拼了吧!刘鳌紧咬着牙关,征询地朝许光达看了看。

许光达眯缝着双眼,轻轻地摇了摇头。

刘鳌紧抿着嘴唇,脑子在急速地分析着。临行前,省委领导曾对他千叮咛万嘱咐:到上海肯定会有组织同志来接应,无论遇到什么情况,都要冷静沉着,切不可暴露身份。武汉过来这一路,多少次遇到情况都化险为夷,难道到了上海……他期待着奇迹的出现。

然而,奇迹始终没有出现。所有的人,连同那个女子,全都被押上了车。

车子发动了,刘鳌还在着急地向装着铁栅的车窗外张望呢!这时,忽觉有人拍了拍自己的肩膀,竟是那女子!只见她又拍了拍小龚的手臂,紧接着拉住许光达的手,和蔼可亲地笑着说:"同志,吓着你们了吧!"

"同志?"许光达、刘鳌和小龚相互对视了一眼,猛然间全都明白了!再看那几名"军警",个个都摘下帽子,面目和善地朝他们笑哩。

"我姓洪,大家都叫我洪姐。"那女子边做自我介绍边从贴身衣袋里掏出一张纸,对刘鳌和小龚说,"现在,你们已经完成任务,特委介绍信在我这里,下一步许光达同志的一切安排由我负责,你们准备下车吧!"

刘鳌和小龚你看我、我看你,不太放心地皱着眉头。

洪姐看出了他们的心思,打开手中的纸,递给许光达。果然,是那张盖着中共湘鄂西特委大红印章的介绍信,上面的字迹分毫不差。

许光达眼睛有点模糊了,他伸开双臂把刘鳌和小龚的两个大脑袋揽在一起,只轻轻地谢了一声,就再也说不出话来。

"我们还能再见面吗?"小龚天真地问。

许光达没来得及回答,警车便在一个街角停下来。刘鳌和小龚匆匆下车了。之后,车子又在市区胡乱兜了几圈,最后来到一家医院门前。

总算在病床上安置了下来,许光达浑身一软,这才真切感到身体的虚弱。他眼前阵阵发黑,说话都需要屏足气力。

"军警"们和那位洪姐把许光达送到医院就离开了。随后,过来几位陌生的医护人员,稍事察看伤口,量了量体温,便嘱咐他要静养几天,待身体恢复一下,再做手术。

接着,就是一个人孤零零地等待黄昏的来临。

病房很小,几乎与外界彻底隔绝。还好,靠脚头那面墙的正中位置,有个小气窗,看出去,模模糊糊有片瓦屋顶。瓦棱上好像还残留着积雪,黑白交杂,犹如巨大的斑点。

屋顶下面肯定也住着人吧?他们是些什么人呢?

这情形很像湖南老家萝卜冲。那是浏阳河东岸的一个小山村,绿树成荫,翠竹成林,阡陌纵横,碧水长流。乡间村落清秀美丽,座座农家庭院棋子般撒在葱郁的棋盘上。许家住在萝卜冲的村西头,几间屋舍灰黑瓦顶、土坯黄墙,簇拥着偌大的院坝,既是晾晒稻谷的粮场,也是一家老少乘凉、唠嗑的天堂。农院左前

方的池塘,鱼鸭弄水,莲藕飘香,池边有眼水井,正打在泉眼上,清澈的泉水常年咕嘟咕嘟冒着。童年许光达放牛打柴回家,总会像许家男子汉那样,提起井架上的吊桶,打上一桶泉水,把头埋在桶里,一口气喝个饱,那股甘甜清冽,陡然间浸透肺腑。

老屋里,有个小小的房间,也有这么个小小的窗户,正对着邻家屋顶。落雪的日子,屋顶上也积着雪,也是这样黑白交杂。天蒙蒙亮时醒来,少年许光达就会睡意蒙眬地想,那屋顶下邻家的孩子睡醒没?这样的天气,牛赶不上坡,喂完牛草,放牛娃就可轻松地玩一玩。照例是乡村游戏,摘下屋檐下的冰凌,长长短短,有点像牛角,可他们看作是古代武士手中的宝剑。他们握着"宝剑"对刺,小手冻得红通通的,嘴里却冒着热气,乐呵呵地闹啊,直到点灯时分……此时此刻,那些稚真的声音,仿佛又在许光达耳畔响起,阵阵的温暖感,就从那亲切的喧闹声中,悄悄袭上心头。

童年许光达叫五伢子——乡下娃子总有个被爹妈随意使唤的乳名。因为在堂兄弟中排行第五吧,从小当童养媳的母亲,就喜欢这样喊儿子的乳名。后来,全家和全萝卜冲的人,都这样叫开了。萝卜冲虽小,名气却不小,大名鼎鼎的辛亥革命先驱黄兴,就是本乡人氏。1908年11月19日,农历戊申年十月二十六,母亲刘氏就在这个冲子里生下了许光达。当父亲许子贵揣上一块银圆,到许氏宗祠央求主事把这个新生的男丁续进家谱之后,许光达的生命中就打上了特别的印记。那是个糟糕透顶的坏年景,湖南滨湖各县及长沙等地,水虫灾害,民不聊生,可农民许子贵却相继养下德有(荣)、德发(华)、德富三个儿子,老四的降生显然不合时宜,可依照排行还应当起名为"贵",因为同父亲许子贵犯上名讳,后来的大号便只能避开"贵"字而叫作许德华,老二的"华"字则变通为"发"。好在乡下伢子平常使唤学名的机会不多,方言中的"华"、"发"含糊不分,也就没人在意了。

这一年,长沙一带还没开春就大雨滂沱,一下就是好几个月,江河泛滥,方圆百里汪洋一片,三四万人被淹死,灾民数十万。时值清末,国家内忧外患,诸如此类的灾情根本就提不上公案,而乡间财主照例横征暴敛。萝卜冲有个叫何胡子的地主,居然因为大灾年而得到朝廷赏赐的一块金匾:"何慧定堂。"在"皇恩浩荡"之地,农民们却妻离子散,家破人亡。

实在无法想象,一个贫苦农民生养的这么一大群孩子,怎样在如此的困境中嗷嗷待哺地存活下来。

许光达熬到三岁,辛亥革命爆发了。民主共和的旗帜之后,是永无休止的军阀混战。在那个风雷激荡的岁月中,一段充满着辛酸与血泪的人生旅程,从浏阳河畔这个贫困而美丽的小山村起步了。

同新中国的许多将领一样,许光达的第一个梦想,也是从乡村摇篮中哺育出来的。萝卜冲的西边,有个方圆数丈的黄土堆,拔地而起,高过河堤。相传那是古时候农民起义军的点将台。如今,它成了乡村孩子们做游戏的地方。他们竞相登上土堆并独占高台,把这番争斗称作"占江山"。占得"江山"是惬意的,登高远望,小小许德华常有种意欲飞翔的感觉。四下成片的稻田展现着漫无边际的葱绿,浓荫掩映的村落,珍珠似的撒在田间。源于大围山的浏阳河,蜿蜒掠过村西,静静远去,注入天际。听大人们说,远方有条湘江。湘江流经岳麓山,岳麓山上藏龙卧虎,有好景色、好书和数不清的好人物、好故事,它与众多名震四海的湘籍伟丈夫联系在一起,诸如谭嗣同、黄兴、蔡锷……

那年月,许德华总是独自爬上这座高耸的土堆,默默对着浏阳河出神。河堤上常有四方逃难的饥民来来往往。那些衣不蔽体的乞丐,拖儿带女,挎着破篮,拄着竹竿,成群结队地流落在外。有时候他们拐进村里,敲开人家的门,颤抖的双手捧着破碗,求救似的目光挂着泪痕,背上的孩子哇哇地哭喊着……许家老少每当此时,都会抢着过来给人送上大把大碗的米面饭食。尤其是老祖母,心肠最为慈善,只要有人上门乞讨,她总会尽其所有不让人家落空。她含着泪接下人家伸过来的破碗,装满后还要结结实实地压一压,再双手捧到人家面前,不忘嘱咐一句:"慢点走啊,趁热吃吧……"后来许德华知道,祖母原本也是个孤女,是许家老辈从河堤上捡回来的。有一次,许德华亲眼看见有个妇女抱着女娃,在河堤上悲哭了好大会儿,然后翻身投入河中……这记忆在许德华内心深处永难磨灭。

不满六岁的许德华,就拿起放牛的鞭子。七岁多,该是上学的年龄了,迫于家境,手里的牧鞭还是放不下。他懂得大人们的难处,当村邻熟悉的小伙伴们,个个欢天喜地背着书包上学时,他只能强忍着泪水,把牛牵到远处草滩上去放,从不向父母提出去学堂读书的要求。

但是,读书的诱惑在许德华心里是那么强烈。他放牛最愿意去的地方是梓

塘。那是离萝卜冲二里地的一个屋场。有位前清举人在那里办了个私学,很远便可听到孩童们阵阵的读书声。许德华觉得,那是世界上最美妙的音乐。

冬天来了,第一场雪过后,牛拉不出去了。许德华大半夜没睡着觉,才打定了个主意。他起了个冒早,到棚里喂完牛草,顾不得喝口糊糊,便撒开双脚往棣塘奔去。往常,他拉着牛去,总是把牛拴在附近的池塘边,偷偷踱到学堂的窗下,听里面的琅琅读书声。今天没有牛,他感到浑身是那么轻松。北风卷着雪珠打在他红扑扑的脸上,身上挂着破絮的小袄迎风扑闪,冷风直往胸口灌,但他一点儿也不在乎,只是一个劲地在沟沟坎坎间跑着、跳着、滚着、爬着。他是去朝圣啊!他是怀着朝圣的心情,走近那几间普普通通的茅舍的。他心中充满着难以言喻的欢乐!

离棣塘渐渐近了,读书声越来越清晰:"坎坎伐檀兮,置之河之干兮,河水清且涟漪……"

许德华放慢了脚步。他不敢跺脚,也不敢拍打身上的雪,生怕惊动了屋里的先生。他小心地依偎到木格窗跟前,按住自己的心跳,大口大口地喘着气,沉浸在快乐的满足之中。

"……不稼不穑,胡取禾三百廛兮?不狩不猎……"许德华嘴里轻轻地跟着先生念起来。雪末舞着寒风,在他的脚下打着旋。他一动不动贴着墙根,周身仿佛全都麻木了。

不知过了多久,许德华忽然觉得读书声缥缥缈缈地远去了,眼前似有些云彩浮动,一片,又一片,腿开始发软。他支撑不住身体,便顺着墙根瘫软了下去。他大声地喊啊,喊啊,可除了空谷回音,没有任何应答。他发觉自己置身在黑天黑地的荒野中,猛地脚下踏空,身体便鹅毛似的落入深渊,飘啊,荡啊……他晕过去了。

许德华醒来时,已经躺在先生的藤椅上。他身上裹着先生的长衫,双手抄在先生的怀里。先生贴在他的身边,端着一碗热腾腾的姜汤,正在一勺一勺地喂他。先生的身旁还站着个女伢,看上去比自己年龄小一点儿。女伢睁大一双乌黑发亮的眼睛,惊疑地盯着他。

"醒啦!"先生脸上泛着欣慰,"你是哪个村子的,在我的窗口做么事啊?"

女伢抢着回答:"爹爹,我认得他。他是萝卜冲的,常在我们这里的池塘边上放牛……"

许德华以为自己闯了大祸，慌慌地说："我、我……先生，你莫跟我爹爹讲，我没别的事，就想念书。"

先生说："想念书，怕么事！"又问："你这样喜欢念书，么事不进学堂呢？"

"我、我家里没得钱……"许德华哭了。

先生怔了一下，好半天没有言语，随后别转脸，用衣袖擦擦眼睛，对许德华说："伢子，莫哭，想念书，你就来，我不要你的钱。"

"不要钱？真的？是真的吗？"许德华将信将疑地溜下藤椅，愣了愣，慌慌张张地扑到地上，就要给先生磕头。先生忙将他拉住："你这个伢子，莫给我磕头，给孔圣人磕头去！"

先生拉着许德华冰凉的手臂，来到堂屋正中的孔子供像前。许德华趴在地上恭恭敬敬地磕了五个响头。磕完头，许德华仍旧低着脑袋嘀咕："可我还没得书本……"

先生笑着朝身后的女伢喊："桃妹子，去给这个小哥哥拿个书本！"

女伢又甜又脆地答应一声，一蹦一跳去里屋为许德华取书本。许光达没有想到，这个第一次拿书本给他的桃妹子，后来竟成了他相伴终身的妻子。

从泥土中冉冉升起

想起桃妹子，许光达心中无法平静。

这时候，病房里的黑影不知不觉爬上了墙，黄昏来临，正对着瓦屋顶的小窗户，渐渐黑得什么也看不清了。门外传来一阵嘈杂的脚步声。不一会儿，一位扎着白头巾、戴着白口罩的护士小姐，轻轻推开病房的门，用上海味颇浓的国语招呼："28号，吃饭了！"

许光达一惊，这才知道自己已成了个编号。他吃力地侧过脸，看着护士小姐轻盈地走过来，将两个不知盛着何种饭食的白铁碗，放到病床前的矮桌上。接着卷过邻床的棉被，垫到病人肩头，又拉过一条小木凳坐到跟前，端起碗，用一把长柄的小勺将饭菜划拉调理，挑起一小勺，不由分说送到病人嘴边……许光达为她那异常熟练的职业化动作所吸引，同时又有点不太满足，就试着问："护士，烦劳你开开灯好吗？"

护士小姐说出满口上海话:"对勿起侬,停电了,没办法的。"

许光达叹息一声,只好作罢。昏暗中,护士小姐手中的一勺饭食已经伸到许光达嘴里。许光达使劲地将头从垫高的被絮上抬起来,努力凑近饭勺。护士小姐放下饭碗,俯身将病人用力往上抬了抬,又说声"对勿起侬",让许光达稍候片刻,转身推门出去了。

护士离开的短暂时间里,许光达回味着黑暗中被人喂进饭食的滋味。他感觉得出,每一勺饭中都夹着菜,菜味偏淡,似乎还有点油水。

忽然,一团红红的亮光随着门缝的开启扑进病房。护士小姐手中举了半截点着的洋烛,另一只胳膊肘夹着个大枕头,悠着脚步进来了。她小心地护着烛火,脚下又轻又慢,来到病床前。安置好洋烛,又将棉枕一点一点地衬到许光达脑后,所有工作都在无声中完成。他们彼此配合默契,用心体会对方,感受一份陌生的温情。许光达惊讶,烛光中的她,比她说话的声音要年轻得多。

喂饭重新开始,过程仍旧无声无息。

很快,一切都结束了,病房的门重新合上,只有一盏跳动的烛火陪伴着许光达。他重新想起远在故乡的桃妹子。她姓邹,大名叫邹靖华,是先生邹希鲁的二女儿。

邹希鲁是在康梁变法之后回到故乡长沙的。他的教育梦想与徐特立、姜济寰、杨怀中等几位同乡好友紧密相关。他们都是长沙县人,又是从小在一起诗书唱和的同学,学成之后都曾担任过乡村塾师。五四新文化运动的洗礼,已给社会注入强劲的新风,那代学人可以有很多种活法,革命自然是最时尚、最有价值的选择,而教育救国,则是大多数不甘守旧的年轻知识分子共同的志向。

辛亥革命后,姜济寰担任长沙县首任知事。身为父母官,他很快便将自己对教育的热心付诸政纲。上任伊始,他立刻提出创办一千所小学的计划。最大的困难当然是师资。于是姜知事邀请好友徐特立组织筹办一所正规的师范学校。当时的徐特立也没有闲着,早已在省教育界奔波得身心疲惫。他正

1932年,邹靖华就读女中时的照片

在忙不迭地卸下慵职,先后辞去省临时议会副议长、省教育司教育科长等职务,专心到长沙县第一高等小学担任校长。心心念念想要"用教育来改革人心"的徐特立,与姜济寰一拍即合,欣然接受创办师范的重任,校址就选在他任职的长沙县第一高等小学,也就是原善化县的学宫内。

徐特立将学宫内的一些破烂房子,逐间清理出来,连同走廊过道,稍加修缮,改为师范生的教室。他还征得湘岸榷运局同意,把该局存放在学宫的一批硝磺变卖了,得到一千多块银圆,暂时解决了经费困难。就这样,徐特立硬是连滚带爬地把这所长沙县立师范学校赶在1912年3月正式开学了。

为了给学校找到一处永久的校址,徐特立费了好大的力。他几乎走遍了长沙县城的大街小巷,最后选中北门荷花池畔的泐潭寺。这座唐代古刹本是文人墨客的游览胜地,近百年间兵灾人祸早已荒弃,徐特立宝贝似的捧着它,从姜济寰那里请得一笔经费,只用了半年时间便让它面目一新。

长沙县立师范学校迁入新址,正好是半年制的二部讲习班毕业。徐特立高兴地写下一首毕业歌:

> 休夸长沙十万口,弟子不教非我有。
> 十八乡镇半开化,少数通人难持久。
> 莫谓乡村阻力多,盘根错节须能手。
> 莫谓乡村馆谷薄,树人收获金如斗。
> 大家努力树桃李,使我古潭追邹鲁。

邹希鲁成为这所学校的第五任校长。在他之后担任这所学校校长的,还有到日本留过洋的柳大谧。他就是柳直荀的父亲。柳校长进入长沙师范的第二年,又请来一位教务主任杨华均。此人早年毕业于美国人在湖南创办的雅礼大学,后来也曾去日本留学,故而穿衣戴帽洋气十足,让学生们看不上眼,于是乎发生了第一次罢课事件……

与这些洋派的海归相比,邹希鲁要乡土得多。他的教育秉承师道,率性而为,完全出于仁爱与善意,用一颗温和的本心投放到具体的受教者身上,用真情触发感恩与感动,以图为改变世道人心、改革现实社会,尽一份微薄之力。他很

早就搞起了劝学会,对许德华这样刻苦求学的农家伢子,格外地欢喜和呵护。许德华是邹先生私学中唯一不交学费的学生,而且还可以一边放牛一边读书,随时随地地找先生补课。

邹先生的教学内容极为广泛,除了读《诗》《三字经》《百家姓》和《千字文》之类的书本之外,还常给学生谈古论今,讲岳飞和屈原,讲谭嗣同和黄兴。尤其是谭、黄二人,是湖南百姓家喻户晓的人物。谭嗣同原籍在离长沙不远的浏阳县,黄兴的故里就在长沙东乡的梁塘,跟萝卜冲和棣塘都只隔着几里地,许德华的四嫂还是黄兴的侄女哩!

在接受了许德华这个特殊学生半年之后,邹希鲁应聘到许家园小学任教。临行前,他放心不下许德华,把这个没钱上学的孩子叫到身边,说:"我要走了,你也跟我到许家园小学去念书吧!"

许德华心事重重地低着头,好半天答不上话。

"去吧,么事不去哟?"桃妹子也在一边小声劝道。可小小年纪的她,哪里知道许德华的难处。许家是个大家庭,父亲许子贵同两个兄长尚未分家,大伯许长龄做篾匠,没有儿子,只有个女儿;二伯许有道是个驼背,以做爆竹为生,两个儿子还小,都没有上学。唯有自家这一房的兄弟姊妹较多,吃的也就多,平常父亲就担心大伯、二伯家有闲话,这回自己又要花钱去读书,生出一笔额外的开销,他能同意吗?

果然,许德华回家一说,许子贵不同意,但大伯许长龄却站出来说话,坚持让许德华去读书。他手头有几个私房钱,愿意掏出来培养侄儿。实际上心里早就有个小九九,想把天资聪颖的许德华过继到自己名下,承继香火。

许德华随邹希鲁先生上了许家园小学。从此,这个"聪明"、"有出息"的男孩子成了萝卜冲老许家的第一个读书人。

一晃便到了十一岁,许德华的学习成绩在许家园小学很出众。邹希鲁当然自得,觉得自己没有看错这个放牛的伢子,常在人前人后夸说这个穷苦伢子的好处。女儿面前,就更是把许德华挂在嘴上:"看看德华这伢子吧,读书多用功啊!桃妹子,你同姐姐就该向人家学哩!"

"人家是男伢,我们是女伢,女伢怎么能跟男伢比嘛!"桃妹子心里服气,嘴上却喜欢同父亲辩驳。

邹先生生气地说:"男伢女伢都该读书求知,将来图报国家,做大事业!"

桃妹子私下里就跟父亲一个字一个字地学起来,见书本就拿来读。她记着爹爹的话,常把许德华的榜样放在心上。

中秋节一过,一年一度的高小招考就要开始了。邹希鲁得到消息就立马去找许德华,可是,同班的学生告诉他:许德华已经两天没有到校了!

邹希鲁着了急,匆忙赶到萝卜冲。原来,许家正在办丧事。

许德华的母亲在生小弟德强时,得了产褥热,日日加重,不治而亡。弥留之际,她把最疼爱不舍的儿子许德华叫到跟前,拉着手说:"伢子,妈就指望你这点出息了,跟着邹先生,好好念书,日后……"

见到邹先生,许德华哇的一声大哭。他心里憋了很多说不出的悲伤。

此后不久,许德华的大妹妹又去世。小弟德强因吃不上奶水,只好送给别人家。几个哥哥各有妻室,父亲许子贵终日忙在田地间,总也没个笑脸。与许德华相依为伴的,只有五岁的妹子。她的名字叫桂妹子,是个乖乖的女娃,成天跟在许德华身边,怯怯地说:"小哥,我怕……"

邹希鲁说:"莫怕,到我家去,跟桃妹子做个伴,一块儿玩,一块儿认字。"

许德华考取了榔梨镇的长沙县立第一小学高小部,与后来鼎鼎大名的廖沫沙同班。这件喜事一扫许家的阴霾,尤其是大伯许长龄,逢人就张扬这个为他争气的侄子,愁眉苦脸的许子贵自然更上心。

县立一小坐落在榔梨镇中心的临湘山。那是浏阳河畔一面清秀的山坡,浏阳河绕山北去,校舍原是千年古刹陶公庙的旧址。相传南梁天监年间,一个姓陶的外乡阔佬,修建了这座祀庙,祭祀其陶姓祖先——晋代著名政治家、军事家陶侃的孙子陶淡及其侄儿陶烜。陶侃就是陶渊明的曾祖父,因为绝誓收复中原,却壮志未酬饮恨而逝,两个儿子也相继死于战事,国仇家难让陶淡、陶烜叔侄俩在晋亡后退居山林,来到这临湘江边结草为庐。他们死后,"清名盛德"为人敬仰,故而"立祠以为祀",而且千百年间香火不绝。

陶公庙因离河边不远,既为山野古幽,又是个水码头,人来人往信息广博,教师们思想沉得住,也特别放得开,大家聚到一起纵论时事,各抒己见,从戊戌变法到义和团运动,从辛亥革命到苏俄政权,什么话题时髦,就讨论什么话题。

学生的思想当然也就异常活跃,而许德华又是个勤于思考的人,很快,他的思想同他的骨骼一同成长起来。到1921年从榔梨高小毕业考入长沙师范学校时,许德华已是个满身滚动着肌球的毛头小伙子了!

许德华考取长沙师范,他最崇敬的先生邹希鲁很是欢欣。临别那天,邹先生把许德华拉到身边细心叮咛:"山外有山,天外有天,那可是个出人的屋场,你须加倍用功啊!"

长沙师范学制五年,第一年算作预科,后四年为本科。预科生许德华一入学,成绩就直往上蹿。徐特立得到消息非常吃惊,一打听才知道,原来是邹希鲁的门生,怪不得呢!

许德华进了长沙师范的第十一期本科班,后来的文化名流廖沫沙也同他一起考入该班。同学之中,还有丑志剑、杨展、谢鑫等几十年后的知名人物。学生时代,许德华常和他们纵论国是,交流思想。他清楚地记得,那个柳大谧校长请来的教务主任杨华均,因教员不受学生欢迎被轰走,给学生训话时大爆粗口,甚至处分闹事的学生,引起学生们的公愤,于是组织罢课,发表宣言,要求撤换杨华均。柳校长出来替杨说好话,学生又要求撤换校长,事情越闹越大,罢课长达好几个月,结果学生领导被开除了几个,校长、教务主任也辞职下台。

其时,马列主义已传播到中国,俄国十月革命的炮声震撼了全世界,有学生运动传统的长沙师范同学中,讨论救国救民的热门话题蔚然成风。许德华私下读过《国家与革命》《共产党宣言》,还读过毛泽东和新民学会会员们创办的《湘江评论》,所以,发起言来滔滔不绝,常有独到的高论把大家吸引住。有一天,他正在大声演讲,忽见同学背后多了一位熟悉的身影。那不是先生吗?"邹先生!"他几乎惊叫起来,"您老人家怎么过来了?"

"这是么子话?许你来,就不许我来呀!"邹希鲁兴奋地说。原来,他再次受聘来到长沙师范教国文,又成了许德华的国文老师。

中午,邹希鲁让许德华把午饭端到自己房间来吃。他拿出一个瓦罐,里面装着烧好的辣子鸡块和蒸咸鱼。邹希鲁说:"你尝尝,味道怎么样?"

许德华忽觉脸上发热。他怎好朝先生的菜罐里伸筷子呢?经邹先生一再催促,他夹了一块咸鱼和一小块鸡肉,一点一点地吃起来。果然,又辣又鲜,味道很不错,就说:"很好吃!"

邹希鲁说,好吃你就多吃点。还说,这是桃妹子在他临来时特意做的。

桃妹子能做出这么好吃的菜了？许德华想问一句什么,但没好意思说出口。他只顾埋着脸,吃了一头汗。

桃妹子后来成为许德华的妻子,似乎顺理成章。虽然,这桩婚姻是按照那个时代铁定的程序——父母之命、媒妁之言定下来的,但彼此心头存有的那份牵挂,也许比这个程序甚至婚姻本身更为牢固。因为许德华青春的颠沛流离,注定一切形式上的礼规只能是蜻蜓点水。他和桃妹子新婚十天就分别了。那是怎样的分别啊! 夜黑风高,许德华来不及告诉家里其他人,匆匆逃命而去。她把他送到浏阳河边,双手一推:"走吧,快跑!"他便踏上了一条万险的人生之旅,从此生死茫茫,彼此音讯全无……

几年时光都是在生死线上煎熬过来的。今夜,许德华仿佛突然醒来,刹那间,万千的疑问涨满了一脑子。自己走脱之后,桃妹子有没有受到牵连？她一个人留在了婆家还是回了娘家？她相信自己到今天还活在人世吗？她是否还在为自己的前途命运担忧……不知不觉间,许光达的眼里贮满了泪水。

猛然间,许光达决心给桃妹子写封信! 可是,写什么呢？几年的漂泊,一言难尽啊! 再说,当初自己是共产党的逃犯,国民党在四处抓捕,万一这封信落入敌手,既害了桃妹子及全家,自己也会被捕啊!

莫如来个投石问路! 许德华打定主意,拿起笔来写道:

德华兄:

　　安徽寿县一别,你说回家成亲,婚后即归,至今两年有余,不见音讯,是不是爱妻扯住你的后腿？还是你自己急流勇退？望来信告之。

顺致福安

廖运周

地址用的是湖南省长沙县东乡苦竹园,收信人不是桃妹子,而写许子贵。

写完这封信,许光达心情豁然开朗了,伤口的疼痛也似乎减轻了许多。随之,一阵倦意便袭了上来。他合上眼睛,立刻响起沉重的鼾声。

手术台上的惊险奇观

许光达醒来时,已是第二天午后。

睁开眼,就见前一天给他喂饭的护士小姐安静地坐在床前。她将双手交叉在胸前,眼里有一丝温和的惊喜。"侬交管能困呃!"她说,看来她坐等在这里已有好一会儿了。

许光达皱着眉,努力适应着眼前的一切。有那么一小会儿,他忘记了自己身在何处。

护士小姐起身说:"饭菜都凉了,阿拉去热起,侬等会儿啊。"

许光达这才注意到床头盛满饭菜的两个铁碗。他感激地笑了笑:"莫慌,你能帮我先办件事吗?"

"啥事体,侬讲话。"

"帮我寄一封信。"

"咯是小事呃,邮电所就在对门,侬先吃饭。"

"你去寄信,饭我自己吃吧!"许光达说着,自己拉过棉被垫高身子,端起床头的饭碗。

护士小姐慌着过来帮忙,被许光达推开了。她怔了怔,情知眼前这位28号是没法违拗的,就伸手说:"侬把信交把阿拉,格就寄起好勿嘞?"

许光达把刚刚写好的信,郑重地交到护士手上。等到护士小姐寄完信再进来时,他已把冰凉的饭菜吃得干干净净。护士小姐惊讶地望着两个空碗出神,好半天才说:"凉兮兮地吃下去,肚皮吃勿消呃!"

"莫怕,惯了。"许光达说。

护士小姐捧着两个空碗并不立即离开,站在许光达床前愣了片刻,好像有话要说,但想了想,终于还是没有说出口。

许光达索性问道:"你要讲么事?"

"你们……真苦呃!"这次,她咬着国语,声音很轻,口罩上方的那双大眼睛里,透出脉脉温情。

"你们?"许光达思忖起这两个字,那个一入院就挂在心头的问号再次浮了起来:这所医院是在党组织绝对控制之下吗?如果是,它可能收治了许多像自己一样来自苏区的红军伤员吧。这些同志彼此并不了解,只能与医护人员单线联系,是这样吗?

许光达话到嘴边,却没有问出口。然而,护士小姐却告诉许光达,她有个哥哥,原来在厂子里做工,一年前去了南方,至今下落不明。她和妈妈都很想念他。与她哥哥同去的人捎信回来说,她哥哥是在南方某省的一个小山村里,跟一些乡下种田汉子一块儿造反,苦得很,妈妈听说后,把眼睛都哭瞎了……

"你想你的哥哥吗?"许光达饱含深意地问道。

护士小姐轻轻摘下大口罩,稚气未脱的脸上掠过一丝伤感。好一会儿,她低声叹息:"想啊,老想呃……"

许光达沉默了。

见许光达长久地不吱声,护士小姐也不好再说什么。她像是忽然意识到应该离开似的,歉意地笑了笑,转身要走。走到门边,她又想起一件事,脚步顿了顿,回过脸小声地问:"阿拉屋里厢有只剃刀,侬胡子刮勿嘞?"

许光达摇了摇头。

护士小姐不说话,慢慢地戴上大口罩,开门出去了。

约莫过了两个小时,一位精瘦的男士进来通知许光达:"准备手术。"

"不是说还需休息几天吗?"许光达不解地问。

男士告诉他,照他的病情看,多耽搁一天,手术就要增加一分难度。所以,在身体条件基本许可的情况下,早点手术,对病情有利。

五分钟后,许光达被两个年轻人推到手术室,进门就看见那位熟悉的护士小姐正在忙活。一会儿工夫,她忙完了,走过来为许光达备皮。她像个老朋友似的,眼里透着亲切,一边工作一边轻言软语安慰道:"侬交管放心,手术时会打麻药的,不痛呃。"

"不怕!"许光达冲她笑笑,"痛也没啥了不起的!"

备皮结束,戴眼镜的主刀医生和副手们也都从来苏水里面抽出双手,卫生准备——就绪,各自开始走向工作位置。负责麻醉的医生先行忙碌开了。他将一根煮消过的针头刚刚夹到镊子上,忽听手术室的大门砰的一声被人撞开了。只见一位穿着天蓝色旗袍的中年女子,手里挎只小包,匆匆忙忙地闯了进来。

事情来得太突然了,所有医护人员全都愣在那里。

那女子定了定神,气质高雅地对大家说:"对勿起!对勿起!阿拉家里厢临时出了点事,必须阿弟回去处理一下,手术先勿做了……对勿起啊!"说着动手帮许光达穿衣服。

许光达一眼认出来:这不是洪姐吗?他心头一阵惊悸,立刻意识到可能出了什么临时变故。这时,洪姐趁着为许光达整理衣服的机会,也背着众人给他重重地使了个眼色。

"太太,先生的手术……否则……"主刀医生深感唐突,说话都有点语无伦次了。

那位相熟的护士小姐,此时不知道究竟发生了什么。她只呆呆地盯着许光达,嘴里结结巴巴:"侬格是、侬格是……"

洪姐急速地帮许光达穿好衣服,对众人说:"手术还是要做的,床位勿要退好嘞……"然后,谦恭地一个劲"再会、再会",推起许光达就走。她三步两步通过太平道下到一楼,出了门,门口早有一辆小轿车停在那里。洪姐把许光达慌手慌脚地扶上轿车,爬上去就是一脚油门。

事后才知道,洪姐的轿车开出去不到三分钟,便有十几个国民党特务冲进了手术室。

正如许光达所猜想的,这所医院是中共地下党控制的一个秘密联络据点。全国各游击区的红军高级指挥员负伤、生病,都通过组织关系秘密地送到这里来治疗。就在许光达托护士小姐发信的那会儿,党内出了叛徒,供出了一切,国民党上海特务机关立即将医院监控起来,而这一情况又及时被中共地下组织的内线掌握了,当即通知住在该院的所有红军伤员迅速转移。

事实上已经来不及了!就在许光达刚刚离开医院的几分钟内,便有三名正在手术的红军指挥员,因无法撤出,被国民党特务拉走了。

"谢谢你……洪姐,谢谢你再次救了我!"许光达眼里含着热泪。

洪姐老练地打着方向盘:"都是革命同志,客气么事嘛!亏得早来一步,晚几分钟就误大事了!"

许光达听出洪姐说话的口音,竟与自己的乡音很近,不觉皱起眉头,心里琢磨:怪事,刚才在手术室还讲一口流利的上海话呢!

"请问洪姐,你不是上海人?"许光达好奇地问。

洪姐笑了笑："你猜猜看。"

许光达左思右想都觉得不合适，就摇摇头。

"那天在码头上见你时，我可就认出了你，难道你就一点也认不出我来了吗？"

许光达搜遍记忆，仍然丝毫没有印象。

洪姐叹了口气，自言自语："也难怪，那时你才多大，长沙师范学生，十多岁光景哟，我也才二十来岁年纪。再说，妹子变堂客，女人的好时光快呀……"

许光达努力地抬起头，定定地看着反光镜，若有所悟，似乎想起点什么。

"想起来没有？"洪姐提醒道，"那年在岳麓山……后来又……"

"啊呀，你、你……是你呀！"许光达自责地捶打着自己的脑袋。

黄浦江畔识故人

创建于1903年的湖南省第一师范学校，位于长沙城南妙高峰，与岳麓山隔江相望。它的前身，是南宋创办的城南书院，有千年学府、百年师范的美誉。最早叫湖南师范馆，后来又更名为湖南全省师范学堂、湖南中路师范学堂，直到1912年，才正式定名叫湖南公立第一师范学校。两年后，又把"公立"改为"省立"，也就更加民国化了。

后来的这所省立师范，逐渐登上中国现代革命的历史舞台，风风雨雨中先后走出包括许光达在内的一批顶级文武干才，他们是毛泽东、蔡和森、何叔衡、任弼时、李维汉、萧三等，在这里执过教鞭的有徐特立、杨昌济、谢觉哉、周谷城、田汉、李达等人，而曾国藩、左宗棠、黄兴亦藏修于此。钟灵毓秀的小小校园，蕴含着大大的赤色乾坤，这里早已成为湖湘文化集大成的风水圣地。

许德华刚刚告别预科，进入本科，正是热血沸腾的年华，周末生活也颇有抒情色彩。当年，他到长沙师范不满一个月，便一个人兴致勃勃地去了一趟岳麓山，感觉相当不错，此后连去数次，一次比一次有收获。第二个学年，他有了好友杨展、谢鑫，便相约前往，不负金秋。

他们三人志趣相投，一向无话不谈，相聚出游就更是如此，一路上大家有聊不完的情怀。

踏上岳麓山，三人便全都进入了一种境界。谢鑫的国文学得好，当即诗兴大发，豪气十足地吟了几句之后，忽又想起一位文学大师描写秋天的名句，便凭着

记忆随口诵道:"……和秋天连接在一起的是阴郁而潮湿的天气、泥泞和雾。一种不自然的绿色——烦闷的、不断的雨水的产物——像一层薄薄的网似的笼罩在原野和田垄上……"

杨展问:"谢大才子,这又是谁的名句啊?"

"那是俄国的秋天,是果戈理眼中的秋天!"许德华说。

谢鑫惊疑地盯着许德华:"你也读过果戈理?"

"果戈理的小说那么大的名气,鲁迅先生都推崇他哩!"许德华为自己脱口言中而颇觉自豪。

谢鑫得意地拍起巴掌:"知我者,德华也!杨兄,你差了一截啊。"

"那是自然,德华兄的国文底子,你我都望尘莫及。若不然,邹先生的小女……"杨展朝谢鑫扮了个鬼脸。

这年春天,邹希鲁托人到许家去提亲,要把九岁的女儿桃妹子许配给十四岁的学生许德华。这让许子贵喜出望外。邹家并非本地豪富,但却是有头有脸的书香门第,人家肯找上门来下嫁女儿,那是求之不得的事啊。于是双方一拍即合,亲事立刻定下来了。同学们中间,这件事早已是公开的秘密。

杨展的洋相一出,许德华脸红了起来。谢鑫就忙岔开话题,说:"杨兄这就差了,邹先生肚子里悲秋的句子可没得俄国货,人家是'悲哉秋之为气也!'"他摇头晃脑地学着邹希鲁往日诵读古文的样子。

邹希鲁平常的做派很容易让人把他看作一位老夫子:布衣长衫,说话时一不留神就带出一串文言文句子。

"想不到这么一个老古董倒相中了我们的德华。"杨展总是嘴没遮拦,心直口快。他拍着许德华的肩膀,"这可是个天生的共产主义分子啊,满脑子革命!"

许德华辩道:"邹先生可不是你们想象中的老古董!他不过是个与世无争、一心做学问的人,他很想把自己的知识全部传给学生,他也希望我们的国家早一天昌盛富强。可是,他生活在一个封建大家庭里面……他很苦。"

杨展笑了:"你看你看。女婿就是女婿哦……"

谢鑫打了杨展一下说:"别瞎扯了,就让德华兄谈谈邹先生嘛。"

"其实,我跟桃妹子的亲事,他老人家也是迫不得已。"许德华沉着脸,向两位好友一五一十地倾吐起来……

邹希鲁的家四世同堂,表面上和睦,内里却危机四伏。邹家当家人是邹希鲁的大哥,而邹希鲁不过是个寄人篱下的食客。他长年游学在外,馆谷(工资)低得可怜,谈不上对家用有所补贴。加之,老婆又接二连三地生了好几个女孩,在家里生活就益发没有底气。有一年,旱灾严重,管家的大哥见田地收成无望,地租无着,一狠心悬梁自尽了。论排行,接下来该是邹希鲁当家,可他对家常日子一应事务两眼一抹黑,完全操持不来。再说,也不忍心放弃教育救国的宏愿。于是,便主动丢下权柄,把这个家委托给一个堂弟来管理。哪知道,堂弟毕竟不是胞兄,大权一旦到手,在邹希鲁的妻儿面前,就经常端起叔公的架子,最后发展到硬逼着要邹妻卖掉桃妹子和最小的女儿杏妹子。

常言道:"盗不入五女之家。"叔公经常这样振振有词地说:"养这么多女伢,坐吃山空,家里怎么受得了?"

邹妻哑口无言。女儿是自己养的,丈夫又挣不到几个钱,她只好托人把邹希鲁找回来,让他跟叔公商量商量。谁知邹希鲁一进这个家门,满腹诗书一文不值,连当着叔公的面申辩一句的勇气都没有,只知躲在房间里抱着两个女儿哭。

邹希鲁的妻子绝望了。就在这天夜里,她在床架上系条白绫,泪流满面地套住了自己的脖颈……

三年里,邹家一难接着一难,早在长兄上吊之前,老母便被洪水冲得找不着尸首。这次,发妻又自缢身亡,只留下几个嗷嗷待哺的女儿。邹希鲁再也顾不得面子了,硬着头皮找到堂弟说:"女儿我坚决不卖,要死,我也同她们死在一起。"

"家里分文无有,哪里养得起这许多女伢!"堂弟一肚子不痛快。

邹希鲁咬咬牙:"那么好,我把杏妹子交给她的大姐,反正她大姐也出嫁了。桃妹子跟我去,留在身边。"

堂弟吹了一口烟屎,来回踱着方步,说:"亏你还是个读书人,也不动动脑子。桃妹子丢了九岁喊十岁了,饭量见长,一年少讲也吃三石谷!女伢早晚是人家的人,不如早定个人家,这三石谷不就省下来啦!"

"可伢子这么丁点儿年纪,起小从没离过她妈……"邹希鲁又要落泪。

堂弟见邹希鲁松了口,脸上现出笑容:"这不用你操心,人家我来挑。是你的女儿也是我的侄女,我不会把她往火坑里送。"

邹希鲁看看别无出路,就揉揉眼睛说:"真要定人家,用不着你管……"

第二天,许子贵的门上便去了一位提亲的乡人。

说到这里,杨展又打起趣来:"嘀,原来邹先生心里早就有你许德华啊!"

许德华说:"他是我的启蒙先生么。"

"那……你本人的想法呢?"谢鑫认真地问。

"我嘛,"许德华突然又满脸通红,"谨遵父命呗!"

杨展眼神邪邪地紧盯着许德华的眼睛,阴阳怪调起来:"哈哈,好一个'谨遵父命'!"说着,高声大笑起来。

这时,谢鑫急忙上前掩住杨展的嘴,嘘了一声,指着不远处的树林子里,轻轻招呼两位同伴:"喂,你们快看……"

许德华和杨展同时看去,见一个女子的背影婀娜地立在一座墓碑前。原来,这岳麓山埋葬着许多革命先驱的遗骨,黄兴、蔡锷、刘道一和曹庄等名流都葬在这里。他们的业绩赫赫有名,湘人老少皆知。

"过去看看吧!"谢鑫提议说。

三人放轻脚步,来到那女子身后几步远的一棵苍松底下,不约而同地停下来。他们屏息静气地打量周遭,从碑文便知,这是蔡锷将军的长眠地。

不知过了多久,那女子缓缓地转过身来。她的长发盘在头上,鬓角插着一朵白色的小花。天蓝色的镶边旗袍外面,披件黑绒线短套。二十来岁的年纪,被这身装束衬托着,出奇得典雅、庄重。她友好而大方地朝身后的三位少年点点头,说:"你们好!"

"你好!"杨展抢先回答。

"我见过你的。"女子指着许德华说,"你们也常来这里?"

三人有的点头,有的摇头。

"你们是……"女子像大姐似的走到他们身边。

谢鑫答道:"我们是长沙师范的学生。"

女子会意地微笑:"怪不得呢,可你们为什么来这里呢?"

谢鑫和杨展面面相觑。许德华想了想说:"革命先驱生前的业绩惊天地泣鬼神,启迪后人嘛!"

女子颔首:"讲得蛮好。"接着,她仰望蔡锷墓前的三棵红枫,似在自言自语:"当年,蔡锷将军曾经和他的好友唐才经常一起到岳麓山来。蔡将军听到树林中飒飒的风声,好像看到了滚滚大江的波涛。将军触景生情,潸然泪下。他站在一棵千年古枫下,慷慨激昂地吟诵'生当作人杰,死亦为鬼雄。至今思项羽,不肯过江东'。吟完了诗,将军就指着那棵古枫说:'男儿当学此古枫,刺破青天,锋刃犹在。'并且发誓从那天起,把自己的名字蔡良寅,改成了蔡锷。这三棵红枫是后人专门为将军栽下的,它们多像三个士兵啊!"那女子说到这里,朝许德华他们三人笑笑:"你们也是三个人……"

许德华小声地说:"大丈夫当如此……"

此时,差不多已过正午,女子告别下山去了。三人站在零乱的石子路旁,目送着她的背影,直到消失在林子尽头。

许光达再次见到她时,已是几年之后。

那是震惊全国的长沙六一惨案发生的当天,许德华和同学们罢课游行。当时,长沙师范学校的革命热潮风起云涌,给许德华任课的王季范、朱建环、曹典琦、陈昌甫等老师,都是新民学会会员。曹典琦还是共产党员,在他的引导下,许德华读了一大批革命书籍,已成了一个名副其实的共产主义分子。他经常与进步同学讨论时事,钻研马克思主义理论,并且把目光投向社会,抵制日货,和同学一起走上街头,把日货往湘江里扔。

六一惨案的直接导火索,是日本拒不归还租期已满的中国旅大。为此,湖南工团联合会等发起湖南外交后援会,号召全省人民反日侵略,宣布对日经济绝交。声势一起,工人学生闻风而动,日本在湖南的银行和工厂全部被关闭,真是"工人一声吼,长沙瓦起飞"。事情闹到6月1日这天,当群众涌上日轮要求检查时,日舰伏见号上的水兵便在金家码头向岸上的示威群众开枪,当场打死打伤好几名工人和学生。这下全社会被激怒了,立刻罢市、罢工、罢课,整个长沙炸开了锅。许德华和同学们更是悲愤到了极点,当晚就抬着被害工人和学生的尸体进行大游行,一直游到第二天。两天后,又隆重召开追悼会,并在会后向赵恒惕政府请愿。就在大家高喊"打倒卖国贼"、"要民主、要自由"的口号向政府办公楼进发时,军警的马队冲过来了,警棒劈头盖脸,队伍顿时大乱,有人倒地,有人流血,有人被捕……

许德华与几个男同学冲上去与军警格斗。一个身大力魁的家伙,抱住了许德华的腰,另一个家伙举起警棍猛劈下来。许德华眼疾手快,双臂一挡,紧接着

一个下蹲,挣脱了军警。就在他转身反击之际,一眼发现有两个军警反架着一女子正往警车上拖。这不是几年前在岳麓山邂逅的她吗?虽然头发散乱,脸上、身上都是血,她丝毫没有畏惧,拼命挣扎着、暴跳着大喊:"爱国何罪!打倒卖国贼!"许德华认得真真切切,不顾一切地冲了上去。当他冲到离警车还有几步远的地方时,她已被野蛮地塞进了警车。警笛怪叫一声,车即发动起来,许德华跟着警车无望地追过去……

事实上,她在警车里也看见了许德华在追赶,并认出了他。

"一晃十年过去了!"许光达不无感慨,努力想从眼前的洪姐身上看出往日的影子。

洪姐说:"当时我隔着车玻璃拼命向你挥手,让你别追,赶快逃走,可惜你一点儿也听不见,只顾埋头跑。"

他乡遇故知的感觉,并未冲淡现实的紧张。这时,在他们车后的街区,警笛声狂啸不止。许光达透过车窗可以看见一伙一伙荷枪实弹的军警排着队,朝各个路口奔跑,行人一片慌乱。

"敌人又开始大搜捕了!"洪姐说,"时间过去十年,军警还是军警!"

许光达问:"会不会出麻烦?"

"放心,谁也不敢拦我们的车!"

许光达正要问为什么,就听洪姐轻轻按了一下喇叭。紧接着,车便驶进一个偌大的铁栅门,吱的一声停了下来。

不露声色的温情

共产主义运动的国际化,在那一代中国共产党人心目中,是个极为神圣的概念。它的具体标志是对十月革命的故乡——苏维埃的布尔什维克政权,有种宗教般的崇敬和向往。

马克思、恩格斯领导创立了第一国际。马克思逝世后,恩格斯领导了第二国际。十月革命后,列宁创立了第三国际,又称共产国际,重心自然落在世界上唯一的社会主义国家苏联。对于各国共产党组织而言,那是种至高的尊严,是朝着太阳的方向。那里有革命真理,有大把大把和平自由的空气,有迎风盛开的红梅花儿,更有面包、牛奶和热腾腾的壁炉……当然,还有一流科学水平背景下的医疗技术与疗养环境。这是许多倒在血泊中的红军指战员们迫切希望得到,但机会却几近于零的慰藉。

许光达因祸得福,在无路可走的绝望中,诞生了一线希望。正所谓上帝关上一扇门,必然打开另一扇窗。组织上临时决定:冒险将生命垂危中的许光达从上海转移出去,送到红色苏联手术治疗后,留下来学习。

这个决定许光达当时一无所知,而洪姐已了然于胸。她一边熟练地打着方向盘,一边与许光达回忆着往事,汽车便机警而顺利地驶进了租界,在一栋西式小楼前,钻进了高墙圈起的小院子。刚停稳,一位金发碧眼的小伙子便迎上来,用生硬的中国话向洪姐招呼道:"您好,是洪姐吗?"

洪姐笑着打开车门:"是的,我找艾黎,路易·艾黎。"

"艾黎出去有事,要我转告您,客人由我负责安排。"

洪姐警惕地微微皱了下眉,略显为难:"那么艾黎他?"

"您不用担心,我会照顾好这位先生的。"

洪姐指着车里的许光达说:"他的身体情况很不好,手术没有做成,生命随时会有危险,您千万……"

"没问题,绝对没有问题!"

洪姐想了想,决定信任这位年轻人。她将半个身子探进车内,小声告诉许光达,这地方是新西兰友好人士路易·艾黎的住处。艾黎是中国人民的朋友,利用自己的国际身份和租界这块特殊地方,为党掩护了许多革命同志。

在中国革命史上,路易·艾黎这个名字是人们所熟知的。他出生在新西兰坎特伯雷地区斯普林菲尔德镇,祖父是南爱尔兰移民,父亲是小学校长,母亲积极参加争取妇女权利的运动。艾黎兄弟姊妹六人,从小受到严格的家庭教育和性格锻炼。早在1916年底的第一次世界大战期间,他中学还没毕业,就参加了新西兰远征军,远赴欧洲作战,曾两次负伤并荣获军功章。第一次世界大战结束后回国与人合作办牧场,1927年4月来到中国,在上海公共租界工部局消防处,担任防火督察、工业督察长等,直到1938年。

这期间,艾黎目睹了许多社会不平现象,看到中国工人遭受剥削和压迫的悲惨情景,决心投入中国人民的革命斗争。1934年,他参加第一个国际性的马克思主义学习小组,并和中共建立起联系。他把自己在上海愚园路的住所,变成中

共地下工作者碰头的地点和避难所,上海地下党甚至在顶楼架设过秘密电台。他还和史沫特莱、刘鼎等人,想方设法为红军购买医疗器械和药品。现在,这幢小小的西式楼房,几乎成了中共去苏人员的中转站。

洪姐说:"现在看来,你的伤在国内是没办法治疗了,必须转移国外,组织决定,送你去苏联……"

"去苏联?"许光达敏感地惊讶起来。他还是第一次听到有人说起这样一种可能,因而颇觉意外,心中的波澜也久久不能平静。

迎车的洋小伙将许光达转移到早已准备好的一副担架上,然后招呼不远处正在忙于修剪花木、皮肤黝黑的南亚男子,同他一块儿把许光达抬进屋去。洪姐一旁默默地搭着帮手,并陪送到甬道上,才匆忙同许光达道别。她亲切而肯定地说:"你好好休养,我过两天再来看你,一定……"

可事实上直到许光达离开上海,洪姐再也没有来过。后来得知,洪姐在第二天执行任务中就不幸被捕,从此便在国民党的监狱中消失了。许光达万万没有想到,就那么简简单单的一句话,便结束了和这位神秘乡亲的缘分。

在艾黎那里的一个多礼拜时间过得相当快。这不得不归功于会操汉语说话的洋小伙。他叫森·哈普雷,出生在新西兰最大的港口城市奥克兰,并在那里度过了幸福的童年。母亲去世后,随同当外交官的外祖父漂洋过海到达日本,又辗转进入中国,成为艾黎在中国事业的得力助手。

森·哈普雷心地善良,性格豪放而又幽默,从来不见他有什么忧愁。也许因为彼此的母亲都去世得早,他和许光达谈得十分投机。他知道许光达的病情和处境,几乎每天都用大量时间来陪伴着许光达,总是用他那蹩脚的汉语为许光达描绘他的祖国新西兰,从美丽的南阿尔卑斯山温泉到故乡奥克兰半岛的海滨浴场,以及大都市惠灵顿的热闹、土著毛利人种种有趣的习俗,所有的故事,无不带有神话般的传奇色彩。

在毫无头绪的等待之中,能有森·哈普雷这样一位见识广博而又乐观开朗的年轻朋友为伴,许光达心头的阴霾也着实冲淡了不少。但是,敌情迟迟没有解除,伤口又在时时危及生命,特别是森·哈普雷每每谈及祖国的话题,不能不使许光达的心中,产生阵阵无法排遣的忧伤。

"森,"许光达说,"你身在遥远的异国,却拥有自己的祖国,而我躺在祖国的土地上,却不拥有自己的祖国,这是多么可悲啊!"

哈普雷遗憾地耸了耸双肩:"Yes! Yes! 亲爱的朋友,这也正是我跟艾黎要全力帮助你们的原因。"

大概是在七八天之后的一个傍晚,刚吃过晚饭,森·哈普雷突然兴奋地破门而入,来到许光达床前。他涨红着脸结结巴巴地说:"许先生,有一位小姐……中国的,找你的……在外面!"

"小姐?"许光达的眉毛拧成一个疙瘩。她会是谁呢?一般说,租界里的这个地址,除了中共交通员是没有人知道的。除非……许光达的直觉中闪出一个危险的信号。他还没来得及把想法对哈普雷说,门便被无声地推开了。

进来的竟是她——在医院护理过许光达的那位护士小姐!

"是你!"许光达本能地支起身体。

"别、别……"她快走几步,急忙过来制止。见此情形,森·哈普雷抬脚就要出门。

"森,别走开!"许光达狠狠朝他使了个眼色,转而问护士小姐,"你怎么晓得我在这里?"

"是洪姐讲把阿拉听的。"

"她?"

"她给警察抓进去了。"

许光达一惊:"你?"

"侬勿生疑心,阿拉跟伊是一样呃,今朝是来给侬送封信的。"护士小姐说着将一封污痕累累的信交给许光达。信是寄到医院,而落款却是湖南长沙!

显然,这是许光达家里的复信。

许光达听到自己的心咚咚跳起来,但脸上还是平静地说了声:"谢谢。"话刚出口,护士小姐已直起身子,准备告辞。她出神地朝许光达看了一眼,并没有说什么。

"你帮助了我,我还不晓得你尊姓大名哩。"许光达带着歉意说。

护士小姐莞尔一笑,脸红红地摇了摇头。随即,表情认真地告诉许光达:手术在上海已经没有办法做了,组织决定让他到苏联学习并治伤。她特别叮嘱,明天凌晨3点钟就上船,到时会有人来接。说完之后,便将随身带来的一个布包袱

交给许光达。那是许光达匆忙撤离医院时,来不及去病房取走的几件脏衣服和一点私物。其中,有他最珍爱的笔记本和桃妹子新婚之夜送给他的湘绣荷包鸳鸯戏水。她轻轻地打开包布,里面所有的衣服都已被洗得干干净净,叠得方方正正,私物一件不少。没等许光达说声谢,她的身影已经到了门边。她朝森·哈普雷礼貌地点了点头,就匆匆离开了。门被极有礼貌地带上。

情况来得这般突然,许光达紧张地剖析了前前后后发生的一切,确信所有情况的真实性之后,才猛地想起女护士送来的那封信。许光达急忙打开,首先满纸扫了一眼,见落款是父亲许子贵,而那通篇的笔迹那样熟悉,分明是桃妹子的。

许光达按捺住剧烈的心跳,默读起来:

运周:

  来信收悉,感谢您的挂念。其实,德华自一九二八年秋离家,一直未归。他现在生在何方?死在何方?望来信告之。

  又及:他的妻子桃妹子现在工厂做工,苦得很,一心在等他。全家人一如既往,恕不赘述。

盼望回信

许子贵

直到这时,许光达才发现哈普雷始终忠实地立在门旁,一动不动,表情严肃。

许光达按捺不住内心的激动,仿佛长期悬在心头的一块石头落地了。他对哈普雷高兴地说:"森,我终于盼到信了!"

"我知道,是那位小姐送给你的,"哈普雷说,"我看得出,她是爱你的。"

"不不不!"许光达哭笑不得,"你误会了,我们是同志。我是说我家里的来信,我的父亲、我的妻子……"他努力打着手势。

哈普雷糊里糊涂地点着头。忽然,他一本正经地问:"你要走了吗?"

"是的,我们还有七八个小时,"许光达说,"我得给家里写封信,很长的一封信,懂吗?我还得给他们寄一些钱,他们很苦,我要把节省下来的医疗费和生活费统统寄给他们,你来帮我寄,好吗?"

哈普雷荣幸地张开大嘴:"可以,当然可以的。不过,在写信之前,我们好像应该轻轻松松地谈点什么,你说是吗?"

许光达不住地点头,心情很好:"可是,谈点什么呢?"

"就谈谈你自己吧!在我和艾黎心中,你是一个了不起的人物,我们都很敬佩你。但是,我们对你不明白……"

"嗨,我有么事值得敬佩。"许光达一边摆手,头在枕上不住地摇着,"中国像我这样的人多的是啊!"

哈普雷想了想说:"听说你是黄埔军校毕业的,而且还参加了著名的南昌起义,是真的吗?对了,你就谈谈南昌起义吧!战斗很激烈吗?那时候你是连长?营长?还是……一定有趣极了,是吧?"

"有趣?"许光达淡然地笑了笑,"那是一场血战!我是在起义失败后加入的,当时不过是个刚毕业不久的军校学员,当个排长,战友们还不服哩!后来,我负了重伤……"

第四章　血泊中的义旗

南昌城外追红旗

望着森·哈普雷那双渴望的眼睛，许光达的心颤动了。他只希望用一颗真诚的心说一说自己的故事，来表达在这些非常的日子里，这位外籍朋友对自己关怀备至的感激之情。

许光达顺着哈普雷的兴趣，不急不忙地娓娓道来。

军校毕业后，许德华去了九江。那是个风光秀丽的江南小城，濒临长江，又紧靠着著名的庐山。当时，那里驻扎着张发奎的第二方面军。张发奎是宁汉对立时，奉武汉政府之命，打着东征讨蒋的旗号，把队伍拉过去的。许德华去的时候，形势已经发生变化，宁汉对立变成宁汉合流了。汪精卫和蒋介石都预感到共产党将掌握武装，他们要放弃对立，合力对付共产党人。

早在许德华从武汉分校毕业之前，中共党组织就派陈毅同志去传达了党的指示。这位有名的老苏维埃，赤着双脚，旧布鞋夹在胳肢窝里，打着把油纸伞，满脚泥泞，用四川口音同许德华他们谈话，要他们打进张发奎的部队，积蓄革命的军事力量，随时准备迎接突然事变。

那些日子，局势对我党极为不利，革命处在低潮。国民党武汉政府的中央执行委员会在7月15日举行扩大会。这是个名副其实的分共会议。汪精卫在会议上公开表示，要同共产党决裂，正式宣布要限制共产党。接着，就在武汉开始大屠杀。"宁可枉杀千人，不使一人漏网！"这个口号就是会上提出来的。很残酷啊，几天之内,武汉三镇到处弥漫着血腥味。

军校没法再上课了,校方决定让许德华他们提前毕业。那时,校园内部政治阵线也很分明,像他们这些被称为赤子赤孙的学员,很多部队都不欢迎。所以许多同志在暗暗担忧,许德华的好友廖运周就私下问他:"德华,学校在这个节骨眼上把我们推出校门,下一步真够我们瞧的啦!"

许德华到黄埔学习之前就加入了共产党。1925年5月,许德华在母校长沙师范,由毛东湖和陈公陶两位同志介绍,加入中国共产主义青年团。时间不长,转为中共党员。

南昌起义前,一切工作都在秘密进行。临近起义的日子,小城九江和武汉一样,也恐怖到了极点。许德华被分配到国民革命军第二方面军直属炮兵营,当见习排长。

那是起义当天的傍晚时分,许德华正在逛书店,忽听大街上一片喧腾。跑出去一打听,有人告诉说:南昌发生了兵变!只说是兵变,也不知什么性质。因为消息是火车上下车的人传的,于是许德华赶快往火车站跑。正好,有列从南昌方向开过来的火车,拉着汽笛徐徐进站。车一停,涌出车门的旅客中,便有人四处散发宣传品。许德华拼命挤进人群,抢到一张《江西工商报》号外,那上面套红登载着南昌起义的消息,许德华也顾不上细看,一股劲跑回炮兵营,把消息告诉其他党员。

第二天清早,同一个党小组的黄怡同志悄悄送来一张《民国日报》,是8月1日出版的报纸,上面刊登着国民党《中央委员会宣言》。这个宣言是宋庆龄、吴玉章、邓演达、谭平山、毛泽东、恽代英等二十二人,以国民党中央委员的名义发表的。文中写道:"同仁等受全国同志之委托,经第二次全国代表大会选任为中央委员以来,根据本党主义政策与总理遗教,为国民革命前途奋斗,赖全国同志之协同努力,虽历经党国危急时期,幸能无大陨越。今者党国危机,更等于昔日,故同仁等不得不将最近事态之真相,与全国同志惟一之奋斗途径,掬诚敬告我全国同志……武汉与南京所谓党部政府,皆已成为新军阀的工具,曲解三民主义、毁弃三大政策,为总理之罪人,国民革命之罪人……"

黄怡还没等到看完宣言,便附在他耳边小声说:"组织已有指示,我们立即分头离开炮兵营,到南昌加入起义部队。一刻钟后在九江南门外集合,接头暗号

是打野外。"

在预定集合的地点,他们按照暗号找接头人,竟是位女军人!她在黄怡出示的中共九江市委介绍信上签了字,就给他们每人发了一条红领带,告诉他们说,这是起义军的标志,要他们见到起义军时,一定要戴上它。她还向他们简要通报了张发奎的情况,说张已经倒向了蒋介石。前一天,周士第带领的第七十三团走到镇安车站以北时,张发奎和第二十五师师长李汉魂,就带着卫队营坐上火车拼命追赶。周士第指挥部队给张、李一顿痛击,打得张发奎和李汉魂弃车逃命。所以,弄得现在火车也不通了,你们几个人只能靠两条腿一步一步往南昌走。

许德华他们一共是七个人,女军人除了发给红领带外,还给每人发了一支短枪和一包子弹以及两块大洋。

黄怡在七个人中年纪最大,又是原来的党小组长,所以是这个行动小组的当然负责人。关于行走路线,他们采纳了杨实人的意见,他是七人当中唯一家在江西的老表。他们翻过庐山,沿着赣江走,小心翼翼地上路,绕过张发奎和李汉魂的关卡,直奔南昌城。

接下来,他们便夜宿晓行,跋山涉水,整整走了一个礼拜,终于来到南昌城下。当时,大家迫切想加入起义部队,急得嗓子眼都冒烟了。可是,情况却大大出乎他们的预料:南昌城里根本没有什么起义部队。面前这座曾长久树立在他们心头的城市,既见不着红旗,也听不到歌声,城门上照样有军警站岗,照样蛮横无理地盘查进出的行人。

他们七人趴在城北的一道土坎子边,傻傻地愣了一个多钟头。

后来才知道,起义部队由于决策上的不周,匆匆忙忙回师广东。就在他们赶到南昌的前一天,最后一批人马撤离了南昌。幸亏杨实人的家就在江西高安,一路上问路、打宿,都靠他那张嘴巴。

南昌起义是个大动作,国民党当时非常恐惧。蒋介石把驻扎在南京、武汉、广州的几乎所有部队,都调集起来了。早在起义之前的个把月,属于武汉政府方面的张发奎所部,包括廖培南、李汉魂、许志锐三个师约一万人马,统统交到黄琪翔手上,从武汉开到了九江;唐生智所部的何键、刘兴等,大约两万四千人马,也压上来,先头部队同样抵达九江;程潜所带的一万两千人的部队从两湖方向直奔南昌;朱培德、王均所部的一万四千人,屯兵江西吉安、万安一带;金汉鼎、杨如轩的三千人的部队驻扎江西临川。属于南京政府方面的李济深部,由第八路中路总指挥黄绍竑带九千人马,在江西大庾、广东南雄一带;第八路右路总指挥钱大钧带七千人马,在江西赣州一带;还有一些小部队,三五千、一两千人马不等,分别驻在江西瑞金、宁都和福建长汀、上杭一带。所有这些部队,对南昌形成重兵压境之势。起义之前围而不剿,待到8月1日起义的第一枪打响之后,顿时乌云幕合,形势十分险恶。所以起义军做出决定:撤出南昌,向广东转移。

8月3日到8月5日,起义部队和领导机关相继撤出南昌城,取道临川、宜黄、广昌南下。许德华他们赶到南昌时,南昌已经恢复平静。怎么办?一行赶来的几位同志,眼睛都盯着黄怡。

黄怡也没什么好办法,大家一筹莫展。这时,杨实人说话了:"我家离南昌这边倒不很远,也就不到一百里路,大家是不是先到我家住下来,打探打探情况,再作下步打算?"

人生地不熟的,谁心里都没底,也就只能如此了。

一到杨家,杨实人不想走了。高安地方盛传南昌种种鲜血淋漓的故事,杨实人的老父母,拉着儿子哭个没完没了。许德华他们待不住,商量来商量去,决定重新踅回头,沿着抚河,继续往南追。大家这时候的心情,比到南昌前更着急了,一路上没人吱声,只顾埋头跑。许德华在黄埔军校学习时,就养成一个习惯,边走路边观察地形地貌,每遇到路边有模糊的石灰水箭头,就招呼大家停下来,歇口气,研究一番。这样,两天过去,他们跑了好几百里地,丰城过了,临川也过了,人说已经到了宜黄地界。黄怡身体吃不住劲,经他一再提议,第二天傍晚,他们跑到一个废弃的村庄遗址上,坐下来休息。

这天,许德华在路上捡到张废报纸,是8月3日的《江西工商报》,上面刊登了一篇本省新闻,题目是《革命委员会就职典礼记》。趁休息的机会,他兴致勃勃地打开报纸就给大家念开了。正念得高兴时,突然从旁边的庄稼地里冲出十几个人来,大声喝道:"不许动!都把手举起来!动一动打死你们!"说着话,十几支黑洞洞的枪口围成一圈,一齐对准了他们几个人。

夜色苍茫遭遇叛逃

这个突如其来的袭击,使他们六人同时一愣,掏枪不及。

僵持了两三分钟，后面又有一二十人凑上来，包围圈越缩越小。不一会儿，一个军官模样的络腮胡子从百米开外的田塍上骑头大水牛优哉游哉地过来了。此人看上去三十出头，蛮横的脸上挂着倦容，看得出来很疲惫，但他强打着精神走到许德华面前，恶狠狠地盯住他手中的报纸。接着，目光一瞥，朝自己身后的士兵们怒冲冲地吼道："都他妈吃豆腐长大的呀！还愣个屎，把家伙下喽！"

士兵们一拥而上，缴了许德华一行人的枪。

见对方已两手空空，络腮胡子军官才拿着腔调问："你们是哪部分的？"问话的工夫，那些士兵再次对许德华他们挨个搜身。

黄怡反应快，故作牢骚满腹："掉队啦，哪部分也不管用。"他顺势反问一句："你们是哪部分的？"

"我们？老子是指挥部……司令官他舅舅！"军官说着胡话，一副天不怕地不怕的样子，神气活现地笑起来。士兵们见军官笑，也跟着狂笑不止。

一个衣帽不整的家伙在许德华身上搜起来。他在许德华的内衣口袋里摸出武汉分校的毕业证书，急忙奔到军官面前表功："报告营长，这是我搜到的……"

那营长看一眼毕业证，口气和缓多了："哦，你们还是黄埔出来的呀！伙计，本人也算是黄埔三期。我说几位兄弟呀，别折腾了，革个屁命，跟我们一块干吧，找个好地盘，有吃有喝有女人，快活似神仙！"

后来才知道，这些人原是起义部队的一个营。营长马春生，虽称黄埔三期，但吃喝嫖赌什么都干。他们是在南下途中叛变的。眼下，这伙人既不想投敌，怕杀头；也不想追部队，怕吃苦；散伙吧，离他们的家乡湘西路途遥远，路上处处有国民党军队，凶多吉少。只好作落草为寇的打算，一步一步往后熬。

手中家伙都没了，许德华他们六个人只有跟着姓马的营长走。

天快亮时，他们被带进一个很大的村子。听当地老乡说，那儿距南丰不远，叫三溪。马营长二话不说，闯进一个大户人家。几个女人哭哭啼啼地跑出来求情，马春生仰面躺在太师椅上，拉着长腔说："我们是革命队伍，不革你们的命革谁呀！你看你看，一个小地主就霸占了这么多老婆，三妻四妾的美得流油，了得呀！瞧瞧我们，东征西讨苦打苦拼，妈拉巴子，连个油星沫子都沾不上……"

许德华他们一听，什么黄埔三期，丢人现眼！大家相互使着眼色，都在心里打定逃跑的主意。

马春生威风耍足了,突然用马鞭指着许德华的鼻子:"看你文绉绉的,是个读书人吧?"

许德华没有否认,但立刻声明:"就认得几个门面字。"

"好!"马营长眉毛一扬,"算你有福气,留下给我当书记官。那几个先关起来,等老子吃饱了、喝足了,睡他妈一觉,再作发落!"

就这样,许德华便跟黄怡他们几个人分开了。

这是个中国南方常见的大宅院,这帮人一到,就吆五喝六,要房主在前厅摆开七八桌酒席,大吃大喝起来。许德华同马春生一桌。吃喝之间,这家伙一会儿拍许德华的肩膀,一会儿擂许德华的胸脯,好像有一肚子怨气,找不到人发作。为了麻痹对方,许德华只好顺从地喝了两杯酒,吃了一些饭菜。许德华怕饿坏了黄怡他们,便趁着酒兴向马营长建议:"我们那几位弟兄也是好久没吃上一顿饱饭了,是不是看在我的面子上……"

马春生此刻已是醉眼蒙眬,直愣愣地盯住许德华:"好,书记官,你够兄弟……"就吩咐给黄怡他们也开一桌。

这顿酒席直吃喝到日头偏西,马春生醉成一摊烂泥。

许德华被安置在靠近天井的中厢房休息,和后厢房的马春生隔着过道里的两层屏风。前厢房住着一个排的兵力,另外的两连人,都在右边的三进厢房打铺。许德华上了床,没法合眼。不一会儿,耳边雷鸣般的鼾声四起,满屋酒气飘荡,天也渐渐黑下来了。

此时不走更待何时?决心一下,许德华立即行动,轻轻翻身下床,趿拉了鞋,穿衣服,刚套上一只袖子,忽听睡在身边的勤务兵冷不丁咕哝道:"你,你要干啥子去?"许德华灵机一动,装着醉酒似的摇晃了几下身体,一头扑在便桶上,将两根手指拼命抠进咽喉,呜哇呜哇呕吐起来。

"醉鬼!"勤务兵含含糊糊地骂了声,咂巴咂巴嘴,翻过身去。

过了一阵,听听没有动静,许德华从便桶上起身,蹑手蹑脚走到门边。还好,门没插。许德华将门轻轻推开一条缝,侧身钻了出去,然后依样带紧那扇门。

出门便是天井。天已完全黑下来了。

许德华得设法出后门把黄怡他们弄出来。后门的两个卫兵也在醉醺醺地打瞌睡。许德华过去时,他们含糊不清地问了声"做啥子嘛",眯着双眼打量一下,

见许德华提着裤子,有个兵还说:"多事,就在天井里干呗,又没女人!"

"有女人也不怕。"另一个闭着眼附和。

许德华不理会他们,抬脚跨过门槛。后院的平房整整围成一圈,黄怡他们究竟关在哪一间呢?许德华转来转去,急得浑身直冒汗。忽然,他发现有间马厩前团着一个黑影,近前一看,是个哨兵蹲在那里呼呼大睡。他断定黄怡他们关在这间屋。可哨兵怎么对付呢?偷偷摸摸肯定不行,就只好硬碰硬地蒙他一下了!

许德华挺起胸,大摇大摆地走近哨兵,故作惊讶地斥道:"怎么,你就这个样子放哨啊?"

哨兵正睡得香,听他这么一说,惊吓不小,一骨碌爬起来,立正,整整衣服,这才看清是许德华:"是、是书记官啊!"

许德华拍拍他的肩膀:"老兄,困得慌眯一下不要紧,别出岔子就是了。"

"不会出事的,"哨兵说,"门都上了锁,钥匙在这里呢!"他拍拍自己的裤腰带。

许德华说:"嗨,这又何必,都是自己的同志。"

大概是这声"同志"打动了哨兵,他半晌不吱声,好一会儿,才轻轻说:"没想到哇,落到今天这个地步!"

许德华一听,有希望!当即求道:"小兄弟,行个方便吧,打开门让我看看他们。"

"马营长晓得了要砍我的脑壳哩!"哨兵犹豫着,很为难,但手已经抄到裤腰带上取钥匙了。

许德华给他鼓劲:"脑壳砍了不也就碗大个疤?当兵在外还怕这个!"

哨兵的手哆嗦了一下,忽然改口向许德华求道:"我看兄弟你也是个正派人,心里话实说了吧,老子也不想在这里干了,开开门,带上我一块走吧!"

许德华高兴地一拍屁股:"好,说定了!"

打开门锁,黄怡他们高兴得不得了,互相解开绳子,加上那哨兵共七人,一溜烟由旁边一扇侧门出了院子。后面还有一道两三丈宽的防护沟,也不知深浅,好在几个人都会水,就一个接一个扑到水里,浮游过去,爬上坎便是田野。他们一口气跑了二三十里地,才敢在路边一面小山坡上的林子里歇脚喘口气。

这会儿大家又渴又饿,都主张在林子里过夜,第二天再到附近村庄去找东西吃。黄怡拿不定主意,问许德华:"德华,你看呢?"经过这场波折,许德华在大家的心目中似乎有点不一般了。

如果在林子里过夜,显然离那个马营长太近,不太安全,所以许德华主张再累也要往前赶,走到哪算哪。

于是大家又拖起沉重的双脚,一步一步往前挪。约莫天快亮时,一阵狗叫声提醒他们又到村镇了。这是个小山村,四面群山很高,山脚下有一条清澈的小溪,估计有百十来户人家。

他们决定到村子里休息吃饭。进村之前,为稳妥起见,黄怡吩咐许德华背上那个哨兵带出来的唯一一支长枪,先到村子里打探一下,然后再招呼大家进村。

天已麻麻亮了,许德华提枪径直往村里去。只见隐隐约约的砖墙上,贴了许多标语:"起义万岁!""打倒蒋介石!""打到广东去!""实行第二次北伐!"有一面高墙上还贴着一张布告,凑近了才看清上面写着:

>照得本部各军,富于革命精神。
>此次南昌起义,原为救国救民。
>转战千里来粤,只求主义实行。
>对于民众团体,保护十分严谨。
>对于商界同胞,买卖尤属公平。
>士兵如有骚扰,准其捆送来营。
>本军纪律森严,重惩决不姑徇。
>务望各安生业,特此郑重声明。

国民革命军第二方面军总指挥贺龙示

这张布告完好无损,旁边的标语也都贴得平平整整,一点也没有被风雨毁坏。显然,它张贴的时间不会超过一天。

许德华连跑带跳地回去,把想法告诉了大家:"不要休息了,大家加把劲,起义部队肯定离这里不远!"

"还是找老乡打听一下再说吧!"黄怡希望稳当些。

于是他们敲开一户老乡家的门,没想到,正好这家住着几个打散的逃兵,一

问才确切了解到起义部队已越过宜黄,在广昌分成两路,正向壬田、瑞金两个方向前进。

他们花了两块现大洋,在老乡家饱饱地吃了一顿。然后,沿着老乡指点的一条小路,翻山越岭奔跑了一天,终于到太阳落山时,追上周士第的第二十五师。这个师在南下途中一直担任后卫,这天他们驻扎在宁都城里。起义部队主力此时已分成左右两路,周恩来和贺龙带着左路军,经石城去往壬田方向;叶挺和朱德带着右路军,经宁都向壬田方向发展。两军相约8月18日在壬田会师,然后完成合击瑞金的战役行动。

8月13日,他们一行终于来到宁都城外。他们在城外七上八下地守了一会儿,忽一阵军号响起,好熟悉啊!"点名号!"大家顿时兴奋地叫起来!

他们循着号声奔跑过去。"看看看,红领带!哨兵带着红领带!"大家那个兴奋的劲头,简直没法讲啊!身上虽然衣衫褴褛,还是停下来,赶紧掏出红领带,围在自己的脖子上,并且互相整了整,个个眼里含着泪花。

到了城门口,哨兵大声索问:"口令!"

"打野外!"大家争相回答。

"什么?"哨兵迟疑了一下,随即反应过来,"哦……对对对,打野外!"边说边把他们让进门来。

起义部队撤出南昌后,边走边打,伤亡较大,活着的人也被拖得极为疲惫,开小差的日渐增多,南昌城里的那股热乎劲早已去了大半。这种情况下,接纳他们这样几位主动追上来投奔的黄埔生,周士第师长又惊又喜,见面就说:"来得正好,赶上打瑞金,是雪中送炭呢!"

师部设在一个祠堂里,周士第就在祠堂前给大家介绍起义部队的一些情况。七个人站在周士第面前,这才发现彼此都成了叫花子,破衣烂衫,灰头土脸,衣服上满是汗渍泥迹,浑身臭烘烘的。周士第立即吩咐勤务兵去军需处给他们领几套军装。"都不用说了,先洗个澡,换换衣服,剃剃头,搞精神一点再下去,特别是你……"周师长指着许德华,"还是文化人!黄埔生嘛,都得有个黄埔生的样子!"

许德华被分到第七十五团第三营第十一连当排长,其他六位同志也都分别下到各团基层单位。这些日子,大家摸爬滚打在一起,有了很深的感情,分手时还真有点舍不得,当着周士第师长的面,弄得婆婆妈妈分不了手。

这时,一声响亮的报告,从外面跑步进来一位年轻军人。他那严整的军容和标准的军姿,使大家暗暗为之一震。许德华情不自禁地回头一看,不觉惊叫起来:"啊呀呀,是你呀老伙计……"

低潮中举起庄严的拳头

来人竟是廖运周!现在是第七十五团司令部参谋。

"孙一中团长对我说,周师长让去师部领人,还说是个黄埔生,俺心里就敲小鼓,别是许德华吧!你看,还真是哩!"廖运周兴奋地抱着许德华的双手,又说又笑,摇个没完。

许德华也对彼此分别之后的坎坷道路,感慨万千。两人并肩往第七十五团驻地走,一路聊得很开心。从廖运周那里,许德华知道了他所去的这个第七十五团,并非等闲的团队,而是从原叶挺独立团第一营扩充起来的部队。北伐时期,这个部队攻打汀泗桥、贺胜桥,屡建奇功,荣膺"铁军"称号。

廖运周说:"你下去看看就知道了,错不了!全团官兵绝大多数都是共产党员,最起码也深受党的影响,思想靠前。现在的团长孙一中,当时就当副营长!"

"8月1日起义那天,你们是怎么干的?"许德华问。

"那一天呀,真痛快!我团奉命截击从九江开来的军车,部队那个情绪啊,火一样地烧!大概在南昌火车站附近隐蔽了一刻钟,张发奎跟李汉魂的车就到了。刚一进站,我们把冲锋号嘀嘀嗒嗒一吹,好家伙,士兵们端起枪就把火车围住了。有人一纵身跳上车厢,喊缴枪不杀!到处是这个声音,车上的人听呆了,结结巴巴地说:'兄弟不要误会呀,我们是总部的。''总部的?缴的就是你总部的枪,一点儿也没误会!'连方面军的那面旗子,都给俺们扛下来了。可惜,没有逮着张发奎和李汉魂,要不然,全齐了!"

廖运周把许德华接送到第三营第十一连,交给了党代表廖浩然。廖浩然已经等待多时,早安排妥当,见面就说:"到一排吧,一排长牺牲没几天,正愁没人接呢!"

"我怕干不好……"许德华谦虚地望着面前这位老大哥似的同志。

廖浩然说:"蔡晴川营长都跟我交代过了,你年轻有为,很有两把刷子。队伍

嘛,都是老兵,打仗打油了,平时随随便便,上了阵,好使!"

这天晚上,许德华下河把澡一洗,新军衣一换,踏踏实实睡了一觉。第二天,就精神抖擞地扛起一挺花机关枪,加入了南下的行列。

8月的南方,日头最毒,田野里像个大蒸笼。队伍一上路就放开喉咙唱歌:

　　我们大家来起义,
　　消灭恶势力。
　　如今大革命,
　　反封建,分田地,
　　坚决来斗争。
　　……

许德华先是小声地跟着哼哼,哼着哼着就会了,也放开喉咙唱起来。

部队的宣传鼓动搞得十分热闹,男男女女的队员们,用彩纸贴标语的,用石灰水刷口号的,还有站在路边说快板的,走到哪里热闹到哪里,老百姓围到哪里,革命火种播了一路。

许德华这才真正体会到投身革命的巨大欢乐。他一路上都在大喊大叫地为战士们鼓舞士气。

一天下来,队伍上开始有人小声议论:

"嘿,新来的这个小排长,劲头真足!"

"光喊口号有什么用?看他那张小脸,像个大姑娘,文绉绉的,简直是白面书生嘛!还能打仗?"

"这可未必,人家念过大书,又是黄埔生,韬略都藏在肚子里呢!你看周总指挥,也长了副书生相,还留过洋,带兵打仗不也是呱呱叫吗?"

"先别吹,枪炮一响就见分晓!"

许德华竖起耳朵,听着这些议论,心里很不平静。

接下来的两天,左右两路起义军会师壬田,并相继攻克了瑞金。在瑞金,前委决定借贺龙等新党员入党的机会,组织新老党员举行一次党员宣誓大会。

南征的策略越来越显出失误甚至愚蠢。虽然攻城略地,但牺牲逐渐加大,国民党军的包围之势一天比一天明晰。荒僻野地，军民之间语言不通，官兵们又水土不服，群众工作基础很不好。再往南去，前途不容乐观。但是，党的八七会议已在汉口召开，陈独秀的右倾路线受到批判，领导职务也抹了，临时中央政治局产生出来，毛泽东的一些主张得到重视，土地革命和武装反抗国民党反动派屠杀的总方针确定下来了。起义部队前所未有的鲜血，就换来这些对未来中国革命影响巨大的见识，这使得起义行动本身"继续向广东进发，向潮州、汕头进军，与海陆丰农民运动相结合"，变得更为悲壮而富有意义。

在一个富有意义的失败面前，举行入党宣誓，似乎是最好的选择。许德华站在宣誓的行列里，就觉得有股力量在强烈地冲击着自己。自从长沙师范入党后，他经历了黄埔及北迁武汉之后那么一段风风雨雨的曲折。到此为止，中国革命史上两次辉煌的大事件，都从他的心头呼啸而过。眼前，革命处在低潮，起义部队处在敌人的包围之中。许德华清楚，此刻，在这面镰刀斧头旗帜下举起你的右手，就意味着要经受流血牺牲。他必须在血泊中支撑起灵魂的躯体，迎着地平线上那个亮点一步步走下去。

会昌城头杀出"娃儿排长"

刘桂成是许德华排里的一个老兵，人不错，但挺傲气。他有骄傲的资本啊，当兵时间长了，仗打得多，血流得也多，死人见得多，世面也就见得多，生生死死，什么都不大在乎。战场能改变一个人啊，道理就在这里面。人说，新兵娃子到一排，得先过刘桂成的三眼：一眼看脸，二眼看手，三眼看走路。虽然许德华是去当排长，也没有例外。

部队在瑞金休整那几天，许德华把排里拉起来搞点训练，做单兵进攻。单兵是战术的基础，单兵水平差，班排连进攻就谈不上。一个兵单兵动作不行，冲击中不会利用地形地貌，充其量只是个半吊子。许德华把这个道理给全排讲了。别人都听得眼睛一眨不眨，刘桂成不当回事，说："打仗哪来那么多道道，道理想明白了，仗也不用打了！打仗就是不怕死，舍得这条命，往前冲，放枪放得准，就行！"

许德华反驳他："这个观点不对！勇敢精神和枪法准确固然重要，闭着眼睛瞎冲也打不赢仗。打仗不是简单的拼命，要讲究保存自己，消灭敌人。你不怕死，

你往前冲，敌人一颗子弹给你，命都没有了，还怎么跟人家拼？"

刘桂成没理，还不服气，说："我嘴笨，讲不赢你，走着瞧吧！"

过了一天，许德华检查全排的武器保养，查出刘桂成的毛病，枪淋了雨，他不擦干，也不上油，连机头击针上面都是黄锈。许德华火了，把他叫过来，狠剋了一顿，末了下令："你给我擦五遍！"

刘桂成猫着眼，把枪拆卸开来，一边粗手大脚地抹油，一边咕哝："枪擦得再亮，打不准也没用。"他是全排枪法最好的一个射手，过去人都让他三分。许德华说："你枪法好也是练出来的嘛，不能因此尾巴翘翘的。"

他说："练？你在黄埔大概也没少练吧，怎么样，我们两个比试比试？"

许德华在黄埔虽然是炮兵科的，枪法也练了几招。可身为排长，他还是留有余地，说："你是老兵，仗打得比我多，你的枪法肯定比我准。"

刘桂成说："老兵有啥用，老兵也要听排长的呀！"说着，举枪瞄准不远处的树枝头叭就是一响。

树枝上落着几只麻雀，刘桂成这一枪正好射中一只，枪响麻雀落。可惜，那只麻雀只是伤了脚，士兵们上去逮它时，又扑起翅膀飞上了树。

就这，也着实叫人惊叹不已了。战士们噼噼啪啪地拍起巴掌。之后，都把目光投向许德华，怂恿地说："排长也亮一手吧，杀杀他的威风！"

没有退路了。许德华操起一支步枪，就瞄准那只受伤的麻雀，一枪敲中了麻雀的脑壳。

这一回，掌声可响亮了！刘桂成站在旁边一语不发。

当晚许德华查哨，路过小厨房，见里面有灯光，就伸脑袋看了一下。原来是刘桂成蹲在地上，就着一盏马灯擦枪。许德华说，老刘同志，你怎么还在擦枪？白天不是擦过了吗？刘桂成说，白天只擦了两遍，可你命令我擦五遍呀！许德华说，擦三遍擦五遍都无所谓，关键是你要明白你是个军人，军人应该把手中的武器当作第二条生命。

刘桂成脸红红的，想说什么，却未出口。

这句没有出口的话，一直留到了三河坝战役的战场上。起义军于8月23日决定撤出瑞金，经会昌向广东进军。当时，堵在南线的国民党军总指挥是钱大钧。这位曾在日本士官学校深造过的江苏昆山男子，身上既有点现代军人的狠劲与血性,又堪称传统军人操控战事的典范,用兵谨慎入微、周到细致,政治上、军事上都很有一套。他是个老资格的中华革命党人,当年曾因日本侵占青岛愤而回国,加入武汉陆军第二预备学校肄业。后来在反对袁世凯称帝的护国战争中,联络同志积极倒袁,一度相当引人注目,因而在保定军校、黄埔军校都担任过军事教官,并于1925年1月任黄埔军校本部少将参谋长,到北伐时,成为蒋介石所兼第一军军长的第一师少将副师长兼参谋长。

如今,钱大钧手里把玩着十几个团。不久前,他的部队在壬田被起义军打败后,又调整了围堵的部署——以会昌城为中心,用十个团的兵力包围着该城,在东北、西北和城西三个方向,密密麻麻地构筑工事。与此同时,桂军黄绍竑的七个团也集结在向鹅墟附近地区,跟会昌互为犄角。按照钱大钧的说法"来一个收拾一个,来两个收拾一对",让起义军"起于南昌,灭于会昌!"

的确,会昌是起义军的生死之地,必先破之才能向广东进军。

前委会上,朱德说:"这一仗,我来打!"他按照部署,指挥教导团和第二十军的一部分,主攻会昌东北方向;第十一军第二十四师和第二十五师,主攻会昌西北方向。他希望从这两角突破,一举攻克会昌。贺龙第二十军的主要兵力放在瑞金附近当预备队。计划在8月24日一早发起进攻,部队打下会昌后,即刻返回瑞金,合兵一处转道去打汀州、上杭,最终直下广东的潮州、汕头。

连队的作战命令是天擦黑时下达的。这些日子的休整,战士们的疲惫已经一扫而光。党代表廖浩然把上级的意图一说,大家心里都很振奋,个个摩拳擦掌,跃跃欲试。撤出南昌那天就说要打到广州去,部队连续征战了二十多天,只要这一仗打下来,目标也就实现了。

这是许德华加入起义部队后的第一仗,身后又有一排人,当然马虎不得。全排集合完毕,许德华要仔细检查枪支弹药携带情况,把点滴差错都消灭掉。另外,为使夜间行军不掉队,每个战士背包后面都扎条白毛巾,这当然也在检查之列。

许德华走到刘桂成身后,只见他脚跟一并,来了个立正,胸脯故意挺得高高的。许德华忍不住擂了他一拳,转身在他背包上拉了拉,也紧得很。再踢踢腿弯,硬邦邦的。一挺花机关枪卧在他的脚下,是连队刚刚装备下来的,许德华把它交给了他。许德华相信刘桂成在战场上是好样的。

"老兵就是老兵!"许德华由衷地称赞了一句,手一挥,"出发!"

这时,远处已隐约有枪声。他们连是团的后卫,所以出发行动上稍微从容些,但一会儿工夫,队伍就跑起来。天黑得伸手不见五指,毛毛细雨又没完没了地下,山路上滑溜溜的,一路都有人扑通扑通摔倒,谁也不吭声,摔倒了就爬起来,脚步不停。

几个小时后,才知道走了冤枉路。明明去打会昌,队伍却往洛口赶。洛口、会昌与瑞金恰成三角,三个城市各处在顶点上,这一差,就白跑了四五十里!带路的那个当地人,趁乱不知溜到哪儿去了,廖运周参谋和孙一中团长捧着地图,气得直跺脚。

立刻掉头,许德华排原是全团的后卫,一下子变成了尖兵排。团司令部靠前指挥,就跟他们排走在一起。

天麻麻亮时,队伍翻过一座高山,这才到了会昌城。而此时,会昌已是火光冲天,枪炮声乱成一片。兄弟部队早就攻城了!

孙一中团长大声朝身后的队伍喊:"加把油啊同志们,会昌就在眼前了,我们一定能够参加战斗!"

整整一夜跑过来,哪个不是饥渴难耐。可孙团长这么一声喊,把大家的精神头又提到心尖上。再看看会昌上空,弹迹纵横,这时候谁还顾得上劳累?全团指战员铆足了劲头,一阵猛冲,就压到会昌城西边的那条小河边。

孙团长对廖运周说:"你跟我立刻到军部去受领任务。"转而又命令部队抓紧做饭,以最快速度用餐。

已是上午9点,天仍旧阴着,细雨霏霏。兄弟部队正在河边与大柏山守敌展开激烈的争夺战,第二十五师的先头部队也投入了战斗,向城西高地推进,前后左右枪炮声震耳欲聋。炊事员的饭抬上来,大家刚盛到碗里,集合号就响了。部队一边集合一边狼吞虎咽。这样也没吃两口,就被迫丢开饭碗。这时,第七十五团的任务已明确:拿下城西制高点。

孙一中把蔡晴川营长叫去:"你给我亲自带十一连上,不惜一切代价!"

第十一连便成了尖刀连。按照惯例,第一排当然是全连刀尖上的排。蔡晴川气喘吁吁跑到许德华跟前,嘶哑着喉咙下命令:"……你这个娃儿排长打头阵,要给我勇猛些,但也要动点脑子……"听得出来,蔡营长对许德华这个军校学员出身的新排长,多少也还有点担心。

会昌是座古城，位于贡水、绵水和湘水三条河的交汇处，城西河面很宽，水流平缓，深约一米，濒临河水有座很陡的小山头，高可鸟瞰全城；往西北方向是一片平坦的开阔地；北面距城五里，便是可以控制城东北所有目标的制高点——大柏山。要破会昌城，必须全力攻占城东北的大柏山和城西的临河高地。

许德华刚把全排拉到高地一侧的河对岸，廖运周满头大汗地跑过来了："德华，城西的部分阵地已被我军占领，现在敌人正在反扑，打得很紧，朱副军长都端刺刀啦……"那意思很明白，情况已到十万火急。

廖运周的话没完，蔡营长也上来直吼："你给我打猛点，狭路相逢勇者胜！要快！要狠……一口气拿下它！"

许德华心急如焚，浑身就要爆炸了，驳壳枪一举，吼了声"冲啊"，就第一个跳到河里。

"小心！"廖运周追在后面喊道。许德华知道，这是廖运周满头大汗赶过来最想跟他说的两个字。毕竟是情同手足啊，也许这一上去，就再也见不到了！这一点，大家心里都明白，可谁也不会说。

河里的水深齐胸，战士们跟着许德华没命地向对岸冲。到河中心时，敌人发现了他们，子弹像雨点般地打过来，身前身后全是飞弹击水的声音。有的战士被击中了，身后留下一溜红水，但没有人停下来，一个劲地往前冲。

"同志们，低着头，弓着腰，步子再快一点，上了岸就是胜利！"许德华扯开嗓门朝大家喊，自己则始终一马当先，冲在最前面。

靠近河岸时，山顶的敌人打不着了，一些战士饥渴难忍，竟停下来往水壶里灌水。许德华着急地大喝："不许停，打完仗再喝水！"可有个战士还在拖泥带水地灌着。这时候，只见刘桂成猛虎般地扑上去，一把夺下水壶，也不说话，提起就走。那个战士只好小跑着步子，跟他上了岸。

早在河中蹚水时，许德华就观察了上山的冲锋路线。朱德副军长指挥的部队冲击位置是在高地的左翼，这是正面唯一可与山顶敌人接触的路线。许德华听枪声，就知道双方的伤亡都比较大。显然，敌人的注意力也在那边。当敌人发现他们渡河时，肯定以为他们是朱德正面攻击部队的后续力量，如果能出奇制胜，从另外一条路线攻上山顶，那么敌人的整个防御体系就会被彻底打乱。

上了岸，许德华命令全排屏息静气，不许放枪，每人准备一枚手榴弹，利用

山脚下的射击死角,飞快地往山后绕,直绕到敌人后方阵地底下,出其不意地攀着藤条登山。

事实上,仅仅是两丈多高的绝壁,上了崖顶,敌人讲话的声音就在耳边了。许德华用手势把队伍稍稍调整了一下,示意大家准备好手榴弹,然后一阵风似的从背后扑向敌人。在二十来米距离上,许德华一声令下,几十枚手榴弹一齐投出去,砸到敌人屁股上。就在硝烟四起的工夫,许德华排各班都已占领了有利地形。刘桂成的机关枪吼将起来,大约两三分钟,就把山头的敌人解决干净了,好几个战士把俘虏押到了许德华面前,其中还有个营长,一副狼狈相地站在许德华旁边,不住地打量他,好像不相信他就是这儿的指挥员似的。

五分钟过后,敌人反应过来,所有的枪炮一齐指向许德华他们。随之,对面山头的敌人就大喊大叫地发起反冲击。当时的情况比较危急,他们排前进不得,身后又没有退路。许德华的身边一连牺牲了七八个战友,自己的胳膊也负了伤,血流不止。

必须尽快攻占第二个山头,才能有回旋余地,站稳脚跟。但是,此时此刻,要实现这个战斗目标,谈何容易!

怎么办?许德华急得把刘桂成推到了一边,自己抱起机关枪,对准敌阵地,一阵猛烈的扫射。正打得带劲时,忽听敌人阵地的侧翼响起了枪声。顿时,正面之敌阵脚大乱,顾不上朝许德华排射击了,掉转枪口对付另一面。后来许德华才知道,这原是蔡营长带的兄弟连队,从另一条路线冲上去,向敌人发起了攻击。

战机只在一瞬间,稍纵即逝。敌人的射击一中断,许德华立刻命令大家甩出几枚手榴弹,趁着硝烟一个猛冲打过去,第二个山头的敌人前后难顾,立刻炸了营,除被活捉的之外,许多人都从高高的岩石上往河里跳。谁知,岩石下面的河面不比一般,水深湍急,跳下去的敌人煮饺子似的漂了一片,会水的不会水的,都在河水中胡乱扑腾。

这时候,许德华所在的第一、第二营已全部登上城西高地。兄弟部队也趁势向这边压过来,国民党军守护的制高点上,最后的阵地不攻自破。死到临头,他们那些当兵的就不听指挥了,纷纷弃阵逃命,跳岩的人不计其数,那么宽的河面上,布满了忽沉忽浮的脑壳。孙一中团长当即下令:"半渡而击!决不许一个敌人上岸!"就这样,一河的国民党兵全都成了活靶子。

没有跳河的敌人,连滚带爬下了山,丢盔弃甲,蜂拥入城。这时冲锋号四起,各路人马不分彼此,齐心协力,不出半个钟头,会昌城头已经插上起义部队的红旗。大家心里好不欢喜,这下,钱大钧这个南下的拦路虎总算扫除了!

然而没过几分钟,突然传来一个消息:钱大钧逃掉了!会昌城门口,只留下他的大花轿和一杆长烟枪。

朱德布阵三河坝一指对五指

会昌与瑞金相距不过百里,情形却大不相同。

五天前,起义部队攻克瑞金时,入城场面搞得非常隆重。周恩来、贺龙、叶挺、朱德等首长们,昂首挺胸地走在队伍前面,满街的花瓣和锣鼓,男女老少拥挤不堪,市民们的茶水站、点心站等一路排列过去,店铺都张灯结彩的,标语口号比比皆是:"欢迎起义军!""庆祝古城新生!"……

这个精心设计的入城仪式,多少表达了前委一班人自南昌城头的"第一枪"以来,一直保持的乐观心境。

会昌克城之后,起义部队没有心思再布置入城仪式了,而是要乘胜用兵,出敌不意地一举攻占广东大埔、松口、三河坝地区。这是下一步胜利至关重要的一着棋。所以战斗结束后,第二十五师就驻扎在会昌城南门外,连夜简单小结了一下,第七十五团营长蔡晴川、排长许德华都是师部重点表扬的对象。

现实的处境毕竟比仪式重要得多。钱大钧此时又组织了三个师的兵力,屯聚梅县一带,伺机妄动。9月20日,起义军前委班子一碰头,立刻围到地图跟前,三言两语就做出决定:总指挥部由周恩来、贺龙、叶挺、刘伯承等率领主力三万多人,顺汀江、韩江而下,继续向潮州、汕头地区前进;而朱德率一个师,据守三河坝,阻击梅县之敌,以防国民党军从闽西、梅县抄袭起义军主力,阻挡主力部队向潮州、汕头地区进发。

"朱老总,给你哪个师啊?"贺龙问。

朱德不假思索:"二十五师吧,打会昌他们很出色嘛!"

贺龙笑着点头:"听说七十五团有个排长,部队还没上去,他就带一排人把守敌阵地搞到了手,神得很哪!"

提起这件事,周恩来插话:"据我所知,他是个黄埔生。"

"确有其事,"朱德说,"就是他们师的战斗减员太多,这几仗下来,许多建制都是空架子。"

"那就把九军的教导团也搭上。"贺龙望着叶挺征询地问,"你看呢?"

没等叶挺答话,周恩来表态:"我看可以,钱大钧有三个师啊,兵力悬殊,朱德同志的担子太重。"

叶挺点头同意,并说:"大局为重,这没有什么好商量的。"

方案一定,当晚部队就行动。朱德忙着在三河坝地区部署第二十五师和第九军教导团,而主力则从驻地撤出向潮州、汕头地区疾进。

部队经过补充整编,第二十五师师长是周士第,党代表是李硕勋。下辖三个团的指挥员,有很多是战场上的明星级人物,如第七十三团团长黄浩声、政治指导员陈毅,该团第三营第七连连长林彪。第七十四团团长孙树成,参谋长王尔琢。第七十五团团长孙一中,第三营营长蔡晴川。鉴于许德华在会昌一仗中的表现,预备提拔他为该团第十一连连长,党代表廖浩然,副连长李逸虹。

三河坝是座美丽的滨江小城,地处梅、汀、韩三江交汇处。距它的西南方向几十里地,便是钱大钧屯聚重兵的广东梅县。双方相持了十天左右,钱大钧沉不住气了。自从与起义军交锋以来,他付出了惨重的代价。尽管蒋介石并没有介意这些,反而对他的作为颇有褒奖的意思,但他自觉身为老牌的军事操盘手,屡屡失利,咽不下这口气。他不能让朱德就这样活活地"看住",得抓住机遇有所表现。眼下,起义军主力已去,再不动手更待何时?

钱大钧带着一万之众,浩浩荡荡,由松口直下三河坝。

消息是当天午后传到朱德指挥部的。傍晚时分,朱德将营以上干部召集到指挥部所在的大祠堂里,神情凝重地说:"钱大钧动手了,人马是一万,而我们的兵力明摆在这里,大家都晓得哟。我们是一个指头对人家五个指头啊!怎么办呢?我的决心是……"大家顺着他的手指方向,朝祠堂的一面石灰墙上看去,那里有四个大字:"誓死杀敌。"

那是朱德在会议之前亲笔所书,墨饱神足,威风凛凛,一笔一画都像利剑一般,刚劲有力。

战斗动员到此结束。接着,就是具体迎敌方略。早在起义军部队初到三河坝地区时,就立即到各村镇张贴安民告示,做群众工作,要求军民联手,严密布防。

与此同时,朱德又在三江两岸选择了几处有利地形,命令部队连夜用船把队伍送到江东沿岸,所有河西的船只,除一艘小船做渡船外,一律拢到东岸。当夜,队伍全部到三河坝对岸丘陵地带——笔支尾山顶及石子寨,构筑工事。

笔支尾山顶高居三河坝地区要害部位,下临韩江,地势险要,易守难攻。占据了笔支尾山,就等于控制了四通八达的韩江枢纽:溯汀江北上,可抵福建的长汀、上杭;沿梅江西航,可达江西赣南;沿梅潭河东行,可到福建闽南九峰;顺韩江而下,则直通广东潮州、汕头,所以旧时称韩江是"西通两粤,北达两京",历来为兵家必争之地。

朱德要充分利用地形优势,书写一部以少胜多的战争诗篇。他分析了敌情我情,双手叉在宽皮武装带上,面目慈和地问大家:"部署和任务,同志们明白了没有?"

大家齐声响亮地回答:"明白了!"

朱德浓眉一敛:"有没有什么困难?"

"困难再大也要克服,跟敌人拼到底!"

"好,干吧!"朱德脸上微微露出难得的笑容。

按照朱德的部署,三河坝小城全部腾空出来,虚位以待。果然,三天后的10月1日,钱大钧部大队人马杀气腾腾地赶到了。尖兵在神坛顶稍稍驻足,随即便浩浩荡荡地占领了三河坝。钱大钧大摇大摆地踏进裕兴旅店,这是三河坝小城中屋舍较为亮堂的一座房子。他环顾四周溜了一眼,满意地点点头,手一指:"指挥部就设在这里。"

针对起义部队的阵地设置,钱大钧命令分兵驻扎大麻,并在旧寨、南门坪一带开挖工事,大炮架在观音阁。三下五除二,剑拔弩张的对峙之势立刻形成。他按照老规矩,带着司令部一帮人爬上裕兴旅店的房顶,举起望远镜,大幅度地朝城外江岸瞭望。远近扫视了一遍,回头吩咐参谋长:"命各部,今晚加餐,多搞点荤菜,分量要足,官兵都有份。"

正当钱大均部参谋长心领神会地忙活官兵晚餐时,朱德风尘仆仆地来到第七十五团阵地。第二十五师师长周士第和第七十五团团长孙一中以及该团的几位营长,一直跟在朱德身后,来到河岸边一块凸出的沙滩上。这地方地势平坦,是敌人攻击时理想的登陆点。朱德问孙一中:"你交给哪个单位?"

"三营十一连。"孙一中答。

朱德望着三营长蔡晴川:"连长是哪个?"

"许德华,还没正式提拔……"蔡晴川立正报告。怕朱德对不上号,又补充说,"就是那个长得娃儿似的黄埔生。"

攻克会昌后,原第十一连连长李逸虹调任他缺,连长的位子空出来,蔡晴川一口咬定许德华,要这个"娃儿排长"挑大梁,代任连长之职。

朱德听到许德华的名字,拧眉想了想:"名字好熟悉,是不是打会昌时那个胆子很大的排长?"

蔡晴川和孙一中齐说"就是他,就是他",顺便又夸奖道,小伙子很勇敢,很有点子,战场指挥又果断又灵活等,说得朱德连连点头。

正说着,在河边不远处构筑工事的许德华和党代表廖浩然,从一丛凤尾竹后边跑步过来了。敬过礼,朱德主动和许、廖二人握手,说:"这个地段很重要,你们连的任务很艰巨啊!"

许德华双脚一并:"首长放心,人在阵地在!"

朱德问:"工事修得如何?"

许德华蛮有把握地答道:"合乎标准。"

"是战场标准还是步兵操典的标准?"

这使许德华一时语塞。自从奉命带领全连在笔支尾山构筑工事以来,他几乎把军校学习的全部知识都派上了用场。首先考虑好重机枪火力的配置,选准位置后,又亲自到各排逐段检查普通工事,每一个掩体都不放过。当发现有的排因连日征战,人困马乏、工事没按要求构筑时,他先讲流汗流血的道理,讲透讲通之后,一律返工,自己操起工具带头干,一直搞到合乎标准为止。可这个标准究竟是战场上实战的标准,还是教科书上操典的标准,他也说不清楚。

见许德华发窘,朱德微笑着自己解答:"两个标准都要嘛!但终究还是要经得起枪炮的检验。"

周士第插话:"今晚就请钱大钧来检验,你们自己看看过得过不得。"

孙一中、蔡晴川、许德华和廖浩然一起点头。

朱德忽又问:"你们上阵之后,跟敌人接触过没有?"

许德华说:"小接触过一次,主要是他们打,我们看热闹、听声响。"

"哦？"朱德不解地望望孙一中和蔡晴川，颇为惊奇。

孙一中报告说："我告诉过他们，只要敌人不过河，就不理睬，随便敌人怎么射击都不管他，消耗敌人的子弹……"

那是在前一天下午，蔡晴川和孙一中来到第十一连阵地。别的连阵地上都在闹哄哄地忙乎，唯独第十一连阵地上却悄无声息。"怎么回事啊？"孙一中问许德华。许德华汇报说，他料定当晚敌人会有攻击行动，所以除派几名哨兵监视对岸敌人之外，其余人全部睡觉，养精蓄锐。孙一中听了很受启发，当即做出消耗敌人的决策。

朱德慈爱地望着许德华，不住地点头："唔，指挥员嘛，就得这个样子，脑瓜里多装点事，敌人想什么，上级想什么，一清二楚，指挥起来就不犯错误，就会有主动性……"

这一席话，朱德常挂在嘴边，后来一直讲到中南海。

蔡晴川接着向朱老总汇报，许德华构筑工事的同时，还在距阵地有效射程的河水中，打下一些暗桩。当晚，果然有七艘舢板载着敌人冲过岸来，在炮火的掩护下，一字儿排开。许德华命令战士们光看不打，直到敌人接近浅滩，碰着暗桩，船队乱了套的时候，才下令全连一起开火。敌人丢船丢不掉，投水水太深，好几艘船纠缠在一起，结果翻的翻、沉的沉，吃了大亏。第一次冲锋打退之后，许德华守着机枪指挥，要么一枪不发，要么给敌人一个措手不及。后来干脆来个绝招，把老乡的几个洋铁桶借来，吊在树枝上，买了些鞭炮在里面放，机关枪似的响个不停，害得对岸的敌人轻重火器乒乒乓乓放了一整夜。

许德华一旁低着头不好意思地说："团长、营长要我们消耗敌人，这都是执行他们的命令哩！"

朱德也乐了："你这个小同志哟！"说着转身对周士第说，"把全师军官都叫过来，我就在这里给大家讲几句。"

许德华心里一沉。这起码说明两点：一是整个战场局势严重到非同一般的程度，一是本连防御阵地对全局的重要地位不言而喻。

但是，朱德依然从容不迫。他还是像平常那样，不慌不忙地走到队前，讲话时脸上始终带着慈祥的微笑："同志们，钱大钧带三个师就在我们眼皮底下的三河坝安营扎寨喽。此人我们在会昌同他打过，没啥子了不得嘛……"

朱德主要是表扬了第二十五师战前动员和防御工事搞得好,勉励他们要保持"铁军"荣誉,发扬会昌精神,坚守三河坝,牵制钱大钧,为主力进军海陆丰创造条件。

朱德讲话时,许德华坐在后排。他埋头将小本子压在膝盖上,把每一个字都记下来了,并且按照在黄埔军校养成的习惯,边记录脑子里边思索:从朱副军长亲自召开二十五师全体干部会这一点看,大仗在即,形势险恶。朱老总让大家发扬会昌精神,会昌精神是什么呢?那时自己尚不了解战场全局,觉得胜利来得太快、太容易,甚至还有点不太过瘾的感觉。就自身这个排而言,所谓会昌精神,也许就是指打得积极和主动吧!顽强那是不用说了,现在敌我兵力悬殊,是几比一,而且敌方又都是钱大钧的嫡系,装备精良。二十五师肩头的担子之重,是可想而知的;七十五团的担子也重,也是可想而知的。那么,本连呢?阵地处在河滩口,是全团的致命点。孙一中团长凭什么把它交给自己这个代连长啊!

回连的路上,许德华就这些想法和党代表廖浩然交换了意见。他希望能召开一个党员会,发挥党员的模范带头作用,展开杀敌竞赛。廖浩然对此十分赞同。他并且要求许德华对前一天夜战做个总结,特别是夜间作战的注意事项,要重点讲一讲,讲得深一点、细一点。

第十一连的党员大会正开着,孙一中和蔡晴川突然出现了。他们俩就汤下面,往队前一站,正式宣布:"任命许德华为第十一连连长!"

血色阳光及河岸上的腥风

许德华这个连长当得真不轻松啊!并非孙团长和蔡营长有意给他加分量,而是敌情确实严重。后来的事实证明,那一夜钱大钧是作了鱼死网破打算的,而朱老总心里想必也有充分的估计。

战斗在深夜1点多钟打响。果然,敌人的主攻方向是在许德华连前沿。他们正是要利用那片沙滩作为登陆点,攻占笔支尾山。一上来就是十多分钟的炮火急袭,不打别处,专门以许德华连正面为中心,左右拉开一二百米,那企图再明白不过了。

许德华一直希望牢牢控制连队的重机枪,那是唯一的重武器。敌炮火一停,许德华立刻跳起来,就朝刘桂成喊:"机枪!"因为这时敌步兵的船队已近在眼前,枪弹朝岸上打得睁不开眼。这一点并不出许德华预料。敌人的攻击行动,完全符合步炮配合操典。此时的距离,正在重机枪的最佳射程上,待近一点,步枪火力才能奏效;再近,就用手榴弹。

叫人气愤的是,刘桂成不听指挥,机枪哑着,迟迟没有动静。这是什么时候啊,机枪哪怕停半分钟,也了不得啊!许德华那个着急呀,心里非常愤怒,嘴上就厉声发问:"怎么回事啊?"跟着冲了过去。

刘桂成伏在机枪旁边,一拉,身体软软的,浑身是血,人已经没气了!

敌船抓住这个机会,拼命朝岸边拢,暗桩也挡不住。眼见着前面的船只离岸也就七八十米远了,许德华把刘桂成一推,抓起机枪把子就扫射开了,边扫射,嘴里边喊:"同志们,守住阵地,节省子弹,坚决打退敌人!"

见许德华连情况紧急,左右邻兄弟连队重机枪也主动支援火力,加上步枪一齐开了火,钱大钧的船队顶不住,开始往后撤。先是一艘船掉头,掉到一半,挡住别的船。船横过来时,受弹面积大了,敌人死伤就更惨了。这时,事先打下的暗桩发挥了作用,好几艘互相撞来撞去,就是退不出去。船上敌兵的哀号声、叫骂声不绝于耳,阵地上听得清清楚楚。

就在许德华他们痛快淋漓的兴头上,对岸的敌炮又响了,数十枚炮弹砸到阵地上。许德华一声"隐蔽"还没喊出口,河面敌人的第二批船队黑压压一片已划过河心位置。

身后有援兵,敌人胆壮了,第一批掉头的船队重新冲过来。

敌人炮火轮番轰击,我方阵地抬不起头。眼睁睁地看着船只靠上河滩,敌人蜂拥而上,冲到河岸来了。

"上刺刀……"许德华跳出工事,大喝一声,"跟我来!"第一个扑下河滩,拼死杀入敌群。

就在许德华往河滩猛冲时,忽在炮火闪烁中,发现了孙团长和蔡营长的身影。他俩都挺着刺刀,也冲下去了!这让许德华浑身一震,他即刻意识到战斗形势十分危急。他不顾一切地举着刺刀,死死盯住团长和营长,与他们保持距离。

肉搏开始了,枪炮声和喊杀声震天动地。全连的伤亡差不多已过半,而敌船队还在源源不断向岸上靠拢。这时许德华只有一个念头:以死相拼!嘴里大声吼叫:"同志们,拼啊——"血气淹没了一切,见敌人就捅,一连捅倒他五六个,冲到

水边。

许德华看见孙团长正在齐膝盖深的水中,跟一个大块头较量。几乎没多想,许德华一个箭步上去……没想到,在他突刺尚未点着敌脊背时,那家伙手中的枪突然响了,孙团长应声倒在水中。几乎同时,许德华的刺刀也扎进敌背。还好,子弹是从孙团长肩胛骨缝隙穿过去的,虽然血流不止,人却还清醒,除呛进两口水,没太大危险。

许德华把孙团长拖上河滩,立即招呼卫生员,交给他往后面送。还没转身,就听蔡营长的声音在喊:"许德华……"七八个敌兵把蔡晴川团团围在中间,一起向他出枪。蔡晴川左抵右挡,脸上全是血,小肚子上有个大窟窿,肠子都拖出来了,血糊糊地挂在大腿上!许德华个头大,那时体格也还不错,当时不知从哪来的那股力量,趁敌兵摇摇晃晃的机会,连刺几刀,刀刀见效,剩下的敌兵傻了眼,撒腿就跑。蔡营长这才扑通一声倒在地上……

这场恶战一直杀到晌午时分。最后,轻伤员全都上阵,重伤员都抓住手榴弹,找机会与敌同归于尽。敌人终于杀怕了,纷纷逃到船上往河心退。敌我双方的尸体,让人插不进脚,沿滩水际浪头,全滚得是血沫子。

逃敌一离岸,许德华就预感敌炮火又将再起。许德华就站在尸堆和血泊中间,招呼全连不足二十名的幸存者,赶紧把尚能救活的战友找出来,往后方送。

忽然,许德华听到有个微弱的声音在喊他的名字:"许德华……许德华……"

"哪一个?"他循声四处寻找。

"在这边……是我!"

许德华看到了几步远的尸堆中,有只断了手的胳膊竖起来,颤巍巍地,摇了摇,又倒下去……

敌人?对,是敌人!还是个军官!

"你是谁?"许德华三步并作两步跨到那个军官跟前。

那个军官侧身躺在地上,背上还插着枪刺!许德华一惊:"你是?"那个军官的脸从一摊黏稠的血液中朝上仰了仰,因为血迹模糊,也看不清表情,只听他呻吟着说:"你不认得我啦?我们还练过对刺,在黄埔……"

"黄埔"二字针一样地扎了许德华一下:"是你,冯岳峰!"与其说是认出来了,不如说许德华记起了往事。真想不到,时隔几年,竟是这样在战场上相遇了!

许德华正在出神,只见冯岳峰用断手的胳膊无力地敲打着脑袋,说:"求你帮帮我,把刺刀拔出来,补我一枪……"

正拿不定主意时,河对岸的大炮响了。许德华最后的记忆是:在他身边有一声巨大的爆炸,身体被气浪重重推得一晃,就飘了起来。接着,世界黑沉沉地陷落下去,阳光、血、尸山、河水以及河岸上带着腥味的微风,全都没有了!

他乡竹寮——茂之前村的伤痕

10月3日下午5时许,国民党军增援钱大钧部的黄绍竑部,匆匆赶到了三河坝。该部由大麻东渡韩江,之后快速占领了起义军阵地南部制高点,而钱大钧部则趁机占领起义军北部阵地,在敌众我寡、弹少援绝,且敌人又南北夹攻、我腹背受敌的险恶情势之下,为保存实力,起义军指挥部决定:采取"次第掩护,逐步撤退"的办法,取道河腰、百侯,经双溪,于5日进入饶平茂芝。

三河坝激战三天三夜,起义军与数倍于己的国民党军拼杀到最后,以千余牺牲的代价,毙敌一千人,打退敌人十多次进攻。南昌起义的宏观结局,史实早有详细记载,现已尽人皆知:贺龙等人在潮州、汕头失利后,就地解散;朱德三河坝战役之后,保存了可贵的起义火种,最后踏上井冈山,与毛泽东的秋收起义农民军胜利会师。

当许德华从昏迷中醒来时,便注定他的人生命运又将从这个历史大潮中分离出来,去经受另一种独特而奇异的磨难。

这批伤员的数量相当可观,其中包括了后来很长一段时间里与许德华命运休戚相关的廖浩然和孙一中。他们全都被分散安置到附近群众基础较好的村庄养伤。这是朱德在撤离三河坝、大埔地区时,亲自落实的一项善后工作。

许德华所在的这个小山村,叫茂之前村,山深村小,农户很善良,而且都经历过起义军之前的革命狂飙,有思想基础。老实巴交的庄稼人里面,中共党员、赤卫队员、农协会员不在少数,会唱"打倒军阀,打倒土豪,分田地,做主人"这首歌曲的"枪把式"也大有人在。贫农孙本成就是这样一位。他这年五十出头,两口子都是精明干练的人,生养了一儿一女。儿子因为"通共",几个月前被杀。身边只有一个十九岁的女儿,叫孙翠花,也是个枪不离手的烈性妹子。

许德华就在孙本成家养伤。

翠花和孙本成老汉从村长手里接过许德华的担架往家抬的路上,许德华已经神志清醒了。

这天晚上,孙本成全家一夜没睡。许德华伤势很重,好一阵坏一阵,总在迷迷糊糊地喘着粗气。虽然他一声不吭,但从他额上擦不干的汗水便可以看出,他正在忍受着剧痛。孙大娘抹着眼角说:"这个伢子,真能忍呢!"

"人家是连长!"孙本成叹息一声,背起双手,心事跟脚步一样沉重。

翠花没有言语,只是一遍一遍地去把毛巾打湿拧干,送到守在床边的母亲手上。

鸡叫头遍时,孙本成小声咕哝:"我去趟上丰堂……"一抬腿就出了门。

上丰堂离茂之前村五十里左右。那是个小集镇,镇上有个远近闻名的郎中,专治刀疮枪伤。据说他有治疗红伤的祖传秘方,无论谁去相求,他一概售药不售方。因为有六十岁年纪了,轻易不出诊,何况还有五十里的路程!孙本成一路犯愁,药带不进山,方子又不给,怎么办?

第二天擦黑时,孙大娘惊喜地发现孙本成竟把老郎中领进了家门。

老郎中进门顾不得抹把汗水,就给许德华查伤,接着就用他配出的药水清洗创口。他动作很轻,唯恐许德华经受不住。

几天来,钱大钧的队伍已经封死了山口。老郎中长吁短叹,最后破例把药方传给了孙本成。

此后一个礼拜,孙本成见天就跟女儿背上背篓上山采药。孙家的日子并不宽裕,平常也只能将就糊个一日三餐。许德华一来,孙大娘就自然而然地把中午一餐省掉了。一家三口每天两顿稀粥,而许德华却雷打不动三餐干饭。一只下蛋的母鸡也杀了,孙本成和女儿还抽空到溪沟里网几条不大不小的鱼。孙大娘用心做了白乳般的鱼汤,每天给许德华喝一小碗,整整喝了七天。

一晃已是半个月过去,许德华的伤口天天渐好,心里却越来越不是滋味。能下地走走时,他就总想为孙家做点什么,可还没有伸手,孙大娘就吆喝开了,生怕碰了许德华的伤口。这让许德华寝食难安。

夜里,许德华躺在孙家特意为他用竹凉床搭起的卧铺上,翻来覆去,心中一刻也不能宁静。他又想起了部队,战友们可能去了哪里?七十五团还存在吗?孙一中、廖浩然他们养伤的地方离自己远吗？他们何时才能一起归队呢？

隔一天，孙大娘出门回来，见许德华又在闷闷地想心事，就坐到他的床边，说："莫心急呀，伢子，留得青山在，不怕没柴烧。往后的日子，长得很哪！"

许德华说："大娘，我的伤好得差不多了，老住在这里拖累你们，也不是个事呀！我托你老人家打听的消息……"

孙大娘支支吾吾："我在打听着呢，还没有问到。"

许德华长叹一声，满面忧愁。孙大娘陪着叹口气，正要宽慰几句，忽见翠花惊慌地冲进屋喊："不好了，钱大钧的队伍进山啦！"

不一会儿，孙本成也急急忙忙地带副担架跑进来："老婆子，快，许连长要往山里去！"说着，一家人七手八脚把许德华往担架上扶。

许德华并不紧张，这是预料中的事。上了担架，他还一路安慰大家："不怕，他们真要来了，我跟他们拼了，大不了鱼死网破！"

茂之前村党组织为许德华考虑得非常周到，早已在密林中搭起一个竹寮。过去，这种竹寮都是看山人住的，深山里面常能见着，所以也就不特别显眼。

孙本成为许德华在竹寮里搭起一个架子床，支起锅灶，还备下一些粗细粮食和吃水。蔬菜是翠花偷偷送上山的。

许德华透过树枝久久凝视夜空。他想起故土，想起他的桃妹子……

细算起来，与桃妹子分别眨眼又是两三年了。许德华记得长沙街头游行的那个日子，他作为长沙师范学校的学生，为声援五卅运动遭到军警的镇压。他天真地去追赶警车，然而自己头上却遭到重重的一棒。当时，他的头部血流不止，挂了一脸。他和许多认识或不认识的同学一起，往街边的小巷道里拼命地奔跑。几个军警穷追不舍，一边追一边大声喊："打死他！打死他！"

仓皇失措的许德华急中生智。桃妹子曾跟他提起过她姐姐嫁到了长沙，姐夫谢立仁是长沙警备队的一个小头头，家在民生路18号。许德华就向看热闹的人打听这个地址。恰好，脚下的这条路正是民生路。他就边跑边看门牌，猛地一眼看到"18号"，门也顾不上敲，扒住墙头就翻了进去。

院子里，一位青年妇女正在晒衣服。许德华一眼认出是桃妹子的大姐。

"你……你找哪一个？"大姐见跳进一个满脸是血的青年人，又听得满街警笛乱叫，顿时惊慌失措。

"大姐,是我!警察追我……"

"德华?"大姐也认出他来了。这时,门外的喊叫声已经逼近。什么也不用说了,她拉起许德华就往屋里去,却跟闻讯跑出门的一个女娃撞了个满怀。

不是别人,正是桃妹子。许德华惊喜交集:"是你,你也在这里?"

桃妹子先是吓了一跳,待认出许德华时,也吃惊地喊:"五哥!你……"

门上已有军警拳打脚踢的声响。大姐把许德华和桃妹子往里屋一推,顺手带上房门,飞快地套上一把铜锁。

院门打开了,几个军警喘着粗气冲进来:"喂,一个共党要犯进了你家!"

大姐皱皱眉头:"几位兄弟,说话小点声唦,我们家里也在警备队做事,都不见外,这么凶做么事唦!"

这句不软不硬的话倒挺管用,军警们说话的声调立刻降低了许多:"你家里是哪一个唦?"

"他叫谢立仁,不晓得各位熟不熟得?"

"噢,谢队长家啊……不过,刚才……"一个军警捋起袖子,做出公事公办的架势。

大姐笑道:"这是么子话?难道我们这样人家还能窝藏共产党吗?要不请几位进屋搜一搜,大家面子上都好看。"

一提到面子,几个军警一连声地赔起礼来,说:"不用了,不用了。"

"那,进不进去歇一会子,喝口茶水唦?"大姐故意问。

"不歇了,不歇了,公务在身。"

这一切,许德华和桃妹子两人在房里听得一清二楚。军警走远了,大姐打开门,许德华和桃妹子肩并肩地站在大姐跟前。不知是因为紧张还是激动,两人脸上都红红地冒着热气。愣了片刻,桃妹子拉拉许德华的衣袖,两人一起毕恭毕敬地向大姐鞠了一躬。

"啊呀,这算么子礼呀?"大姐一句话说得桃妹子捂起脸逃开了。那时,她才十三岁。

许德华痴痴地想着往事,直到天快亮时,才迷迷糊糊地睡着了。后来他才知道,这是他在茂之前村睡的最后一觉。组织上已经做出决定,将他们这批基本痊愈的伤员转移出去。

深山里的清晨是热闹的,各种鸟鸣此起彼伏。不知何时,许德华隐隐约约地听到孙本成老两口儿小声说话,大意是想留许德华当女婿。

尽管已有思想准备,当孙大娘向许德华提亲时,许德华还是很尴尬,他如实地告诉孙大娘自己已经定亲了。这一天,孙大娘和许德华唠了一天家常,但谁也没有再提婚姻方面的事。

太阳快下山时,翠花慌慌张张地跑上山来,上气不接下气地说:"妈,出了叛徒,钱大钧派兵上山来了。你带人快走,去南山观音庙,我大在那里等候!"说着匆匆地跑开了。

孙大娘草草收拾了一下便带许德华去南山。她年轻时裹过脚,山路上摇摇摆摆地走得极艰难。许德华实在不忍,说:"大娘,您不用送了,我会找着的。"

"要送!"孙大娘固执地坚持着。话音刚落,忽见茂之前村方向火光冲天,人声嘈杂。钱大钧的兵在放火烧房子了!

许德华果断地说:"您快回村看看……"

孙大娘见此情形,也没了主意。她无奈地把许德华领上一条灰蛇小路,说:"顺路一直下山就是观音庙。伢子,你一个人走好了!"

这就是要分手了,许德华在孙大娘面前双膝一跪,眼圈有点湿:"大娘,您保重!"说着,从包袱里取出五块银圆,递给孙大娘:"请收下吧,大娘,这是我的一点心意。"

孙大娘推开银圆:"伢子,你带着路上用。"

许德华扑在老人怀里,忍不住哽咽起来:"好大娘,这也是我们部队的纪律呀!您不收,我就违反了纪律。您一定得收下!"

泪人似的孙大娘接过银圆,顺势把许德华搂紧了些:"伢子,多赶路,少答话,别叫人看出你是外乡人!"她一边说,一边摘下头上的斗笠给许德华戴上。

许德华含泪点着头,记在心上,掉头奔上下山的路。

大约走了十来分钟,许德华赶到了观音庙。已有七八个伤愈的战友早到了,其中竟有廖浩然!大家见面好不高兴,说不完的知心话。不一会儿工夫,来了几个当地的中年汉子。他们是茂之前村地下党的同志,专门来送许德华他们出山的。他们要在庙里等到天完全黑下来才出发。许德华左顾右盼,却不见孙本成老汉的影子,心中很是焦急。

天快黑时,下起了蒙蒙细雨,许德华忽然发现山路上一个女娃朝庙里跑来,是孙翠花!

"孙大伯呢?"一见面,许德华就急切地问。

翠花掩面,泣不成声:"我爹被钱大钧的队伍抓走了!"

这时,廖浩然和战友们都纷纷围上来,个个气愤难平。许德华用拳头狠狠地捶打自己的脑袋,一下又一下,宣泄着内心的痛楚。

孙翠花将手中的包袱塞到许德华手上,说:"这是我娘叫我送给你的,里面都是我哥过去穿过的衣服,你换上吧,路上便当些。"说完转身钻进雨中。

许德华望着她的背影远去后,知道这是真正的分别了。他打开那个尚有余温的包袱,猛地发现,里面除了几套衣服之外,还有一支擦得锃光瓦亮的短枪。

从上海四马路到皖西学兵团

1927年11月,许德华和廖浩然一道,告别茂之前村后,赶到潮州,乘火车到汕头,从汕头坐海轮入黄浦江,前后辗转了个把月。这是许德华第一次到上海。

上海对于他们来说,是张白纸。找不到党组织,甚至连个认识的同志也遇不上。幸亏廖浩然有个吃软饭的远房亲戚在上海混,靠他的资助,他们才在四马路上的皖春公寓落了脚。一连十天,他们踯躅街头,一点线索也没有。偌大的上海,人潮滚滚,到哪里去找党组织呢?身上的铜板只剩下五个,只能强忍着肠胃的痉挛,一天只吃一个小饼。

终于有一天,廖浩然碰到一位他的安徽同乡。同乡告诉他,孙一中团长已经回到了安徽寿县,正在那里为国民党第三十三军办学兵团。许多南昌起义军失散的人都投奔到了寿县。这消息无异于像打了一针兴奋剂,让许德华彻夜难眠。第二天,他们决定用剩下的钱狠狠搓一顿,而后挤火车去南京。

南京是蒋介石政权的首都,遍地都是国民党特务。他们从下火车开始,举手投足就不能不格外小心谨慎,吃饭专拣小铺子,问路专找些年纪较大的人。他们摸到鸡鸣寺上了鼓楼街,准备从那里到下关码头坐船往芜湖去。谁知就在鼓楼附近的一家商店门口,让一个戴墨镜的男子盯上了梢。差不多有一二里路,他们怎么也摆脱不了跟踪。廖浩然急了,拉拉许德华的衣袖小声问:"怎么办?"

"进胡同!"许德华决定跟对方来个针锋相对。

他们踅进一条死胡同。快到胡同底时,突然转过身来,迎着尾随者走过去。

"你干什么老跟着我们?"许德华低声喝道。

谁知那人却笑嘻嘻地摘下眼镜:"啊哈,真是你们两个!"

"天,这不是廖运周吗?"许德华兴奋地扑过去,一把抱紧他。廖运周和廖浩然是本家,自然也是欢喜不迭。

"你不是在寿县办学兵团吗?怎么跑到南京来了!"廖浩然问。

廖运周一手拉一个,往胡同口走:"这里不是说话的地方,跟我去办事处!"

原来,三河坝战斗中,廖运周也负了伤,被转移到当地老乡家里养伤。因伤势不重,康复的早,之后同样与部队失去联系,个把月前回到寿县老家。恰巧遇上孙一中在寿县办起学兵团,正需要帮手,就一块儿干上了。这次,他是为学兵团到南京采办文具纸张的。

来到第三十三军驻南京办事处的廖运周房间里,三位战友搂在一起,眼里盈满泪水,久久无语。这一夜,谁也没有倦意,谈起那些牺牲的同志和失去联系的战友,大家都不免伤心落泪。

话题转到第三十三军学兵团。这是许德华和廖浩然眼下的必由之路。

国民党第三十三军军长柏文蔚,是个落魄的武夫。辛亥革命时,他便同黄兴、蔡锷、李烈钧齐名,时称孙中山先生手下的"四大武人"。到1927年,他已是明日黄花,几乎被人遗忘。蒋介石每每给他冷脸,连小小的安徽省主席陈调元也敢明里暗里排挤他。于是,有人给他出主意:蒋介石是靠黄埔军校起家的,黄埔师生是他在军队中统治的骨干。这批军官又都是颇有才干的人,深得蒋介石的赏识。他柏文蔚若得蒋氏的青睐,没有一批黄埔生的帮衬是不行的。

想来想去,柏文蔚打定主意,要依靠黄埔生办个学兵团,将来一可与蒋氏嫡系抗衡,二可大幅度提高本部军事素质。办学地点就选在他的家乡——安徽寿县。这地方位于皖省中部,坐落在淮河中游南岸,傍依淮、淠两河又紧邻八公山,与省会古庐州合肥接壤,素有革命传统,早在1922年就有了中共党小组,第二年还建立了直属中央的小甸集特支,黄花岗七十二烈士之一的石德宽、后来的抗日爱国将领方振武、1928年任中共南京市委书记的孙津川等都是寿县人。柏文蔚的想法很快有了结果,没多久就招募到数十名皖籍黄埔学员,只差一位可靠而又得力的主持人,事情就定盘子了。

中共寿县县委得知消息后,认为这是个掌握武装的好机会,决定把孙一中推出去。县委书记王墨林说:"孙一中是黄埔高才生,参加过北伐,当过团长,祖籍就在本地,各方面条件都合柏文蔚的意,把他放到这个位置,学兵团肯定能控制得住!"果不其然,几次接触之后,柏文蔚便以一纸手令,放心大胆地委派孙一中为学兵团团长,并要他"立赴寿县负责筹办学兵团一应事务"。

许德华和廖浩然一到,孙一中喜出望外:"我就愁着没有抓军训的人,你许蛮子一来,正是雪里送炭啊!"孙一中总说许德华做事有股湖南人的蛮劲,干脆就叫他许蛮子,拉着许德华的双手,久久不放。

许德华和廖运周被委任为学兵团的教育副官,主要职责是协助孙一中组织学兵军事训练。廖浩然派到了学兵队,做基层的教育训练工作。

"这样的安排,满意不满意啊?"孙一中问。

许德华说:"当什么都无所谓,快把我们的组织关系接上吧!脱离了组织,心里真不是个滋味啊!"

孙一中郑重地告诉许德华:"让你当副官,就是组织上的安排呀!"

许德华一听高兴坏了!没有什么比执行组织上交给的任务更让人感到踏实和荣耀。那些日子,许德华和廖运周忙前跑后。按照孙一中的指示,他们要拟制一套招考学兵的试题,要能从考卷的答题中,准确看出这个人的政治态度。这套考题可伤了他们脑筋,他和廖运周关在屋里连续几天商讨,硬是有了眉目。到1928年的农历正月十五,学兵团终于在寿县成立起来,这套试题用上了。他们采取公开招生与地方推荐相结合的办法,从青年学生中招收了五百零四名学员,编成四个中队,每个中队又分四个区队。

柏文蔚将军清晨洗漱完毕,照例要巡视队伍早课操典。之后,留下半个钟头,泡杯清茶,边喝边阅览副官送来的各种阅件。

这天的阅件,有份寿县学兵团的报告。柏文蔚从头至尾仔细看了一遍,顿时胃口大开。短短几个月时间,课程大纲一应俱全,学员也都招来了,训练课目看上去相当合理。到底是帮黄埔毕业的年轻人啊,老头子不禁有点心花怒放。事情做到这一步,可说万事齐备,剩下的就是给银子了。柏文蔚毫不犹豫地大笔一挥,居然就是两万块大洋。这笔款项其实早就预备好了,就等个开支的由头。

"学兵团开学在即,钱要给我马上打过去!"柏文蔚特意叮嘱副官。想了想,又补充一句,"外加五百支步枪,也要立马送到!"

副官应声而去,刚要出门,又被柏文蔚叫回来。他沉吟片刻,若有所思:"这样吧,先把枪搞过去,子弹嘛……暂时缓一缓,啥时给,听候我的吩咐。"

对于时下的青年人,柏文蔚心中很矛盾。他们年纪轻,做事有闯劲,敢想敢干,不老气横秋,总会有点新主意、新思想什么的,符合新潮流,这是很好的,自己也曾年轻过嘛。可眼前的这个社会,主义多多,各种革命口号花里胡哨,在自己这个老革命党人的眼里,某些年轻人的"革命"那就是胡闹,他们才吃过几碗干饭?知道什么是真正的革命?改变中国的命运并不那么容易啊!当时有人向柏文蔚推荐孙一中时,副官私下曾提醒他:此人好像参加过南昌暴乱,会不会是共产党啊。柏文蔚说:"用人不疑,疑人不用!再说了,是也不用怕,只要不胡闹,按照规矩来,管他什么党都不用怕!"

后来到抗日战争时期,事实也证明,柏文蔚确有追求真理的愿望,也曾把希望放在共产党身上。他甚至写出这样一副对联,堂而皇之地贴在大门上:"渴望国共合作,倭奴奸暴终必灭;吾神威灵显化,土豪劣绅不容昌。"

当然,在孙一中和许德华等人到寿县办学兵团的时期,柏文蔚是断然不能接受共产党那一套的。利用为国民党军队办学兵团的机会,搞兵运掌握武装,扩大革命力量,这在中共地下组织而言,堪称是个绝妙的招数,而在柏文蔚那里,无论怎么说都是犯了"天条"。

鉴于对寿县学兵团所寄予的厚望,中共中央巡视员尹宽很快就秘密赶过来了。他代表组织要求学兵团三十五名中共党员,成立地下特别支部,直属位于上海的中央领导。孙一中担任书记,并同时参加中共寿县县委;许德华和廖运周,还有四个学兵团的中队长,都是特别支部委员。廖运周担任宣传委员,许德华担任组织委员,同样也是寿县县委委员,主持全县的军事工作。

1928年,正是全国各地大暴动的兴盛期,中共安徽省委的特别行动委员会,早就对寿县这个学兵团十分看好,霍邱、寿县、凤台等地党组织都给学兵团推荐了很多有进步要求的青年学生,省委力图把它当成即将兴起的淮南秋收暴动主力军。成为主力军的学兵团,压力当然很大,只有枪没有子弹怎么行?于是,派出几路人马,四处购买子弹。钱不够,就发动党员们捐款,一来二去把动静搞大了,

结果出了乱子:有些人买子弹居然买到柏文蔚的特务营。特务营那些油头滑脑的军官们,一边向学兵团倾销子弹赚外快,一边向柏文蔚告密拿赏钱。事情一下子泄露了出去。

柏文蔚无论如何不能容忍自己掏钱办学兵团,竟成了资助共产党搞暴动,这样的笑话要是传到老蒋那里,就会不可收拾!必须断然阻止,换上可靠的人掌握人马,把这团火苗按下去,让学兵团依照自己的初衷训出成效来!

于是,柏文蔚不动声色地布置耳目,盯上了孙一中、许德华、廖运周等人,加强对学兵团的秘密监控,同时着手物色新人,以取代孙一中的位置,而这些举措,学兵团的中共组织完全没有掌握。他们还在那里忘乎所以,几乎从暗处站到明处,差不多到了公开活动的地步,为省委积极组织推进的淮南秋收暴动做着各种各样的准备工作。

那时候,许德华的工作热情,同样是点火就着。刚刚回到组织怀抱,恨不得能把损失的时间统统补回来。他在县委那边越干胆儿越大,居然又模仿北伐时期动员民众的办法,亲自带着党员们到处张贴标语口号,大家全然放松了警惕,根本不顾这将会产生怎样的后果。

许德华跟廖运周搞的学兵团教育训练方案,完全是黄埔军校的蓝本:政治课与军事课并重,课堂与野外并重,理论与实践结合。方案一出,上下都叫好。开学之后,许德华又参与谱写了团歌。这样,不但正课的教育训练很规范,课外思想素养也相当有力。每天天刚破晓,军号就先吹起来了,接着许德华带队出操,团歌吼声如雷,在县城上空阵阵回荡:

> 革命的青年,接受严格的训练。
> 在种种压迫下的人民,望我们救援。
> 旧社会不良的组织,要打得它落花流水。
> 我们是革命的青年! 革命青年!

歌词看上去简单,但精神很恰当,集体唱起来鼓舞人心。

1928年3月,中共安徽省临时委员会恢复了,学兵团的特别支部委员会改归省临时委员会领导,与中共寿县县委横向联系。到4月底,学兵团的中共党员和共青团员加起来,已经发展到一百三十多人。形势如此之好,超出了他们的想象,也让中共安徽省委有点飘飘然。省委特别行动委员会的个别领导明确指示学兵团,抓紧军事准备,参加秋季淮南暴动。于是,学兵团在驻地高搭彩门,打出刺激性很强的标语:"革命的走进来,不革命的滚出去。"弄得地方那些反动势力大感不安。

现在他们清楚了,这个行动的"风源"来自中央,与中央政治局当时的负责人瞿秋白左倾盲动主义有联系。时间不长,祸害就出来了。柏老头子终于动手了,一纸命令撤了孙一中的职,继任团长是他的心腹孙伯超。当孙伯超从芜湖匆匆赶往寿县整肃军纪时,学兵团形势顿时紧张起来。中共寿县县委处在光天化日之下,孙一中不得不乘乱逃脱,许德华和廖运周急得在屋里团团转。

黄昏来临,他们在房间里火急火燎地合计,估计当夜孙伯超必有大的动作。他们思考着怎样转移暴露了身份的党员同志,不能让组织受损失。

"报告!"门外一声喊,进来的是学兵团第二中队队副李味酸。此人也是武汉分校的毕业生,家在皖北,但在学兵团工作中一向沉默寡言,政治态度比较暧昧。

许德华和廖运周立刻端起架子说:"李副中队长,你有什么事吗?"

李味酸回身掩上门,压低声:"同志们,我受党组织委托来向你们传达指示:现在情况紧急,你们两人立刻离开学兵团,柏文蔚马上要抓人!其他党员同志由我负责疏散!"

说完,李味酸将门一拉,大步离开了。

他们顾不得品味李味酸这番话以及他这个人就立即投入行动。此刻已是下午6点,营门就要关闭,再犹豫就走不了了。他们急匆匆地来到营门口,卫兵毕恭毕敬:"长官,新任团长有令,今晚任何人不得离营外出。"

"任何人?笑话!"许德华皱着眉头,"也包括我们吗?我们是奉教育长之命到县党部去办理机要的!"

廖运周也附和着:"是啊,本来5点之前就该出去,新来的团长找我们交代任务,才拖到现在。"

卫兵犹豫不决地支吾起来:"这……那……"

许德华和廖运周抬腿就往外走,许德华还故作生气地边走边说:"什么这呀

那的,查问起来,你不会说我们是5点半出去的吗?真笨!"

卫兵不好强行阻拦,眼睁睁地看着他们走出营门。他们刚走出不到百米,营内便响起集合的哨声。卫兵也不管许德华和廖运周了,慌手慌脚地将门关死。

转过一个墙角,他们立刻奔跑起来。

他们连夜赶到寿县南部的廖家湾,那是廖运周的老家。在那里,他们见到了孙一中。危难相逢,颇多感叹。所幸的是,学兵团凡是公开露面的共产党员基本上都撤出来了,大家四散奔逃,各找安身之所。孙一中说:"谢天谢地啊,革命力量总算没有太大损失!"

平静地过了几天,又有十几名从学兵团撤出的中共党员陆续聚到廖家湾。在这里,他们重新组织了中共淮上支部,决定:事先拟定的秋收暴动计划不再更改,继续在廖家湾搞罢工!

廖家湾是个以廖姓为主的大村庄,有一千多人口,村口有所中心小学。许德华就住在学校里,给学校的师生讲反帝反封建的形势,讲打倒军阀、实行民主革命、建设新型国家的道理。虽然许德华的湖南口音,叫人家听起来有些吃力,但他尽量深入浅出,结果还是赢得了掌声。

这时候他们手里已经没有武装,从学兵团那边也吸取了教训,罢工行动组织得很小心,不再贸然行事。他们抓住当地六月六开镰割谷的风俗,卡在这一天搞了个小罢收,要求增加工钱,给地主乡绅施加点压力。结果只坚持了两天,老财们就招架不住了。田野里熟透了的豆荚开始爆裂,金黄的豆子洒在地上,成熟的谷穗也在风中一片一片地倒伏……眼见着丰年歉收,地主乡绅只好答应农民要求:加工钱!但同时他们也很快搬来了救兵,要严查罢收幕后主使。

国民党寿县保安队一支马队,率先兴师动众地赶到廖家湾。许德华他们的身份再一次暴露了,廖家湾待不下去了。党组织指示,让孙一中和他们十几名从学兵团逃出来的共产党员,离开寿县北上,分别打入西北军冯玉祥部和华北军方振武部,去做兵运工作。于是,他们分成两拨,一拨由孙一中带廖运周等人,到北平方振武部;另一拨由许德华带队,去往西北军冯玉祥部。

在一个漆黑的夜晚,他们分了手。许德华带着六个人经蚌埠来到南京,打算从这里换车去西北军。因为火车票难买,他们在南京下关一个比较偏僻的小客栈住了下来。傍晚,许德华独自来到江边,望着茫茫江水,不禁思念起久别的故乡。这一夜,他的思绪一直在浏阳河、湘江和岳麓山徘徊,梦见了父亲许子贵和几位兄长,梦见了老师邹希鲁,还有他的桃妹子,她应该已经长大成人了……

经过商议,许德华和同道的六位战友握手道别。他想顺路到老家看一眼再北上。大家相约一个月后在西北军驻地会面,联络方法是在当地报纸上登出化名的寻人启事。然而,许德华万万没有想到,这竟是他人生道路上又一场漂泊的开端。

第五章　风雨泛舟

两人世界的序幕

终于踏上了故土,许德华的心头跳得厉害。自从南下广州进入黄埔军校学习,离家的这三年多来,自己在生死边缘千难万险,家里人可都安好?许德华直奔父亲住处苦竹园。

出乎预料的是,许德华跨进家门头一个见到的,竟是桃妹子!桃妹子这年十六岁。

大半年前,邹希鲁先生终于耐不住要走出去实现"兼济天下"的梦想。他被分派到北方的一个小县——河北清河县当县长。发妻故去,又续了一房,已经成人的女儿,就不便再带到遥远的北方去了。

邹希鲁临走时,给许德华留了一封信,信中声称,他是为了谋生而背井离乡的。他好不容易补上这么一个"缺",自然要"勉力赴任"。家里没法顾了,只能把一天天长大的桃妹子托付给许家,并郑重强调:如果许德华回来,"就为他们完婚"。

许德华想起了生死无常的战场,莫不如再拖几年,等日子安定一点再说,但他拗不过几天来父亲、兄长及继母的劝说,再说了桃妹子也不能无依无靠,更何况她是那么善良和善解人意,又出落的亭亭玉立,许德华已经无法拒绝完婚的旨意。

佳期择在阴历八月二十日。

婚事照许德华的意思,办得很简朴。家庭经济条件的限制是一方面,更重要的是怕太张扬了会引起国民党官府的注意。许德华没有忘记,自己是在去西北军的途中偷偷跑回来的呀!

新婚后的许德华到舅舅、姑姑等几家亲戚走了走,立即想起肩上的使命。他实在不忍心过早地让桃妹子知道自己很快又要离家的消息。可是,洞房毕竟不是久恋之地。他思前想后,脚步不由自主地踏上去往长沙师范老同学谢鑫家的路。

此前许德华了解到,谢鑫是个共青团员,后来也进了黄埔军校,革命热情一直都很高。大革命时期,他受组织委派,到江西朱培德的队伍上当兵。大革命失败时,让朱培德逮捕了。在转移监狱的半路上,谢鑫侥幸逃了出来,潜回湖南老家,常年深居简出,一直不敢露面。

见到许德华,谢鑫喜出望外,一把拉到里屋促膝交谈。叙起别情,两人都感慨万千,有说不完的话。

谢鑫忧伤地告诉许德华,当年一起闹革命的长沙师范老同学,有的牺牲,有的被捕,有的叛变自首,有的消沉脱党,五花八门什么情况都有。他叹了口气:"革命折腾了这几年,没想到落得这么个下场!"

"要干,就要豁出命去,天不怕地不怕!革命不是请客吃饭,不能那样温良恭俭让……你还记得这是哪个讲的吗?"许德华盯着老同学问。

谢鑫抓住许德华的手:"是我们湖南的那个大个子讲的!"他望着窗外,深深感慨道:"德华,说句老实话,我很佩服你,总是那么敢干、敢闯的。老同学当中,我跟你最对脾气了,要是跟你在一起……"

"这话当真?"许德华起身从门缝里向外张望一眼,回来压低声说,"眼下倒真的有个机会……我有几个兄弟,要投奔西北军,不知你是不是愿意跟我们一块去?"许德华小心说出真情,并期待谢鑫的答复。

谢鑫在家东躲西藏,这段日子受够了窝囊气。听许德华这么一说,当即想都没想,果断地回答:"去,我这就跟你一块去!"

几年之后,在大西北遥远的革命圣地延安,就又多了个湖南籍的热血青年。不过那时他的名字已经不叫谢鑫,而叫白浪。

许德华回乡完婚后,每天东奔西忙地串联同伴,试图扩大革命同伴,而与他受命同赴西北军的另外六人,一船坐到武汉居然忘乎所以,放松了警惕,其中一人竟跑到妓院鬼混,结果酒后失言,当场被捕入狱。在国民党特务的威逼利诱下,把包括许德华回长沙探亲等所有的秘密统统说了出去。同行的其余五位同伴四散奔逃,才算没有被抓捕,他本人最终被国民党特务在武昌城头的黄鹤楼下斩首示众。而许德华这边,一封加急密电由武汉特务机关拍到长沙警备司令部:"顷获匪犯供称,长沙东乡许德华系共党分子,速缉拿归案。"

这天,桃妹子的姐夫谢立仁一上班,几个旧属就全副武装地过来说:"谢队长,差事来了!"

"么子差事?"谢立仁问。

"到东乡抓共党分子。"

"东乡有共党分子?叫么子名字?"

"许德华,是临时逃回去的。"

谢立仁听得心中一惊,表面不动声色:"哦,到东乡路不好走啊。弟兄们辛苦啰!"说完,推说怀表忘了带,回家去取,进门就把消息告诉了妻子。

桃妹子的大姐一听,脑子半天转不过弯:"德华不是黄埔生吗?怎么就成了共产党,是不是上头搞错啦?"

"这年头,说不准的。你别磨蹭了,救人要紧。"谢立仁要桃妹子的大姐赶紧找人回家报信,自己则慌忙回到司令部,装作若无其事地打掩护。

点灯时分,桃妹子大姐派来送信的老倌子跌跌爬爬抄小路摸到萝卜冲。一问,许德华的新房在苦竹园,又悄悄赶过来。老倌子敲开门就焦急地说:"快跑吧,武汉拍来电报,告你是共产党,长沙警备队的人马上就来抓你。"

桃妹子一听,目瞪口呆。她认得老倌子是大姐家的隔壁邻居,消息是大姐送来的,确信无疑。但毕竟太突然了,他们的新婚生活刚刚只有十天,这简直就是晴天霹雳!

远处传来了狂乱的狗叫声。这在夜晚,在偏僻的乡村,是个极为敏感的讯号。

桃妹子赶紧为许德华打点行装,一会儿工夫,一个小小的包袱已经捆好了。她把包袱递到丈夫手上,果决地说:"走吧,赶快,狗都叫了!"

许德华轻轻地嘱咐妻子道:"妹子,你要多保重,我会回来的!"

"德华,放心地走吧,一千年一万年,我都等着你……"桃妹子说不下去了。

他们匆匆来到父亲许子贵的屋舍旁边,见一家人都已熟睡,也就不再惊动。许德华在父亲的窗前深深地鞠了一躬,便转身离开祖地,直奔浏阳河边的渡口。桃妹子半步不落地紧随其后。

一阵风似的到了渡口,许德华跳上渡船,返身向桃妹子使劲挥挥手,而后抓起竹篙用力一撑,船就离岸而去。小木船在苍茫的夜色中越来越远,最终,看不见了……

一个农民的一百块现大洋

长沙警备司令部的一伙军警,满以为到东乡萝卜冲能捉到一条"大鱼"。按照职业习惯,抓谁不抓谁,对他们来说都无所谓。关键是要上对得起面子,中对得起肚子,下对得起鞋子!然后痛痛快快交个差。

谁知这一次,他们在萝卜冲却扑了个空。跑到苦竹园,又扑了个空。

军警交不了差,干脆赖在许家不走了。这都是些惯于使浑撒野、打家劫舍的"老油条",许家老屋里横七竖八歪了一大片。

许子贵素来胆小,这回他也豁出去了。是祸躲不过,他想。于是壮起胆子对那些家伙说:"我儿子在外面当兵,从没回过家。你们要想抓他,到队伍上去抓好了,家里哪有人给你们抓!"

领头的军警把盒子枪往桌子上一拍:"老头子,废话少说!人,就在你家,这是千真万确的。既然找不到他,只有找你要了!"

明摆着要敲竹杠。许子贵心里明白,要想不破财躲过这一劫是千难万难了!无奈之下,只好连夜借来一百块现大洋,给每个匪兵十二块,算是"草鞋钱"。余下的买来鸡鸭鱼等荤素菜,又把养了一年多的大肥猪杀了,富富实实办起一桌酒席,米酒灌掉了两坛子,才勉强把这伙丧门星打发出去。

一百块银圆一头肥猪,这就是许子贵辛辛苦苦的几十担谷啊!隔了好几年,许子贵提起这件事,心里还是痛得厉害。然而在当时,许子贵那顾得上心疼财物?许德华逃离家乡的第二天,长沙大街小巷便贴满了通缉令。在市里开顺记米店的堂弟许兴顺传信来说,许德华曾在他那里歇过脚,以后就化装去了火车站,再也没有回头。

入夜,许家一屋人默默无言地围坐在灯前,期待着什么,又怕那所期待的事情突然降临。一连数日,天天如此。

大哥许德有问桃妹子:"德华临走时,没说他去了哪里吗?"

桃妹子摇摇头,忽又想起什么,自语道:"他前几天讲过,打算去北方,会不会去了我爹爹那里呢?"

许子贵点头,认为这是极有可能的事。

"要么我去跑一趟?"许德有看着父亲,拿不定主意。

老四许德富也说:"我跟大哥一块去,遇事有个帮手。"

一家人正谈论着,桃妹子家里派人急匆匆地送信来了:"还商议么子?长沙警备队就要派人去清河抓德华了!"

"德华果真到了清河?"桃妹子又惊又喜又忧。

来人说:"人家往那边出了公函,么子都探得一清二楚啦,只怕德华在那边还蒙在鼓里哪!"

一家人焦急起来,面面相觑,议论纷纷。

情势又紧到了火烧眉毛,许子贵一咬牙:"再卖三石谷吧,你们三个一块去,早去早回,明天一早动身,路上莫耽搁!"

晚上,许子贵又把大儿子德有叫到身边,细细地交代一番:"叫德华远走高飞,莫惦记家,桃妹子家里会照应好的……"

鸡叫头遍,许子贵便挨个地叫醒许德有、许德富和邹竞华,催促他们上路。当三个人提着一袋炒米粉,千里迢迢赶到河北清河县时,才知道全家日夜担心的许德华,现如今已经改了个名字叫许泛舟了,而且在岳父邹希鲁的手下正春风得意,当上了清河县的警察局局长。

清河县警察局局长畏罪潜逃

离家出逃的那天晚上,许德华渡过浏阳河,黑天黑地专拣小路奔跑了几十里地,来到一个土岗子上。稍稍平定喘息,他将包袱枕在头下,仰面躺倒遥望苍穹,认真地思考下一步的去向。本来,他和谢鑫约好一块去投西北军,眼下突发此事,已经无法践约。那么,长沙警备司令部究竟是怎么知道了自己回家的消息的呢?左思右想,许德华断定是同路的六个人中,有谁捅了娄子,把组织上的兵运秘密暴露出去了。显然，如果再按原计划去西北军，极有可能凶多吉少。莫不如……他想起了另一路执行任务的廖运周——出发前任务是分头单线交代的，按说不应该有什么危险。许德华决心放弃原去西北军的计划，到北平去碰碰运气。

要去北平，就得坐火车。许德华不得不暂往长沙。他必须在天亮前赶到长沙，找个可靠的存身之地再作打算。找谁呢??!他想到了堂叔许兴顺开的顺记米店，那应该是眼下自己在长沙最安全的去处。

东方泛白时，许德华敲开了顺记米店的铺子门。许兴顺惊慌失措地叫道："这么一大早，你……"

"警备队在抓我！"许德华回身插上门。

许兴顺急中生智，把许德华藏到谷仓的米囤后面，自己脸也没洗，就上街去探听消息。

天大亮了，街上已经东一张、西一张贴出抓捕许德华的通缉令。幸运的是，没有附照片。许兴顺胆战心惊地跑回家，一头钻进谷仓，急切地问："德华，长沙有人认得你吗？"

许德华说："没人认得我，除了桃妹子她姐夫谢立仁。"

"那也不行！"许兴顺为人精细，略一思忖，便打定主意，"挨到天黑，我给你化化装！"

这一天，顺记米店生意做得一塌糊涂，顾客个个提着米袋骂街。许兴顺管不了那么多，让小伙计勉力支应着，自己则提心吊胆溜出去打探消息，满头大汗地进进出出。总算到了天黑，他让许德华撑开肚皮吃了顿饱饭，然后，自己操持刀剪，帮许德华理了个平头，又把压箱底的一套绫罗衣裤给他换上，还找了把纸扇子、一个跑生意的小皮包，再配上副通光眼镜，里里外外这么一捯饬，许德华重新走到街上，模样大变。

就这样，许德华大摇大摆地雇了一辆人力车，来到长沙火车站，故作镇定地左右瞅瞅，将身上的钱全部递进售票口："买张今晚去北平的票。"

里边点完钱，重新塞出来："钱不够，只能买到邢台！"

许德华一怔:怎么忘了跟堂叔要点钱呢！再回头去，怕不合常理有危险。转念一想，邢台不是到了河北地界吗？肯定离清河不远，何不去找岳父想想办

法?想到这里,他干脆把钱又塞进去:"就买到邢台吧!"

车过岳阳,折而往东,掠过湖南省境内的最后一站临湘,就到了邻省湖北的蒲圻。这时,许德华心头微微放下来,有种逃脱险境的轻松。随之,只身漂泊的孤独感也油然而生。同志、战友和亲人,就像窗外的群山,一一远去了,只有自己这颗挂在天边的孤星,踽踽独行在深重的暗夜。命运如同一叶扁舟,未来之途实难料想。他不禁记起邹先生早年讲解过的一首李白绝句:

尔从泛舟役,使我心魂凄。

开帆散长风,舒卷与云龙。

诗在心头,心在诗中。许德华突然萌发出一个念头:把名字改一改,就叫泛舟!沧海泛舟,正是自己眼前的境况啊!

几天之后,一个名叫许泛舟的落魄青年,狼狈不堪地来到河北清河县衙门口,声言要找邹希鲁县长。威风八面的警察睐着眼,从头到脚打量了足有三分钟,冷冷地撇着嘴趾高气扬地喊:"走开!"

许泛舟并不走开,就猫在附近等着。约莫个把时辰,正好邹希鲁的轿子过来了。许泛舟上去就要叫喊,警察慌忙将他拦住。许泛舟正要张口解释,就见警察手中的警棍已经当头打下来了。许泛舟眼疾手快,一个翻掌,抓住警棍使劲一拽,警察站立不稳,摇摇晃晃。这下惹火了旁边的另一个警察,举手就是一棍,许泛舟闪身躲过,还没回过神来,又一棍接踵而至。就在棍落之际,邹希鲁在轿子里喝道:"慢来!"随即掀帘迈着方步走过来。

"邹老师……"许泛舟躬身施礼,本想尊称岳父,却没有改过口来。

邹希鲁也认出来了:"嘿,德华!怎么是你?"

两个警察顿时傻了眼。

邹希鲁到清河上任,还带来一个堂侄,叫邹伯川,在县政府当抄事,实际上是来给老夫子搭个帮手。大家在邹希鲁的书房里寒暄之后,便详叙情由。许泛舟这才称邹希鲁为岳父,并说:"久未见面,很是想念,和桃妹子成了亲,就专程过来看望看望您老人家。"

听到女儿婚事有着,邹希鲁自然分外高兴。言谈中,牵挂之情每每流露出来:"你在黄埔毕业以后,一去没有消息,可苦了桃妹子啊!"

许德华唯有赔罪,只说在张发奎的第二方面军当见习排长,参加南昌起义军激战九死一生的事,只字不提。"闯荡几年,一事无成啊!"他叹道。

谈起动荡不安的时局,老先生也有一肚子牢骚。当着女婿的面倾吐了一番之后,忽又宽慰道:"不要紧,天无绝人之路,我这里还正需有个帮手哩!警察局长、税务局长、商会会长,这些位子,你自己挑。"

许泛舟想了想,说:"我是黄埔生,一向跟枪杆子打交道,懂得点军事,还是当警察局长吧。"

这个选择正合邹希鲁的意。他身为一个外乡人,常被地头蛇所欺。再说,清河地界,匪盗成灾,民不安生,警察局的位子是重中之重啊!

这是1928年10月,新任清河县警察局局长许泛舟,第一件事就是察看本县的军械库。他没有想到,小小一个县府,居然存有这么一大库的枪支弹药!库房是从前清沿袭过来的。里面既有最时新的步枪,亦有老掉牙的土炮、鸟枪,甚至还有许多冷兵器,像鬼头刀、七节鞭、双锋剑、马刀、长矛等,应有尽有。这些玩意儿早已锈迹斑斑,长期没有人动过了,尘土落了一层,蛛网密密麻麻。

邹希鲁笑了笑说:"这就是本县的家当,你给我派派用场。"

许泛舟操起一支步枪,熟练地摆弄了一阵,一口报出该枪的口径、性能、射程及自身重量,让邹希鲁满心欢喜,只说:"看来你这个黄埔没有白上!"

"我想用这些封存的家伙拉一支保安队,把本县治安好好整一整。"许泛舟借题发挥,显得极为尽职尽责。

邹希鲁说:"全部由你当家,钱不够,我来找商会要。"

果然,许泛舟三下五除二,张罗出一支四五十人的保安队,一切按正规军操典标准操练,乐得邹希鲁合不拢嘴。

接着,许泛舟开始清理犯人。他将全县所有刑事案件的卷宗调到手上,一一过目。随即拉出一长串的释放名单,提溜着去见邹希鲁,说:"这些犯人的案卷,我仔细读过了,挑出部分并无大过的人。其实,他们中间多数不过是饥民,为了活命才闹事入狱的,关押这么久,也可以了,省得吃空粮。"

邹希鲁以一县之长的心情沉吟良久,末了问道:"可问过办案人员?"

许泛舟满口应承:"我是警察局长,这个主我做得了,只是特意禀报一声。"

"那就……开监放人吧！"邹希鲁痛下决心,"不过,你要狠狠给他们一点教训,以戒前衍。"

刑事犯能放,政治犯为什么不能放？许泛舟私下察访得知,所谓政治犯,无非是本地的一些革命者或同情革命的人。尤其是有一位关在小号里的"暴动头子",那可是个不折不扣的革命同志啊！他决定找机会释放他们。

开监释放刑事犯这件事做得干净利索,老百姓对本县政治清明,颇有溢美之词。邹希鲁一高兴,把许泛舟叫去,结结实实地嘉勉了一番。

"为官一任,造福一方,"邹希鲁豪情自得地说,"能让百姓在身后说个好字,也不枉我邹某从政一场！"

许泛舟趁机进言:"其实,那些政治犯也不必一概而论。我查过了,大不了是些学生伢子,言辞过激一点罢了！"

邹希鲁神经很敏感:"政治犯不同于刑事犯,要慎重！"

"如今早已是民国,政治不妨开明一些,"许泛舟说,"年轻人嘛,激动起来说几句过头话,也翻不了天！"

这些话都是邹希鲁平常所持的观点。许泛舟点得恰到好处,邹希鲁一时语塞,无话可说。

隔一天,许泛舟又拉起一个释放政治犯的名单来见邹希鲁。

邹希鲁看了名单,语重心长地说:"德华,随便放政治犯,上峰是要怪罪的！轻者罢官,重者杀头啊！你呀,太年轻……"

正当许泛舟搜肠刮肚为狱中的政治犯磨破嘴皮的时候,许德有、许德富和邹竞华赶到了。三个人如此这般地把长沙的风声说了一遍,邹希鲁恍然大悟:"难怪呢！德华,你当真是共产党,还是……"

许泛舟打断岳父:"不用问了,我就是共产党员。我在长沙师范念书的时候,就加入了共产党。"

"年轻、年轻,你们这些年轻人啊……"邹希鲁又惊又怕、爱恨交加地埋怨女婿,"可你不该瞒着我呀！"

"我一人做事一人担,"许泛舟说,"既然清河不能安生,我这就走,另谋出路。"

"你要去哪里？"邹希鲁问。

"北平。"

"北平那边你人生地不熟的,去了又怎么办?"

"我去找朋友。会有办法的,路在脚下嘛!"

许泛舟怀着感激的心情送走了三位兄长,随之一个大胆的计划在心中形成了。当晚,他对邹希鲁说:"我就要走了,与清河保安队的兄弟们混了一个多月,还真有了点感情,我想备点酒水,聊表心意……"

邹希鲁点点头:"做人是该这样,不过你走的事,不宜声张。这样吧,11月19日不是你的生日吗?"

许泛舟的内心一阵感动,算来已二十周岁,戎马倥偬,自己何曾记过生辰?而岳父却记得这么清楚!

大概是看出了许泛舟的心思,邹希鲁说:"你跟桃妹子定亲时换过生辰八字,所以我就记住了。你出门在外,父母不在身边,我当岳父的也该操操这份心。我想趁这个机会买点酒肉来为你做个生日。"

许泛舟暗暗敬佩岳父为人精细的一面。这一来,把那些警察们聚到一起吃一顿,也就顺理成章了。

听说警察局局长过生日请大家吃酒,警察们个个受宠若惊,都早早地赶了来,肉麻的吹捧、无耻的恭维不绝于耳。许泛舟只做出用心消受的样子,开怀大笑,使劲地劝酒。这都是些见了酒就不要命的家伙,今天以警察局局长的名下,又有县太爷做后盾,吃喝起来个个争先,人人逞能,放肆地猜拳行令,呔五喝六,灌得满屋子东倒西歪。

许泛舟一看时机成熟,悄悄溜出去把监狱岗哨也撤下来,说是机会难得,让弟兄们都尽尽兴。这时,他将事先准备好的一桶煤油,提到狱警勤务及关押犯人的屋檐下,照着木门、照壁、木质橱柜倒上去,接着把手中点着的烟火扔了上去……

直到火光冲天不可救药时,屋里满堂的醉鬼们才大惊失色,但他们此刻全都身不由己,有的跑两步便跌倒在地,有的干脆躺倒打起了呼噜,天塌下来也管不了。

许泛舟正好大胆行事。他几步蹿到小号,打开铁门和"暴动头子"的脚镣手铐,小声地招呼道:"快走,武器库的门都打开了!"

"你？你是什么人？""暴动头子"惊讶地问。

许泛舟冲他微笑着举起一个拳头。

"暴动头子"同样举起拳头，会意地点点头。然后，呼唤着炸狱的政治犯们，冲进武器库，各取兵器，蜂拥而逃。

警察们酒醒时分，许泛舟已不见了人影。大家目睹整个大院烧得一团糟，个个提着警帽垂头丧气地来见邹希鲁。

邹希鲁心中明镜似的。他悄悄钻进许泛舟的房间，一眼看见书桌的砚台底下压着一张道林纸，上面抄录了一首郑板桥的诗：

咬定青山不放松，立根原在破岩中。

千磨万击还坚劲，任尔东西南北风。

邹希鲁一屁股坐在椅子上，长叹一声："年轻，太年轻了……"

省警察厅派来查办失火炸狱一案的官员和长沙警备队派来捉拿许德华归案的人几乎同时抵达清河县。案情不查自明：警察局局长过生日造成火灾，致使犯人炸狱，千罪万罪，许泛舟渎职是第一罪。警察们见局长已经畏罪潜逃，便一股脑儿把罪责全部加到邹希鲁的身上。

作为县长，邹希鲁当然脱不了干系。他好说歹说，最终同样以渎职罪遭到撤职查办罢了官。所幸的是，长沙派来追捕许德华的一位中队长曾是邹希鲁的学生，受命之后有心要袒护老师，因而在给长沙上司的报告中，认定许德华不在清河县，戴罪潜逃只是同姓不同名的许泛舟。这算是开脱了邹希鲁包庇罪犯的罪责。

一个月后，邹希鲁满面尘土地回到长沙。不久，长沙警备司令怀疑桃妹子的姐夫谢立仁为许德华通风报信，才使得罪犯逃脱，未能抓捕。因此，将谢立仁内部正法了。

一天，桃妹子的继母将一张报纸递给住在娘家的桃妹子，一条醒目的巨幅标题，立刻让她惊骇得瞪大了眼睛："又一批共党分子正法！"在一长串名单中，"许德华"三个字赫然在列。

寓公、矿工与北平遭遇

1929年初,北平刚下头一场雪。厚厚的积雪压着整个城市,街上穿着棉袍的行人,清一色躬腰袖手,嘴里哈着热气,把脑袋捂得严严实实的。

许德华历经千辛万苦,终于踏进北平这座古老而陌生的皇城。沿用许泛舟这个名字,显然凶险莫测,因为清河县的案子跟在身后,干脆,还是恢复原名,叫许德华。

初到北平,身上铜板不多,许德华打问了大半天才找到这家北新桥附近的天寿公寓。公寓不比旅馆,房间虽然窄小,设施也差,但价格相对便宜。许德华已经两顿水米未进,但人困马乏,身子更疲惫。他钻到房里把门一插,倒在床上美美地睡了一觉。第二天一早,便顶风冒雪咕吱咕吱跑上街,四处寻访廖运周和孙一中他们。

方振武的第九十六师驻在黄寺。从北新桥赶过去,有十来里地。许德华不坐车,甩开两条腿走走问问,折腾了一上午,才把黄寺找到。一打听,没有孙一中这个人。倒是司令部有个参谋姓廖,是不是廖运周,不得而知。

许德华一无所获回到天寿公寓。

心悬了一晚上,第三天再去黄寺,这才搞清楚,姓廖的参谋就是廖运周!可是,他到冀东办理公务去了,要等两个月后才能回北平。至于孙一中和其他几位战友,仍旧无人知晓。

终于找到一个廖运周,尽管他还仅仅是个影子。心里有点着落的许德华,突然觉得饥肠辘辘。

他将手抄进蓝粗布长衫的口袋里,一遍又一遍地抚弄那几个铜板,连续经过三家饭馆门前,都没有勇气走进去。最后,他在露天的烤炉上买了两个烤红薯,用旧报纸包了起来,揣进怀里便大步流星地回到公寓。

晚饭后,许德华对着窗外的雪地想了很久。坐等不是办法,别说房租,吃饭都成问题。他打定主意要找份工作,一边做事挣生活费,一边等廖运周,岂不更好。当即,他将包红薯的旧报纸摊开,在上面寻找线索,然后满街奔跑,逢人便打听,逢胡同便钻,电线杆或墙壁上只要有张白纸,就得凑上去看个仔细。

两天过去,现实将许德华的梦想彻底击碎。在北平找工作,谈何容易!偌大

的皇城,挤着成千上万的谋生者,每天在大街上撞来撞去。就这天寿公寓,像许德华这样等待就业的寓公也是成把的抓,何况许德华一个初来乍到的南方人,人地两生不说,连说句湖南话别人都听不懂。人家说了:老北平人都喝不上一口面糊,哪有你外地人的饭碗!

折腾了大半天,倒是遇着位"热心肠"的中年男子,把许德华拉到墙角处:"喂,兄弟,要吃饭是不?去唐山啊,挖煤呀!像您这个身子骨,哪天不挣他两块现大洋!"说完,手伸过来:"劳驾,给个饭钱!"人家给你递这个信,引你一条生路,就白给了?不想给钱,甭想走人!

许德华摇摇头,哭笑不得:"钱,没有,命有一条,你想怎么样?"

这拼命的架势一拿,中年男子声音弱下来:"得了,您是爷,行!"说着扬长而去。

回到天寿公寓,许德华心情苦闷得很。他想,与其待在北平,还真不如到唐山去卖力气,闯一闯,碰个运气。一天挣不了两块现大洋,混碗饭吃也好啊!再者,他在长沙探亲时,听说还有个跟他同时入党的老同学在开滦煤矿搞兵运工作,说不定……许德华忽然对唐山充满了希望。

天亮之后,许德华倾其所有,付了天寿公寓的房钱,扒上一辆拉土豆的马车去了开滦煤矿。一下车,不吃不喝,到处打听老同学。哪知煤矿那么大,人海茫茫,别说没有老同学,连一个湖南同乡也找不着。

身无分文,生活无着,下井挖煤成了许德华唯一的选择。

1958年,许光达重返开滦煤矿,回忆当年寻找党组织时下井挖煤的情形

许德华块头虽然大,骨架子也敦实,但负过几次伤,体质并不算太好,怎么受得了"煤黑子"那种"两块石头夹块肉"的高强度劳动?

头一回下矿井,领到的矿井灯和那套湿乎乎的工装,据说是刚从病死的工友身上剥下来的。也管不了那么多,许德华比照老矿工的样子,往身上一裹,拦腰扎根烂草绳子,就跟着人家往黑洞洞的井下钻。然后背上一斗煤炭,盯着工友的脚后跟，四肢趴在暗无天日的井道上，一步一把汗水地往井上爬。

天黑下来，许德华啃了个黑窝窝头，喝了碗菜叶汤，就把散了架的一把骨头扔到墙角落里的地铺上，闭上眼就天塌了似的昏睡过去。

第二天天不亮，许德华又被工友捣醒，披上湿乎乎的破工装，矿工灯往头盔上一卡，边走边啃冷窝窝头，就眼屎巴巴地下了矿井。

如此这般，许德华在小煤窑的井道里爬了不到一个月便病倒了。成天头昏眼花不得劲，浑身冷一阵热一阵的，显然是打摆子。几天工夫下来，人瘦得脱了形。煤矿是个凭血汗挣钱的地方，身体一不中用，半分钟也待不下去。在那个小胡子工头的再三催逼下，许德华不得不草草结算了可怜的几个工钱，拖着正在发烧的身子骨，又牙花打着牙花地扒了个马车，回到北平。

北平对于许德华，依旧是个陌生的城市。他几乎没有多想，依旧直奔天寿公寓。估摸着廖运周还是没有返回黄寺军营，许德华只得拖着病体，依旧在公寓里煎熬，重又开始了度日如年的等待。

早春的北平，天气冷得钻心，加上连降大雪，整个世界都冻得化不开。衣衫单薄的许德华举目无亲，凭着有一顿没一顿的清水粗食，在病中苦苦煎熬，心情真是坏极了！

一连几天，许德华都在昏睡中度过，他孤身一人躺在冰冷的房间里，高烧不退，又不停地咳嗽。开头两天还能自己下床从那把破壶里倒点水喝，后来浑身无力，连站也站不起来了。

后幸得天寿公寓老板隋祥瑞女儿帮助请来医生诊治，医生诊断许德华得的是肺炎。几天汤药下来，许德华的病好多了。

许德华对给予自己帮助的隋小姐心存感激。在与她的交谈中，许德华了解到，隋小姐两年前曾就读于北平女师大，读过不少进步书刊，也接触过一些进步青年学生，思想比较开放，很有点热血青年的激进思想，是个热情、正直的新女性。

隋小姐差不多早一趟晚一趟地来回跑，楼上楼下那些喜欢争论主义的年轻学生、教员们，也都闻讯赶来照料许德华。这让许德华心情大为改观。

难题是隋老板送来的一张诊费和药费单据，八块大洋啊！人家话说得软中有硬："许先生，您是常在外走的人，懂得多。鄙店小本经营，临时代先生垫上块把钱，事儿倒不大，只是时间一长，就爱莫能助了。眼下您病着，我不好撵您，等

身子骨一利落,您看……"

再找不到廖运周就无路可走了!许德华决定请隋小姐帮忙跑一趟。

果然,第二天廖运周就找到天寿公寓来了。一见许德华,他吓了一跳:这哪是沙场上那个威风凛凛的青年军官啊!头发长得可以梳辫子,脸色蜡黄,浑身瘦得皮包骨,风都能吹倒。

"是你吗?德华!"廖运周眼圈一下红了。

许德华勉强爬起来,上气不接下气,头上直冒虚汗,把微微颤抖的双手递给廖运周。

"走,马上跟我走!"廖运周付了房钱和药费,叫了一辆人力车,把许德华拉到黄寺营房。当即吩咐伙夫做了一碗鸡蛋面,让许德华吃。饭前,廖运周问:"来不来点酒?"许德华说:"来一点,提提神!"两人便一边小酌,一边详叙彼此的别情。

廖运周告诉许德华,孙一中已受中央调遣去了上海,其他同志也都各有情由,离开了北平。他又给许德华弄了些钱:"先就在天寿公寓养息几天,工作问题我来安排。"

几天后,廖运周带着中共华北特委联络员来见许德华,见面时考察似的问了一些情况,便让许德华等候通知。可是一等半个月,再也不见联络员的消息。许德华坐吃山空,每天又只能将就一顿饭了!迫于无奈,经人介绍找到湖南会馆,仗着自己的广见博览和一笔好字以及满口湖南话的湘人身份,谋到一个抄抄写写的工作。只做事,不拿报酬,管一日三餐饱饭。

毕竟不是长久之计,许德华只得又去找廖运周。

廖运周估计中共华北特委联络员出了事,所以指望不得了。这种情况下,没有正式职业,在军警宪特多如牛毛的北平游荡是很危险的。抓起来就下大狱,辩解的余地都没有!

"这样吧,"廖运周愁眉不展地想了很长时间,说,"我堂兄廖运泽你也认识的,过去在寿县学兵团当过教育长,如今到了江苏无锡,在袁子径的独立旅干警卫营长,你去他那里混个小差事,生活上有依托,再设法下一步跟上海的孙一中取得联系,找到党组织。"

许德华一听,这个主意可行!于是匆忙回到天寿公寓,打点行装付清房钱,悄悄登上南下的列车。

两天后,许德华按照廖运周给的地址,找到廖云泽。一来是廖运周的堂兄,二来过去在寿县学兵团也和许德华熟悉,所以廖云泽见面就跟老朋友一样,问:"你有什么打算,就尽管说。"

许德华出于谨慎,回答得比较冠冕:"这年头,还有么子打算,混口饭吃呗,就在你手下带带兵,这个我还算内行。"

廖云泽心中有数,但不便点破,就说:"那好,就算帮我个忙,要是不嫌弃,到下面当个排长吧,有点委屈你这个黄埔生了!"

许德华就被安置到独立营第一连第三排当排长。当兵吃饷,一时生活没问题了,无锡离上海也很近,下一步寻找孙一中和党组织接关系也不是件难事。许德华心里暗暗欢喜,工作精神头很足,身体也很快复原。

4月的江南,柳枝已爆出米粒大的叶蕾,远看到处都是草色青青的朦胧春意。许德华安顿不到十天,就开始琢磨着如何与上海那边取得联系,心里细细筹谋着几个大胆的计划,等待机会付诸实施。

可是不久,廖云泽所在的独立旅突然接到命令,要移防到安徽芜湖。许德华不得不随队跟过去。联系组织的事八字没见一撇,人却离上海越来越远,这让许德华好不懊恼。无奈军令已经下达,队伍开拔在即,身为下级军官的许德华,只能随帮合众,跟大伙一块儿忙着调防的军务。然而他吃饭走路都在想的是:芜湖地界一没熟人,二离上海又远去多半,哪年哪月才能找到党组织?

"许排长,看你见天没精打采的,是不是想老婆啊!"说话打趣的是独立营第二连排长廖多丰。此人看上去是个乐天派,自从不久前在廖运周那里跟许德华认识后,有事没事,总爱到许德华任职的第一连坐坐,山南海北地胡吹一通,而且口无遮拦,荤素都来。许德华新来乍到,有廖多丰这么个熟人,也着实排遣了不少寂寞。

"小心噢,"廖多丰神秘兮兮地说,"芜湖这个地方码头不大,女人那水色可不差,个个小样子呱呱叫,可风流得很啊!"

"那有我么子事啊,管好你自家的三分田吧!"许德华也随便扔这么一句。

两人拍拍打打地笑闹着,擦肩而去。

又到了一个难熬的礼拜天。许德华装着闲得无聊,独自跑到青弋江畔溜达

溜达,既去散散心,也想碰碰运气。他来到一家临江小酒馆,拣个靠窗的座位,要了二两花生米、一壶江南头曲,正要端杯,忽见邻桌有位年轻人不停地朝自己打量。许德华用眼角瞄瞄此人:西装革履,戴着副墨镜,胡子蓄得颇有章法,显出派头十足的样子,势头很是逼人。不知为什么,他有种似曾相识的感觉。

许德华脑子极速盘旋起来,仔细搜寻过去的记忆,想究竟在哪里见过此人。

"老兄,还记得我吗?"不料那人却先开口问许德华,并摘下自己的眼镜。

许德华一怔,仔细辨认一番,终于认出对方,顿时喜出望外地起身走过去。

青弋江畔无头枪案

颇似机缘的事情,并非是个巧合。

站在许德华面前的不是别人,却是在寿县学兵团相识的李味酸。当时,两人忌于人多眼杂,克制着内心的激情,彼此对对眼神,便相随走出酒馆,来到江边的一个僻静地方。

"怎么不记得,在寿县学兵团我跟廖运周脱险,还多亏了你通风报信呢!"许德华握住对方的手,急切地叙说别后情况。

李味酸告诉许德华,他是在撤出寿县之后,调到芜湖中共安徽省委工作的。那时,他是中共寿县县委负责人,现在担负中共芜湖地区的全盘工作。"其实,我在一个礼拜前就知道你来了芜湖。"李味酸脸上也洋溢着兴奋的神采。

"你是怎么晓得的?"许德华很惊奇。

"我会神机妙算啊!"李味酸乐呵呵地问,"你认不认得廖多丰?"

"是他告诉你的?"

李味酸点点头。

"他……他是我们的人?"许德华大感意外,"我跟他天天见面,什么玩笑都开,竟没有发现一点蛛丝马迹!"他从内心暗暗佩服这位同志。

李味酸正色道:"目前,斗争形势很复杂,动不动就要流血啊!我们应该有所警惕,尽量减少无谓的牺牲。"

"老李,一年来,我四处漂泊,一直在找组织,滋味真是不好受!这次南下,本想去上海找孙一中,谁知队伍却移防到了芜湖,你得帮我同党接上关系,请组织上审查我吧……"许德华敞开心扉,诚恳地对李味酸倾诉衷肠。

李味酸说:"你的情况,组织上都掌握。不过还是按照纪律,你把这一年的经历写个材料吧,我跟省委汇报一次……"

就这样,许德华成了警卫营中共地下党小组的第三名党员,接受李味酸的直接领导。

此后不久,独立旅发生了一件大事:旅长袁子径让老蒋给撤了职,继任旅长韩德勤一上任就跟安徽的地方势力过不去,下令收缴芜湖市警察局的枪。

缴枪的差事交到了警卫营。

李味酸指示,警卫营党小组抓住这个机会,搞一批枪支交给组织使用。

当时,收缴起来的枪支全都堆放在警卫第一连连部。许德华苦思冥想,想着如何设法能把枪弄到手。于是到第二连找廖多丰拿主意,刚好碰上第二连连长,两人胡聊了几句。许德华猛然想起,二连长曾跟他说过,一连长财迷心窍,又赌又贪,还贩卖大烟土。他灵机一动:何不就在此人身上动动脑子?

许德华一路小跑来到第一连连部,恰好,一连长哭丧着个脸,斜躺在门前一把木椅上吸烟,脚边放着芭蕉扇和一壶凉茶,一看就知道,准是昨晚手气不佳,又赌输了,拉下饥荒。许德华暗自欢喜,嘴上热情地打了个招呼:"忙啊,连长!"

"忙个鸡巴!"一连长操起芭蕉扇吧嗒吧嗒猛敲几下,脸上的汗不住地流,"就他妈那几根破烧火棍,今朝发明朝收,胡折腾个屌!"

屋里,几个勤务兵正在满头大汗地捆绑枪支。许德华装作若无其事的样子,随便伸头瞄了一眼,顺着一连长话说:"上头那些人吃饱了没事干,就喜欢拿着鸡毛当令箭,受累的还不是我们这些小萝卜头!"

一连长觉得许德华的话对味,口气缓和一点,问:"有事吗,三排长?"

许德华嘴说"没事",脸却凑到一连长耳根旁边,故作机密地问:"连长,这些破玩意儿打算怎么处理?"

"还用问,往上交呗!"一连长扬了扬芭蕉扇,半带怨气半带不屑地答道。

许德华紧追一句:"上边晓得我们缴了多少支枪吗?"

"他们哪里知道,这他妈的就是一笔糊涂账!"一连长随口答着,忽而有所察觉地喝问,"你问这个干什么?"

"随便问问,没什么。"许德华欲擒故纵。

一连长眼珠子转了几转:"嗯?随便问问,脑子里在打什么鬼主意吧,还不赶

快给老子倒出来！"

许德华嘿嘿笑着，欲言又止。

"啊呀，笑什么笑什么，讲嘛！"一连长是个急性子，三个圈子一兜就有点沉不住气了。

许德华见时机成熟，凑近一连长小声说："你不想弄几支出来，活活手？……"他伸手在一连长面前，做个点钞的动作。

"胡扯！"一连长出口生硬，但话音却压得很低，"事关军法，你长几个脑袋？"

"唉！"许德华现出几分委屈，"我来一连，你待我不薄，你有难处我也清楚，就说欠三连长那几笔账，人家人前人后舌根都嚼烂了，搞得团里旅里流言蜚语，我不过是想帮你出个点子。你既然提到军法，那就当我没有讲呗。"

一连长软了："我也没说你什么嘛！你我兄弟，我还能不领情？只是，这个坎儿不好过啊！"

许德华耳语道："那还不容易，既然上头没有数，十支八支还不都由你说。"

"这么说真能干？就不知怎么出手？"一连长较了真，话语有点紧张。

"不知连长信不信得过我许某？"许德华拍拍胸脯。

"你有门路？"

"我哪有这个本事，是芜湖商团的一个朋友托我打听一下，说他们有几支破枪，想换换家伙。连长要是信得过我，我就试试。"

"噢，是商团用啊！"一连长释然地点点头，有些动心了。

许德华说："只要你打个埋伏，拉纤的事我来办，你开个价吧！"

一连长心里矛盾起来，起身踱来踱去，芭蕉扇子哗哗地摇，迟迟拿不定主意。

许德华淡然一笑："你不敢就算了，这事我也是随便提提。"说着就要走。

"别走啊！"一连长拦住许德华，推他坐到木椅上，"他们要买多少支？"

这让许德华觉得很突然。李味酸交代任务时并未讲具体数字，当然是多多益善。可要是搞得过多就会露马脚。许德华一沉吟，伸出一只手来回一翻。

"就十支？小意思，买卖我做了！不过，价钱得由我定，少一分也不行！"

"那好办，商团还会少了你的银子？我去跟人家商议商议，只是事成之后……"许德华不好意思地笑笑。

一连长看透地戳戳许德华的鼻子："你小子，放心吧，亏待不了你！"

许德华一阵窃喜,当即和一连长说好,由他先藏起十支枪,等价钱谈好,付款到位再给货。

不出三天,事情办得痛快利索。许德华惬意极了,党交给的头一个任务,就如此圆满地完成了!这天中午,他正躺在一棵大树下乘凉,忽见廖多丰满头大汗地跑过来,见面就喊:"快走,旅部来电话要抓你!"

事情并没有像许德华预料的那么简单。

警察局收缴的枪支被送到旅部后,韩德勤手下的一个参谋当即查出了破绽。数字相差不多不少,正好十支。韩德勤勃然大怒,立即把警卫营一连长押到了军法处。一连长当堂把责任推得一干二净,罪责全压到许德华身上。韩德勤亲自给廖运泽打电话:"逮捕许德华,送交军法处!"

"廖营长让我通知你,赶快逃!"廖多丰着急地说。

一听这个逃字,许德华浑身不由得咯噔一下。然而,此次的这一逃,又让他的人生展开了一段新的传奇。

在地下党组织的安排下,许德华一连三天都冒着7月酷暑闷在青弋江上的一艘乌篷船上。第四天上午,风声略微平静,李味酸高兴地来到船上。除了慰勉之外,还通知说,中共中央在上海办了个军事训练班,为各苏区培养军事干部。经中共安徽省委研究,派许德华、廖多丰等几人去上海学习。随即交给许德华一封用药水书写的秘密介绍信。

许德华等几个人由芜湖搭江轮前往上海。接受中央军事培训,迎接未来更光荣的任务,这在许德华看来是最好的归宿。长时间的漂泊,总算又回到组织的怀抱,许德华一路上都抑制不住欣喜。到了上海,他们住进四马路的一个小旅馆,焦急地等了几天,中央交通员就来接上了关系。

这是1929年7月,中共中央军委第一期军事训练班开训,由周恩来出面主办,曾中生具体主持,共有二十人参加培训。它作为中共六大确定的一项重要工作,在党和军队的建设发展史上留下了不可磨灭的一笔。

那是1928年6月18日到7月11日,中共在苏联的莫斯科召开六大,进一步明确由周恩来负责组织和军事工作。会后,周恩来回到上海已是11月上旬。他所肩负的组织和军事工作两大任务,相继得到陆续的落实。1929年2月6日,中央常委会通过周恩来提出的一份通告——关于党员军事化。在这份非同一般

的历史文件中,中央要求各地党组织高度重视党员的军事化建设,在夺取工农群众这一中心工作的同时,开始实行有系统的军事政治组织和军事技术工作,并提出实行党员军事化的具体办法,如开办军事训练班等。

第一期军事训练班7月底开学,第一课是周恩来的《目前形势和任务》的报告。接下来一个月的时间里,参训人员系统学习了中央文件、政策和武装斗争的各种小册子,邝继勋报告了四川凉山地区武装暴动的情况,王鹤报告了洪湖地区游击队活动情况,还有中央苏区武装斗争现状的形势报告,大家结合全国各地斗争事迹实例,讨论土地革命、武装斗争和如何建立革命根据地等问题,诸如农村划分阶级问题、土地分配问题等,并穿插着听取各游击区来的领导人,介绍当地武装斗争的情况和经验教训。多少年后,许光达对这次军事培训班还记忆犹新,说:"这次学习虽然只有一个月,但却真正提高了马列主义思想水平和政治觉悟,奠定了后来经历严峻革命斗争风云的思想基础。"

最让许德华高兴的是,在这个学习班上,他终于见到了朝思暮想的老首长、老战友孙一中。他们共同参加学习受训一个月,结业后又一同以许光达和孙德清的名字,投身到湘鄂西革命根据地火热的战斗行列。

这是1929年的9月初,周恩来按照"把大量军事干部送往苏区",以解决"苏区军事斗争之急需"的工作计划,派许德华和孙一中到洪湖苏区工作。

上海这座光荣的城市,成为许光达命运中一次又一次的出发地。

当1932年2月底,许光达在洪湖苏区负伤返回上海治疗时,一个新的、更大的出发便在冥冥之中已经降临。但是,要从上海经远东去往莫斯科这个列宁主义的故乡,还是大大出乎了许光达的预料。

第六章 人在莫斯科

把激情交给红场

命运的突然转折,其实只需要一点点原因。

许光达去湘鄂西时,压根儿就没想到,革命还八字没见一撇,他就得离开这片热土;更没有想到从此一去不回,甚至会穿过满洲里的黑夜,踏上苏维埃社会主义共和国联盟——这个列宁主义的故乡——这个梦中的天堂!一切都起因于那颗带点儿幽默感的子弹。它固执地埋藏在距许光达心脏不远的某个地方,好像就是为了要改变一个人的命运之旅,使之打破常见的惯性,别开生面。

1932年5月的一个黎明时分,中共中央交通员从租界接走了许光达。他被送到距十六铺码头一箭之地的一艘货船上。下了舱,许光达才知道这次旅行并不孤单,除他之外,还有六七个人。他们都来自中央苏区,是按照中央统一部署,由苏区党组织经过精心选拔,送往苏联培训的尖子人才。

虽然危险仍旧一步步迫近许光达,但因为心情激动,身上的伤痛似乎也好了很多。中央选送骨干赴苏学习培训的事,许光达此前闻所未闻,更是做梦都没有想到,自己竟也跨上了这条道路,而且还是被死神逼到山穷水尽的境地。

早在十多年前的20世纪20年代,在共产国际的指导和大革命的推动下,中共党员留学苏联的高潮就已形成。但由于两年前的1930年莫斯科中山大学停办,整个中国的留苏热度都有点降温。一方面,由于1929年东北地方政府在张学良的领导下,为收回中东铁路特权,跟苏联发生了军事冲突,时称"中东路

事件",导致苏联与国民政府的关系几近断绝,加之意识形态矛盾日益凸显,国民党官方再也没有选派人员赴苏联学习;另一方面,由于第一次国共合作破裂,中国共产党开始艰苦的武装斗争和地下斗争,也很难选派人才赴苏留学。1930年3月27日,共产国际执委会给中共中央发信,要求选派五十名学员进入莫斯科国际列宁学院学习,结果中共中央用了一年多的时间,才勉勉强强完成了指标。可见当时选拔干部赴苏学习多么困难。

但这个情况通过中共中央的积极努力,到20世纪30年代之后逐渐有所改变。

选拔人才送往红色苏联短平快地系统深造,成为国内现实斗争的迫切需要。日本占领中国东北后,中共领导的东北抗联展开殊死抵抗,但艰苦的条件、敌强我弱的态势,使得东北抗联不得不倚重苏联的军事与物质援助。此外,红军长征到达陕北后,与红色苏联的地理距离大为缩短,也急切希望打开一条国际通道,希望强有力的苏维埃政权伸出援手。当然,还有像许光达这样相当一部分的党和红军各级干部,在战场负伤或艰苦条件下患病,只能选择去苏联边学习边疗养。而此时的苏联和国民政府关系也有所缓和,尤其是抗日战争全面爆发后,苏方向国民政府提供援助,两国关系趋于缓解,而国内又进入国共合作阶段,这都为中共留苏学员的派遣提供了基本的条件。

最重要的自然还有苏联自身利益的考虑。他们需要通过为中共培训干部,来应对日本人的威胁。九一八事变后,日本很快占领了中国东北,并建立了伪满洲国。随后,德国、日本和意大利三个法西斯国家逐渐结成同盟,把苏联当作共同的敌人。日本人的美梦就是:以中国东北为立足点,进而给苏联人颜色看,不断在中苏、中蒙边界的张鼓峰、诺门坎等地闹点不大不小的摩擦。苏联的版图那么辽阔,横跨欧亚大陆,最担心的就是敌人同时从欧亚两边发起进攻,使其陷入两线作战的被动境地。显然,遏制日本北侵成为苏联人的当务之急。

无论从民族利益还是政治利益考虑,斯大林要牵制日本人,最可靠的选择莫过于中共领导的抗日武装力量。然而中共的游击武装,着实让苏联人心里不踏实。因而要求中共从东北、华北等日占区的游击武装中选拔骨干分子赴苏留学,给予不定期的政治和军事培训显得十分必要。因而许光达这批红军骨干投入红色苏维埃的怀抱,显然具有重大历史事件的标志性意义。后来的历史告诉我们:一年后,停办了六年的莫斯科东方大学中国部恢复招生,开始举办满洲班,专门为东北抗联培训干部,后到 1935 年日军大举向华北渗透时,又良苦用心地专门设立华北班。与此同时,莫斯科东方大学、莫斯科国际列宁学院和伏龙芝军事学院等苏联的高等学府,全部向中共领导的红军中高级指挥员张开了热情的双手。

从上海到莫斯科,摆在许光达和留苏战友面前的是一段既艰难又漫长,而且还充满凶险的旅程。负责护送的组织同志长袍马褂,架着副金丝眼镜,一身客商装扮。人都上了船,他嘘了口气,小声在许光达的耳边叮嘱:"从现在开始,你的俄文名字叫洛华,听明白没有?"转而向大家简单介绍说:"这是洛华同志,大家认识一下。"然后,又逐一指着中央苏区来的几位:"喏,李国华、陈桂、李国富、李子良……"

这就算认识了。大家用力很重地握握手,彼此传递着欣喜和兴奋,被即将展开的新生活而鼓舞,但同时也高度紧张,心情就像摇晃中的小船,每个人都憋着一股劲,随时应对可能出现的复杂情况。

走了几天几夜,船由上海抵达营口。出发不久,麻药过了劲,许光达的伤口开始剧痛,额头上的汗水浸湿了毛巾,但他始终一声不吭,貌似昏睡可牙齿咬得咯咯响。到营口上岸后,大家七手八脚地搀扶着他登上火车,经中长铁路前往哈尔滨。到哈尔滨时,许光达的脸色已是一张白纸。

"洛华同志,你行不行啊?"同行的同志不时关切地问。

回答总是超乎寻常地坚定有力:"行!我没问题……"

这支出国的小分队,在哈尔滨又集合了十多人。当夜,哈尔滨交通站将大家分散到十几辆牲口车上,陆陆续续地送到了满洲里。

5 月下旬,一个伸手不见五指的夜晚,他们在满洲里异常艰苦地越过了国界线,终于进入苏联境内。这是许光达终生难忘的、噩梦般的一夜,他一会儿被放到简易担架上,几乎拖在地上拉着行进;一会儿被同志们架起来,连拖带拽地向前挪步。当苏方那位胡须卷曲的交通员将他们从三百多公里的跋涉中拖到赤塔火车站时,许光达只说了句"总算到了……"就昏倒在站台的躺椅上。

但这毕竟是共产主义的天下。初升的太阳映照着木板房顶上飘扬的红旗,苏联大妈的笑脸一如袅袅升腾的炊烟,以及摆在面前的金黄色面包与雪白的牛奶,使过去所有支离破碎的梦一般的传闻,突然变得真真切切。

许光达醒来时,已经躺在滚滚西去的列车上了。列车员——一位看上去不到二十岁的苏联姑娘,把属于他的那份面包和牛奶轻轻放好,并甜蜜地笑着,用生硬的汉语一再提示他:这趟列车的终点是莫斯科。

莫斯科啊!那不就是拥有克里姆林宫、拥有红场的莫斯科吗?

苏维埃这个词语在湘鄂西时人们几乎天天挂在嘴上,然而这才是真正的苏维埃!许光达嚼着满嘴的奶香,沉浸在梦想成真的巨大喜悦之中。他完全忘却了伤痛,忘却了越境时的那些创痛和艰辛,忘却了差不多三天没有进食的辘辘饥肠,精心地、一点一滴地品尝着社会主义的味道。有什么比一个热烈的理想主义者亲口咀嚼理想的滋味更让人陶醉呢?!

同行的十几位同志中,有人泪流满面,居然迟迟咽不下一口面包!大家在战场上一日三餐都难以保证,饿肚子打仗是常有的事。现在平静地坐着,一顿一顿地吃,而且全是上好的面包和牛奶,咀嚼在嘴里香喷喷的,但无论脑子还是肚子,都受用不起啊!

车窗外,是一片和平宁静的土地。虽说见不着太多的繁华与富庶,但安详的牧场、森绿的原野、浮云般的牛羊和马群,已足以叫人销魂;车厢内,贮满了春风荡漾的温馨。现在,用不着怕特务盯梢,用不着把声音压低,想说就说,想喊就喊,或者放声地歌唱……这就是自由啊!许光达尽情地呼吸着,好像此前他从来就没有呼吸过似的。漫长的七天七夜,就是在这种缠绵悱恻的情绪中很快而默默地度过去的。

列车穿过荒凉的西西伯利亚平原和乌拉尔山脉,终于在一个晚霞满天的时刻到达终点站——莫斯科。

接转中国留学人员的大卡车在莫斯科街头穿行时,已是华灯初上。苏方派来会说汉语的巴甫洛夫斯基担任联络官,负责中国学生的具体安置工作。巴甫洛夫斯基告诉说,他们将在钮克司旅馆临时下榻。作短暂停留后,才被送到列宁学院的中国班去学习。这期间,当然有一系列的参观活动。联络官扳着手指大致上把参观地点一个一个告诉了大家,每说一个点,全体都玩命地欢呼一声乌拉!许光达跟大家一样欢叫着。他几乎不记得自己的身上还有伤痛,不记得那颗距离心脏只有十厘米的子弹。他暗暗惊奇列宁故乡这伟大的精神力量。

莫斯科的夜空星光灿烂,莫斯科的街灯扑朔迷离。不知为什么,大家谁也没感到这是座远在天边的城市,反而觉得处处是那么熟悉、那么亲切,仿佛就是祖国北方的某一座城市,甚至就是自己的故乡故土,处处洋溢着脉脉温情。

丢下行李,许光达不顾发着微微低烧,急不可耐地让两位同伴搀扶着,和大家一道走出钮克司旅馆。他们直奔红场,这是全世界共产党人朝圣的地方。这里曾经演出过多少威武雄壮的人间活剧!

然而出乎预料,今夜它却那样平静,平静得让远方而来的圣徒们想哭。许光达和同伴们在红场整整坐了一夜。

第二天,参观便开始了。首先当然是瞻仰革命导师列宁的遗容。许光达用心揣度着。他想起在黄埔军校时读过多遍的一篇文章,题目叫《中国的战争》。文中写道:"俄国正在结束对中国的战争,动员了好些军区,耗费了数亿卢布,派遣了几万名士兵到中国去,打了许多次仗,取得了一连串的胜利——的确,这些胜利与其说是战胜了敌人的正规军,不如说是战胜了中国的起义者,更不如说是战胜了手无寸铁的中国人。淹死和屠杀他们,不惜残杀妇孺,更不用说抢掠皇宫、住宅和商店了……"许光达不仅从这篇文章中感受到共产主义的国际意义,也感受到一个伟大的共产主义者,超越民族界限的博大胸怀与精深的思想。这是出自一位欧洲人的口啊!现在,他就躺在自己的面前,正是他在为自己孱弱的祖国向全世界呼喊:"欧洲各国政府已经开始瓜分中国了!"除了他,还有谁?

许光达挣脱同伴扶助的手,恭恭敬敬地向列宁鞠了一躬。

参观的日子是短暂的,但就是这短暂的一触,许光达真切地抚摸到了理想的躯体。每一幅图景、每一个印象,无论红场的夜色还是列宁格勒的北极光,无论沙皇时代的古城堡还是新生苏维埃的集体农庄,都如同刻刀一样雕塑着许光达的灵魂。在这里,共产主义时时散发出诱人的温度;在这里,革命不再是幻想中的满足。一切都变成了现实,现实的人生斗争,现实的存在与发展……许光达真正懂得了马克思、恩格斯所说的生产资料所有制和剩余价值,懂得了社会主义精神与物质追求的本质——它不是一本书,它是一个世界!

那些天,钮克司旅馆成了这些中国青年的辩论场。大家好像在共同地读一本书,共同地钻进一纸扉页。浓烈的油墨气息让他们不能不突然地学究化起来,仿佛一夜之间每个人都成了政治学家和经济学家,而战争似乎已经离他们很远。这个感觉一直延续着,直到那位矮矮胖胖的政治名流突如其来的接见,猛然

间推向了极致。这个不同凡响的来者,就是王明。

  王明是中共驻共产国际的代表。他对于这些刚由国内越境送来的土包子革命者来说,当然具有绝对的权威。他的理论功力不容置疑。这从他谈话中频繁的引经据典,便可清晰地体会得出。他还是个莫斯科通,对尚被称作彼得堡时的列宁格勒——十月革命的发祥地、基辅诸城,如数家珍。他希望大家研究沙俄时代的工人运动,研究如火如荼的苏维埃政权,研究土豆加牛肉孕育的幸福感,研究像烈性伏特加那样燃烧的真理。他反复强调说,这些富有理性品位的思考,将对遥远东方的中国革命产生深远影响。

  带着王明居高临下的鼓励,也带着数日参观所得到的激情,列宁学院中国班的首期培训工作风风火火地准备就绪。

  列宁学院创建于1925年底,其全称是莫斯科国际列宁学院。它是共产国际专门对各国共产党高级干部实施培训的党校,学制为两年。学院创建之初,由共产国际主席布哈林担任院长。布哈林被联共(布)整肃后,由季米特洛夫兼任院长,基萨诺娃担任副院长并主持日常工作。列宁学院最富于特色的教学,是随时根据各国革命斗争的具体情况,开设各种短训班、军事班、初级班或高级班等,招收革命斗争一线的政治骨干和军事指挥员,一两个月、三五个月不等,快速培养急用人才。这种针对性、应用性很强的班次,对于及时解决各国革命斗争应急、适用的骨干人才,具有非常重要的实际意义。

  从1930年莫斯科中山大学停办,到1933年东方大学中国部成立,这段时间里中共留学生,主要由列宁学院招收承训。为管理之便,学院成立了中国部,对外称为Ц部,周达文担任主任。根据共产国际的要求,中共首期选派五十名留学生进入列宁学院深造,中共中央感到困难,提出可否由中共自办学校培训。共产国际不同意,认为"目前在苏联境外不可能有比在国际无产阶级革命中心的学校效果更好的学校",但考虑到实际困难,提出可以分批选派。

  许光达等就是在这个大背景下,陆续跨入Ц部留学的。首期开班凑齐了四十五人,共编三个班,第一班有陈郁、吴克坚、卢竞如等;许光达在第二班,同班的有周平、吴诚、曹轶欧、刘长胜、段子俊、洪波、冯铉、李春田、刘光梯等;第三班有李国华、陈桂、胡虎清、李子良、李国富、龙树林、胡王山等。中国班的党组织直属中共代表团领导，建立了党支部，吴克坚、周平、李国华曾任支部书记，许光达担任过支部委员。

中国班宣布开学之际，许光达无可选择地躺到了手术台上。他的伤口经保守处理拖延了一段时间，伤口虽没有恶化，但已经到了不能再耽搁的地步。当他的胸腔仍在流着血水的创口重新被手术刀切开时，那位蓝眼睛的苏联大夫吓得瞪大了眼睛："哦上帝，这小伙子是怎么活过来的！"

苏联大夫花了六个多小时时间，在许光达跳动着的心脏旁边几厘米处，用锋利的手术刀一点一点仔细搜寻，终于找到了那颗子弹头。

许光达在莫斯科学习时的证件照

大夫将镊子上美国人制造的子弹头愤怒地扔进白色托盘，对躺在无影灯下的中国青年产生了深深的敬意，郑重地叮嘱身边的医护人员："这位中国同志太虚弱了，起码要休养半年！"

"半年！"许光达醒来时，冲着医护人员急了，连说带比画地喊道，"这怎么能行啊，我还有许多学习任务，我要补习俄文……"

在医护人员的精心照料下，许光达的康复令专家满意，但身体完全复原需要有足够的时间，他等不起了，不到一个月就嚷嚷着要出院。他和同伴们都深深懂得，这次出国学习的机会来之不易，大家都希望全身心地扑到专业学习训练上。

许光达由于手术耽误了些课程。他决心奋起直追，学习中危机感十分强烈，根本顾不了初愈的身体，分分秒秒倍加刻苦。为了有效攻读哲学、政治经济学等课程，能够直接钻研马列经典著作，他下决心突破俄文关，强迫自己不读汉语翻译文本，必须阅读原文。

"这简直是个奇迹！"中国班的同伴们在学习交流会上惊讶地谈道，"洛华同志动了手术，落下那么多课程，回校没几天，所有课程笔记全都补上了。接下来没过多长时间，居然就能用俄语跟人家苏联同志结结巴巴地谈话了！"

当时，列宁学院开设的课程包括列宁主义教程、联共（布）党史、西欧工人运

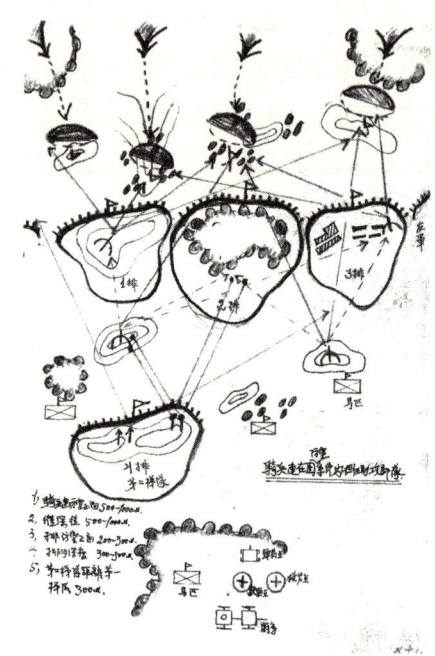
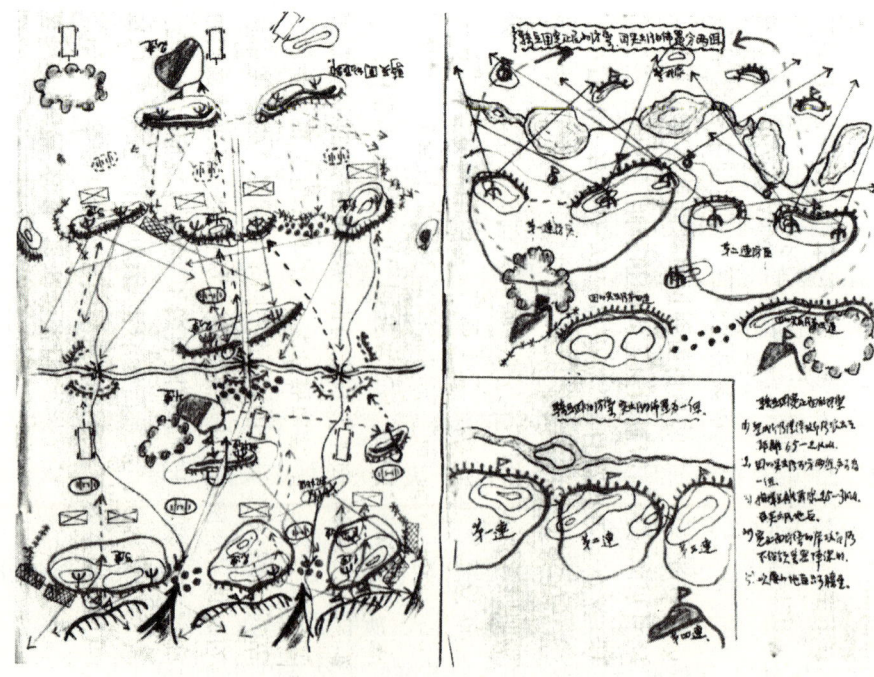

许光达在苏联学习时的笔记

动史、政治经济学、哲学、历史、地理、军事课等。由于学生来自各个不同的国家和地区,因此开设英、俄、德、法四种语言授课的教学班。后来,鉴于中国学生越来越多,也设立了汉语教学班。因为学生都是各国革命一线的资深党员,都有一定的革命经验和理论水平,所以学院的教学中特别强调自学能力的培养。学校安排好学习计划,由学生自己写成论文或发言稿,上课时在教授指导帮助下组织讨论,学生在讨论中互相启发,共同提高。因此,整体上由教授讲授的课程量并不大,每周仅十课时左右。这给学生早期补习语言提供了时间保证。

许光达在这么短的时间里,能说湖南腔的俄语,能读俄文版的原著,在苏联的中国留学生中,一时传为佳话。

"洛华同志,你是怎么记住那些俄文单词的?"同学们纷纷好奇地问。

许光达笑着说:"还不是老办法嘛,游击战,土法上马呗!比方说 воскресенье,中文意思是星期天,我就记住'袜子搁在鞋里边'——该休息的日子,不就是星期天嘛,这个单词就牢牢地记在脑子里了。"

有了语言基础,许光达在后续的学习过程中如鱼得水。学校多次组织中国班学生到工厂和集体农庄去实习,同学们就充分利用这样的机会,融入社会主义制度下的苏联人民之中,许光达也总是一马当先,尽情地同苏联同志交流,了解他们的生活、生产,以及风土人情等文化习俗方面的知识。然而往往这种时候,谈着谈着就会动起感情,那种对祖国、战友、故乡、亲人的刻骨思念之情,总在不经意间袭上心头。实习的日子最快乐,也最难熬。

转过秋天,苏联的冬天就早早来临了。1932 年 11 月 7 日是苏联十月革命十五周年纪念日,盛大的庆祝游行把莫斯科红场变成激情的海洋,外国友人观礼台上,列宁学院中国班的同学全体在座。终于,斯大林出现了,全场欢声雷动,久久

1957 年 11 月 7 日,以彭德怀(左三)为团长的中央军委军事代表团参加苏联十月革命四十周年纪念日庆典,前排左一为许光达

不能平息,那沸腾的场面,深深刺激着许光达和他的同伴们,大家一边欢呼着,一边泪流满面。

深夜来临,集体宿舍熄灯了,同学们躺在床上全部失眠。

"哪年哪月,我们的祖国也能有这么一天啊……"有人在深深感叹。

"到那一天,工农当家做主,不受剥削,城市和农村到处是苏维埃政权,老百姓吃穿不愁……那该多好啊!"大家尽情畅想着。

"苏联人民能有今天,也是他们的前辈流血牺牲换来的!"许光达说,"我们在这窗明几净的地方学习,可苏区同志们还在每时每刻流着血……"他想起了洪湖根据地的那些岁月,贺老总、段德昌等,还有那些头上打着土布绷带、渗着血迹的战友们,那些熟悉和不熟悉的面孔在脑海里一一浮现。当然,他也想起了故乡长沙浏阳河,想起萝卜冲、苦竹园,苦做一辈子累弯了腰的老父亲,还有他的桃妹子……她过得怎么样?那么艰难的日子,那么沉重的家累,她小小年纪那副瘦削的身体,能挺得住吗?许光达仿佛听到了桃妹子哭泣的声音,还有桂妹子在喊"五哥、五哥……"不知不觉地有股滚烫的液体爬满了他的面颊。

这样的心境伴随着许光达全部的苏联岁月,那是种内心深处永难消弭的隐痛,时不时地爬上快乐的顶端。接下来的学习生活中,许光达有两次暑假都被安排到克里米亚黑海边度过,每次长达一个月。那是纯粹的休假,苏联同志希望苦读的学子忘情于黑海风光,收获另一些关于真理及人生的真谛。这两个月同样是许光达日日难熬的时光。他常拿着经典教程坐在风光秀丽的海岸边,任海风轻轻抚摸着他的伤痛。他用自己切实的行动告诉远方的同志和亲人,绝不轻易放过点滴的学习时间,一定要早日学成回国,去献身祖国的革命事业。许光达后来回忆起这段经历,感叹地说:"这两年才算是扎扎实实、认认真真地读了几本书,才算懂得了一些马列主义的经典学说。"

许光达的经典马列主义学说,绝不仅仅来自于书本,更来自于对苏联社会主义实体的感受。在学校组织的生活实习中,所获得的这些体验式的政治感受,让许光达对现实信仰中的美好理想,产生了更为深切的理解与批判,那是一种坦白而真诚、是非清楚的斗争生活,人们的精神灵魂像水晶般地敞开着,杜绝一切华而不实的虚伪、掩饰和矫揉造作。在这里,民主、自由不是一个概念性的词语,而是活生生的现实,它不必靠人们标榜似的说出来,只需要踏踏实实地去践行,去履行每一份神圣的职责就可以了。

莫斯科国家社会政治历史档案馆中,现存的许光达卷宗保留下来的这份《Ц部班级第2组实习总结报告》,是一份简单而朴实的文件。它针对一个班组的实习活动,针对过程中那些随意发生的事实,展开执着的观察与评价,让远离那个时代的人们,至今还能从中感受到曾经的美丽。

1934年秋季,列宁学院组建中国军事班。这个班原本附设于东方大学,由该校组织教授授课。它最早可以追溯到20世纪20年代初,刘少奇、任弼时、罗亦农以及赵世炎、王若飞、陈延年、刘伯坚、聂荣臻等,甚至包括叶挺将军,都曾经历过东方大学的军事培训。来这里授课的教官,大都是在苏联国内战争期间有实战经历的中高级军官。他们的授课内容比较实际,深入浅出,加上理论学习与实际训练相结合,对有着实践经验的中国学员来说,显得非常受用。

许光达作为新组建中国军事班的首批学员,无论在学习精神还是专业成绩方面,都树立起了一根标杆。这使得包括滕代远、阎红彦、周平、陈平、高自立、李国华、李子良、胡虎清、李金荣等一批参加该班学习的红军指战员,在多少年后每每回忆起来都非常钦佩。甚至1935年共产国际第七次代表大会和青年共产国际第六次代表大会后,参会的十一名中共代表集体入学人员,如陈潭秋、饶漱石、曾山、孔原、滕代远、高自立、陈云、欧阳生、林育英、杨松、林达森等,也都熟知许光达的刻苦钻研精神,了解许多感人的细节。

许光达在学习中刨根问底的劲头,让苏联教授也感到挠头。每次授课结束后,他都有一大堆问题要问,不把问题搞清楚绝不罢休。那种湖南人身上"耐得烦"的品性,让人不得不折服。很快,这种学习劲头便在一篇又一篇学术文章中体现出来了。许光达埋头写文章做学术研究,在同期留苏同学中也是出了名的,似乎任何在别人看来十分简单的问题,到

许光达(右)虚心向坦克教员请教技术问题

了他那里都有文章可做。他在军事理论方面的思考非常超前,后来的历史证明,当年许光达琢磨的许多理论问题,在新中国武装力量建设方面,都具有开创性的重要意义。坦克、装甲车作战特性的研究,就是个显著的例子。那还是在1933年,国内的苏区红军武器装备还留有诸多冷兵器时代的痕迹,许光达就从列宁学院的军事课堂上,获得了关于坦克作战的浓厚兴趣,开始热切关注坦克及装甲兵部队在大兵团步兵突击中作战能力的研究。

许光达(左三)与坦克兵战士在一起

这是许光达当时撰写的一篇学术论文中精细的片段:"1916年2月2日,英国第一次试验唐克(坦克),2月14日完货100架(辆);1918年初,德国有5架唐克(坦克),1918年11月20日的松姆河(俄文音译)之战,唐克(坦克)表现了自己的力量。"

经大量的材料佐证和逻辑分析后,文章得出结论:

这场战役中唐克(坦克)进攻"失败原因:(1)小批运用。(2)上级指挥员不懂得运用唐克(坦克)。(3)唐克(坦克)本身构造不精,经常停止。(4)驾驶人员训练不充足。(5)没有详细侦探唐克(坦克)活动地区的地形"。

在学术文章的尾端,是作者附加的各种精确的亲笔标图。

新中国成立之后,许光达成为共和国首任装甲兵司令员,他所提出"没有技术就没有装甲部队"的经典军事学术名言,以及他在解放军装甲兵建设方面的一系列精辟见解，都不是也不可能是偶然的迸发。

许光达的军事才能和政治素质，让列宁学院军事部的专家教授们刮目相看。中国军事班的这批学员，也很快引起苏联军方的高度重视，以至于他们的毕业分配工作耽搁了很久。1934年6月，当许光达从列宁学院毕业的时候，洛华这个名字已被苏军边防司令部的参谋长列上了他的工作绝密文档。到1934年9月，这批中国学生毕业分配还没有头绪，情况的复杂性超出了当时这些年轻人的想象。至今，在莫斯科国家社会政治历史档案馆保存的许光达卷宗中，还有一份这样的绝密文件：

共产国际执行委员会干部处克拉耶夫斯基同志
莫斯科疗养所联营组阿布拉耶夫同志
共产国际执行委员会东方李德书记处米夫同志

请尽快决定于今年6月和9月毕业的中国分部学生的去向（见名单）。这些同志的分配已耽搁得太久。

如果这些同志的去向于近日内仍不能决定，校方将按照政治委员会的决定，将这些同志派往苏联各生产部门，由校方出资供养两个月。

望速予答复

国际列宁学院干部处
纳错夫
1934年9月23日

事实上，许光达和他的同学们"由校方出资供养"的时间，大大超过了两个月。这期间，同学中有人被派往共产主义学院"出差"，有人被派往青年共产国际"出差"，而许光达则在五个月后，被苏军边防司令部秘密赋予了一项具有复杂政治、军事背景的特殊使命。现在看来，就这项任务本身的分量和难度而言，远远超出许光达当时的年龄与资历。然而，处在那个特殊的历史关头，许光达不可能说出半个不字，甚至不能有一丝一毫的犹豫和退却。因为他从接受任务开始，就已不是一名普通的国际留学生，不仅是中国工农红军的军事指挥员，而且代表着强大的苏联军队，其背后则矗立着国际共产主义的政治信仰。

代表红色苏联夜宿戈壁的滋味

那时,整个中国都躺在苏联的手术台上。这不但表现为政治影响方面,也表现在边疆的军事防务方面。

在1931年中苏关系的记事中,令斯大林最感到头痛的是中国边地两个军阀:一个是"新疆王"盛世才,一个是"甘肃霸"马仲英。盛世才靠着投机钻营独揽新疆大权之后,排斥异己,血腥杀戮,大发不义之财。这让早就对新疆垂涎三尺的甘肃"马家军"脸红心跳。马仲英的部队兵强马壮,又有日本人当后台老板,绥远地区的日本军火源源不断地送上前来,他马仲英作为"马家军"的赢家老大,凭什么要听任你盛世才——这个曾不过是东北军郭松龄手下的马前卒,在他的眼前为所欲为?

这年4月,马仲英对天盟誓,再次率兵入疆。

盛世才虽是日本陆军学校毕业,颇有几分治军方略,但在马仲英的强大攻势面前,仍不免一败涂地,惶惶然如丧家之犬。情急之中,惯于演戏的盛世才找到了他虚拟的政治偶像斯大林。

9月的一个深夜,盛世才的外交署长陈德立敲开了苏联领事馆的大门。他扮作一副红色使者的模样,站在苏联总领事孜拉肯面前,以三寸不烂之舌,硬把盛世才吹嘘成了一个虔诚的共产主义信徒。

第二天,盛世才亲自出面,将业已动心的苏联总领事、副领事以及所有的译员请到家里吃饭。饭后,盛世才装作热情好客与不经意,领着客人们走进他的书房。领事和译员们惊奇地发现,盛世才的书柜里竟然摆满了《资本论》《共产党宣言》《国家与革命》和《列宁主义问题》等这样的红色书籍。

盛世才谦恭地告诉客人,早在学生时代他就信仰社会主义,经常研究马列思想,并坚定地表示:只有依靠共产党的领导,中国才有前途。因此,他希望与苏联合作,在新疆建立苏维埃政权。甚至,还可以把新疆划归到苏联的版图上,作为苏联的一个自治区或加盟共和国……这非凡的一"挠",正是苏联人的"痒"处,客人们没有一个不喜笑颜开、眉飞色舞。

临别时,盛世才给苏联外交官们每人准备了一份厚礼:全是白花花和黄灿灿的硬通货。

这一细节之中的奥妙,是马仲英好几个月之后才参悟明白的。其时,马仲英部队进逼到迪化(今乌鲁木齐)近郊,攻占了东门外的飞机场和无线电台,并用掠取的两架飞机向城内散发劝降传单,好不得势。而盛世才内无粮草,外无救兵,以当时的情形看,必死无疑!然而就在这个关键性的时刻,迪化外围突然出现了铺天盖地的白俄归化军!

白俄归化军是盛世才的前任金树仁当新疆省主席时,征调俄国十月革命后逃到新疆的白俄官兵组成的一支武装,充其量只有四百来人。

可眼下这支穿着白俄归化军服装的队伍,显然超出这个数字的十倍!

马仲英在马背上看出蹊跷时,已经晚了。

实际情况是,1933年12月底,苏军已从霍尔果斯大批入疆,夺取了伊宁。马仲英的盟军张培元自杀身亡并留下遗书。到1934年1月底大批苏军由塔城再度入境时,马仲英对夺取胜利失去了信心。在天上飞机、地下坦克的猛烈追击下,马仲英惶惶然如丧家之犬,一路飞马狂奔,逃到了南疆。

盛世才成功了!他一口气攻占了达坂城,五个月不到,又进入吐鲁番。马仲英一退再退,退到喀什已无路可走,只能孤注一掷。于是,盛、马两军在巴楚进行最后一次决战。战局不言自明,盛世才成了名副其实的"新疆王"。

但是,马仲英也绝非等闲之辈。在苏军大势南下时,他的马队除了没命地奔跑之外,并不做实质性的抵抗,所以伤亡毕竟有限。及至双方马拉松似的竞跑,弄到彼此都人困马乏时,他便把部队交给其姐夫马虎山,撤到和阗(今和田)地区与盛世才对峙,而他自己赤手空拳地向苏方举起了白旗。

1934年6月——正是许光达赴苏疗伤、学习两年整,一个落魄的中国军阀带着他的几十名随员,垂头丧气地投到了莫斯科的怀抱。这个衣衫不整的家伙,就是军阀马仲英。

当初苏联出兵帮助盛世才,除因为盛伪装进步之外,也还有国家利益方面的考虑。20世纪二三十年代的新疆,一直是日本、英国和德国争夺的目标。日本占领东北三省后,又拼命地把兵力往热河、察哈尔、绥远和新疆方向猛挤,野心勃勃地打算在新疆建立一个他们心目中的伊斯兰帝国,成为其反苏反共的中亚细亚基地。而英国人的企图,则是从南面利用其殖民地印度和阿富汗做跳板,翻越帕米尔高原,到南疆扩张它的势力范围。法西斯德国因为路途遥远,力不从

心。他们就利用欧亚航空公司,在新疆设置了一个据点,以图来日方长。

很明显,日本对于新疆的威胁最大也最直接。苏联给马仲英的那一榔头,实际上是在敲打小日本。

马仲英到了莫斯科,情况马上就变了。俄国人得让他有点温暖感,既不能使他对苏联的"盟友"盛世才构成太大的威胁,也不能彻底地将他抹去,让他完全不存在,以至于盛世才自我膨胀翘尾巴。最重要的是,将来和日本人打交道时,他马仲英须顾忌到苏联的存在三思而后行。

这是个胆大心细而潜藏着危险的活儿,苏联人必须挑选一个能够压得住阵脚,而又对红色苏维埃忠心耿耿的硬角色,去盛、马交锋的前沿,把斯大林的意志郑重地表明出来,这个政治上、军事上都"非常得力"且又有"极强应变能力"的人,就是他们经过精心物色的列宁学院的中国毕业生许光达。

为派出执行任务的人选问题,苏联边防司令部曾经费了不少脑子。这个人军政才干自不必说,汉语和俄语都得通晓,还有对文化的了解、政策理论水平以及独立思考、判断的能力等,甚至包括军人的气质,都需要有严格的要求。苏军边防军参谋长亲自拍板,决定挑选一名中国同志去完成。他请苏军最高指挥机关求助于中共驻共产国际代表团,公文送到了中共国际代表王明的办公桌上。

"你们有具体对象了吗?"王明在电话里试探地问。

苏军边防司令部翻译安德列夫直言不讳:"我们认为,列宁学院刚毕业的洛华同志,能够胜任这项任务。"

"洛华……"王明在听取中国留学生年度学习成绩汇报时,熟悉这个名字,知道这是个品学兼优的同志。于是,他一边在宽阔而光滑的前额上挠了挠,一边唔了声,会意地笑了:"好,那就是他吧,我找洛华同志谈一谈。"

1935年2月的一天午后,王明午睡醒来洗了把脸,派人找来正在图书阅览室看书的许光达。谈话有点沉闷,王明眼泡肿肿的,半躺在宽桌后面跷着二郎腿,面前新泡的茶水升腾着热气。他上来一段冗长的开场白,之后徐徐进入正题,详细地叙述任务背景,一路滔滔不绝说到终点,咳嗽两声呷口热茶,目光专注地盯着许光达,郑重强调:"这是个非常非常重要的政治任务,你必须要向组织上保证,坚决完成好它,这关系到党的国际形象问题。"

明确了任务,许光达深感意外,吃惊的同时心中充满着兴奋,当即表态:"我绝不辜负组织对我的期望,我会竭尽全力……"

王明满意地点点头:"你的文章我看过,不错,研究理论嘛,就是要有耐心。"

"还很不够,思考欠深入,我需要不断学习,多读书,尤其马列经典……"许光达表现出他一贯的谦虚。

王明的愉快写在脸上,连连点头。说到任务,免不了唱起高调:"时间紧急,下午就到边防司令部去接受任务,你要有思想准备呀,像一个真正的布尔什维克那样,为了崇高的使命奋不顾身……这是国际中国部对你的期望!"

许光达来不及换装,就被翻译安德列夫接到一个旅馆,那里早已为他准备好了所有必需物资,包括簇新的苏军制服、衔章等一应装备。从旅馆出来时,许光达已成为一名不折不扣的苏军校级军官。接着,他被带到岗哨林立的苏军边防司令部。直到站在那栋宫殿式的办公楼前,许光达还仿佛是在做梦一样:让自己代表苏方出面调解盛世才和马仲英的纷争,这难道是真的吗?

在等待哨兵通报的短暂时间里,安德列夫嘴上说着"不要紧张,首长很和蔼……"自己却神情庄重,身体绷直得像一根木棍。许光达自然也有点心跳加速,但他极力克制着自己激动的情绪,及至真正站在苏联边防军司令部最高长官面前时,许光达反倒释然了。

参谋长不但是位和蔼的长者,还是个地道的中国通。那一口流利的汉语及其对中国新疆所有历史和现实问题的熟知,让许光达完全忘记了他是苏军的军事长官,而似乎面对着列宁学院一位深受敬重的教授。

盛世才与马仲英的官司,还要追溯到新疆旧军阀金树仁时代。

1930年,新疆乱成了一锅粥,主要情节是哈密维吾尔族人民组织武装暴动,金树仁东奔西扑慌了手脚,马仲英受日本人的扶持,趁机拉着部队开进了新疆,首先占领哈密,进而包围了省城迪化。

马仲英何许人也?原是鼎鼎大名的"马家军"首领马步芳的堂弟,本名马步英,后来跟马步芳翻了脸,改名马仲英。

当时,金树仁手下的军事指挥官竟没有真正懂得军事的人,摸来摸去摸到个军事教官,就是盛世才。此人原是东北军郭松龄部队的下级军官,1927年在日本陆军大学毕业,回国后曾在蒋介石的总司令部担任上校作战科科长。由于他

既非黄埔出身，又不是江浙嫡系，自然上校作战科科长的官阶也就混到头了。谁知经人推荐，遇上了急于用人的金树仁，盛世才于1930年11月高高兴兴地应邀来到新疆。然而金老板的器量有限，看到盛世才如此资历，怕难于驾驭，所以只给了个军官学校上校教官的职位。

很长一段时间里，盛世才只好韬光养晦。终于等到时来运转，马仲英跳出来登上新疆的历史舞台，金树仁在危难时刻不得不启用盛世才，把他压到抗击马仲英兵马的要害部位，充任东路前线总指挥。

盛世才果然身手不凡，那点带兵打仗的看家本领一出，马仲英西进的脚步立刻被挡住了。可是，他挡不住吐鲁番、喀什等大中城市冲着金树仁而来的连绵叛乱。1932年4月12日，驻在省城的归化军以索要欠饷的名义，洪水般地冲进了省政府。金树仁惊恐万丈，从后门悄然逃走。归化军司令部的俄罗斯人巴品古特领头，与合谋驱除金树仁的乌鲁木齐县县长陶明樾、空军军官李笑天等人联名，邀请盛世才出任新疆省临时督办。盛氏由此一举登上"新疆王"的宝座。

马仲英西进受阻绝不甘心，埋头运作到1932年，在稳定了日本人支持的基础上，又得到蒋介石的青睐，同时还与哈密的维吾尔族头目尧乐博斯勾结到一起。这三股力量拧成一股绳，让马仲英的军事实力顿时高出盛世才一头。他以甘肃为出发地，开始发动第二次攻击新疆的行动。一路军火顺手、粮草充足，势如破竹，一举攻到迪化城下。与此同时，张培元的暂编第八师积极配合马仲英，从伊犁驻地东进，形成对迪化盛世才部夹击之势。

盛世才的唯一出路，只有向苏联红军抛媚眼。结果，他成功了。马仲英被苏军追得没有立足之地，只好南下喀什，听从苏联人的劝说，把部队交给姐夫马虎山，撤到和阗地区与盛世才对峙，自己带上七大姑八大姨的随员，千里迢迢赶到莫斯科，请求坐到谈判桌前。

苏联人哪有这个心气来跟马仲英谈判？他们站在高处叫停就可以了。但尽管如此，这一优雅的姿态也需要有个得力的人去宣示。苏联边防军的最高军事长官选中了许光达。

听完边防军司令部的情况介绍，许光达立刻明白了，说是调解，实际上并没有具体的谈判任务，而是代表强大的军事和政治背景，去深入虎穴宣示一种力量，所有的处置权都要临机判断，果决行事。显然，完成这样的特殊使命，对他的应变能力是种极大的挑战。

接受任务后,许光达立刻与马仲英一行接触,投入到具体工作中。

马仲英投苏的随员中,以吴应祺、葛纪云最为干练且知己。吴应祺是河南人,曾留学苏联,到马仲英部后,当过马的参谋长。此人遇事多谋善断,极有魄力。葛纪云是甘肃人,曾是中共党员,很有政治抱负,也善于计谋运筹。苏方安排这两个人与许光达同行,前往新疆,而让马仲英仍留莫斯科继续谈判。显而易见,其中含有对许光达个人安全的考虑。

老谋深算的马仲英,为了让吴、葛二人到达新疆和阗能够控制住马的残部,不致出什么岔子,临行前匆匆忙忙地给吴应祺任命了个师长,将葛纪云任命为顾问,并让他们带着马仲英的作战处处长,先于许光达赶到苏联边境塔什干。许光达在塔什干与吴、葛等四人会合后,由苏军边防部队用汽车将他们送到边防站,再由边防军派一个班的便衣护送过境。

在许光达的理解中,新疆是个"春风不度"的地方,就像苏联的西伯利亚,荒凉而险恶。中国古代的边塞诗词中对此有种种描绘,许光达可以随口吟出。过去,除了充军戍边或是发配罪囚,谁愿意踏入这片苍凉之地呢?然而,它毕竟是祖国的领土。过境时,许光达仍不免有回家的感觉,心情有些异样的激动。

吴应祺、葛纪云则不然,脸上冷冰冰的,一路上只顾抽烟,什么也不说。倒是那个姓李的作战处处长,凑在许光达身边不时问点什么。

"许特派员,听你的口音是南方人。"李处长问。

许光达微笑着,不置可否。按照苏方的要求,他要随时看清周围的一切,却不能让对方对自己有丝毫了解。此刻,对于自己私人身份的保密,也就是对苏联国家安全的保密。许光达既深感责任重大,又有些许的无奈。

李处长问不出什么,就自我介绍说:"我是陕西人,我(额)也是中共党员。"后一句话他说得极神秘,且带着浓重的西北乡音。

许光达说:"那好嘛,这次出发,你得多做工作,敦促和谈,以双方的长远利益为重……"

"我(额)是这么想啊。"李处长朝吴、葛二人瞟了一眼,似有难言之隐。停了停又说,"好戏在后头,你看吧。"

许光达点点头,表示心中有数。李处长便不再说什么。

此行的重要目的地,是南疆重镇喀什。过境不久,许光达一行便骑马踏进了茫茫戈壁。正如俗谚所言:"往前看,戈壁滩;往后看,鬼门关。"他们在戈壁滩上晓行夜宿,不知走了多少天,抬头望望,依然是那幅图景:天山顶上覆盖着积雪,白云在雪线的上上下下流连,像一个戴着白帽子、飘动着白胡子的穆斯林,永远站在你的面前注视着你,而你则永远在他的脚下,徒劳地蠕动。

晚上躺在帐篷里,风沙打着篷子叭叭作响。许光达思考着离开莫斯科以来,吴应祺、葛纪云以及那个多嘴多舌的李处长的种种表现,分析着马仲英集团内部矛盾的错综及与盛世才之间的焦点问题,断定到了喀什之后,必有一场风暴在等待着他们。那么,自己在这场政治与军事一团乱麻似的漩涡中,究竟扮演一个怎样的角色呢?

这位骁勇善战的中国共产党人、红军师长,情不自禁地想起天边的战友。

告别喀什"游戏"与黑海风光

即使是夜深人静,茫茫戈壁滩也无法听清金沙江畔密集的枪炮声。许光达难以料想,就在他带着马仲英手下这几个家伙向着喀什无奈跋涉的时候,中国革命已在遥远的云贵高原完成了一个壮举——毛泽东指挥着九死一生的中央红军殊死突破湘江,踏上了万里长征。先是四渡赤水河,威逼贵阳,继而乘虚进军云南,巧渡金沙江。而红四方面军在嘉陵江战役后,也成功地冲破了蒋介石精心设置的罗网,踏上北进的茫茫征程。

这段历史已无须赘述。从罗霄山脉的五次反"围剿"到湘江浴血突围,从遵义城头那座纪念碑式的老房子到遥望雪山并一步步逼近它、翻越它,中国工农红军的无限希望、无限生机正在川康那片不毛之地经历分娩前的磨难。

形势的剧变到了人所不能控制的地步:日本政府继1934年4月发表企图独占中国的声明之后,又于1935年发动了华北事变,侵华野心再也不事包装,甚至制造出华北五省自治运动这样的荒唐剧,妄想一口吞下河北、山东、山西、察哈尔、绥远五个省!而对此,国民党政府竟满口应承,成立所谓冀察政务委员会。蒋介石"攘外安内"的政治用心,路人皆知!

中国老百姓的沉默,已经远远超出限度。抗日救亡成为四万万同胞的众口一词。于是,北上的中国工农红军大义凛然。他们背负着民族的希望和历史的责任。蒋介石意欲君临天下,却在无奈之中失掉了民心。他本来是想扑火的,坐镇江西,在全国任命了若干行营主任,可万万没有想到,大火没有扑灭,倒叫火星撒了个漫天开花。

所以,新疆得以生成这片出奇的安静。

安静的喀什,一大早更是听得清花针坠地,连二十多里以外穆斯林祷告的声音也隐隐可闻。许光达一行走进这座在南疆颇有点名气的小城时,阳光正好穿过乌云挥洒出来,为数不多的几家店铺和聚在一起的低矮土屋以及鹤立鸡群的官家衙门,全都涂上一层淡淡的金黄,很像穆斯林心中的天国。他们径直前往盛世才驻喀什的警备司令部,司令刘斌极有礼貌地把许光达引入他的客堂,而并不理睬马仲英手下的吴应祺、葛纪云等四人。他只朝手下的人努努嘴,便把那几位大爷轻而易举带到别的地方去了。

许光达顿时闻到一股浓烈的火药味。

用完早茶,许光达不紧不慢地提出:"希望见一见苏联驻喀什的领事人员。"

在喀什过去两站地的一个小县城里,一位胖得惊人的苏联男人狂热地拥抱了许光达。他就是苏方驻喀什领事馆的副领事伊凡诺夫。道过辛苦之后,伊凡诺夫便连连唉声叹气地摊开双手。他告诉许光达,马仲英入疆后,对部属约束很严,所以这支军队颇得维吾尔族人心。加之,宗教势力的参与,使得问题超越了一般民族矛盾的复杂程度。现在,马虎山更加有意识地笼络维吾尔族人,据守和阗一隅,大有与盛世才长期对峙的意思。只要苏军不介入,马家军随时都会突然给盛世才以重创。因为盛世才集团搞特务统治,钩心斗角,弄得上下人心惶惶。伊凡诺夫还介绍了一些有关和阗方面的其他情况以及到达和阗之后与马部联络的具体方法。

最后,伊凡诺夫郑重地嘱咐许光达:"马虎山这个人可不好对付,我们要格外小心。"

进入马仲英部队的管区后,许光达同样受到高规格的礼遇:只要有部队,不论建制大小,都列队表示欢迎,旅长、团长们都要设宴款待。然而许光达很快发现,自己的一言一行已经受到严密的监视。他除了偶尔接触到旅长、团长之外,其他人再也无法接触,仿佛四周都挡着一道无形的墙。

制造这堵墙的人,是马仲英的姐夫马虎山。

许光达早就深思熟虑，想好了对策。眼下由自己出面说话，就现实情况来说，既不可能，也不会收到好的效果。于是他认为必须抓住吴应祺和葛纪云二人。他感到在马仲英的队伍中，这两个人仍有一定的市场，马虎山要约束他们是很难做到的。因而，以自己的身份，除在盛、马双方代表都面对面的情况下需要说几句话之外，其他场合一律只记录不说话，保持高度的沉默。

这一招果然灵验。吴应祺与葛纪云不敢有辱使命，生怕未来谈判中出现失和的结局，因而每到一个旅都忙得不亦乐乎，挨个儿地找旅长们谈话，介绍马仲英在莫斯科谈判的情况以及他们部队所面临的前途。这样，他们的行程在途中所经过的每个旅部都耽搁了一天。

第四天中午，许光达一行来到马家军师部驻地，远远就看见一个膀大腰圆的家伙打马迎来。吴、葛二人小声告诉许光达，此人就是马虎山。

马虎山原来是名旅长。马仲英临走时，口头宣布他为代理师长。因此，他便以受命于危难之际的功臣自居，一见面就号开了："我马虎山在这儿一天，马家的队伍就光不了！"这话中之话，是不难理解的。

许光达注意到马虎山干号的时候，吴、葛二人的嘴角不屑地牵动了一下。

落座之后，吴应祺款款掏出马仲英的亲笔信，说："马旅长，这是马司令让我捎给你的信。"

马虎山一听不对味，他早已不适应别人称他为旅长了。于是手去接信，眼却瞪着吴应祺的脸。及至看到信中任命吴应祺为师长的字样时，立刻勃然大怒，三下两下把信撕得粉碎，咬牙切齿地哼了声，掉过脸去，像是一只好斗的公鸡。

"马旅长……"葛纪云见局面尴尬，阴森森地出来说话，"你别动火，留得青山在，不怕没柴烧，眼前要把队伍保住才是啊！"

马虎山狠狠地挤出一句话："说得好听……没有我马某，还谈得上甚嘛队伍！"说着，一拍屁股走掉了。

第一次见面就这样不欢而散。

一连数日，马虎山拒不露面。马仲英对吴应祺等人的委任状，成为一纸空文。马虎山声称，必须与马仲英当面对质，并以此为理由，实际上牢牢地控制着部队。许光达觉得再这样僵持下去不是办法，便提出要单独会见马虎山。

对于从不说话的许光达，马虎山在保持戒心的同时，一直比较敬畏。单独会见，很符合他当下的心境。于是见面便有几分情意，单刀直入："特派代表，我是个带兵打仗的人，不会绕弯子。你有什么话，直来直去说吧。"

许光达沉吟片刻，缓缓说道："带兵之道，言而有信，令出如山。可你连主帅白纸黑字的命令都当作儿戏，与草莽有什么差别？又怎能让部属听令于你？"

马虎山一怔。他没有想到面前这个年岁比自己差着一大截的特派代表一说话，口气竟是如此严厉，而且字字千斤，利器般地扎在他的心上，顿时结结巴巴，不知怎样回答，头上的青筋立马暴起来。

"……更何况，你的主帅又是你的何人？他在莫斯科的谈判桌上，又是如何夸下海口！当初他将队伍交付给你，难道还不能证明他对你的用心甚于他人？如今，你撕碎军令，是想置他于何地呢！"许光达乘胜出击，穷追猛打，毫不手软。

"他、他……"马虎山急到家了，"他吴应祺算个什么东西！"

这句话的潜台词是很深的。马虎山是想以马家军的头领自居而排斥他姓，更不用说是汉族人了。许光达卡住这个"七寸"，觉得该使撒手锏了，便冷冷地说："常言道，识时务者为俊杰。依我看，这一点你比马仲英差多了。"

"啥……你说啥？我、我就知道成者为王败者寇！"

"讲得好！那么马旅长，你以为你现在是什么呢？"

马虎山想起被苏军追杀的种种惨景，嘴里没有话了。

许光达感到自己的力量到了位，腾地站起身来，声音也高了八度："马旅长，我希望你配合谈判，拿出诚意来。莫斯科那边还等着我的回话呢！"说完，招呼也不打，抬腿走了出去。

当晚，马虎山的态度变了，立刻积极地安排谈判。他仍以吴、葛二人为马方代表，把他们送到喀什，与盛方代表面对面谈条件。许光达也随吴、葛二人离开了和阗。他要铆足劲应对此行的主题，履行苏军边防参谋长所赋予的职责。

到达喀什在刘斌的警备司令部住下之后，那位马仲英的作战处处长才悄悄地对许光达说："老兄啊，我为你捏着一把汗哪！"原来，马虎山的手下曾有人出谋划策，要把许光达扣下来做人质，表面上是说不放心马仲英在莫斯科的安全，实际上是想让马仲英永远也回不了他的队伍。这样，马虎山便可名正言顺地取代马仲英的地位了。

但是,马虎山没敢这样做。他从许光达的口气中感到了苏军的强硬,那个强大的力量把他的精神压垮了。现在,他唯一要做的,便只有利用许光达的身份拖住盛世才,再作下一步打算。

接下来的谈判,对于许光达来说,已完全是种外交仪式了。双方代表的接触,全都不涉及实质性的问题,满口外交辞令。许光达高高地站在苏联军方立场上,静观其变。他知道仗还得打下去,苏联人不会明确偏向于任何一方,不会让盛、马谁灭掉谁,只希望维持着这种竞相跑到莫斯科来评理的局面。而对于盛、马这些嗜血成性的家伙,任何实质性的问题,都只有放到战场上才能解决。

在几个月拉锯似的谈判把喀什的时日变得暗淡无光时,许光达当机立断,要结束这趟历史性的行程,设法脱身回到莫斯科复命。

这个看上去名正言顺的结局,同样不是个简单的工作步骤,而需要做到恰到好处、天衣无缝。许光达连续几天思考着,如何才能寻找到一个恰当的机会,让谈判各方都能自然接受,确保自己顺利地回到莫斯科。

1935年11月,马虎山派手下一个姓马的旅长到苏联去向马仲英汇报,途经喀什略事逗留。深夜,这个马旅长找到许光达的住处,神情诡秘地贴在耳边小声咕哝道:"马司令托兄弟给特别代表带来封信……"

许光达脑子急速地一转,马司令——那不就是马仲英吗?他人在莫斯科,怎么可能给自己带信?里面肯定有情况。果然,那个姓马的旅长飞快地奔到坐骑旁,从马鞍上取出个精致的绣花口袋,沉甸甸地捧着,双手送到许光达面前:"这点金子是马司令的一点小意思,给特别代表当回程的路费……"

许光达想了想,没有拒绝。同时灵机一动,这不是返回莫斯科最好的机会吗?于是趁机跟马旅长说:"你等我一天,我陪你一同去莫斯科!"

马旅长连连答应:"这样就最好了,这样最好!"

当晚许光达就向各方提出,要亲自陪同马旅长去莫斯科,理由不言而喻:必须给远在莫斯科的马仲英,带去正当的声音。始终谨防着马虎山的葛纪云,当即表示同意;盛世才的代表自然也同意;苏联军方从最高利益出发,当然更是同意。

这样,许光达才得以名正言顺地回到了莫斯科。当他捧着厚厚的保密本向苏军边防司令部最高长官汇报时,已是1936年的2月份了。

听完许光达的详细报告,特别是那些入情入理的分析后,身高马大的苏军边防司令官悠然地举着烟斗,笑眯眯地走过来问:"小伙子,怎么样,喜欢苏联吗?到南俄的黑海边度个假!"

许光达高兴地说:"这主意不错,那是个很好的地方!"他的两个暑假都是在风光秀丽的黑海岸边度过。夏日的海风轻拂岸柳,海滨的空气纤尘不染,那可真是纯而又纯的假日啊!

"苏联很美,不是吗?"早已熟悉的边防军参谋长也凑上来饶有兴趣地问。

许光达点点头:"是的,的确很美。"他礼貌地回答着首长们,为这大半年的历险就此结束,感到由衷地庆幸。然而此时此刻,他内心的愿望只有一个:立刻回到中共代表团,回到中国同学中间去。于是他毫不犹豫地说:"苏联跟我们中国一样,到处都是美丽的风景。我离家已久,很想回到祖国去。"

"不,同志,"司令官在许光达面前来回踱着步,"我们考虑过你的情况,你当过红军师长,有丰富的作战经验,这次的任务也完成得不错,我们很满意。我们希望你留下来,为苏维埃联邦继续服务,好吗?"

边防军参谋长也笑着伸出一只大手:"非常欢迎你!我们会同国际中国部取得联系的,你放心。"

许光达明白苏军首长的用意,既感到荣幸和激动,又觉得不能从命。他笑了笑:"我的俄语不好,再说,生活方面也不习惯。"

"这有什么!"司令官说,"你这么年轻,可以学习嘛!列宁学院的姑娘们会非常乐意教你的!这些,你都不用管。"

许光达沉下心来:"司令官同志,说实在话,我想家,我的岗位在中国。我到苏联来学习,就是想有一天能回国应用,为中国的共产主义事业献一分力。我要回去,因为那里有许多同我一起流过血的战友,他们有的可能牺牲了,有的还正在和敌人血战……"

莫斯科郊外的最后时光

就在许光达从新疆起程返回莫斯科时,中央红军经过万里长征,胜利到达了陕北,并战胜各种内外险象,实现了大会师。消息的传播主要是两个渠道,一是共产国际总部在红军长征过程中与红军总部之间的文电交驰,对中央红军长征的大体动向,通过国际总部工作人员之口,传出各种各样小道消息;一是通过

塔斯社苏联《真理报》的公开宣传,在社会上造成强烈的正面影响。

中央红军最初踏上长征之路时,部队处于紧张的转战之中,无法携带大功率电台,一度与共产国际联系中断。情急之下,共产国际驻华机构的远东局,还有中共上海中央局,千方百计设法恢复联系,他们发动了几乎所有的关系,多种途径搜集长征中红军的消息,并以最快的速度向共产国际总部报告。

1935年1月3日,红色工会国际驻中国代表贝克,给共产国际执委写了封信。他根据报刊上得到的消息,将中央红军在贵州和红二、红六军团在湘西北的活动情况,较为详细地做了报告。贝克在信中判断说:"尽管缺少直接的消息,报刊上不停地刊登谎言,但还是可以一点一点再现我们军队在所有方向上有步骤地向前推进的情景,特别是在四川。"

约在二十天后,贝克再次致信共产国际,向执委主席团委员洛佐夫斯基等,具体报告了中央红军突破乌江,占领贵州的湄潭、遵义、桐梓等情况。贝克兴奋地写道:"红军在新的地区轻松地取得了胜利,他们正在从这些新的地区恢复老苏区和组建新的苏区。"就在同一天,贝克还给共产国际执委东方书记处发信,表达了自己积极的判断,认为中央红军"从江西的撤离得到了补偿:我们的军队取得一些重大的胜利,并且在很大程度上加强了我军在全线的进攻"。

共产国际执委东方书记处,也在密切关注中国工农红军这一重大战略转移行动。他们于1935年2月11日、3月18日先后整理出两批《关于中国军事形势的通报材料》,报送到共产国际执委。对"江西红军兵团的西行路线"、"江西兵团的新根据地在形成过程中"、"关于中国西部力量对比的主要材料、作战方向、红军近期的作战任务"、"中国白军总的部署及其对四川红军当前的决战进程的影响"等战略形势,进行了具体分析,认为"中国共产党中央关于红军撤出江西包围圈的决定于1934年11月完全实现了"。

这个通报材料还乐观地做出预测:既然红四方面军从鄂豫皖根据地撤到川陕,成功地发展为十万人,中央红军在半年内发展二十万人,应该完全没有问题,并且雄壮而豪迈地断言:红一、红四方面军在中共中央和中革军委的坚强领导下,"可以不担心与任何一个敌军的单独集团进行决战"。不难想象,这么多如此火爆的信息,会点燃那些远在苏联工作和学习的中国同志一种怎样的激情。

10月15日,在共产国际执委书记处会议上,共产国际执委书记处书记曼努伊尔斯基、候补书记弗洛林兴致盎然地听取了陈云、陈潭秋、潘汉年等人汇报中央红军长征和遵义会议的情况。由于陈云、潘汉年都是长征的直接参加者,所以这个汇报也就显得非常切实而生动,尤其对中共中央领导人变动的情况,更是原原本本,把前因后果都表达得淋漓尽致。陈云的汇报内容,很快就以《英勇的西征》为题,发表在1936年春出版的共产国际机关刊物《共产国际》杂志(中文版)第一、二期合刊上。

此外,从1935年7月起,影响巨大的布尔什维克机关报《真理报》,也在浓墨重彩地宣传中国工农红军的长征,几乎隔三岔五就有这样的巨幅标题,挂在报纸的醒目位置:《中国红军的英勇进军》《司令员朱德》《中国人民的领袖——毛泽东》《中国红军的作战活动》《中国红军的顺利推进》等,这些激情澎湃的文字,把红军在毛泽东、朱德等指挥下,不怕艰难险阻、英勇顽强作战、突破国民党军围追堵截的胜利消息,告诉全体苏联人民。总之,在那段不寻常的日子里,关于中国工农红军长征的新闻,几乎传遍了整个苏联的城市与乡村。许光达摆脱南疆那些无味的日子后,一路听到的都是这些消息。离别几个月回到莫斯科,关于长征的话题早已满城风雨。

很多天来,许光达浑身热血一直在急剧地奔流。抵达莫斯科,向苏军边防司令部汇报之后,他就急火火地赶到共产国际经济管理委员会,把马仲英送给自己的那些金子如数交给了组织,总共是

1937年5月,许德华所书交给党组织金子的说明

三百五十七点一格阑姆。当初说是做路费用,事实上他分文未取,一路上的开销都是自己掏腰包。他向共产国际经济管理委员会提议,将这笔款项捐给救济会,并转交到中国的救济会,用它去帮助中国革命前线那些受难的战士们。

办完这些事,许光达来到中共代表团驻地,找到中共国际代表王明。

不知为什么,王明心情似乎不佳。不过见到许光达,脸上的表情倒还凑合,张嘴就说:"辛苦了洛华同志,任务完成得不错,都听说了,很好。"

"其实也比较简单,就是……坚定信念,斗智斗勇。"许光达谦虚着。

在留苏的中国学生面前,王明这个老牌的布尔什维克且又在中共中央政治局领导人高位上待过的人,一向以祖师爷自居,所以说话喜欢带点家长似的官腔:"这个……我了解。"忽然想起什么,王明话题一转:"苏军领导同志找你谈过没有?他们可对你很感兴趣啊,这个嘛,我看是好事,很好的事,你要有态度,鲜明的态度!"

许光达沉吟了一下,说:"那是边防军首长对我的鼓励……跟我简单谈过了,但是我……谢绝了他们。"

"这、这……这是为什么呀!不能够,绝不能够!"王明的眉毛拧成了疙瘩。

"我要求回国参加战斗!"许光达意志坚决地说,"现在国内革命斗争形势发展很快啊,一天一个样,日本鬼子的铁蹄、蒋介石的屠刀,随时都有流血牺牲,我在这里怎么待得下去?我们学习了这么多知识,得回去战斗,国内斗争前线需要我!"他说着说着有点激动,眼圈都湿润了。

"年轻人,热情是可嘉的。只是……目前来说,交通不便,天上、地上都阻断了,怎么回啊?"王明始终保持着冷静,他想了想,"还是暂时回到列宁学院学习吧,要学习的东西还有很多,磨刀不误砍柴工嘛。"

谈话继续不下去。王明最后说:"回去好好想一想,不要意气用事!"许光达心里嘀咕,这有什么可想的?他的内心早已做出了决定。

沮丧地离开共产国际驻地,许光达思绪难平。他一个人来到红场。这是许光达留苏学习期间,来得最多的一个地方,每次都能留下美好的记忆。特别是参加十月革命十五周年庆祝活动

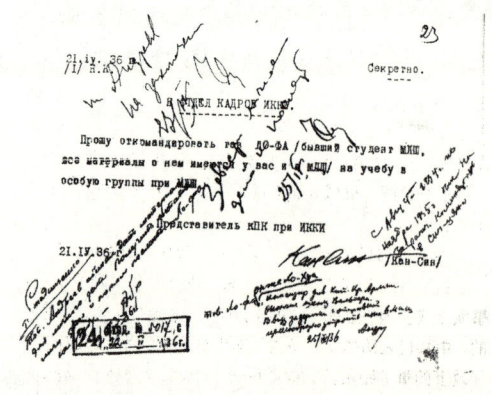

康生关于许光达回国际列宁学院特别班继续学习的报告

那次,那种激动不已的心情,至今难以忘怀。

莫斯科红场永远充满着生机与活力,任何时候来到这里,都有种仰望与呼喊的冲动。许光达倚在金属栏杆边,久久端详着那纪念碑上铜铸的战马以及马背上英姿勃发的英雄,他仿佛听到跃然长嘶的啸声,静心感受着一种信仰的力量——强烈的献身意志。

第二天,许光达收拾行装,拿着共产国际执委中共主席康生开出的请示信,在经多个部门领导签字后,前往共产国际执委干部处报到。请示信上写着:"请求洛华同志(原国际列宁学院学生,一切与其有关之材料现存于你处和国际列宁学院)调往列宁学院特别班学习。"

1936年4月,许光达回到列宁学院,在为中国学生特别开设的军训班继续各项专业学习。

别离了大半年,特别军训班讨论研究问题的气氛依旧,而同学们之间的情意更加浓厚。距毕业的日子越来越近,回到梦中的祖国,回到火热的革命战争前线,成为大家最热烈的期盼。听说许光达回来了,老同学们高兴坏了!陈云、陈潭秋、曾山、孔原、滕代远、高自立、胡虎清、胡王山、李国华、李子良、李国富、陈桂等全都涌到宿舍,兴奋地把许光达抬起来,抛了一遍又抛一遍。大家一个劲地嚷嚷:"可不能轻饶了光蛋同志,今晚你得请客。"

"光蛋"是同学们在半年前根据许光达名字的谐音给他起的外号。那时候,他们这些留学生都享受苏联红军尉官待遇,每人每月可领到七十多卢布,如果要攒下来,是能够有一笔积蓄的。但许光达从不攒钱,他把多余的钱全都交了党费,平常极少到外边餐馆打牙祭,日子过得异常节俭。许光达还有一套自己的理由:"留钱做么事,想当资本家吗?"每到月底,许光达的口袋总是空空如也,大家说,许光达是彻底的无产阶级,是个不折不扣的穷光蛋。时间一久,"光蛋"这个称号就在同学们中间流传开了。

这晚,许光达倾其所有,请大家到餐馆聚了一次,热情向大家介绍了沿途听到的国内斗争情况。三杯两盏,同学们由领略新疆的见闻,到品评国内的局势,折腾了大半夜,谁也无心回宿舍睡觉。

焦心的日子一直挨到1936年秋,终于等来了一个激动人心的消息。

那是一天傍晚,许光达正在整理课堂笔记,忽见一位同学急匆匆地跑来告诉他:"中央的王明同志找你谈话,叫你赶快到共产国际代表团去一趟。"

许光达心里一惊,又是谈话!他想起了刚回到莫斯科时与王明的那次交谈,暗暗打定主意:无论他扣多大的帽子,坚定不移回国参战!

因为是老熟人了,王明的谈话开门见山:"我们组织了一个汽车训练班,想从列宁学院和东方大学学习的中国同志中抽四十来个人去学习,专门学开汽车,时间是三个月。学好了,可以把汽车开回国!"

这消息是够令人振奋的。许光达脸红红地愣了半天,急切地问:"那……人员都定了吗?"

"定了,"王明说,"有你在内!你在黄埔军校不是学过炮吗?机械方面也不算陌生,我们希望你去学习班当个技术骨干,给大家的学习领个头!"

许光达啪地一个军礼:"听从党的安排,请组织上放心,坚决完成任务!"

这个意想不到的人生环节,把许光达后来与共和国装甲兵的情缘,一下子勾勒清晰了!当然,那时的许光达还并不能确知,命运将会怎样安排心中的祖国及自己个人的未来。他只是怀着巨大的兴奋,用"坚决完成任务"这样一句算不上豪言壮语的豪言壮语,回答组织上所有的期待。中央代表团指定许光达负责汽车训练班的党务工作,而学习和行政上的事务,均由苏方人员负责。班主任克里木夫,正是许光达要好的朋友。

训练班是在莫斯科近郊的一幢别墅里开办的。这地方既有优美的田园风光,又有良好的车辆道路,是沙俄时代一位会过日子的公爵建造的私宅。如今,它已收为国有,成为东方大学的一部分。

按照学习训练需要,汽车训练班分成三个小组。同学们大多是熟悉的,像李国华、李林、辛武、刘大祥、刘树成、张福才、孙三、倪景阳、李有、王恕、洪波、胡王山、胡虎清、孙进友、李国富等,都和许光达共同生活了好几年,彼此知根知底不说,还十分投脾气。

现在知道,中共代表团开办这个训练班的初衷,是要支援当时已经西渡黄河,正在祁连山和腾格里沙漠与"二马"部队血战的西路军。其时,红二、红六军团组成的红二方面军已北上与驻足甘孜的红四方面军会师,并一同走过草地,到达甘南地区。这一路,张国焘的别扭闹得不可收拾。中央军委关于甘南西兰大道两侧的三军协同、实现会师的战略构想,迟迟落不到实处。组织西路军既是中央军委的大决策,也映射着党内路线斗争的阴影。不用说,它在共产国际总部早就挂上了号,自然也牵动着莫斯科中共代表团的心。

汽车训练班所学的课程,因为实战背景的需要,临时增加了一些步炮战术技术培训内容,甚至还学了一点坦克专业知识。时间有限,而学习内容吃进太饱,"胀得"学员们上厕所都要小跑。

三个月的学习训练一眨眼就结束了。可是,回国的消息却反而变得更加虚无缥缈。后来,许光达他们才知道,那是因为西路军已经失败,所以支援计划胎死腹中。历史进程中那些一言难尽的内情,王明当时没法跟这些热情如火的中国学生们说。然而,另一个重大的历史时刻,是无论如何也不能瞒天过海的:1937年7月7日,卢沟桥事变,抗日战争在国内全面爆发,消息迅速传遍莫斯科。许光达和同学们再也无法冷静地等待了:祖国在沦陷,国难当头啊,莫斯科的面包再好吃也无法下咽了。"请组织上让我们回国杀敌吧!"大家情绪激动,反复向中共驻共产国际代表团提出强烈要求。

王明先是无奈地摊开双手,后来干脆耍起了行政命令:"总之,现在不能走,这是组织纪律!先等着吧,什么时候能走,再听组织上的通知。"

"等?这叫怎么回事啊!"许光达深知同学们的心,"国内抗日战争如火如荼,斗争形势一日千里,你却让我们在莫斯科睡大觉,我们想不通!"

王明郑重其事地教导开了:"洛华同志,革命道路是曲折复杂的,抗击日本帝国主义,那是全民族、整个国家的事情,我们还有统一战线,一切的行动都要经过统一战线;一切的行动,都要服从统一战线!你性子那么急有什么用啊?当前革命最需要理性,需要克制,我们必须保持冷静的思考。"

许光达心想,等你四平八稳思考好了,革命早完蛋了!国家也完蛋了!他有一肚子牢骚,只是碍着组织纪律,说不出口。

这样急不可耐的日子,又过去了几个月。专业学习上已没有新的内容,每天都在遥遥无期地静等消息。同学们凭着直觉猜测,国内抗战肯定打得一塌糊涂了,但国共两党各有怎样的态度和决策,特别是社会动荡的具体情况如何,都只是些隐隐约约的揣测。他们很想清楚明白地了解真相。

"光达,你执行过大任务,跟中央代表熟悉,带我们大家找代表团去问问情

况吧！"有同学向许光达建议。他们希望驻共产国际的中共代表团,给大家报告报告国内形势,有多少说多少,省得大家蒙在鼓里,每天都心不安。

于是,有十几名同学跟着许光达来到中共代表团的驻地。

"洛华同志,你要干什么？"王明见面就生气了,"你这么搞想过后果没有？"

许光达也不客气:"么子后果？同学们要求了解一些国内情况,请求报告一下国内政治军事形势,传达传达中央文件……就是暂时回不了国,也得给我们增加些新的学习内容嘛！你是中央代表,我们不找你找哪一个？"

王明觉得尊严受了损害,气鼓鼓地指着许光达的鼻子,哼哼了半天,一连串地扔出大帽子来:"你煽动同学反对我,居心何在！告诉你,我是代表中央的！你这是犯错误,是原则问题,我有权审查你！"

果然,时隔不久,早在国内便曾"令人胆寒"的老苏维埃保卫局局长邓发,就被派到了列宁学院。他是奉王明的命令,专门赶到学习班来审查许光达的。同学们都觉得这是小题大作,纷纷为许光达抱不平,但也有人回忆起过去肃反运动的阴影,不寒而栗地劝说许光达承认"错误"。许光达自己倒心平气和,有什么错误啊？审查就审查吧,我心怀坦荡,行得端、坐得正,走遍天下都不怕。

毕竟年代不同了,又远在苏联,审查最后的结论只能是:"洛华同志除了一颗赤子之心,积极要求回国参加革命斗争外,别无他意。"

王明对这样的审查结果自然很不满意,但是他也无法再去深究什么。

莫名其妙的审查,让许光达在莫斯科度过了最后一段沉思的日子。他更加专注而系统地阅读了一批马列经典著作,同时也以极大的热情钻研汽车、坦克和装甲部队军事运用的具体问题。他隐约感觉到这些知识修养,在回国后未来的革命事业中,肯定会有很大的用途。这样的信念支撑着许光达,让他的心不知不觉平静下来,而光阴也在不知不觉中流到了1937年11月——历史的时间表指向这个刻度,许光达同批赴苏学习的同志们回到祖国的日子终于姗姗来迟。

第七章　宝塔山高,延河水长

延河岸边的已知和未知

延河,在1935年以前,并不知名,而在1935年之后,它流动的一点一滴,却有着整个民族精华的含义。到延安去!成为那个时代许多有志青年最时尚、最庄重,也最有出息的口号。

这一切都取决于时势。

1936年底到1937年,中国国内的政治文章都被谈判二字所覆盖。形势的松动是从国民党通令释放政治犯开始的。"群策群力,共赴国难"成为政治名流们逢场必诵的"外交诗"。

中共的政治和军事力量,获得了前所未有的急剧发展的机会。去延安抗日,即使是在南京总统府的大堂上提出来,也不算什么违法的事。

1937年11月20日,中共驻共产国际代表团决定,在莫斯科列宁学院(东方大学)学习的汽车训练班全体同志,加上其他单位学习的部分学员,总共五十多人,集体回国。回哪里?回延安!此时延安的光彩,仿佛可与莫斯科比肩了。

事实上,对于来自莫斯科的这股军事骨干力量,延安早就在渴望着了。还在一周前的11月14日,王明、孟庆树夫妇及康生、陈云、曾山等人已经从莫斯科坐飞机先行回国。那时候,王明的地位实在非同一般,连毛泽东都说他是"从昆仑山下来的'神仙'",认为他的回国是"喜从天降"。飞机在延安机场一着陆,毛泽东便和张闻天、朱德、周恩来等中央领导人迎上前去,争着同这位刚刚握过斯

大林的"神仙"握手。

许光达、冯铉、宋一平、刘光梯、周全、刘汗、段子俊等这个回国的集体,是在王明到达延安后起程的。留下中央代表团负责人王稼祥殿后,指定高自立和许光达负责带队,许光达为团长,高自立为副团长。采取既稳妥又快捷的交通手段,从莫斯科乘火车到阿拉木图,之后再坐汽车到新疆迪化。陈潭秋、邓发等中央代表团的另一些同志,此时已在迪化等候接转。

因为天气不好,辗转兰州的苏联飞机上不了天。许光达他们只好在迪化住了二十多天。这是最难熬的日子,兰州、西安方面关于抗日统一战线的新消息不断传来,而他们却蹲在门口进不了门。偏偏在这个时候,"新疆王"盛世才又来了个接见,还苦口婆心地说服他们留下来,成为他建立摩托化师的骨干,当然遭到一口拒绝。然而这一来目标就大了,原计划的秘密行进成了引人注目的浩浩荡荡。也顾不了许多了,只要能以最快速度起程,回到延安、回到红军中去,怎么都好说!干脆,就坐汽车走!

大家集思广益给代表团出主意,最后想了个名目,佯称是国民政府西北考察团,五十多人分乘四辆苏制卡车上了路。为安全起见,车上全都安装了重机枪,每人身上携带步枪、短枪和手榴弹,补足了给养、弹药和经费后,离开迪化一路东行,途经兰州八路军办事处休息一天,继续向西安进发,抵达西安八路军办事处,正好是1938年元旦。

欢欢喜喜过了新年,西安八路军办事处的汽车就把他们送往延安。

汽车到延安天已经黑了。暗红色的马灯照耀着一排排窑洞,把陕北那股朴实天然的雄浑气息,一下子烘托出来了。负责接待工作的一位年轻干部喊:"到地方啦!这是军委招待所,同志们先在这里休息!"

休息?谁能休息得了啊!大家从车上一跳下地,灰土来不及拍打就四处打听:"中央首长他们都住在哪里?部队都住在哪儿?"

"同志哥哎,"一位忙里忙外为大家送洗脸水

1941年,许光达在延安

的老战士操着南方口音说,"莫性急啊,中央领导同志跟我们住一起啰,天天都见得。"

许光达一听,好亲切的乡音哟!急忙跑过去抢人家手里的活,用乡音搭上去:"喂,老同志,你是湖南人吧。"

"湖南的、湖南的,家在浏阳河边上嘞,"老战士嘻嘻直乐,"这里湖南人多得很哪,都是老乡嘞!"

"我是长沙东乡的。"

"噢,长沙。近得很嘛。"

两人放下活儿,紧紧地抓着手,四只眼睛亮光闪闪地激动着。

窑洞门前的平场上,行李摊了一地。大家只忙着拉手去了,谁也顾不上往窑洞里收拾行李。就这么一个劲地兴奋着,直到不远处的部队吹熄灯号,他们才军人似的紧张起来。

延安的土炕实在太热。这一晚上,没有一个人真正地睡着了觉。

第二天就是集体会见。一大清早,个个都迫不及待地起了床,换上一身干干净净的衣服。许光达和高自立履行最后的责任,张罗同学们赶紧洗漱吃饭,整理

红二方面军在延安工作的部分同志合影:坐者为贺龙,站立者右一为关向应、右三为许光达

卫生，准备中央领导同志的接见。

终于见面了！中央领导同志几乎全体出动，欢迎这些回来的"宝贵财富"们。毛泽东的情绪异常高涨："你们都是我们党的宝贝啊！我们的党、我们的军队正在发展，今后还要大发展，党需要你们，像你们这样的同志，越多越好……在你们当中，很多同志学的是汽车、坦克、飞机，现在还用不上，我们还没有机械化的部队，但是，将来一定会有用的，一定用得上！……你们学过阵地战，今后还要好好学习游击战、运动战，学会用人民战争的战略战术，打败日本帝国主义！"这些话深深刻在许光达的心上，多少年后仍记忆犹新。

周恩来、朱德、贺龙都是许光达所熟悉的老首长。一见面，许光达几乎就控制不住感情。朱德还记得三河坝战役之后分手时那一幕，说："那时候，情况真危险啊，我真是为你们担心哩！"

与贺龙相见是许光达最伤心的时刻。

"胡子！胡子！"许光达还是湘鄂西时期那个老习惯，无拘无束地喊着，向贺龙奔过去，两双大手满把抓在一起，鼻子忍不住一酸。

显然，贺龙也是激动万分，老远就认出了许光达，没有别的话，就只是一个劲地喊："光达，是许光达！你呀！你呀……"

两人的眼里都噙着泪光，笑呵呵紧紧地拥抱着，使劲拍打着彼此的肩背。好半天，除了呵呵地笑，什么话也说不出。

坐下来之后，许光达迫不及待地打听："我们洪湖还来了哪些同志??！"他多想听到段德昌、孙德清和柳直荀等人的消息，多想知道这些和自己最熟悉、最密切的同志的下落啊！

谁知这一问，倒叫贺龙语塞了。他心情沉重地望着远处："光达呀，你是捡了一条命啊！国民党打了你一枪，却救了你一命！别人挨一枪是祸，你挨一枪倒是福哩！"

许光达想，战场形势千变万化，生生死死当属常事。何况，自己去苏联学习这几年，红军经历了像万里长征这样千难万险的苦斗。但是，许光达还是忍不住要问："老总，段、段师长他……"

贺龙低下头，装填了一锅烟丝，重重地叹了一口气："死了，都死啰！"

"他、他是……怎么死的？"许光达内心的悲伤已无法抑制。

"怎么死的？叫左倾路线给整死的！你走之后，那个肃反运动越搞越凶。段德昌怎么被抓起的，连我都不晓得！事后才听关向应讲，第三次肃反拿他开的刀。那天，他刚跟湘西的周矮子打了一仗，水还没来得及喝一口哩，就被夏曦叫到金果坪，说是中央分局开会，开他个鬼哟！"贺龙点着了烟，吸了一口，徐徐喷出烟雾，"我听到后，就去找夏曦，你姓夏的抓别个可以，抓段德昌，总得跟我打个商量嘛！结果呢，夏曦说我是以个人感情来压党的事业。吵来吵去不解决问题，我就是一句话，段德昌不能杀！我说，你可以让他去洪湖收复失地立功嘛！"

"段师长死前，你没见他一面？"许光达急切地问。

贺龙双眼失神地望着手中的烟斗冒烟，看得出，他心里很不好受。过了好半天，才说："去看了⋯⋯他们把他关在一个石洞里，不给吃的，不给喝的，人瘦得皮包骨头，打得身上青一块紫一块，门牙都掉了，没有一块好皮肉啊⋯⋯"

许光达的泪水无声地挂到脸上。这位刚强的汉子，用铁匠铺的刀子三次割肉开膛，一点麻药都没用，也不曾落下一滴泪。

"段德昌躺在洞子角角里，"贺龙小声说，"见到我，喊着我的名字，说胡子啊，我无所求，只要你答应我三件事：第一，有朝一日革命胜利了，你做了再大的官，也莫忘记洪湖的人民；第二，眼下队伍上弹药奇缺，杀我就莫用枪了，用刀子吧，节省一颗子弹还可打一个敌人；第三，我就喜欢吃红烧肉，你给我烧一碗吃⋯⋯"贺龙慢悠悠地说着，好像当时的情形就在眼前。

"德昌⋯⋯"许光达双手捂着脸，孩子般地失声痛哭起来！他泣不成声地边哭边说，"你帮我打抱不平，帮我顶，可你自己⋯⋯"

"肃反那帮人不罢手，还要四处抓段德昌的老婆儿子，害得母子两个躲不及，硬是把肚里怀的一个娃儿搞流产了。"

"他们母子现在何处？"

"算是命大，死也不离开部队，跟过来了。娃儿跟我在晋绥，当参谋哩。"

"来日，你把他交给我吧。"

当天晚上，弯弯的新月从清凉山升起，贺龙和许光达漫步在延河滩上。

贺龙一手握着烟斗、一手钩着指头："死的人多了⋯⋯还有柳直荀、孙德清、胡慎己，我记得直荀是你的同乡，德清是跟你一块到洪湖的嘛，还有同你搭班子的李剑如政委，还有段玉林、汪毅夫、唐赤英、王炳南、王鹤、齐鸣先、宋盘铭、朱

勉之、陈协平……还有那个董明,你记得不记得?就是那个广东的同志,也是黄埔生嘛,参加过南昌起义。被杀的时候,他是湘鄂边独立团的参谋长,很年轻的!都是能带兵打仗的伙计呀,好可惜哟!"

泪珠噙在许光达的眼里,许久许久,一嘟噜一嘟噜,不停地溢出来,滚在脸颊上,使劲擦也擦不净。

"教训太深刻了!"贺龙叹了口气,缓缓地说,"后来,我们真是没得法子,拉着队伍转圈圈,一个圈圈就转去了七千人!前后三个半月,累的累死,饿的饿死,战的战死,那个姓夏的还不肯甘休,跟在后面拿黑条子捕人杀人,老子三万多人的队伍,转到鹤峰邬阳关剩下不到一万人啦!"

这究竟是为了什么?许光达痛苦地想,这么多久经考验的红军指挥员,没有倒在敌人的屠刀下,却死在自己人的手里!

这个问题在三十年后许光达的心里重被提起时,更有一番切肤之痛。那是史无前例的1966年。仲夏季节"文化大革命"爆发后,混乱的形势一发而不可收拾,进入秋季的11月18日,一向森严的装甲兵大院突然闯进一帮红卫兵小将。这些装甲兵部队所属各院校的学生,身为现役军人却完全丧失了基本的组织纪律观念。他们气势汹汹地找到许光达,要求会同装甲兵机关造反派们在装甲兵司令部大院内召开批判大会,批斗装甲兵政治委员黄志勇中将。

许光达愤怒地站起身来,但考虑到大的政治背景,还是很快冷静地克制住情绪。他看着这些平常非常熟悉的机关部属,还有那些所属装甲部队院校的学员,竟然如此横眉立目地面对着自己,心中隐隐作痛。然而,许光达还是反复地对他们说:"会可以开,有意见也可以提,可黄政委他来装甲兵工作时间并不长,十七年来装甲兵存在的问题,主要应由我这个党委书记、司令员负责。但我们是军队,有组织原则,有保密规定,不要戴高帽子,不要挂牌子!"许光达极有耐心地劝解学生,平静语气中也透出不容辩驳的威严。

小将们虚张声势地扯开嗓门:"那好,今晚就在装甲兵礼堂开批斗会,由工程兵学院的红卫兵战友上阵发言,装甲兵领导必须到场!"

"到会没问题,但不许批斗!"许光达义正词严。

红卫兵小将和造反派们为达到开会批斗的目的,只好同意许光达的意见。

可当批斗会开到一半时,他们突然拿着高帽子向黄志勇走去。许光达一见急了,当即站起来制止:"胡闹!你们怎能不守信用?"

小将们不容置疑地宣布:"黄志勇的问题严重得很,有'三反'言行。我们用不着跟谁商量,他必须戴高帽子,挂白牌子!"

许光达张开双手,死死拦住:"我说不许戴就不许戴,你们必须服从命令!"

"这是斗争需要,不关你的事,走开!"一位不知天高地厚的小将用手将许光达的胳膊一捋。这时,台下疯狂的人群怪叫起来,一片乱糟糟的。

"谁敢违抗军令!"许光达再也无法抑制自己。他愤怒地拍着桌子,声如洪钟,镇住全场,"你们都是军人吗?是军人怎么能这样无组织无纪律?"

这时,台上台下鸦雀无声。许光达压了压火气,走近手执高帽子的小将,伸手抓住那只纸糊的喇叭筒,强烈地克制着自己,平缓而痛苦地说:"你们一定要戴高帽子,就先给我这个党委书记戴!"

造反派本能地把高帽子举起来,仰起身体拼命躲让。这时,装甲兵副司令员张文舟、政治部副主任诸敏、技术部部长孙三等也都奔上前来,帮着许光达抢高帽子,无论如何也不允许把它戴到黄志勇的头上。抢夺过程中,许光达突然发现,纸糊的高帽子里面居然装满了锋利的铁蒺藜,一旦戴到头上,势必头破血流。这是何等居心!他感到,所谓批斗会已不是什么简单的思想斗争,完全是在刻意伤害,是一种野蛮的暴行。许光达心里难受极了!

许光达眼前一黑,心脏病猝发,两腿一软,手里没能抓住高帽子,身体却往后倒下去,幸好被他身边的诸敏扶住,当即送到解放军总医院抢救。

全场愕然,批判会草草收场。

第二天,工程兵学院的造反派代表赶到医院,要见病床上的许光达,被医护人员毫不客气地挡了回去。

刚苏醒不久的许光达宽厚地说:"算了,他们还都是伢子,他们懂什么。"于是,还是与来人见了面,接受了他们的致歉。但这些被许光达称作伢子的小将们,在致歉的同时,仍然不依不饶地给许光达送上一副对联:

小将造反有理

大将理应支持

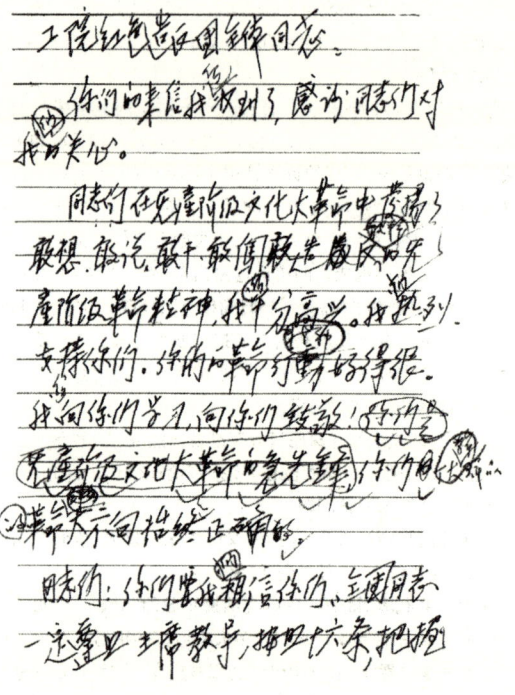

许光达"文化大革命"期间给红卫兵小将的亲笔信

横批是：

革命无罪造反有理

因为"文化大革命"是最高统帅发动起来的"革命行动"，组织观念、纪律和"觉悟"，当然还有信仰的力量，支撑着许光达不能不表明态度。身体还没有完全恢复的许光达，在病床上咬着牙分别给院校的红卫兵小将和机关的红色造反团各写了封公开信，对他们"敢想、敢说、敢干、敢闯、敢造反"的"无产阶级革命精神"给予肯定和支持，表示要向他们学习。同时，他也很严肃地提出来，"任何时候都不能以感情代替政策"，因为"政策是党的生命"。他还主动站到政治风浪的前面："请同志们彻底揭发、批判以我为首的装甲兵党委在领导'文化大革命'中所存在的一切问题……"

许光达所强调的政策，就是1966年8月8日毛泽东主持中共中央八届十一中全会通过的《关于无产阶级文化大革命的决定》中有关要求。这是继《五一六通知》后，从全局指导"文化大革命"的又一个纲领性文件。5月16日，中共中央政治局扩大会议发出通知，宣布撤销《二月提纲》和原文化革命五人小组及其办事机构，提出重新设立文化革命小组，隶属于政治局常委会。这是开展"文化大革命"准备的组织措施，也是"文化大革命"发起的标志。而《关于无产阶级文化大革命的决定》则具体阐述了"文化大革命"的性质、目的、斗争对象及采取的方式和有关政治规定。它总共分为十六条，所以俗称"十六条"。

"十六条"决定宣称："当前开展的无产阶级文化大革命，是一场触及人们灵魂的大革命，是我国社会主义革命发展的一个更深入、更广阔的新阶段。"因而，

"在当前,我们的目的是斗垮走资本主义道路的当权派,批判资产阶级的反动学术'权威',批判资产阶级和一切剥削阶级的意识形态"。决定还说,党的领导敢不敢放手发动群众,将决定这场"文化大革命"的命运。"党中央对各级党委的要求,就是要坚持正确领导,'敢'字当头,放手发动群众,改变那种处于软弱的无能的状态。"这场运动"……只能是群众自己解放自己,不能采取任何包办代替的办法"。所以"要充分运用大字报、大辩论这些形式,进行大鸣大放,以便群众阐明正确的观点,批判错误的意见,揭露一切牛鬼蛇神"。

决定强调运动的重点是"整党内那些走资本主义道路的当权派"。必须严格区别各类不同性质的矛盾,正确处理人民内部矛盾。要用文斗,不用武斗。警惕有人把革命群众打成反革命。决定说:"文化革命小组、文化革命委员会和文化革命代表大会是群众在共产党领导下自己教育自己的最好的新组织形式。"决定最后指出,毛泽东思想是无产阶级文化大革命的行动指南。

这是党的声音,许光达无论如何不能含糊。然而,这个声音后来所掀起的三军造反浪潮,却是许光达始料未及的。他住在医院里听说装甲兵所属各院校开始游斗院长、教授和其他一些高级知识分子,着急得彻夜难眠,不顾医生的阻拦,强行脱掉病号服穿上军装,心急火燎地赶到出事院校,耐着性子对红卫兵小将做说服教育工作。

"你们的革命行动我没有意见,但你们批斗的这些所谓'黑帮',都是我们无产阶级的知识分子。他们中间的好多人,是从国外留学回来报效祖国的,是我们建设和发展装甲兵的专家,是我们国家的国宝!你们不要他们,我很需要他们!"许光达下令:把专家们保护起来。

走进院校,许光达看到许多珍贵的教具被红卫兵小将砸得乱七八糟,心里那份疼痛啊,简直无法言说。他气愤地找到红卫兵头头:"你们怎么能这样干呢?我们搞起这份家当,多么不容易!教具有什么罪?砸它们能解决什么问题?建设我们的装甲兵部队,院校还是要办的,办院校就得有教具嘛!"

然而,许光达谦虚的态度和诚恳的规劝,并没有使小将们有所醒悟,反使他们失去了耐心……他们实际上正在等待机会。这位身经百战的大将军,完全意想不到,一个巨大的灾难正向自己一步步逼近。

1967年1月16日,许光达从医院临时回到装甲兵司令部,主持一个党委会议,当晚就在家里吃饭。难得一家人围在一起吃顿饭,大家都很高兴,儿子许延滨和未婚妻曾正魁还像往常那样,边吃边谈论些外面的所见所闻,都是关于当前"文化大革命"运动的情况,许光达专注地听着,不时插几句话,问一问自己关心的问题。这是一段时间以来,家里少有的团圆气氛,有了点其乐融融的意思。它给妻子邹靖华及孩子们心里平添了几许温馨,也使许光达感到一丝慰藉。

当然,这种慰藉是极为有限的,许光达已经很难像过去那样,当着妻儿的面发出爽朗的笑声了。大半年来,随着"文化大革命"逐步展开,党内政治生活变得越来越不正常。身为中央委员的他,竟然好几个月都很难看得到中央文件。许多中央的重要指示精神,往往只能在文革小组成员的各种时髦讲话中,零零星星地听到一点,且很快又会首先出现在红卫兵小将的大字报上。

最让许光达不可思议的是,许多高等学校纷纷停课,教职员工和学生们每天大量时间不在课堂上,而是忙于阅读大字报,或是抄写大字报的各种揭发、批评文章。儿子和未来的儿媳,就常把那些含有中央文革小组讲话内容的大字报,原原本本地抄录下来,给身居高位的父亲提供参考。

连续好几天了,大街小巷的大字报上出现了这样一条耸人听闻的消息:"贺龙、彭真阴谋发动二月兵变!""贺龙企图逃亡苏联!"许延滨和曾正魁把这些消息告诉了父亲。许光达嘴上说着"无稽之谈",心里不免咯噔一声,有种山雨欲来的不祥之兆,像一团棉絮那样堵在胸口。

历史早已清楚地得出结论,所谓"二月兵变"纯系谣言。

事实情况是,1966年2月,根据中央军委关于加强地方武装建设的决定,北京军区要新组建一个团的部队,归北京卫戍区建制。这个团平时担负民兵训练,维护社会治安,战时作为扩编地方武装的基础。部队组建起来后,一时没有营房。于是,由那时履行政府职责的市人民委员会出面协调,卫戍区的同志在全市城郊到处找房子。他们先到大兴、房山、丰台等地,都没找到合适的房子,后经海淀区人武部介绍,有些大学的学生下去搞"四清"了,可能会腾出一些空置房,能够借给部队暂时用一用。于是,卫戍区又派人到北大、人大、石油学院、农大等高校联系借用校舍的事,北大、人大当即表示同意拨出部分空房供部队暂住,而后来因卫戍区领导认为不太合适,并没有入住,新组建的部队最终驻在郊区的一个靶场。

就这么件事,"文化大革命"开始后,北大有个团干部便想当然地写出一张大字报,题目相当吓人:触目惊心的"二月兵变"!用捏造事实、无中生有的方式,给时任中共中央政治局委员、中央军委第二副主席的贺龙,给时任中共北京市委书记、北京市市长的彭真,罗织了一大堆罪名。大字报立刻被广为传抄,在社会上引起强烈反应。

其中实质性的原因是,迅速爬到中央文革小组顾问及政治局委员、常委等职的康生,权力急剧膨胀,人格扭曲,开始发飙。说话口无遮拦且腰间总是佩戴着一把小手枪的贺龙,以及在北京市说话算话、果决行事的彭真,让他心里感到不舒坦。而此时的林彪也正在"直挂云帆",他不知从何处听说贺龙在长征中说过自己的坏话,而且对"文化大革命"初期那种动不动就上纲上线扣大帽子的做法表示了不满,自然也还有更深层次的权力危机意识等,综合到一起,使他悄悄对贺老总动了扳倒之心。

北大这张毫无根据的大字报,正好被康生抓住大做文章。7月27日,他跑到北师大讲话,信口雌黄地说:"北京市彭真这个大黑帮,他们策划政变……策划在北大、人大,每个学校驻一营军队,这是千真万确的……这件事含有极大的阴谋。"后来在其他场合,康生又说:"贺龙私自调动军队,搞'二月兵变',在北京郊区修了碉堡。""在体育口阴谋组织政变队伍,是个巨大的阴谋"等。林彪在多次找到贺龙,提示其要解决"支持谁、反对谁"的问题毫无结果的情况下,决定引爆康生提供的这枚炸弹。不光是贺龙,包括所有与贺龙关系密切的老部下,比如说许光达等,都要统统解决。

就在许光达离开医院回装甲兵主持党委会议这天下午,后来被称作林彪死党的李作鹏在海军大院接见造反派代表时,已经把所有的底数全部抖搂出来。他煞有介事地说:"贺龙早有野心,到处安排他的人来掌握兵权。他在总参作战部安排了王尚荣,在装甲兵安排了许光达,在空军安排了成均……"

结果这起冤案轻而易举地整死了一大批人,直到1980年中央为贺龙平反时,事情才真相大白——中共中央纪委《关于康生问题的审查报告》中指出:"一九六六年七月前后,在北京市闹得满城风雨的所谓'二月兵变'事件,纯系康生图谋打倒彭真、贺龙同志而捏造的谣言。"1982年10月16日,中共中央做出《为

贺龙同志彻底平反的决定》中也指出:所谓贺龙"阴谋篡夺军权"、搞"二月兵变"等问题,"完全是林彪、康生等为陷害贺龙同志而蓄意制造出来的谎言"。在这一系列结论之前的1977年,中央军委同样以专文给许光达平反昭雪,毫无疑问,平白无故加在他头上的那些"罪名",全都是子虚乌有一派胡言……然而,在远远未能等到真相大白天下的若干年前,这两位共和国的赫赫功臣,早已在那个疯狂的时代,被邪恶夺去了宝贵的生命。

这天的晚餐,许光达吃得很少。之后,他站在自家门口,等车来送他回医院。

突然,几十个造反派一声哨响,把许光达的家团团包围起来,不由分说上来几个身大力魁的年轻人,连推带搡地带走了许光达,说是他们有些问题,需要许光达到办公室,当面请教。整个过程不足十分钟,来人态度之生硬、理由之蛮横,完全超出了许光达的想象。

尚在病中的许光达,就这样跟着他们不明不白地离开了家。他前脚刚走,紧跟着又有一队人马,气势汹汹地闯进了家门,满屋子翻箱倒柜,说是要搜查"二月兵变"的黑名单。让全家人目瞪口呆的是,为首的不是别人,恰恰是成天围着许光达首长长、首长短的生活秘书……

许光达一家当时住在装甲兵司令部大院15号楼,面积大约150平方米,除去一间大会议室近30平方米,还有一间警卫员住房、一间保姆住房外,许光达自家三口人居住的,也只有60平方米左右。这60平方米自然是重点搜查区域,几乎每个角落都被翻了个底朝天,所有的柜子、箱子统统打开,衣服、书籍扔了一地,结果也没有找到造反派们想要的所谓"黑名单"。失望之余,有个造反派忽然在许光达书桌的玻璃台板下,发现了"重大"秘密——那里压着一张许光达与阿尔巴尼亚劳动党书记恩维尔·霍查的合影照片。搜查者围过来,个个喜出望外:"看看看,居然还保留着

1966年7月7日,许光达(左)率中国军事代表团出访阿尔巴尼亚,与阿劳动党主席恩维尔·霍查交谈

同苏修特务的合影照片呢!"

站在一旁惊恐万状的许延滨,小声地提醒说:"那不是苏修特务,是恩维尔·霍查。"在那个时代,这位阿尔巴尼亚领袖人物的名字全中国妇孺皆知,阿尔巴尼亚被认为是"欧洲社会主义的一盏明灯",曾发起十七个国家联名提案,恢复中华人民共和国在联合国五个常任理事国的席位,并获得通过,使得五星红旗能够在联合国总部高高飘扬。1966年7月7日,许光达作为国防部副部长、装甲兵司令员率中国军事友好代表团一行七人,访问了阿尔巴尼亚。他受周恩来总理、叶剑英和陈毅元帅的委托,参加并祝贺阿尔巴尼亚建军二十三周年纪念活动,亲切问候了恩维尔·霍查。这张照片就是当时情形的纪念。

除了这张合影照片之外,造反派们还找到许光达保存的一面日本国旗。那是他二十多年前在抗日战场上,从侵华日军手中缴获的一份特殊战利品。许光达万万没有想到,这两样东西最后竟构成了他的"杀头之罪":与恩维尔·霍查的合影照片,被认为是他充当"苏修特务"的铁证;被缴获的日本国旗,被认为是他"叛国投敌"的罪证。而这些荒诞不经的所谓"罪证",对他未来命运的生死祸福,竟然真的产生了决定性的影响。

听到自己那些珍贵的纪念品被当作"罪证"抄走的消息,许光达脑子里一片空白!他真的懵了:这个世界究竟发生了什么?几十年来心头的那个"疙瘩",再次死死地纠结在一起。他记起当年初到延安时的那个夜晚,自己与贺老总在延河岸边的彻夜长谈。他们回忆苏区肃反,想起段德昌、柳直荀、孙德清等一些老战友的惨死,心中悲痛不已。他们想不明白,为什么好好的一个苏区,硬是用自己同志的血,把洪湖水都染红了!而那个邓中夏和夏曦也都是革命老同志,后来的结局也弄得非常惨。他们俩冥思苦索,总也无法解释诸如此类的问题,只是默默地沿着延河往前走。记得走到天都快亮了,贺龙才回过神来,问起许光达离别洪湖之后的曲折经历。

"老总啊,"许光达长长地感叹着革命征途中的千难万险,"说真的,我也以为见不着你们了!这几年……一言难尽,哪怕只要出个小纰漏,我都笃定去见马克思了!"许光达详细汇报了自己去上海治伤及去苏联手术、学习的坎坷历程。

贺龙静静地听着,一口接一口地吸烟。

后来,贺龙又谈了红二、红六军团的长征及到达甘孜与张国焘的斗争。结语

只是一句话,贺龙感慨深重:"都过去了,死的死尿,活着的还要干!"

"是的啰,活着的人总还要干嘛!"许光达领会地点点头。

"光达呀,你有文化,又到苏联学习这几年,比不得我哟!"

"我哪敢跟老总比,我那点名堂别人摸不清,您贺老总还不晓得呀!"

贺龙轻轻拍了拍许光达,在他的胳膊上用力握了一下。

"老总,你身体还是当年那么壮实吗?"许光达关切地问。

"我们湘西人,只要有得烟吃,就垮不了!长征路上那些天,饿饭是常有的事,一天咬几粒青稞就过去了,也没有垮下来嘛!"

"你们受苦了……"说起长征,许光达有点内疚,嘴里喏喏无语。

贺龙说:"比老百姓强得多了!我们这些人,过去啥子苦没吃过……我们国家的贫苦百姓,都过得很苦。"

许光达说:"我们在苏联,一想起国内的情形,就急得睡不着觉啊,想回家,跟国际代表团吵了多少次呢!"

"回国后与家人联系上了吗?"贺龙关心地问,"听说过你的婚姻情况,早一点把问题解决了吧,总不能老打着单身嘛。"

许光达心里咯噔一下,同时涌过一股暖流,手情不自禁地在胸口按了按,贴身口袋里还放着在上海时收到的那封家信。他想,现在可以回一封信了。

远方有个"好人的天下"

国共合作、建立抗日民族统一战线的显著标志是,全国各地设立了许多八路军办事处。这可以说是1938年的一道风景。

开春不久,徐特立回到长沙,主持长沙八路军办事处的工作。

长沙八路军办事处设在长沙市蔡锷路的徐家祠,后来又移到寿星街。这两个点便先后成为长沙青年学生和爱国志士抒发豪情、倾诉衷肠的家。那些日子,徐特立忙坏了。除了接待来宾,还要四处演讲。有一次在长沙银宾电影院演讲抗日救国十大纲领,听者竟达三四千人。

站在高台上的徐特立,忘情地挥舞着胳膊:"蔡廷锴的十九路军是代表什么阶级利益呢?他不是同红军打过死仗吗?可他又同红军订立了抗日同盟!他们在江西向红军开火,可一到上海,又抱起枪跟日本帝国主义干!这说明国民党和共产党是有共同利益的。现在国难当头,革命青年们,爱国同胞们……"

台下有人在小声议论:"听明白了么,国民党跟共产党和好了!"

"嗨,么子和好?日本人来了,中国人不打中国人呗!"

这时,谁也没有在意一位青年女子夹在人群中,脸上红红的,心里咚咚地跳。她就是令远在千里之外的另一个人朝思暮想的桃妹子。

桃妹子是上街买东西路过这里,出于好奇才挤进来看热闹。抬头一看,见讲演的人不是别人,却是徐特立,就认真听下去。她从小就认得徐特立。徐特立是父亲的同窗好友,当年在长沙师范任教时,常到邹家找老同学聊天。高兴时,也逗着还没有书桌高的桃妹子玩耍。

徐特立畅谈了团结抗日的重要性,有条不紊地阐明共产党和八路军的立场,为革命青年和爱国志士投身抗日救国指示方向。

这是桃妹子第一次公开听到共产党的主张,觉得徐特立的话句句在理,让人感到从未有过的舒畅。她想,难怪德华要走这条路啊!

一连几天,桃妹子莫名其妙地兴奋着。他活着,我要跟着他走;他死了,我就接着做他的事!她暗暗地在心里把这个想法重复了无数遍。

机缘终于来了。一天,徐特立忙完八路军办事处的公务,想起多时未见的老同学,就特意赶到邹希鲁的门上,拜访故人。

同窗共事的密友,情同手足,过去又同为地方教育界的名流,两人久别重逢,见了面少不了海阔天空,叙叙别情,国事家事无话不谈。兴之所至,便搬出蒙了灰尘的棋盘,大开"杀戒"。

徐特立知道邹希鲁一向不问政治,因而谈话中并不把自己的观点强加给对方。然而,邹希鲁面对这位比自己年长的老友,满腹牢骚溢于言表,无遮无拦。徐特立劝说几句,评议几句,又打几句哈哈。

桃妹子倒显得满心欢喜。自从听了银宾电影院那场演讲之后,她不仅打心眼里更加崇敬徐特立,还有一份奇特的情感萦绕于怀,仿佛徐特立的背后,隐隐约约有另外一个人的影子。而徐特立恰似一扇窗户,打开它便可能获得绝望中的希望……这一切,从桃妹子殷勤地端茶递水中体现出来。

在徐特立的眼中,桃妹子这个过去还不到桌椅高的女娃儿,转眼间长成大人了,不免借题发几句人生感慨。见已成人的桃妹子端庄稳重,一副知书达理的

样子,真是令人刮目相看。于是,他便一边夸奖一边关心地问道:"桃妹子,现在做么子工作啊?"

桃妹子最怕问这个,低头叹息一声:"哪里有么子工作做……"

邹希鲁接过话头:"没事做,就上了学,刚离开长沙师范学校,又失了学,工作不好找啊!"他说着无奈地摊开双手,心中隐藏着难言之隐:女婿生死未卜,女儿嫁了等于没嫁一样,终日守在娘家悲悲戚戚。亲生骨肉,又不好往外赶,可后妻成天唠唠叨叨,逼着女儿改嫁,弄得邹希鲁劝女儿也不是,说后妻也不是,实在是内忧外患,如坐针毡。

这番苦衷,邹希鲁怎么好意思跟徐特立说呢。

见父女俩相对无言,徐特立心中不忍,就小声问桃妹子:"你还想念书吗?"

"想啊,怎么不想!"桃妹子急切地说,"长这么大,就没正正经经念过几句书,么子事都一知半解的,要是有个机会从头学一学该多好!"

徐特立笑着拍拍邹希鲁:"邹公,到底是书香门第呀,怎么样,我把桃妹子介绍去念大学好不好??!"

一听说上大学,桃妹子乐坏了:"徐伯,真的吗?是真的吗?"

"那还会有假!"徐特立含笑盯着邹希鲁,"我介绍的大学是专门讲团结抗日的,名字叫抗大,在陕北延安……"

邹希鲁一听就明白了。他知道徐特立要把女儿送到共产党里面去,便幽幽地叹道:"让你费心……女儿大了。"

自从许光达新婚之夜跟桃妹子亮过政治底牌之后,桃妹子私下偷偷读过一些马列主义的书,做梦都想走丈夫那条路。她从报纸上知道延安是共产党的地盘,是好人的天下,到延安去念大学,哪有不愿意之理。

见桃妹子不吱声,徐特立说:"桃妹子,那地方可远得很啊!"

"就是在天边,我也去得!"

"好嘛!"徐特立很高兴,"抗大学员,就是要有这个精神。"不过,他还是有点担心,"桃妹子,从长沙到延安,有上千里的路程,沿途还有许多国民党的关卡,困难不少,你一个女伢子家,怕不怕哟?"

"不怕!"桃妹子回答得很干脆。

"念了抗大就要上战场,跟日本鬼子真刀真枪地干,出生入死,你怕不怕?"

"不怕！怕么子,全中国民众都在抗日哩！"桃妹子眼里有一团火焰。

"这次一离家,弄不好就再也回不来了,见不着你爹爹,怕不怕呀？"

桃妹子望一眼老父亲,心中忽然涌出一丝酸涩。停了一停,她还是从牙缝里小声地挤出两个字:"不怕！"

邹希鲁呆呆地盯着女儿,好像不认识似的。

"那就这么讲定了！"徐特立神情庄重起来。他转而对邹希鲁说:"邹公,伢子大了,不必守着家,就让她出去闯一闯天下吧！"

邹希鲁不置可否地点点头,眼光突然间变得迷蒙而浑浊。

徐特立走时,约定桃妹子改天到长沙八路军办事处开一张介绍信,并说途中要经过武汉和西安两个八路军办事处,要接上关系后才可以顺利地到达延安。

这天晚上,桃妹子侍候父亲喝了两盅闷酒。然后,父女俩商量把桃妹子原来用的学名邹经泽,改为邹靖华,取"靖忠报效中华"之意。

"靖华,"邹希鲁郑重地叫了第一声,"你去延安之事,我是赞同的。不过,你应该到萝卜冲去一趟,同你公公招呼一声。"

邹靖华正有这个打算,第二天东方泛白,她就去了萝卜冲。

许子贵没有什么好说的。他觉得儿子十年无踪影,苦够了儿媳。许家欠下儿媳这么大的债,如今她无论做什么,他这个当公公的都张不开口。

邹靖华望着公公佝偻的腰背和满头白发,眼里禁不住涌出泪来。艰难的岁月,已经把这个苦命女子的情感与许家老老少少紧紧地联系在一起了。过去,她除了自己默默承受之外,还替老人分担了数不尽的忧愁。每每看见善良的老人带着深重的愧疚与忧伤的眼神,她的心就碎了！如今说走就走,而且又是那么大老远的,邹靖华真有些难以割舍。

用了一整天时间,邹靖华把公公的被褥和要过冬的棉衣一件一件拆洗干净,然后一针一线地缝制起来,从清早一直忙到天黑,才收拾齐整。

天黑了,邹靖华轻轻走到许子贵身边招呼说:"爹爹,我走了！"

许子贵躬着腰,把儿媳送出门,想说什么,张了几次嘴没有说出来,最后还是说了:"桃妹子,别等他了,遇着好人就成个家吧！"

公公的这句话让邹靖华浑身一颤,止不住的泪水簌簌地滚到脸颊上。她泣不成声地说:"爹爹,您要多加保重！我这次出去,是要想法子找他。一有个眉目,

我就打信来家告诉您老人家！"

哭哭啼啼地离开婆家，邹靖华又在黑地里摸到母亲坟上。她伏在茅草丛中放开悲声痛哭了一场之后，正要起身回去，猛见身旁怯生生地立着一个人影，不禁汗毛倒竖，吓了一大跳。

运动总得有人受过

"1938年的新年过去不久，刚刚开春，延安的天特别的蓝，云朵特别的白，风虽然还像小刀子，却不怎么感觉冷。我们五十多个人在礼堂门前排好队，鼻子尖上都等出了汗。毛主席要接见我们，哪有不激动的！那时候他已是我们党、我们军队当之无愧的领导，连斯大林都承认这一点，在莫斯科专门让王稼祥捎口信问候毛主席。其实，我们只不过等了十分钟，毛主席就从土路上走过来了。他穿件粗布棉衣，走热了，敞着怀，围巾也拿在手上，边走边跟身边的一位同志说着什么，很忙的样子。那是我第一次见到毛主席。他比我想象中要瘦一些，头发很长，举止随随便便的，说话时乡音很重，是我们地道的湖南人……"

1967年许光达第一次被关押时，像这样的回忆几乎占据了他的全部时光。

其时，正好也是新年，许光达还住着院，上海"一月风暴"搞得沸沸扬扬，全国各地都动起来了，夺权成风，许多地区都处于瘫痪状态。

许光达吃过晚饭，医院回不成了，被造反派们莫名其妙地弄到装甲兵俱乐部。他并不知道与此同时，自己的生活秘书已带着一帮人到家里翻箱倒柜，搜查所谓"二月兵变"的"黑名单"去了。邹靖华实在看不过去，就责问那位秘书："你是当秘书的，他的东西你应该一清二楚，还胡乱翻什么？把家里弄成这样！"

秘书不管这一套，继续翻箱倒柜，最后在许光达的书箱里翻出那面日本旗："哈哈，这不是叛国投敌的罪证又是什么！"秘书如获至宝，在接下来当面向许光达"讨教"时，得意扬扬地亮出了这个撒手锏。

"你晓得那是什么来历吗？"许光达轻蔑地望着面前这个无知的年轻人，"那是我的战利品，是我亲手从日本鬼子的司令部缴获过来的，是我许光达当年同日军浴血奋战的见证！"

这是几小时之后的事了，许光达大体已经知道自己遭受"突然袭击"的由来，明白那是因为当天下午李作鹏在海军对军队院校红卫兵和三总部的群众代表煞有介事地宣布了一条惊人的消息:"贺龙要搞'二月兵变',许光达是总参谋长,王尚荣、廖汉生、黄新廷……都是黑干将!"

许光达乍听这个消息,心里咯噔一下,隐隐约约有个判断,但很快自己又给否定了。到1967年9月13日,贺龙专案组正式成立时,事实差不多又确乎证明了许光达的判断:贺龙专案组的组长是空军政治委员余立金,第一副组长是空军司令员吴法宪的秘书朱铁铮,第二副组长是北京军区唐山第一九七师副政治委员芦风岐。其时,林彪与吴法宪的关系已路人皆知,他试图通过吴控制空军之心也是路人皆知的。许光达的敏感不能不油然而生。

更何况这个专案组下设的十几个分案组,其中包括总参的王尚荣、雷英夫,总政的金如柏,装甲兵的许光达,通信兵的陈鹤桥、樊哲祥,工程兵的谭友林,北京军区的廖汉生,成都军区的黄新廷、郭林祥,武汉军区的杨秀山,新疆军区的张仲翰,空军的成均、向黑缨,国家体委的荣高堂……这些对象,绝大部分是贺龙曾经领导过的红二方面军、八路军第一二〇师、晋绥军区的干部。

军队中的"山头观念"是毛泽东从延安时期就不断批判的思想,而它在高层却始终是个"不思量,自难忘"的一段情肠,是个极为敏感的话题。许光达多么不愿意相信现实的斗争与此有关,但现实的现实却又总是那么无可回避。

秘书在日本旗上没有搞出什么名堂,心里很灰,便又拿出了许光达与恩维尔·霍查的那张合影。

装甲兵俱乐部成了审讯一位共和国大将的公堂。一个戴着红袖章的小将声调激昂地站起来,指着许光达的鼻子喝问:"你要老实交代!第一,'二月兵变'都有哪些阴谋,特别是篡夺总参谋长的罪行;第二,你鼓吹'没有技术就没有装甲兵',反对突出政治,搞资产阶级军事观点,居心何在;第三,听说你有三个老婆是不是?三个老婆啊!北京一个,老家还留着两个,这还了得,这是地地道道的重婚罪啊!"

许光达微微笑了笑,平静地说:"请你给我解释解释,什么叫作'二月兵变'?我怎么一点也不清楚?"

造反派大失所望,许光达的第一个重要问题,就是态度不好,对革命小将提出的质问竟是这种态度!

有人跳起来呼口号:"打倒许光达!""许光达不投降,就叫他灭亡!"

许光达心里说,我要是学会投降,就不是许光达了!他不紧不慢地辩论道:"哪个不晓得搞兵变是要掉脑袋的!我干嘛要把脑袋拴在裤腰带上跟贺龙搞兵变?我就那么想抢总参谋长当?我现在就是大将了嘛,又是国防部副部长,搞兵变也太不划算了嘛!我只晓得做买卖得图个赚头,亏本的买卖我不干!"

这段绵里藏针的话,扎得小将们直咧嘴。台下有人拍巴掌,有人在大吵大闹,乱作一团,审讯继续不下去了。

天渐渐黑下来了,造反派审讯不出什么结果,只好宣布:"先关起来再说!"许光达拧不过造反派,被稀里糊涂地关押起来。1967年1月16日晚,这位为自由、解放拼命苦斗了一辈子的共和国大将、国防部副部长,就这样失去了人身自由。他抱着双臂饥肠辘辘地看着窗外,黑沉沉的夜色显得异常凝重,有种悲壮的情绪油然而生:这也是斗争需要啊!革命运动嘛,总得有人受过,真金不怕烈火炼,要坚决相信组织,是非曲直自有分说,任何问题都会调查清楚。

专案组开始四处出击,在许光达的亲属身上动脑筋。

北京钢铁学院的红卫兵小将和装甲兵的造反派相互串通一气,逼许光达的儿媳曾正魁,拿出"二月兵变"的"黑名单";北京第二外语学院的红卫兵,逼许光达的养女交出"二月兵变"的"黑名单";哈尔滨军事工程学院的造反派,逼许光达的儿子许延滨和侄儿许树云交出"二月兵变"的"黑名单";专案组的人跑到许光达的湖南老家萝卜冲、跑到山西忻县原给许光达当过警卫员的蓝德明家,还是要找"二月兵变"的"黑名单"!

两个月过去了,"黑名单"终无着落,造反派一筹莫展。

"许光达,"一个小头头做出"治病救人"的样子,"好汉不吃眼前亏,我们已经掌握了大量证据,你就不用顽固不化了!你好好回想回想,我就不相信了,难道你这么多年真的一点问题都没有?"

这本身就是个毫无道理的问题。可是,一向对自己要求极严的许光达,竟然被问得难以自持了。是啊,是该静下心来反省一下自我,戎马生涯四十多年,就没有一点儿毛病?也好,就借这个机会好好检视一下自己。

许光达虔诚地铺开造反派留下的那叠稿纸,认真地对照检查起来。在党组织面前,他永远赤裸着一颗心,不存在半点隐晦曲折的念想。

"我是忠于毛主席的,同你们一样,一切听从党中央的指挥,听从毛主席他老人家的指挥……”许光达就这样娓娓道来似的写了下去。

自查文字一口气写下数万字，许光达自己也惊讶于这一行一行的自白，是如何点点滴滴书写下来的。但很快又觉得这个自我剖析不够彻底。这是检查吗？他有点痛恨自己不能沉下心来，不能写得更深刻些，写出来的竟只是这样一些轻飘飘的认识。他反复责问自己：“我许光达又不是神仙，为什么没有错误？”

謀长、团長、師长等，1932年一月負重傷，彈未出
經中央分局送往上海医治，由党中央轉送来苏
联医治，但現在医好，虽然没有大防碍，但身
体总時常感到痛苦。
我可以不担任任何職務。老婆鄒维謙是父母
訂婚，不过經过了我們的同意，她現在中学讀書，不是
党員，1928年结婚，半月後即離開了，在红軍中三年
没有通过信、現在雖何常通信，詳细情形是不知道
的。她的父親为中學教員，她有一個哥々是学生
一個哥々種田，她家裡主要生活来源是教書、其他
最近的親房，都是種田，經濟状况是富農中農等。
我在長沙師範讀了四年半書，差半年畢業，其原
因是党調我到黄埔軍校去学軍事。以前專門受
党的政治教育只有过十天（1929年中央訓練班）
入党之後，参加过國民党，以前加入过少共，(1924)
任过支部書記，1925年五月在長沙封入党，在秘
密保護之下，雷贯琦、毛澤湖介紹的。1928年
八、九月间，因苏區团被解散後，没有工作，曾向党請

许光达“文化大革命”期间的自我检查材料

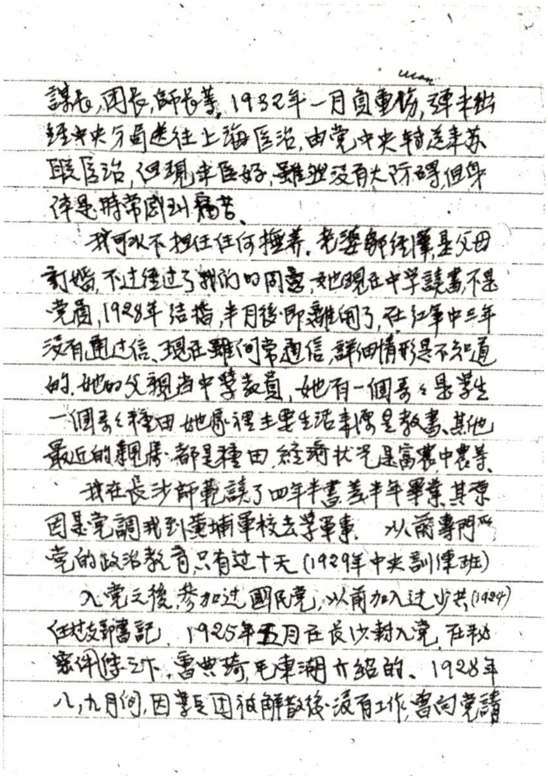

许光达陷入极度的矛盾之中。他越来越觉得不能放过自己，一种可怕的自我苛责情绪，紧紧地攫住了自己的心灵，让他几乎不能自拔。

两个多月后，红卫兵小将和造反派的审查一无所获，只能放人。释放的决定宣布得轻描淡写：“你回去吧，回家好好反省。”就这么一句话，许光达就被稀里糊涂地扔回了家。后来的事实告诉我们，这只不过是个阴谋的序幕而已。然而可悲的不是造反派释放中所包含的阴谋，而是许光达自己的内心，从此再也无法饶恕自己，再也无法放得下那份自我苛责，始终相信自己确实存在着很多错误，需要做“触及灵魂”的深刻检查。

这或许是那整整一代人的悲剧之根源所在。

接下来的日子，获得了人身自由的许光达，精神上却身陷囹圄。他自己已经无法释放自己。他固执地要继续清理自己的历史，甚至发动全家帮他把抄家剩下来的报纸杂志上过去发表的文章一一找出来，硬是要从字里行间对照检查自

己的所谓错误。他对孩子们的教诲,简直诚挚得叫人心疼!他说:"你们都参加过红卫兵组织,都写过批判稿,现在就用你们小将的眼光,认真地帮爸爸挑剔挑剔,看看我过去写的这些文章里面,有哪些不符合毛主席的革命路线。毛主席那天在天安门城楼上接见红卫兵时,亲口对我讲,要我们政治挂帅,到群众里面去,和群众在一起,把无产阶级文化大革命搞得更好!毛主席的这一指示是无比正确的、无比深刻的,我要做触及灵魂的检查,就从我们家里做起,开始触及灵魂,你们要帮帮我……"

许光达的求助,居然轻而易举就说动了妻子和儿女们。浊浪排空的时代风潮中,他们不得不向风口浪尖上的亲人伸出双手!这种既单纯而又复杂的心情,非情境中人是不能理解的。

果然,邹靖华带着子女们按照丈夫的要求,用大白纸画成表格,一边摘录许光达的文章,一边对照抄写毛泽东的语录,中间加进他们苦心孤诣想出来的"批注",指出许光达错在哪里、为什么会错?全家人就只有一个念头,要把那些错误检查写得更细致一些、更彻底一些,就像急于扔掉手上不小心沾上的什么脏东西那样,唯恐丁点儿摘不干净,而拯救不了亲人的性命!

"文化大革命"期间,许光达发动全家为自己查找问题、错误的表格式记录

这是一种怎样的精神折磨啊!问题是,它竟那么自然而贴切地附着在一个

家庭上,不痛也不痒。邹靖华带着子女们没日没夜做着这件今日看来如此荒唐,而在当时却意义深远的工作,居然一口气整理出了十几万字的检查材料!

那段日子,许光达诚恳地相信自己"有罪",渴望着能在一个适当的会议上,把这些深刻的自我解剖公布出来,这才是"灵魂深处爆发革命"啊!他甚至毋庸置疑地认为,即使所有的文字都是不白之冤,那自己也认了!运动嘛,总得有些误会,总得有人蒙冤受过,我不下地狱谁下地狱?

但是,思想何罪之有?尤其是那些称之为学术的思想。要知道,它是科学与文明的结晶,是人的生命不可或缺的一个部分啊!

林彪身边的另一个头脑

从苏联回国,一踏上延安的土地,许光达觉得自己的生命爆发了!

那是许光达的思想最为活跃的时期。火热的战斗生活,每分钟都在给人以强烈的感染。他渴望着投入:"毛主席,赶快给我们分任务吧!"一见面,他就朝面前这位比自己年长十五岁的湖南老乡大声嚷嚷。

"好说!好说!"毛泽东笑得很开心,"革命正是用人之际,还怕闲着秀才呀!"

很快,工作安排好了。许光达被任命为抗大总校训练部部长。

在陕甘宁边区五十多所干部学校中,抗大可谓是最富实力的一所学校。当时的校长是林彪,副校长是罗瑞卿,教育长为刘亚楼,张际春当政治部主任,校务部长是杨至诚。

许光达报到那天,林彪和罗瑞卿接待了他。两个人一高一矮,站在许光达面前,同时把手伸过来,搞得许光达应接不暇。

"欢迎!欢迎!"罗瑞卿说,"欢迎红色苏联回来的同志!"

林彪嘴唇动了动,没有说什么,只在脸上露出欢迎的笑容。

坐下之后,许光达发现林彪的手里正在玩一根火柴棒,好半天,才提出一个问题:"写文章吗?"

许光达说:"写一点。"

许光达立刻感到林彪的问话十分经典。他很想如实地告诉林彪,最近自己正好针对井冈山时期毛泽东给林彪的那封"星火燎原"的信,写过一篇读书心得,一些观点还想与林彪商榷呢。可林彪这句话之后,再无言语,许光达一肚子

的想法搁浅了。

林彪跟许光达说完第一句话,也是最后一句话,就把所有交谈的机会都留给了罗瑞卿。然而,许光达的心中一直在盘算林彪的那句话。若干年过去,当时三人交谈的场面已成烟云,而许光达那份读书心得却原样地保留下来:

"……最近,学习了毛泽东同志给林彪的信,这是1930年1月5日写的。"

"当时我在洪湖,可惜没能及时看到。洪湖若能按此执行之,那将会出现一个怎样好的局面呢?"

……

许光达在这篇洋洋数千言的读书心得里,从政权观念、哲学观点、农民斗争特点和红军行动策略等四个方面,对毛泽东的文章进行了深入的体悟。这四个方面又分解出若干细小的条目,条条都是冲着林彪来的。他就这样以批评的眼光悄无声息地走近了一位军事家,显现出他的个性、胆识和理论水准。

许光达军事论文手稿

这一切,林彪当时并不知晓。直到许光达的《战术发展的基本因素》和《军队的组织问题》两篇论文发表出来,林彪才突然感受到自己身边尚有另一个不同凡响的军事头脑存在。

战术发展的基本因素究竟是什么呢?

许光达认为:"战术则是由班到师的战斗方法,决定战术的因素是人、技术、地形、季候、时间的配合。"在这里,人的因素是第一位的,其次是依附于人的技术。这不正是马列主义历史唯物论的基本观点吗?

军队说到底是一个工具。许光达的军队组织学说从根本上把军队的性质、作用,军队的产生和消亡等问题,纳入了科学的轨道。

许光达的理论从不搞空中楼阁。他始终把目光盯在我军组织和训练中的实际问题上。这是林彪深以为然的地方。

林彪并没有把许光达的文章抬到九霄云际。与他后期对待毛泽东语录的态度恰恰相反,他只是在1948年辑录经典论文下发东北军区时,不声不响地将许光达的这两篇杰作收编到他的《军事参考资料选集》中。

1938年5月,组织决定刘亚楼去苏联学习,许光达接任了抗大教育长的职位。这期间,许光达的理论文章成了抗大学员乃至边区和各抗日根据地军政长官们不可不读的文字。那都是一些马列主义的辩证唯物论在当下抗日战场战略战术方面的具体生发,许多人普遍关心却模糊不清的问题,许光达毫不回避地给予一一解答,像《抗大最近的动向》《抗大在国防教育上的贡献》《论新战术》《反敌季节扫荡》等篇目,差不多成了高级首长们见面必谈的话题。

诚然,延安是一条山沟,但在全国抗战的棋盘上,它却是一座重城! 它的重量当然包括了这些即便在国民党军的营垒中,也并不多见的军事理论文字。

任抗大教育长时的许光达

许光达政治上的成熟和理论上的造诣,像清凉山的旭日那样,一点一点爬上了塔尖。

1939年,第二次世界大战爆发之际,纳粹德国以闪电战术,几乎在一夜之间横扫欧洲十四国,使得全世界的军事观察家们瞠目结舌。两年之后,这股旋风卷向了红色苏维埃,苏联举国动员,准备浴血迎敌,共产主义大本营面临着一场严峻的考验,全世界都在等待着历史的回音。

那是1941年6月22日凌晨,希特勒突然撕毁《苏德互不侵犯条约》,一举袭占了苏联的大片领土。纳粹的铁蹄哗哗东进,整个苏联处于德军的严重威胁之下。

莫斯科震怒了！斯大林正在组织一场血腥的较量。但是，面对锐气正盛、号称"天下无敌"的纳粹德国疯狂的进击，苏联能行吗？苏联会不会重蹈欧洲十四国的覆辙？

苏联是世界革命的摇篮啊！世界各国共产党人都在捏着一把汗。在中国、在陕甘宁边区、在全国各抗日根据地，街头巷尾，人们开口"时局"、闭口"时局"，迷惘、悲观、胆怯……

就在此刻，《新华日报》突然发出了一个声音：希特勒的闪击战在苏德战争中必然覆灭！这篇让人精神为之一振的文章，题目就叫《闪击战的历史命运》，作者许光达，发表时间是1941年7月31日——德国向苏联发动突然袭击之后的第三十九天。

许光达并非出于鼓动或者声援之类的动机而对时局妄加断语，而是对苏德两国政治、经济、军事和文化等诸种条件进行了具体分析之后，得出的科学结论。

论断是令人信服的："德国的闪击战如果遇到另一种新型的、代表人类正义进行战争的、有同等装备和技术，甚至超过它的军队……就会遭到悲惨的破产，在那里进入坟墓。"

历史事实果不出许光达所料，五个月后的1942年1月，苏联伟大的莫斯科保卫战便全面展开了！不可一世的纳粹军队在莫斯科近郊遭到重创，一举被歼五十余万人，元气大伤。

德军万万没有想到，在他们的目力可以够得着莫斯科城的地方，竟然寸步难行。他们不得不由此步步败退，走向彻底的垮台！

许光达的文章被人争相传看，许光达成了名人。他的名字同抗大联系在一起，成为陕甘宁边区军民茶余饭后的谈资。人们从许光达的理论水平到工作作风、从他的人才到人品，渐渐谈起他的生活，谈起他作为一名不可多见的大龄单身汉，如何看待自己的婚姻问题。

20世纪30年代末40年代初的圣地延安，人们评议结婚的标准，有所谓"二八五七团"的说法，可以理解为年龄二十八岁，干龄五年，军龄七年，团职干部等五个方面的具体条件。像许光达这样三十多岁年纪，都当上抗大教育长这么大的干部，还单身一人，几乎是没有的。

"是许教育长选择爱人太挑剔了吧！"有人私下这样揣测。

"看上去不像是啊，人家多随和呀，对谁都那样，和悦得很。那么大的干部，一点架子也不端。"更多的人为许光达辩解。

知根知底的老战友们，嘴巴没有遮拦，干脆就找上门来了："光达，恕我说句不吉利的话，你跟她离散都十个年头了，谁知道她是死是活？这兵荒马乱的，她要是不在人世了，你还苦熬个什么劲啊？别太折磨自己了。"

许光达摇摇头："我去苏联之前还跟她通过信。万一她没出意外，我另娶别人，太伤她的心，等等再讲吧！"

"等！等！你都三十多岁了！抗大漂亮姑娘多的是。"

的确，抗大的女孩子不少，许光达早已成为她们心目中的偶像。只是，人家身为教育长，姑娘们有那个心却没那个胆。当然，也有一些女孩子有事没事就喜欢到教育长房间里去请教这、请教那，或者故意绕点儿路从教育长的窗前过一趟。还有胆子大的，正儿八经委托别的同志找许光达转达"那个意思"。个别女孩子索性一封一封写信寄情，把一颗火辣辣的芳心捧给许光达……许光达总是笑一笑，说："真是对不住，我有爱人了。"

女同胞们可不相信许光达的这句话，酸不溜丢的议论一发不可收拾：

"教育长好是好，就是洋文念多了，清高孤傲。别看他整天跟咱们说说笑笑的，打心眼里就是瞧不起咱。"

"嗨，想不到这么活泼的人，却一点点感情都不懂，木头疙瘩！"

"你们是吃不到葡萄说葡萄酸吧？"

"谁呀！谁呀！人家已经成过家了嘛！"

"那……他的爱人肯定是个非常非常了不起的女性！人不但长得漂亮，而且革命觉悟也很高，会写文章、会持家、会疼人、会……反正，比咱们都强！"

议论归议论，许光达还是许光达，全身心地投入在教务工作中。由于全国各地奔赴延安的年轻知识分子越来越多，许光达接任教育长的抗大第四期学员，陡然比上期增加了近五倍，总人数达到五千五百六十二人，校舍和教职员工顿时紧张起来。身为教育长，许光达忙得不可开交。根据军委指示，学校采取强化学员大队一级领导力量的办法，实行分散教学。同时，从红军学员及各地知识青年中选拔优秀人才，经过培训后充实教职员工队伍，从而有效解决眼前

的教学困难。所有这些琐碎的工作,都需要许光达这个教育长去具体一件件抓好落实。

许光达不是事务主义者,他总是边工作边研究,干一行研究一行,所以只要是他经手的工作,很快就会规范有序、条理分明,质量和效率大不一般。为了加强抗大的基本建设,许光达深入基层调查研究,在认真总结以往教育工作经验的基础上,主持编写出旨在实现管理科学规范的《抗大组织条令》,使各部门、各单位工作有章可循,教学保障协调展开。

1939年上半年,根据中央的号召,许光达对抗大办学以来的教育行政工作,进行了全面总结,在此基础上,制定出三十种工作条例,提高了教学工作的质量和管理效能,在抗大的发展史上具有重要意义。这年的5月6日,他专门撰文,对抗大的教育教学特点进行了系统阐述。这篇题为《"抗大"在国防教育上的贡献》一文,在《新中华报》上发表后,引起中央领导同志的普遍关注。文章指出,抗大教育制度中最重要的特点,是教育与实际的统一,教员与学生的一致,集体的、自动的、互相帮助的学习制度,实际生活锻炼改造人的思想和行为,迅速的教育收效、廉价的学校,为国防教育的普及创造了一个范例。

许光达的思考还不仅仅局限于现实的工作。他在文章中写道:"由于他(指抗大)在中国共产党的领导之下,以布尔什维克的风度,克服了一切困难,并在教育的历史上创造了一套新的办法。这一套新的办法,不仅可以吸收全国各阶层广大的先进青年,教育他们适合于国防抗战实际工作的要求,在政治上有坚定的政治方向,为中华民族彻底解放而奋斗;在思想上、行动上改造了和锻炼了他们,成为中国的新人物,成为建立中国的主力军,而且这套办法也是将来建立新中国的教育制度的基础。"

文章发表之后不久,就是6月1日——抗大创办三周年纪念日,学校举办隆重的庆典活动。毛泽东、刘少奇、陈云、王稼祥、张闻天、邓发、李富春等,凡在延安的中共中央领导同志,全都出席了这个活动。庆典开始后,中央领导先后发表讲话。之后,许光达率领抗大全体人员宣誓"永远忠于中华民族和中国人民的解放事业,誓死驱逐日寇出中国,为建立独立自由幸福的新中国而奋斗到底",并"以良好的工作和学习成绩,献给民族、国家和中国人民"。那千百人齐声发出的誓言,一直在许光达心中激越与回荡着,成为他整个抗战期间和解放战争中绵延不息的心音。

除了办公、讲课、读书写文章之外,许光达最喜欢和学生打成一片。稍稍得闲,他就扎到学生中间,和学员们一块儿挖窑洞,一同上山砍柴,一起下炊事班捏窝窝头,一起打球、赛跑、较手劲、练对刺,一起开荒、种地、纺棉花、扭秧歌。在欢声笑语的抗大校园中,经常可以看见许光达夹在学员中间扯着嗓门唱:"黄河之滨,集合着一群中华民族的优秀子孙……"

可是,当夜深人静,许光达拖着疲惫的身子坐到煤油灯下,一副清秀而端庄的面孔立刻就不可遏制地占据了他整个的心灵空间。铺平稿纸,那面孔出现在洁净的稿纸上;翻开《八路军军政杂志》,那面孔又从密密麻麻的字里行间跳跃出来。他禁不住轻声呼喊:"桃妹子!桃妹子!……"面孔顷刻间又不见了。四周出奇得寂静,映着灯光的四壁,依然空空荡荡。

到延安后,许光达已记不清给长沙老家发去多少封信了,可全都石沉大海。难道她真的……许光达闭上眼睛,不忍心再往下想。

路在天涯:姑嫂手挽手

桂妹子是从桃妹子的继母那里得到消息,知道桃妹子要去延安的。她一口气跑回萝卜冲、苦竹园找了一大圈,没有找着桃妹子,就猜想她是上了母亲的坟头,因此跟着追过来。望着黑漆漆的草丛中桃妹子蜷曲的身体,随着声声悲号一阵阵地抽咽,桂妹子的泪水也哗哗地流开了。

桂妹子已经出嫁了。夫家姓黄,在长沙开了个小吃店。婆婆和丈夫都拿她不当人看,稍有差池,非打即骂,桂妹子就像使唤丫头一样煎熬着给人当小媳妇的时日。没想到隔一年,刚刚有了个孩子,丈夫就得白喉病一命呜呼了,不久,婆婆也死了。平地里又蹦出一个大姑子,一手揽着黄家的家当。这是一只地道的母老虎,比她死去的父母兄弟还要厉害。她害怕新寡的嫂子改嫁,一上来就把桂妹子全身的首饰撸了个精光。桂妹子母子被赶进一间破草房,每个月只有几块钱的生活费。早先,桃妹子在长沙袜厂做工时,时常接济她。姑嫂俩在苦难的深渊中,结下了比金子还要珍贵的情谊。

"姐,"桂妹子与桃妹子在黑地里漫无目的地走着,眼泪已经干了,"我想好了,跟你一块儿去延安!我问过爹爹,他老人家也是这个意思。我们姐妹一块出

门,万事有个商量嘛!"桃妹子当然欢喜不迭:"徐伯跟我一谈,我就想到你,可就是担心你的伢子。"

"这你不用管了,我会安顿好的!"桂妹子态度很坚决。

桃妹子望着天边的暗云和山影,狠狠地说:"我们姐妹也该跳出火坑了!是好是坏,是死是活,我们走定了!"

"姐,只要能找到五哥,"桂妹子挑起桃妹子的心事,说,"只要他还活在人世,你这辈子也就……"她心里忽觉一酸,泪水涌出来,说不下去了。

桃妹子替桂妹子擦去泪水,自己的泪水却止不住地爬到嘴角。

走了好长好长的一段路,桃妹子才从酸楚的情绪中回过神来:"我们明早就上路,你今晚回去收拾一下。天一亮,就到寿星街八路军办事处去找我,不见不散啊!"

桂妹子答应一声,就要分手。刚跑出几步,桃妹子又把她叫住,说:"把你的长头发剪了吧!"又说:"起个大名,就叫……许启亮吧,你看,启明星都上来了,天就快亮了!"

"好,我以后就叫许启亮!"桂妹子泪光涟涟,频频地点头。

几个钟头之后,天已大亮。桃妹子和桂妹子各自赶到了长沙八路军办事处。徐特立一见,说好的一个变成了两个,自然更为高兴,当即给她俩开了介绍信,详细嘱咐了行程路线,并派人把她俩专门送上了北上的火车。

车到汉口,刚停稳,便听有人喊:"快下车!快下车!鬼子扔炸弹了!"

话音未落,天空已听到飞机的怪叫声。接着,就在车站不远的地方,几声巨响,震得地动山摇。霎时,尘屑便雨点般地洒落下来。

事情来得太突然,车上的旅客毫无思想准备,一说下车,立刻争先恐后从所有的车窗往外翻,四散奔逃。一个国民党军警把哨音吹得炸耳,另一个则挺着大肚子无济于事地乱吼:"防空!防空!"鬼晓得什么叫防空,老百姓呼爹喊娘只顾用双手抱着脑袋,争先恐后地奔跑。

邹靖华也拉着许启亮在站台上飞跑,一点行李包袱,抱着不是,背着也不是。好不容易看见一幢楼房,只见门道里早已挤满了人,再没有立足的地方。

邹靖华向人央求:"让我们进去吧,就两个人。"

一个老大妈动了恻隐之心,招呼旁边的几个小伙子腾出巴掌大的一小块地方,使劲扯着邹靖华和许启亮:"姑娘,用劲挤呀!"

这时,飞机就在头顶上俯冲丢炸弹,眼都可以看清那庞然大物屁股后面母鸡下蛋似的炸弹直往下面掉,爆炸声不绝于耳,远远近近,炸一次一片火海。邹靖华她们躲避的那幢楼顶上也落了一枚炮弹,轰的一声响,人能感觉出楼房的摇晃。还好,楼房光摇晃没有倒塌(后来发现塌掉一个角),躲在楼下门道里的人纷纷感叹自己命大。

天就快黑了,火车走不动,一伙国民党侦缉队的人耀武扬威地围上来搜查。旅客们一长溜儿地排起来,邹靖华远远看见排在前面的人都被搜身了,心头紧张得不得了,一把扯住许启亮钻到墙角边没人的地方:"怎么办,搜得这么紧。"

"怕么事,我们又没带么子犯法的东西!"许启亮硬邦邦地说。邹靖华从贴身衣兜里摸出一块铁疙瘩和一张旧照片,是新婚之夜许光达送她的那块炮弹皮和许光达黄埔军校的留影。照片上的许光达,穿着军装,挎着战刀,神气得很。这两样物件,邹靖华一直珍藏在身边,再苦再难的日子,从不曾胡乱丢弃,也从不示人。现在,她担心万一让侦缉队的人搜出来了……许光达是被通缉过的共产党呀,邹靖华余悸难消。

许启亮一看是这么两样东西担心叫人搜去,就干脆地说:"姐,把它丢掉吧!五哥晓得了也会原谅的。"

"不!"邹靖华紧紧攥在手心,"我不丢,大不了是个死!"

"这又何苦来?"许启亮不解地嘟哝,"过了这一关,不就去了延安,到那里么事不好讲!"

邹靖华前思后想,终于下定决心。她将照片放在眼前仔细端详片刻,忽然一团,揉成个小球,往嘴里一塞,猛地用力咽了下去。

许启亮先是看呆了,后来就抓住邹靖华的胳膊:"你、你……"不知说什么好,接着就一个劲地帮她抹胸口。

邹靖华把弹片放在手心抚了抚:"这个就带着,管他怎么查!"

结果,侦缉队的检查并没有太严苛。毕竟国共合作搞统一战线了,邹靖华把长沙八路军办事处的介绍信掏出来亮了亮,就立刻放行了。从武汉到西安,姑嫂俩埋头坐在车厢角落里,一路聊过去。

许启亮抱着邹靖华的手说:"五哥真有福气。他要是平安无事就好了。"

"他在,我们跟他走;他不在,我们做他的事。这一世,就这样啊。"邹靖华说。

许启亮说:"你不管怎么讲,还有个盼头。可我……跳火坑是跳怕了。"

邹靖华说:"莫担心,共产党里头都是好人,还怕将来没个着落呀。"

两个女子就这样一任滚滚列车把命运带向了陌生的远方。

北方的城市大不同南方,邹靖华和许启亮在西安一下车就觉得风沙吹得人睁不开眼。人生地不熟,看着满街的国民党兵,心里老是慌慌的,就赶紧花钱找个小旅店住下来,再作打算。

第二天,姑嫂俩睡足了觉,上街去买点日用品。从店里出来,没走多远,邹靖华在满街的人流中一眼认出个熟悉的身影。

"林明伟!"邹靖华惊喜地叫了一声,就扑上去抓住对方。

被叫住的是个女孩。听到有人叫自己的名字,先是惊奇地四处张望,一见邹靖华,喜出望外:"经泽,怎么是你?"

"就是我呀!我们想去延安。"邹靖华指着许启亮,"这是我妹子。"

原来,林明伟是林伯渠的孙女,与邹靖华是女中的老同学。远在西安相见,就算他乡遇故知了,两人好不亲热。

"走,去找我爷爷,他在西安八路军办事处做事,还是负责人哩!"

"那正好,我们有介绍信要交哩!"

见到从长沙来的邹靖华和许启亮,林伯渠也很高兴:"从旅馆搬过来吧,过了节再走,就住到办事处,跟明伟搭个伴!"

真是碰了巧,这天正好是8月1日。八路军西安办事处搞庆祝活动,邹靖华、许启亮和林明伟都成了庆祝会的座上宾。

第一个节目,便是办事处全体工作人员合唱《八路军进行曲》:

> 向前!向前!向前!
> 我们的队伍向太阳,
> 脚踏着祖国的大地,
> 背负着民族的希望。
> ……

这歌声是那样雄浑、激昂,邹靖华和许启亮头一回听到这样的歌曲,精神好振奋,腰杆情不自禁地挺直了。听着听着,眼里又贮满了泪水。

"你五哥要是在,一定也会唱这个歌子!"邹靖华在许启亮耳边小声说。

"他嗓子可好听呢!"许启亮激动得双眼闪闪发亮,一眨不眨地盯着舞台,"你看呀,那几个小伙子,跟五哥真像!"

一份刻骨的相思,在邹靖华心中由沉寂而爆发。这一声巨响越来越强烈,它渐渐变成了一种希望。她想,林伯渠在共产党里面不是个大官吗?他肯定认得许多人,会不会晓得德华?想到这里,邹靖华凑近林明伟,轻轻地说:"明伟,我想请你帮我一个忙。"

"么子事啊?"

"求你爷爷打听一个人。"

"么子人?"

"还有么子人!"

"他叫么名字哟?"

"他叫许德华,哦不,后来又改了名字,叫许光达。"

十年悲欢心自知

过于巧合的事,往往会使人觉得是一个梦。

对许光达来说,这个突如其来的梦,足以洗去他一生的征尘。一切随缘而来,一切又随缘而去,唯有梦中的美妙使岁月的光泽经久不褪。许光达是个十分看重天伦的人,只是革命的理想使得他将那份柔情隐藏得很深很深。

那个疯狂的年月——准确地说是1967年8月14日,几个不知姓名的男子再次闯进许光达的家。他们没有说明任何理由,上去就扯掉这位共和国大将的领章和帽徽。当那象征着泱泱大国崇高、尊严与神圣的三点红色,被粗暴的双脚踏在地上时,许光达彻底清醒了。他已把自身置之度外——从一开始在镰刀、斧头旗帜下宣誓,一开始踏入黄埔军校起,就是这样,一生就这么过来了。于是,他从容不迫地站起身,对妻子邹靖华说:"现在看来,他们不是要我检查,而是要我的命!你要准备再过十年那样的生活!"

邹靖华不由得打了个激灵,但她很快就恢复了平静。十年悲欢心自知,一切

随缘而去,一切又将随缘而来。经过了这么多年的磨砺。她已不再刻意地去期待什么了。经验告诉她,命运总是不期然地夺去她所拥有的,而又不期然地还给她一个大的欢喜。

记得初到延安的那天,人家把她们姑嫂俩领到那个门前拴着几头叫驴的延安大旅社。此刻她并不知道,因为不知许光达是否有了新家,更不知许光达十年分别对自己的态度是否依旧,笑眯眯的林伯渠老人竟多了个心眼,不动声色地私下给许光达拍了一封电报。邹靖华和许启亮站在大车店似的延安大旅社门前,木然痴望着忙碌的人群。从黄土高坡卷过的萧瑟秋风,早把这两个远道而来的湘妹子心头刮得灰蒙蒙一片。

又到掌灯时分,邹靖华和许启亮与一大群女孩子全都被安顿在一间土窑洞里。刚要打开包袱,就见门外进来一位穿着灰土布军服的小战士,在人群中四处打听:"谁叫邹靖华?"

许启亮拥着邹靖华急忙走上前:"她就是!"

"你就是邹靖华?"小战士显得很有礼貌,"我们教育长让我来接你!"

"你们教育长?他是⋯⋯"

小战士奇怪了:"咦,你不认得教育长啊?"

邹靖华脑子转不过弯来,许启亮不解地摇了摇头。

小战士还要说什么,门外已响起一个浑厚的嗓门:"小刘,人找到了吗?"随着话音,一位身材高大的军人走了进来。

"你看,教育长来了!"小战士朝旁边一闪,"首长,客人找到了。"

天!邹靖华不敢相信自己的眼睛,面前这人不是德华是谁!

许启亮反应极快,大步跨到许光达面前,抓住许光达的手,一声"五哥"没喊清楚,泪水已经哗哗地流了出来。

"桂妹子!"许光达也认出了许启亮。因为林伯渠的电报中并没有提到桂妹子,所以他感到很意外。哥哥紧抱着妹妹的头:"你看看你看看,都成大姑娘了嘛,不哭不哭⋯⋯长得跟妈妈真像!"

突然降临的喜悦,打得桃妹子有点站立不稳。她在心里一千遍一万遍地问自己:这是真的吗?别是在做梦吧!然而,面前兄妹相逢这实实在在的一幕,使她不容置疑地回到了现实。不知道为什么,此时此刻,她反倒显得特别冷静。她闭上眼睛,长长地嘘了一口气,然后转过身去,尽量克制着自己不哭出声来。

还是许启亮回过神来,放开哥哥的手,转身指着灯影中的邹靖华:"五哥,你看那是哪一个啊?"

"桃妹子!"许光达轻轻喊了一声,一步冲上前,双手就要扶住邹靖华的肩头时,骤然又止住了。

潮起潮落,惊涛骇浪;回还流转,浪遏飞舟!邹靖华轻抬泪眼,立刻感到那股熟悉的气息扑面而来。顿时,烈日烤煳了时光,乾坤不再旋转,万籁俱寂,那个深情的凝视漫长了整整一个世纪!

许启亮扯住小战士就往门外走:"喂,帮我们搞点热水吧!"

人们也纷纷说笑着离开了房间。

十年的淤积,千般恩爱,万般思念,重逢的人啊,万语千言该从何说起?

洪流终于决堤。邹靖华忘情地扑进丈夫的怀抱里,哇的一声大哭起来。

"桃妹子,这么多年,你吃苦了!"许光达抚着妻子的秀发,也难以控制自己的感情,无声的泪滴打湿了邹靖华的耳鬓。

入夜,风清月朗,山城与土塬伴着延河的低唱一同进入醉人的梦乡。许光达和邹靖华了无睡意。夫妻二人新婚般地依偎在土炕上,一阵情话一番泪雨,没完没了。十年的委屈与辛酸、十年的坎坷与相思,一忽儿如涓涓山溪,一忽儿又似奔腾的大江。

邹靖华说:"那年端午节,收到你从上海寄回家的那封信,我当即就猜到是你自己变的戏法,还假托廖运周哩!你那几个字,特别是'德华'两个字,笔迹一看便知,蒙得了别个,还能蒙得过我呀?"

1938年8月,许光达夫妻、兄妹在延安重逢留影

"不那么做不行啊,万一落到国民党手里,还不又害了你们?"

"你呀,自己那么艰难,还尽惦着我们。"邹靖华的身子在丈夫的肩头靠得更紧,"给你回了头封信,天天夜里做噩梦。后来收到你寄来的钱,爹爹的眼圈都红

了。你也晓得,他老人家本来就愁思百结,敏感得很哩。"

"他老人家身体还好吗?"许光达关切地问。

"好么子哟,自从在清河丢了县长,干闲在家里没事做,继母一天到晚把气给他受,加上我又长期住在娘家。那阵子,我在袜厂做了一份工。"

邹靖华扼住话头,不想说自己在工厂机器旁边晕倒的事,更不想提国民党报纸讹传许德华被处决后,她痛不欲生的往昔。然而,那个令人心碎的噩梦,今生今世又怎能忘得干净?

许德华被杀的消息,使桃妹子的精神支撑彻底垮掉了。她当即奔出了家门,在荒郊野外发疯似的跑着,跌倒了爬起来,跑几步又跌倒,头在树干上撞出几个大血包也不觉痛。树枝刮乱了她的头发,野草划破了她的手臂,浑身上下沾满血迹,她也全然不顾!最后,她被一块石头绊倒了。她坐在地上,环顾四周,这才辨清了方向,发现自己原来跑进了有名的阿弥岭乱葬岗子上。

奇怪的是,一向胆小的桃妹子一点也不觉得怕。她找了一堆坟头坐下来,苦苦地想一阵,呜呜地哭一阵。过去,丈夫虽说不在身边,但毕竟有个盼头。如今,什么都没有了,婆家回不去,娘家也不好回,渐渐地,一个念头在心中越来越重:心上的人已经走了,独自活在这个世界上还有什么意思?不如清清白白跟着他一同去的好,阴曹地府兴许还有见面的机会呢!

桃妹子木木地起身,抽下自己的裤腰带,一步一步往那棵枯树走去。她将腰带搭上树干的一根斜枝,系上一个结,凄惨地环顾一眼周围的世界,不觉心头一酸,再次落下泪来。她一边落泪,一边咬住嘴唇,横下心将下颌伸向套结。

就在此时,邹希鲁赶到了。他在不远处呼哧呼哧喘着气大声喊:"桃妹子!桃妹子!"那苍凉、老迈而嘶哑的声音,像针一样扎在女儿的心上。

桃妹子禁不住浑身战栗一下,但下颌已经伸进套结,身不由己了!

邹希鲁喊了几声,便借着月光四下寻找,猛地发现女儿吊在枯树上,一下子如五雷轰顶,不知哪来的一股劲,不顾一切地扑上去,一把抱住了女儿:"傻妮子呀,千不该、万不该呀……"

桃妹子身子一软,耷拉在父亲的肩头,好在尚未走远,咽了一口气,便伤心地哭出声来。

父女俩依着那棵枯树抱头痛哭。

后来,桃妹子才知道,老父亲为了追上她,脚上的套鞋跑掉了一只,也顾不上找,就一只脚趿拉着套鞋,另一只光着脚板,路上的乱石子、碗花花在他脚上扎开几个大口子,血肉模糊。

桃妹子侥幸捡了一条命,袜厂知道她有病,不让做了,只好托人找到纱厂的另一份工作。从此,人们再也见不着她的一丝笑容。她完全成了一个木头人,每天出工、收工,干起活来不要命。遇到一点儿空闲,就一个人踅到寺庙里烧香念佛……回想那晚乱葬岗上的噩梦,她又有些后悔,暗暗发誓再也不干这样的傻事了。她私下跟爹爹说:"我真笨,真的!今后我要活下去,等着他!活要见人,死要见尸,否则,我不会先死的!"

生活折磨得桃妹子性格完全变了个样。她麻木地织袜、绣花、做纺纱女工,脸上完全没有了笑容,肺结核病依旧时而发作,沉重的病体不堪重负,生活中看不到一丝光亮……于是,她学会了抽烟,而且抽得很凶,劣质的烟草帮她赶走了疲惫,也麻痹着绝望的神经,更加重了她的咳嗽。她在无力地支撑着,死命地等待着,等待着那个绝望中的希望。

终于等到了许光达从上海寄回来投石问路的那封信!桃妹子的心里隐隐约约地感到,生活或许还有一点点指望。

见邹靖华又低着头在默默落泪,许光达便做出笑脸,说:"今天是好日子嘛,何必净想伤心事?说点高兴的话吧!"说着,就为桃妹子擦去泪水。

邹靖华赌气地推开丈夫的手:"高兴?这么多年来,我是没有一件高兴的事。"

许光达听出妻子话中有话,不由得揽紧了她瘦弱的身子:"傻妹子,你哪里晓得,这些年里,我不论走到哪里,做么子工作,受苦也罢,高兴也罢,没有一刻不记挂着你呀!"

"那可不敢说,"邹靖华心里吃了蜜似的,而外表却故作冷面,"我来问你,你在上海时,我后来给你寄去第二封信,怎么就泥牛入海,一直没得消息?"

"嗨呀——我正要回信,情况发生了变化,组织上决定让我去苏联,时间急得很。一到莫斯科,我不就给你发信了吗?怕你不会俄文,我还特意……"

"还说呢,"邹靖华打断丈夫,"接到你从苏联来的信,全家欢喜了一场,我就赶紧跟你联络,谁知人家给你接连打了十封信,也没见你一个字呀!"

许光达愕然。原来,他在莫斯科给邹靖华的第一封信中,就夹了十张用俄文

写好地址的小字条,并注明,只要回信贴上小字条,就可收到。邹靖华一一照办了。结果,十张字条贴光了,也没收到许光达的只言片语。他们哪里知道,因为国民党政府同苏联的关系恶化,两国边境的邮路早已被掐断了!

许光达叹了口气。邹靖华却撩起丈夫的上衣:"让我看看你在洪湖受的伤。"

许光达顺从地脱去上衣,亮出胸前那道半尺长的伤疤。

"呀!这么长的疤呃。"邹靖华尖起嗓子惊叫着,伸手又轻又柔地抚摸着那伤疤,问,"还疼吗?"

许光达晃了晃双臂,笑着说:"不疼了,早就好了。"

邹靖华让那散发着男子汉热力的肌肤,轻轻贴在自己发烫的脸上。

"睡吧,"许光达小声地说,"明天,毛主席还要请我们去他家做客哩!"

绝不是毛主席叫他们干的

那是邹靖华第一次见到毛泽东。

回抗大的路上,邹靖华觉得自己比从前更加懂得了丈夫。这种理解像丰碑一样,在她心中长久地矗立着。几十年后的那场浩劫中,不管谁诬陷许光达什么,邹靖华只有一个念头:丈夫肯定是对的。

显然,母亲的信念也深深地浸入了儿女们的血液中。

那一天,许光达的领章、帽徽被扒去了。当他被当作囚犯从自己的家里带走时,他从妻子的眼神里享受了一刹那的信任之后,便坦然地迈开双脚,跨出了这道神圣的门槛。

儿子和儿媳不干了,他们冲上来护住自己敬爱的父亲:"爸爸,您凭什么要跟他们走!"

"爸爸的一生都交给党了。"

"不!他们不能带你走!他们能代表党吗?可您是中共中央委员、国防部副部长!你是解放军的大将啊!"

许光达微微一笑,眼里有点潮湿,转而坚定地对孩子们说:"相信党,相信毛主席!你们也应该把一生交给党,好好学习,努力工作,跟着毛主席干革命!"

许光达就这样跨出了家门,一步一步朝着囚车走去。

第二天,许延滨和在钢院学习的曾正魁因不愿同父亲"划清界限"而双双被抓了起来。他们和许多称作"黑五类"的年轻人一样,开始过着"不予毕业、不予分配、取消学籍、停发工资、吊销户口、发配边远山区及无业待在家中"的马拉松式的流浪生活。

邹靖华万万没有想到,在两鬓斑白的年龄,命运还要让她重嚼一次"那样的生活"。

"你爸爸说得对,"邹靖华对儿子和儿媳说,"你们也要把一生交给党,跟着毛主席干革命!"

"可这……"年轻人的话是无忌的,"爸爸有什么错,他们凭什么对爸爸这样?"

"这绝不是毛主席叫他们干的!"邹靖华情不自禁地忆及当年,"我第一次在延安见到毛主席,就知他是个最和善的人!他握着我的手,一口的乡音,是那么亲切,那么让人信赖。他为了祝贺我同你爸爸团圆,特意请我们到他家里做客,说:'夫妻团圆,可喜可贺!欢迎你来抗大念书!'还问你外公的身体好不好,说他在长沙师范念书时,你外公是他的国文老师。临别时,他又送我几本马列主义小册子,风趣地说:'光达是信马列的,你可不要信佛哟!'我哪里信什么佛,那是那个苦日子逼的么。"

是的,意外重逢的日子与在延安的宝贵时光,是邹靖华一生都享用不完的财富。而在毛泽东的心里,许光达一家的重量同样是双重的,可这种双重的重量,到了1969年4月中共中央九大召开时,早已变得遥远而缥缈了。

那是在九大召开期间军队代表的一次会议上,毛泽东兴致勃勃地谈起五年前的往事,即1964年6月16日下午,他在许光达等陪同下,来到北京南口射击

1964年8月,许光达(右)陪同叶剑英观看装甲兵军事比武表演

1964年,许光达(右三)陪同毛泽东在北京南口射击场观看坦克表演

场观看坦克部队比武表演,谈起观演之后他对军队代表的讲话,强调坦克在未来战场上发挥的作用……回忆到这里,毛泽东突然想起许光达,停了一下问:"许光达来了没有?"

坐镇九大的毛泽东,居然没有想到此时的许光达不但被剥夺了参加九大会议的资格,而且早已失去了人身自由。他自然更想不到许光达被折磨得不像样子,在他发问之后的一个月,那个曾经活泼健壮的生命就结束了,含冤离开了这个世界。

听到毛主席问许光达,参加九大会议的装甲兵政治委员黄志勇站起来回答:"装甲兵是我来了。"没有人也不可能有人现场报告,身为中央委员的许光达为什么没有来参加党的全国代表大会。

当然,毛泽东也没有再问许光达为什么不来参加会议的原因。他再次听到这个名字时,是关于许光达的死讯。其时,贺龙也被折磨死了。人命关天,这样的情况是不能不报到毛泽东那里的。毛泽东为许光达最后能做到的,就是给出这样一句批示:"许光达的骨灰放到他应该放的地方。"

而此刻的邹靖华竟完全被蒙在鼓里。她依然用延安的时光强抑着内心的苦痛,强抑着对失去自由的丈夫的深深牵挂。那些寂寞难熬的日子,她格外怀念延安的往昔,闭上眼睛总是沉浸在与丈夫久别相逢的那段时光……

那真是个吉庆之日,从毛泽东家里回到抗大宿舍,一会儿工夫,许光达的屋里便挤满了人。那时候大家也没有什么可送的,就是一些木梳啦、发卡啦、毛巾啦、牙粉之类的小礼品,堆了满满一炕,祝贺的意思就全在里面了。

当然,大家也不是单单来祝贺的,好些女同胞还有想来看看教育长的爱人究竟长什么样的意思,她究竟有什么奇妙的吸引力,让一表人才的教育长如此痴心相守、忠贞不渝呢?

许光达房间的前院,是抗大秘书处女秘书们的集体宿舍。邹靖华去了之后,女秘书们常在有意无意间和她打个照面,那目光中总是含有许多复杂的内容。许光达心里很灵通,就故意把开水瓶递给妻子,说:"靖华,你到前院打点开水吧。"

邹靖华明白丈夫的用意。"打就打!"她提起开水瓶就去了前院,急得小警卫员直跺脚。

跟女秘书们一见面,邹靖华热情礼貌地打起招呼来,大方地做着自我介绍,和大家一一握手,谦虚之中含着自信。邹靖华的风度、气质这么一"展览",前后院的女同胞们个个服了许光达。

很快,邹靖华和许启亮都穿上了灰军装,被分到抗大第四队女生第二队学习,所有女学员和女秘书们都成了她们的好朋友。

幸福的日子一晃就是两个多月。

又是一个周末的晚上,邹靖华回来得很晚。一进门,见许光达在伏案工作,就情意绵绵地走到跟前,脸上泛着红晕,却不说话。

"一定有喜事。"许光达放下手中的笔,"回来得这么晚,我要罚你!"

邹靖华掩饰不住满心的喜悦:"我入党了,刚刚宣完誓呢!"

许光达惊喜地盯着妻子,好半天才一把握住她的手:"太叫人高兴了!"他兴奋地在屋里来回不停踱步:"十年了,奔来奔去,我们硬是走上了一条路,祝贺你,邹靖华同志!"

身经百战的将军,突然间快乐得像个孩子。

"还有呢,"邹靖华轻声说,"你记不记得今天还是个么日子呀?"

许光达抬头想了想,一拍巴掌,冲过去抱紧了妻子:"啊呀,我差点就忘了!10月14日,对嘛对嘛,十年前的今天,是我们俩的洞房花烛夜嘛!"邹靖华陶醉了,说话的声音都有点儿战栗:"光达,屋里还有一点酒。"

"对,喝酒!"许光达松开妻子,抑制不住内心的激动,"我还要写诗,专门为你作一首诗!"

"真的?"邹靖华的眼里闪着泪花。

这一夜,许光达成了世界上

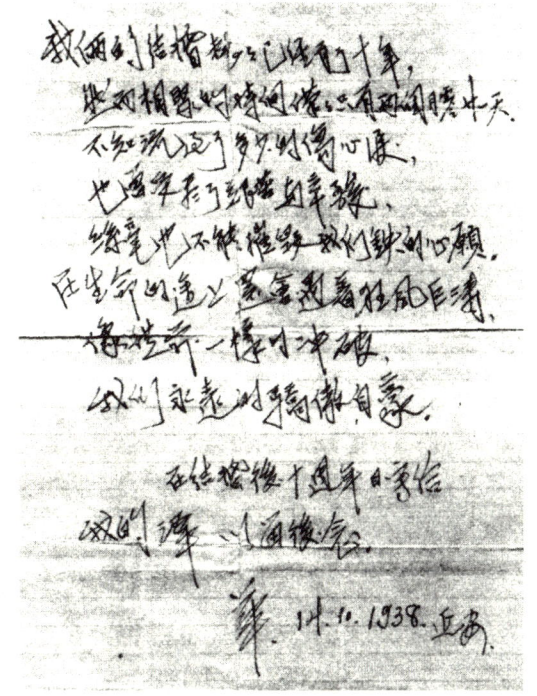

1938年10月14日,许光达为与邹靖华结婚十年纪念日所作诗手稿

最热血澎湃的诗人。他铺开稿纸忘情地沾着酒,欣欣然笔似游龙:

> 我俩的结婚整整已经有了十年,
> 然而相聚的时间仅仅只有两个月零廿一天。
> 不知流过了多少的伤心泪,
> 也曾受尽了艰苦与辛酸,
> 丝毫也不能摧毁我们铁的心愿。
> 在生命的途上还会遇着狂风巨涛,
> 像从前一样的冲破,
> 我们永远的骄傲自豪!
> 在结婚后十周年日写给我的泽以留后念。

华.14.10.1938.延安

这就是三十年后造反派们认定邹靖华"生活堕落"的证据。

"你这个老不正经的,头发都白了,还写情书。"一个黄口白牙的小将大声呵斥邹靖华。

邹靖华冷冷笑道:"伢子啊,你怎么会理解我们老夫妻呢?怎么会理解在战争年代用鲜血和生命凝成的爱情呢?"

"胡说!革命者还搞什么谈情说爱!你几十年保留许光达的情书,思想糜烂、精神颓废,满脑子私心杂念,还想腐蚀革命小将!今天,是你迷途知返的时候了!摆在你面前的光明大道只有一条,那就是:必须和许光达一刀两断!否则,革命群众就坚决把你打翻在地!"

"我和许光达结婚四十年了,彼此心已凝结在一起,是能随随便便割开的吗??!要杀要剐由你们,一刀两断办不到!"

"好哇!给你机会你不要,你还不老实,那就让你跟许光达一块儿见阎王去吧!来呀,战友们,杀杀她的威风,揪出去游街!"

邹靖华被扣上高帽,挂上白牌,名字上打着红叉叉,又一次被人簇拥着满街游斗。

茫茫长街,邹靖华望着自己蹒跚挪动的脚尖和在烈日下投下的身影,仿佛踱进逝去了的如烟岁月。

难道那九曲黄河的惊涛、那千里晋绥的硝烟、那遍洒八百里秦川的斑斑血迹……都不能证明两个真实的生命吗?

邹靖华多么希望回到从前,回到那个靠血肉而不是靠词句革命的年代!然而,一切都在现实中滑行,终于有一天,准确地说是1969年6月26日,《解放军报》将许光达的死讯以简短的消息刊登了出来。专案组的人夹着份报纸来到家里传达,邹靖华这才知道,许光达早在一个月前就已经离开了人世!

第八章　与黄河共存

校长教育理念与情报智慧内涵

抗日抗到 1940 年,蒋介石抗出了一肚子心事。

1940 年 7 月初,国民党的中央提议案出台了:强令中共取消陕甘宁边区,军队缩编到十万人以内,且全部集中在黄河以北的晋察冀地区;接着,国民党军包围陕甘宁边区的兵力增至五十万。

延安,单从狭义的军力上看,的确是"一片孤城万仞山"。然而,这却是一座存在于四万万民众心中的"孤城"! 毫无疑问,它是偌大中国的一个舞台,有一批代表着正义的民族精英,正在上演着一场空前悲壮的历史活剧。

抗大在这支浩浩荡荡的大军中,所担负的角色越来越不同凡响。它既是抗日军事、政治人才生长的摇篮,也是中共领导下抗日武装力量发展的母体,更是一支随时可以奔赴前线奋勇杀敌的战斗部队。

1939 年 6 月 20 日,中共中央决定:抗大、陕公等学校迁移晋东南。

7 月 10 日,抗大总校改称八路军第五纵队,师生成战斗建制,由副校长罗瑞卿带队,渡黄河,越吕梁,跨过同蒲路,冲破日、伪、顽封锁,历时三个月,行程两千五百里,向晋察冀边区挺进,直插敌后办学。

留驻延安本校的教职员工和学员组编成抗大三分校,首期学员多为 1939 年后沦陷区和国民党统治区奔赴延安的知识青年。他们入学时间参差不齐,重新合编为两个大队及政工队,外加参谋训练队、东北干部训练队等十五个学员队,员额仍达一千七百五十八名之众。

为加强第三分校的领导力量,军委任命原抗大教育长许光达为第三分校校长。

挺进敌后的校友们临别之际,许光达和大家依依不舍地握手告别。到罗瑞卿时,两人更是握得意味深长。过去的工作中,一个

1939年10月,许光达担任抗大三分校校长时,同妻儿留影

是教育长,一个是副校长,相互配合总体还算愉快,现在要分手了,心里都有点留恋。

"再见了罗副校长,你一路上多保重!"许光达充满感情地敬礼,"看看延安这边,还有什么要交代的,尽管说。"

罗瑞卿笑着点点头:"没什么了光达同志,过去工作有不周到的地方,多包涵了。你这边的任务也很重啊,辛苦、保重!"

许光达还想说句什么,但又觉得气氛不合,把要说的话又咽了回去。他想起前不久康生和总政治部主任王稼祥来学校了解情况,自己实实在在说了几句真话——也都是群众平时反映最多的问题,比方说干部之间的关系问题、学校搞生产做生意中的浪费问题,还有经济不公开的问题,都属于罗瑞卿分管的校务部方面,加之罗瑞卿与龚明结婚,也有一些反映……这些问题确实存在,群众影响实在很不好,许光达曾当着罗瑞卿的面直截了当提过,但在上级机关领导面前,他还是本着对事不对人的精神,尽量表述得客观和委婉。

然而,无论怎样客观和委婉,话传到罗瑞卿的耳朵里,也是个疙瘩,心理上难免有些不舒服,觉得许光达告了自己的状。

许光达下了很大决心,希望能够在分手前,最后与罗瑞卿当面解释一下,但终于还是没有成功。他觉得罗瑞卿似乎不愿意再提这件事。也可以这样理解:延安时期,大家心里都装着大局,区区个人小事,都还摆不上桌面。

大局是抗大的未来发展。如果从教育视角来说,挺进敌后无疑是抗大成熟的果子,是把实践性教学活动搬到了抗日前沿,而留驻延安的第三分校学员,则

只是枝头尚存的青涩，需要经过优质的基础教育和基本功训练，才可以堪当重任。

根据中央军委指示，许光达首先转变第三分校的办学方针，切实把中心放在教育与党的工作上，强调一切服从教育。学校针对学员特点，加大马列主义基础理论和军事基础知识的教学训练。同时，高度重视世界观的改造。

世界观的改造，是许光达开始就提出的教育理念。他认为："教育的任务，在于改造人，使之获得改造社会的工作能力。"这句话成为他的口头禅，也进入了他的学术理论文章。第三分校先后采取多种措施，落实许光达"埋头读书"、"深入教育"、"提高教育质量"的三大教育语境，并在启发学员学习自觉与积极性、促进制度化自主学习及加强横向互助、密切党政工作与专业教育的相互结合、强化教育重心的领导与实施、改善教学条件与环境建设等方面，逐步形成完整的人才培养价值体系。它的显著成效体现在沦陷区和国民党统治区奔赴延安的知识青年学员们身上，即在短短一两个月内，大家的"思想觉悟有了很大提高"。

改造人的教育理念，成为许光达的得意之笔，在第三分校第二期以八路军工农干部为主体的教学对象中，同样取得了良好效果。针对这样的学员，许光达的五条教学原则又有所不同。首先是学会和运用马列主义的观点方法，解决农民意识、私有观念和封建迷信等落后思想；其次是提高理论文化水平，增强实际工作素质能力；再次是解决阶级觉悟和无产阶级立场问题；第四是解决革命纪律与道德问题；第五是帮助他们整理经验，上升到理论原则，解决理论联系实际的问题。

第三分校几乎整合了延安所有的教育资源，以促进人才的快速成长。学员经常可以聆听毛泽东、朱德等中央领导的报告和指示，学员参加各项政治运动的实践机会更是得天独厚。许光达身为校长，不但精心组织教学，也亲自投入教学活动，讲授军事理论课，在刻苦钻研马列主义和毛泽东著作的基础上，理论研究文章一篇接一篇地发表，诸如《战术发展的基本因素》《论新战术》《军队的组织问题》等一系列学术论文，成为《八路军军政杂志》上一道亮丽的风景。

从事教育工作的人，最重要的是有一颗光明的心，既能一眼看透别人，也能一眼看透自己。许光达作为教育家的风度，在第三分校有目共睹。

1939年的秋天，学校保卫科执行康生布置的"深挖"任务，在师生中查纠"阶级异己分子"，出现个别冤案。这天许光达正在批阅文件，忽见有个年轻军人哭哭啼啼地闯进他的办公室,眼泪鼻涕成把抓,就是说不出话来。

"小同志不要着急,有么子事,慢慢讲给我听。"许光达连忙从座位上站起来,走到来人跟前,两手搭在对方的肩上,和颜悦色地安慰起来。

青年军人泣不成声地说:"许校长,你可要救我呀!"

原来这位同志在白区做地下工作时,曾遭遇叛徒强迫他脱离组织、停止一切革命活动的危难,当时情急之下,他编了一套谎话蒙过敌人,这才逃离魔爪。之后,他立刻报告了上级领导。此事发生在石家庄,早经过中共河北省委处理。到延安后,中央也组织了审查,中央组织部部长陈云,还亲自谈话做了结论,但学校有关部门在毕业分配时,没做调研,也没翻阅档案材料,仅凭履历表上历史上有何重大问题一栏对此事的记载,就撤销了这位同志的职务,开除了他的党籍,令其离开岗位,搬到延安南门外的抗大招待所,听后审查。

年轻人在招待所住了好多天,也没见上级派人来谈话。与人闲聊天时才发现,有些因家庭出身不好、社会关系复杂的人,一旦被组织怀疑,就要当作"阶级异己分子"送出陕甘宁边区,让个人自谋职业,寻找出路。这消息吓得他一路疯跑到宝塔山下,来找"平易近人"、"一点官架子都没有"的许校长申诉。

许光达察言观色,又询问了许多细节,当即心中有了数。他二话不说,拿起电话就跟学校政治部主任李逸民联系,请政治部查明真相,如实上报。结果,很快情况就搞明白了,这位哭诉的年轻人当天接到通知,重新分配工作。他觉得许光达改变了自己的一生,一生都惦记着"要忠于党,对得起许校长!"

这样的琐务在许光达三个月的校长办公记录中,几乎每天都有。他是个不折不扣的完美主义者,也是社会理性的极端崇尚者,因此工作标准总是定得很高、原则性很强,且身体力行,一丝不苟,对人对己都愿意严格地按照规矩做事,讲求科学的秩序,规范日常言行,致力于在社会理性指导下,遵循规则的准绳。这使得他势必会一睁开眼就会遇到数不清的问题需要解决。

许光达给自己肩上的担子压得太重,身体的负荷自然也会沉重不堪。心累,工作也累,同时还会不可避免地得罪人。

就在罗瑞卿带队挺进敌后不久,群众纷纷反映:罗在临行前,给妻子龚明留下了一匹马、一辆自行车,并将她送到马列学院学习。龚明将马(连同马夫)和自行车带到马列学院,还骑着那匹白马在延安到处转,多次到一些机要部门的门

前,被哨兵阻拦。情况报到第三分校让第三分校处理。

秉正的许光达,遇到这件事,想一想与罗瑞卿之间本已有的过往,也不能不感到很为难。鉴于事情已经造成的影响,也碍于同志之间的感情,经请示中央领导,许光达决定:由第三分校总务处处长周浣白经手,把白马收回学校饲养,自行车留给龚明使用,以照顾到其身体不好、出行困难,也使远在敌后工作的罗瑞卿放心。谁知不久延安审查干部,盯上了龚明,因其来自上海且背景复杂,毫不客气地被送出陕甘宁边区自谋出路。

这样的组织处理在当时的延安,是非常正常的事,而罗瑞卿的所有忌恨,自然全在许光达身上。他在"得知此事后的气愤之余",分别给周浣白和许光达写了一封信,对事情"发生于我走之后"感到"很难过",对"横加干涉"、"冷酷无情"而没有表现出"同志的面孔",深表气愤和不满。

20世纪60年代的许光达

但在许光达的心里,始终是坦然而宁静的。他理解罗瑞卿的心情,可对这件事处理的本身,也必须坚持原则。到20世纪60年代,事情过去了二十多年,延安早就成为他们共同的人生往昔,一切的纠葛也都被温馨的回忆所替代。

1965年12月8日,毛泽东在上海召集中央常委扩大会议,揭发时任解放军总参谋长的罗瑞卿反对和封锁林彪、对林搞突然袭击、反对突出政治、向党伸手等问题。许光达当时正在哈尔滨参加"四清"工作,没有参加这个会议。后在次年3月北京的军委扩大会议上继续揭批罗瑞卿的问题时,他奉中央之命从哈尔滨匆匆赶回京城,参加了会议。

这次会议在中南海怀仁堂召开,会上发言中很多人表现出过激的态度,如广州军区副司令员温玉成、总后部长邱会作,发言中就坚决主张开除罗瑞卿的党籍;空军司令员吴法宪更是口诛笔伐,发言稿洋洋万言,一口咬定罗瑞卿有野心,反对"敬爱的林副主席",向党伸手,阴谋篡夺军权,并当面质问罗瑞卿:"你跑遍全国看地形,想要干什么?不就是为了将来你自己指挥军队嘛!"

许光达坐在会场,自始至终保持沉默,一言不发。这样无限上纲地对待一个同志,完全不顾事实地扣大帽子,实在让他心痛。晚上回到家,他一直放不下这件事,直到临上床睡觉时,还在气呼呼地自言自语:"这叫怎么回事嘛,当总长下部队看看,难道也犯错误了?简直莫名其妙!"

无中生有的诬陷和上纲上线,让罗瑞卿感到了巨大的压力。觉得来自"同志"的种种侮辱到了无法容忍的地步,结果在3月18日这天,从高楼上跳了下去。幸好腿先着地,生命无恙,但导致双腿残疾。

罗瑞卿跳楼事件之后,他的所谓问题更加升级了。以此为界限,中央决定背靠背揭批,与会人员全都住在京西宾馆不许离开,人人都得表态、发言才能过关。这次会上大家的态度更是一边倒,情绪也非常激动,有人甚至写打油诗冷嘲热讽,有人指责罗"没有出息",还有人研究罗从楼上跳下来的"技术问题",为什么脚先着地而不是头……总之无所不有,许光达心里愈加痛苦,本不想发言,无奈人人过关,他只好原原本本地介绍自己从苏联回国后,在延安与罗瑞卿共事的基本情况,当然也包括沸沸扬扬的龚明骑马事件,并出示了罗瑞卿写给周浣白和自己的那两封信,讲述了外界传闻中自己和罗瑞卿之间二十多年前所谓恩怨的真相,希望大家就事论事,不要上纲上线、妄加猜度。

然而到了后来吴法宪的回忆录中,这段史实居然变成:许光达的"揭发"对罗瑞卿"震动最大",因而罗"对此很吃惊,也很生气,但是却敢怒而不敢言"。这样做的用意,无非就是想说明"文化大革命"中的错误谁都有份,是集体犯错,因而个人的责任也就无从分辨了。

好在岁月终究只承认事实,何况很多的事实并没有走远。

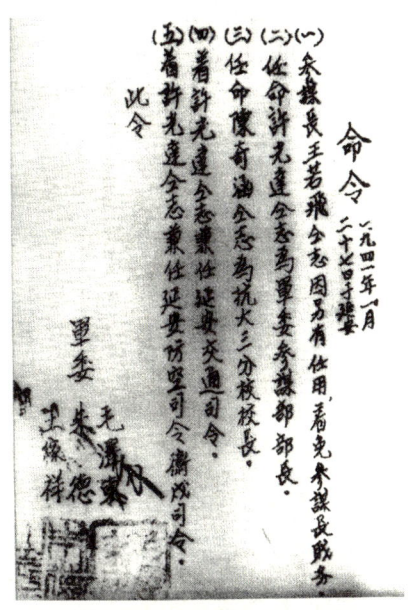

1941年1月,许光达调任军委参谋部部长兼卫戍司令员、防空司令员、交通司令员的任命书

许光达在抗大第三分校当校长的时间只有三个月,1941年初,他又被调任军委参谋部部长,并兼任卫戍司令员、防空司令员、交通司令员。这年秋天,军委参谋部与中央情报部合并,统称情报部,许光达则成了情报部一室的主任。

情报部是一项怎样的工作呢?当许光达将对政治、军事风云大势的密切关注与深入分析,转化成往来穿梭于高层之间、完成一种职业化的程式时,他会有些什么样的感受呢?

情报部不单提供情报,还须提供智慧。它让许光达纵横驰骋的才思踏碎了无数张电报纸与军用地图。这种不能依仗枪炮而只依仗笔墨的作战方式,显然需要太多的克制和慢条斯理。那么,对于一位喜欢跨着战马、踏着硝烟纵横驰骋的军人来说,它无疑是过于平和而安稳了一些。更何况,时值危难之秋,男儿岂可空怀壮烈?

按说,许光达凭借在苏联系统学习、严格训练的素质基础,加之在理论文字方面的能力优势,留在中央领导身边工作,如鱼得水,但他执意要离开延安这个权力中心,凭着一腔热血,向中央提出了请求。他希望自己能到抗日前线工作,而且条件越艰苦、对敌斗争越激烈越好。

贺龙那时是晋绥联防军的司令员,知道了许光达的请求,很高兴。趁到延安开会的机会,见到许光达说:"那好,你归队吧,到我们晋绥军区来!"

这一声"归队",让许光达听起来特别受用。自从1932年在洪湖负伤离开部队之后,许光达十年没有带兵打仗的经历了,正好暗合了古人"十年磨一剑"的说法。这十年里,许光达无时无刻不在精心地打磨他的那柄宝剑。如今,抗战进退维谷,正该是"扬眉剑出鞘"的时候了。

"老总,"许光达站在贺龙面前动了感情,"从苏联回国在延安这几年,我天天都在盼着上前线!长征那么大的苦,我又没赶上,延安的小米粥虽然香,可我喝不下去啊!"

"话不能那么讲嘛,你灌的墨水多,怎么说也要倒出来嘛!"贺龙简简单单地比画着,可说出来的话不简单,它深深地触动了许光达。

远处,是缓缓流淌的延河。许光达凝神良久,若有所思地说:"我是个军人,光流水不流血,心里不踏实哩。"

这句话让贺龙大受感动。他郑重地想了想,皱着眉头:"话不大对头,但我还是要说好！"

邹靖华来延安与许光达意外相逢的事,贺龙也都知道了。于是,他沉吟片刻接着问道:"打算单刀赴会呀,还是两口子上阵?"

"一起去！"许光达回答。

"娃儿呢?"

许光达夫妇相聚四年,已有两个孩子。老大是个男孩,就是许延滨;老二是个女儿,取名玲玲。这些,贺龙也是一本清册。

许光达笑了笑:"都安顿好了,我妹妹留在延安,儿子就交给她。女儿太小,还在吃奶,只好驮在马背上出征了。"

这些意思很快辗转传到了日理万机的毛泽东那里。

1942年,邹靖华与儿子许延滨、女儿玲玲留影

"光达,你硬要学薛仁贵呀！"毛泽东右手叉腰,左手的食指与中指之间夹着一支烟,歪着脑袋盯着许光达,像是探究又像是质询。

这时,命令已下达了,许光达为晋绥军区第二分区司令员兼独立第二旅旅长,邹靖华随同前往第二分区工作。两口子是赶来向毛泽东辞行的。

许光达不好意思地笑道:"主席,我哪敢跟薛仁贵比呀！"

毛泽东掐灭烟火,将后半截烟小心收藏到一个火柴盒里,脸上的表情也随之严肃起来:"此去不比薛仁贵轻松啊！"他走到地图跟前,指头一戳,正好就是晋西北:"这块地方位置很重要。你看,它面临黄河,同陕甘宁边区隔河相望;东南紧靠晋冀鲁豫;东是同蒲线,是交通要道。敌人很重视这个地区,因为它是晋冀鲁豫边区通往延安的咽喉,也是晋绥联结延安、联结大青山根据地的枢纽。我们在延安,同敌后各个抗日根据地联系,都要靠这个通道！"

因为地理上构成的战略地位如此重要,从1941年3月以来,日军的军事进攻、政治渗透就格外强劲,攻击方式无所不用其极,最有名的就是实行"蚕食"政

策和频繁扫荡相结合，使得晋西北根据地的面积越来越萎缩，人力、物力、财力都遭到了严重的破坏，大片土地荒芜，工商业萧条，群众没有吃的、没有穿的、没有住的，手里几乎是一无所有，部队的物质供应自然就非常不足。第二分区驻地紧靠黄河东岸，面临的形势也相当严峻，所属六个县，除了河曲、保德之外，其余神池、五寨、岢岚和偏关县城全都被日本人占领着，长城以北的清水河地区，也在日军控制之下。而黄河的西面驻扎的是国民党军队，一段时间以来，还在不断制造或大或小的摩擦。这些情况，许光达早就了然于胸。

"贺老总和军区周士第参谋长把情况都给我介绍过了，"许光达说，"听说二分区的自然条件也很差，加上敌人的疯狂掠夺和破坏，粮食和武器弹药严重不足，军民的生活十分困难，分区机关驻地保德更是如此。"

"嘀，保德呀，那是个很有名的地方嘛，饿肚皮饿出了名。"毛泽东抠出火柴盒里的半截香烟，重新点着，"我们能在那里站住脚，就是胜利！"

许光达深有领会地点点头。他知道，毛泽东所说的"站住脚"，当然不是他许光达的一双脚。晋绥第二分区所属神池、五寨、岢岚、偏关、河曲、保德六个县，有几十万双脚；部队有第七一四团、第三十六团、骑兵第九团、独立第五团、分区警卫营、教导大队，每个县还有一支一百多人的游击大队，甚至有的区里也有游击队，如此一个大摊子都要"站住脚"，并且成为一个名副其实的"通道"和"枢纽"，这才是毛泽东所说的那个"胜利"。

毛泽东这番家常式的谈话中，所包含的意味深切而绵长。许多细处的奥妙，许光达是在出发几天之后，才渐渐咂摸出来的。

吃保德小米饭顶第二分区天

从延安到晋绥军区所在地——山西兴县，就得整整跋涉三天。

东渡黄河时，初别延安的那番浪漫情怀就剩下不多了。及至踏上晋西北的残冬，热切而温柔的心就完全被严酷的现实紧紧攫住。放眼望去，大地上遍是横一道、竖一道冻裂的口子，天空灰暗，原野肃杀，谈不上草木与飞鸟，更不见炊烟缭绕，犬吠鸡鸣，到处只见残垣断壁、废墟焦土，一片死气沉沉。

奉命迎接许光达的第二分区的一位参谋介绍说："鬼子刚刚春季扫荡，这一带是日军毛利旅团梳篦扫荡地区，是他们刻意制造的无人区！"

许光达在马上同妻子邹靖华交换了一下眼神。看来,现实情况比贺龙和周士第他们介绍的还要严重。

沉甸甸的脚步又拖了一天,傍晚来临了。大家都一天没吃饭,眼睛直冒金花。邹靖华怀里的小玲玲可受不了,吸不出奶水,又没有食物喂,饿得一个劲地哇哇直哭。

孩子的哭声像针扎一样刺痛着母亲的心。而在许光达,脚下这大片荒芜的土地,也正在向他凄厉地哭泣!

终于发现一个村庄。警卫员高兴得拔腿就跑,要到村里为大人和孩子弄点吃的,但被许光达拦住了。他仔细地观察了一下,看到村子里浓烟滚滚,判断可能有鬼子,便对警卫员说:"为减少麻烦,我们绕过去算了!"

这一绕就绕出了几十里,再也碰不着庄户。直到夜深得伸手不见五指,才又在路边见着了几座东倒西歪的乡村土屋。一打听,原来已进入保德县境。

警卫员再也不放过这次机会,慌忙抱着玲玲跑到路边一个老乡家讨吃的,大人就勒紧裤腰带硬挺一下了。房东大娘看上去已过花甲,但身体还硬朗,见是八路军战士,立刻眉开眼笑地让进屋,并招呼许光达他们全都进屋歇息。

"首长,你是不知道啊……"大娘里里外外地忙乎着,嘴上也唠叨开了。她原先有一大家子人,儿子儿媳、孙子孙女,老伴比她长几岁,是个好庄稼把式。鬼子一来,三天一扫荡,两天一抓夫,地也没法种了,她老伴心里不痛快,跟鬼子拼去一条性命。儿子也叫鬼子活活打死,儿媳带着孩子躲到娘家兄弟那边,快半年了也没个信儿。大娘孤苦伶仃,"就指望咱八路军来替咱报仇哇!"

看得出,大娘的眼泪早已哭干了!这些故事在她说来,是那么平淡无奇。随行的参谋告诉许光达:"家家都这样,一肚子苦水呀!"

老大娘吐着苦水,把藏了大半年的一点小米抠出来做了一砂锅饭,又把家里仅有的两个鸡蛋也煮熟了,说什么也要大伙吃。

许光达的喉咙里像是长了刺,半碗小米饭也咽不下去。倒是小玲玲,不但吃了米饭,还把两个鸡蛋吃了个一点不剩。肚子饱了,她立刻不哭了,在房东大娘的怀里甜甜地笑着。

"延安的娃娃就是好……"房东大娘不知为啥,眼里落起泪来。

许光达让警卫员付足了钱,又专门跟大娘道谢。

"谢什么嘛,"大娘抹着泪,张开没牙的嘴,"要不是打鬼子,你还这么老远跑咱保德来?你瞧呢,这么点儿大的女娃娃,跟着爹娘就颠儿颠儿地在外面跑,遭多少罪呀!"

大娘坚持抱着玲玲一直送上了路。

默默赶了一段路,许光达对大家说:"这点小米饭吃下去,我心里踏实了。晋西北的条件是差,可群众基础这么好。有这样的老百姓,还怕么子事?我敢说,日本鬼子再猖狂,二分区的天,塌不下来。"

这番话在第二天的分区工作会议上,许光达又重复了一遍。

工作会议之前,分区政治委员王德坚持要开个小型的欢迎会。开到一半,许光达实在坐不住了,就说:"大家都一口锅里吃饭了,就不用欢迎不欢迎啦!干脆,各位都在这里,说说情况吧,我想早点儿介入工作。"

于是,从王德开始,大推磨似的,一个一个介绍过来。王德后面是司令部参谋长李文清,接着是政治部主任刘惠农、供给部部长史可全、卫生科科长周长庚。最后,机关的一些科长们也发了言。

别人在介绍情况时,许光达一边提纲挈领地认真记录,一边就把当前的工作任务归纳出四条。大家一说完,他立刻就干干净净地下达任务:

其一,派得力干部到敌后去做群众工作,在反"蚕食"中,把群众发动起来,让群众有主心骨,跟鬼子和汉奸斗争。

其二,集中领导精力,做河西国民党部队的统战工作,改善彼此的关系,解除后顾之忧。

其三,发展生产,自力更生,把所属六县的春种秋收搞起来,争取一年内做到群众不饿肚子。

其四,开展练兵运动,提高分区部队战斗力。

许光达说:"先抓这四条,把部队统统动员起来。大家一起实打实地去做,一个礼拜碰一次头,我们要见成效。"

王德政治委员受了感动,自告奋勇地去做群众工作。过去,他带领部队和老百姓反扫荡、反"蚕食",积累了一些经验。听许光达这么一说,他想好好总结总结,拿出一点新办法。生产方面的事,供给部部长史可全立下了军令状。李文清参谋长对部队开展练兵也信心很足。许光达注意到,就剩下与河西国民党部队的统战工作没人站出来挑大梁了。他期望地看了看政治部主任刘惠农,可刘惠农只顾埋头记录,始终不抬头,更不用说表态了。

第二分区管着六个县,实际上是晋绥军区至关重要的前哨阵地。如果说晋绥是华中、华北、华东名副其实的敌后根据地,是陕甘宁边区的屏障,那么第二分区就是这屏障上的一块顶门石。所以,日伪军扫荡、"蚕食"也特别用力。现实形势比想象的还要严峻:六个县之中,神池、五寨、岢岚、偏关四个敌军占领的县城封锁得相当严密,群众生活水深火热不说,还时时对另外两个我军控制的县区形成强势的军事威胁。敌人在大据点周围和公路沿线设立了许多"卫星"据点。这使我军活动受到极大的限制,非但反扫荡的周旋余地小,还随时都有受敌奔袭的危险。

"一切都要争取主动,以攻为守!"许光达决断地说,"这是我们的斗争原则。不能光等着敌人来收拾我们,我们要找上门去,闹得鬼子不能安生。毫无疑问,还是游击战,把我们的传统优势发挥出来。"

分区司令员的工作,这就算开始了。

散会之后,许光达第一件事就是把刘惠农拉到一边,小声问道:"刘主任,你怎么光压弹,不开火啊。"

刘惠农笑笑:"大家都说了,统战工作这件事肯定是我的,别人抢不去,讲不讲都一样。"

许光达立刻在心里有点喜欢这个主任。

"你有么子打算吗?"许光达问。

"打算没有用,"刘惠农说,"我们最好是先到河滩上走一走,然后再谈打算。"

这正合了许光达的意,便招呼作战科科长陈阳春说:"带我到河滩上去看看部队!"

他们来到河东沙滩上,第二分区的直属队正在这里训练。河对岸,是陕西的府谷县城。府谷往西南走,有神木;神木再往西南,就是榆林。这都是国民党重兵把守的要点。北有榆林,南有西安,延安就夹在中间。

府谷县城驻扎着国民党军第八十六师第二五八团。

这时,第二五八团的部队也在河西岸沙滩上练兵。两军隔河相望,听得清指挥员的口令,看得见士兵刺杀动作。

一条黄河,隔开两个军营。许光达望着汹涌的黄色波涛从自己的身前汩汩流过,顿时生出许多感慨。他走到一队战士刺杀队列旁边,向指挥员要了一支上着刺刀的枪,扔给陈阳春,自己又从另一个战士手中接过一支,说:"陈科长,我来看看你的刺杀动作怎么样?"话出口,枪刺也出去了,直逼陈阳春。

陈阳春是个带兵训练的好手,射击、刺杀、投弹、近迫作业,样样都是标兵。只见他枪在手上防左防右,动作娴熟,一连避开几枪,心里便暗暗吃惊:司令员的刺杀功夫不低呀!

战士们起先以为司令员不过比画比画样子、讲讲要领什么的,想不到来起真格的了。而且,许光达的挺枪、收枪,一招一式,内行一沾眼便知道非一日之功。

陈阳春开始还显得礼貌,几枪一躲,见都是真家伙,也就不客气了。两人你来我往,战得沙尘纷飞,把全场的干部战士都惊呆了。

刺完了,许光达上来和陈阳春握握手。战士们愣了片刻,突然响起掌声。

"司令员的这一手真叫硬!"陈阳春喘着气说。

一旁的刘惠农不慌不忙地笑道:"你知道你的对手是谁呀,这是正儿八经的老黄埔啊!"

陈阳春惊奇地瞪大双眼,重新抓住司令员的手,队列中的战士们也都小声地议论起来。

许光达整整军服,大声说:"黄埔也没有什么可神秘的,练兵嘛,到哪里都是一个字:严!不许搞花架子,一枪就要解决一个敌人。"

说到这里,突然从河对岸传来砰的一声枪响,我方队列中一个战士倒在沙滩上,被击中的腹部血流不止!

八路军的几个战士就地一卧,当即还击。枪响之后,只见河西岸的国民党士兵也有一人哎哟一声,栽倒在地。

两岸部队全都趴在河滩上,互相瞄准,谁也不敢动一下。

人站立在天地之间

警卫员蓝德明双手捧着半碗黑豆糊,从第二分区伙房刚跑出十来步,就听得前院司令员住处有人哇的一声大哭起来。蓝德明吓得手一哆嗦,碗落在石板路上,砸个粉碎。他来不及收拾,赶忙奔着哭声跑去。

小平房里,可爱的小玲玲已经直挺挺地躺在炕上,五官扭曲得让人不忍目睹,脸色白里透紫。

邹靖华疯狂地扑在女儿身上喊着:"玲玲、玲玲……我的小宝宝……"她眼皮一耷拉,身体抽动一下,立刻晕了过去。

蓝德明急眼了! 只好把邹靖华扶到一边的躺椅上,交给闻讯赶来的几位分区干部家属,他自己拔腿就往黄河边跑。他一边跑一边抹泪,心里盘算着见到许光达后该如何把这个消息跟他说。

玲玲的病来得很突然。到保德的那天晚上,开始腹泻不止,当时就请第二分区机关卫生所的吕医生过来看了看。吕医生诊断为急性肠炎。

"可是……"吕医生为难地摊开手,"真不好意思,一点药都没有!"

许光达皱紧眉头。他理解医生,可孩子这么小。他的儿女心重,玲玲是他的心头肉啊!"有没有土方子,想法搞一个试试?"他小声地啜嚅,显得比医生更不好意思。

吕医生说:"那就喝点醋吧!"

山西别的东西缺,不缺老醋。当晚玲玲灌了一点醋,睡得还算踏实。

第二天上午,许光达要去参加那个小型欢迎会。临出家门,他吻了吻熟睡中的女儿,不觉一惊:孩子的额头烧得如同一盆火,好烫人!

"再喂点醋吧!"许光达犹豫了半天,心中实在无奈,嘱咐邹靖华一句,就开会去了。

会开到一半,蓝德明跑过来附在许光达的耳边说:"玲玲的病情加重了,又吐又泻,医生说她已严重脱水,你是不是回家看一看?"

许光达想等会开完再回。可是,心里有事,坐不住。只好跟大家打了声招呼,临时离开会场回家看一眼。这时候,玲玲的嘴唇干裂,双眼无光,已是奄奄一息。

吕医生捧着手站在旁边。看得出来,他已经想尽了办法,实在回天乏术。看着女儿这么痛苦,邹靖华别转脸偷偷地掉眼泪。

许光达坐到女儿身边,握住女儿精瘦的小手,不知道如何是好。他轻轻地喊了一声:"玲玲……"孩子的双眼颤动了一下。她已不能像平时那样娇甜地回应爸爸,更不能用稚嫩的嗓音发出爸爸两个字……许光达眼睛有点模糊,没法再看,没法再想。好一会儿,他才醒悟似的对医生说:"再帮我想想办法,拜托你了,照看一下,我那边的会还没开完。"

许光达开完会,又去了黄河边。

蓝德明赶到黄河边时,河两岸的情况已经解除,但大家的神经还绷得很紧。

许光达问陈阳春:"类似这种隔河挑衅的情况,过去发生过吗?"

"这——家常便饭!"陈阳春说,"前不久,部队在河曲没收了一个汉奸的财产,当晚,对岸二五八团就有一个连长带着一伙兵划船过来,又是杀人又是放火,闹了小半夜。后来我们才搞清,这个连长就是汉奸老财的宝贝儿子!"

许光达不解地问:"怎么不去做做工作?就这样听之任之!"

"谁说没做工作,每次挑衅事件一发生,我们都过河去抗议一下,公开宣传国共抗日统一战线的道理。搞一次,好一点,可总是除不了根,大摩擦没有,小摩擦不断。"

许光达听完陈阳春的介绍,在沙滩上来回踱了几步,当即定下决心:"这个根必须要除!不从根本上解决问题,统一战线名存实亡,他们一天到晚搞小动作,我们的后院就不得安宁,怎么能集中力量反扫荡?双方应该减少摩擦,我方积极主动一点,到河西去,做一做统战工作,以攻为守嘛!这样我们压力就轻了。"

"可不是嘛!"陈阳春说,"河西统战工作搞不好,我们不仅对日军背水作战,而且腹背受敌。"

一直沉默不语的刘惠农主任提了个意见:"这个工作要讲究点策略,不能光把眼睛盯着部队,指望部队正规的接触是不够的,可以把社会力量都动员起来。据我了解,河西国民党兵多半家是河东的。"

刘惠农的话使许光达大受启发。他正要谈自己下一步的打算,蓝德明气喘吁吁地赶到了。

玲玲的死,让许光达感到揪心地痛。他使劲地抱紧那个渐渐冷却的小生命,踉跄了几步,又跌坐在椅子上。他就这样长时间地抱着,不忍心松开手,心在颤抖地呼唤着女儿的名字,祈求女儿的谅解……他觉得自己愧为

许光达唯一合家欢留影,摄于1962年春节

人父。

女儿出生的日子,正赶上日本飞机轰炸延安。许光达的工作由抗大调到军委参谋总部,住处也得由山上搬到山下。

这是一个奇冷的夜晚,邹靖华生产了。许光达去办理工作移交了,陪护的护士在窑洞里生起一盆炭火。谁知,刚刚把火弄着,防空警报突然拉响,按规定必须实行灯火管制。护士慌慌张张地朝炭火泼了一盆水,顿时,炭灰满洞子飞舞,烟味也腾空而起,呛得刚出生的小玲玲哭都哭不出声来。

玲玲六个月上,因为邹靖华学习紧张,许光达的工作又脱不开身,最急迫的一段时间里,只好把她寄养到一个老乡家。半个月后,两口子想女儿,让警卫员把玲玲抱回来看看,竟发现孩子的头上、身上全长了虱子。

许光达心疼坏了,亲自烧了一锅水,给女儿洗头,又把女儿穿过的小衣服拿来,一件一件翻开衣缝,把里面的虱子捉干净。

女儿走了,只留下一张甜甜的小照。许光达把它夹到用延安的黄油纸印制的党章中间,一起揣到贴身衣兜里。这种感情伴随了他整整一生。它是将军生命中最为柔软的地方。

那是许光达身陷囹圄的1968年12月15日,儿媳曾正魁生下了一个女孩。

"她爷爷要是在家有多好!"邹靖华懂得丈夫的心。在满屋子喜气中,她格外惦记着许光达。

孩子满月之后,细心的儿媳想抱着女儿去见见爷爷,又怕看守不允许,就专门给孩子拍了一张照片,让炊事员张进保利用送饭的机会,带给许光达。

张进保偷偷把照片递给了许光达。

一种长久没有过的陶醉,突然降临了!许光达仔细端详着照片上的孙女,看着看着,眼前就模糊起来,像是蒙上了一层雾。他又想起了三十年前飘然而逝的那个小生命……

"要是能亲手抱一抱我的小孙女,该有多好!"许光达轻声地对张进保说。

张进保就告诉他,家里人也有这个打算,可担心进不来。

原先,许光达的饭菜是由家里人直接送的。造反派们不放心,改由炊事员张进保送。妻子儿女的所有关怀、体贴就只有从那个中间好几个方格的保温盒里反映出来。许光达喜欢喝汤,每次送饭都要带些汤去。今天的汤一尝味道就不一

样,许光达知道,那是妻子亲手做的。

许光达捧着孙女的照片,一边看一边把汤喝得干干净净,意犹未尽,说:"可惜没有酒。"

张进保说:"以汤代酒,也是一样的。"

许光达直点头:"是的,是的。"

正说着话,看守凶神恶煞地冲了进来:"谁让你们说话的?"这家伙不问青红皂白,夺过许光达手中的照片,狠狠地扔在地上:"狗崽子的照片,哼,长大也是个反党分子!"

风暴骤然涌上将军的心头。他直起身子,一步一步逼近这个不可一世的家伙,突然发出一声雷霆般的怒吼:"你,给我捡起来!"

这个看守万万没有想到,一向温言细语的许光达,竟会震怒到如此暴烈的程度!他胆怯了,乖乖地弯下腰捡起地上的照片。从此,再也不敢在将军面前放肆了。

但是,张进保被撤下来了。许光达的饭菜改由士兵每顿到食堂去打。从此,许光达同妻儿亲情的最后一点联系也被彻底掐断了。

这对许光达的打击简直难以估量。几天工夫,他就骤然衰老得不成样子了。他是战神的骄子,他又是那样充满着人性的理想,那样看重亲情和天伦。这是他理解战争与历史乃至战争本身的最高准则,也是他充满理性色彩的人生境界,是这种境界的最高体现。

当年,许光达到晋西北时,第二分区范围内团以上干部绝大多数同志没有老婆,有的年纪都到四十岁了,还是光身一人,每天背着盒子枪冲冲杀杀。许光达对这件事的焦虑,不亚于抗击日军的反扫荡。

"这么多光棍可不行啊!"许光达在大会上就这么喊起来了,"战争是残酷的,可它毁灭不了人的七情六欲!不管日本鬼子搞什么'三光政策'、'五光政策',我们根据地的军民也得照样结婚、生孩子嘛!毛主席说抗日战争是持久战,不结婚、不生孩子能持久吗?天、地、人,人在天地之间,人是不可战胜的!我们根据地的军民也是不可战胜的!"

许光达的这把火从邹靖华身边烧起。他要妻子把分区的家属们都发动发动,大家都来替光棍同志搭搭桥。而后,这火又从第二分区的小院子烧到了晋西北地委,烧得军队和老百姓一片欢腾。

河西国民党军第二五八团的团长叫高致国。当时,所谓统战工作,主要对象就是此人。许多同志觉得,这个姓高的年轻气盛,仕途上青云直上,心性硬得很。做他的工作,怕是难度较大。许光达有自己的见解:"我就不相信,他高致国就不是娘老子生养的?只要他是父母所生、父母所养,只要他是炎黄子孙,我就不相信他会没有一点血性,没有一点亲情!"

"司令员同志,这是对敌斗争。"有人提出不同意见。

"对敌斗争也是对人斗争,兵书上还有'攻心为上'呢,人有恶的一面,也有善的一面。我们现在是搞统战,你不扬善避恶,怎么个统法?"

地委领导被许光达说服了,商定派第二分区供给部的政治委员李三楼和保德中学校长范若愚二人以八路军第一二〇师独立第二旅参议员的身份,去河西找高致国等人,动之以情,晓之以理,宣传我党我军的抗日主张。

这着棋果真奏效。一段时间,高致国的队伍不再放黑枪了,也不过河抢劫、闹事了。遇有上峰视察河防,非得对河东的八路军"有所表示"时,高致国还事先暗中通知河东。放枪的时候,子弹多半是飞向天空的。直至有一天,高致国竟派人给许光达送来一封请柬,邀请许光达到河西赴宴。

事情来得太快了!急剧升温的热情,让第二分区几乎所有的领导同志都产生了怀疑:这是不是一桌鸿门宴?

许光达沉思片刻,说:"就算是鸿门宴,我也要去当一回沛公!"

政治见解与父母之邦

高致国看上去颇有少壮味道,但说话倒还老成。

宴会一开始,宾主的致辞得体而富有诚意。之后,高致国给许光达及随行的另外三人一一夹了菜,谦恭地说:"几个家常小菜,不成敬意,就是想请许司令过河叙谈叙谈,交个朋友。"

"本来就是一家人嘛,"许光达说,"高团长这个朋友,我交定了!"

高致国作陪的几名副官一齐随声附和,只有一名政训处处长脸上的表情干涩,说不出是什么滋味。早在渡口迎接时,许光达就注意到这个皮笑肉不笑的家伙,见面时阴阳怪气,很不友好。许光达跟随员们交换了一下眼色,大家心中都

存有一份戒意。

杯盏交错之中,许光达款款地阐述我党我军的抗日统一战线政策。他把希望彼此合作、减少摩擦、共同对敌的态度,在不经意间表达出来,既不硬,也不软。

高团长对此深表赞同。

这时,那个政训处处长举起酒杯伸到许光达面前,碰了一下,自顾自地呷了一口,边抹嘴唇边露出一丝阴笑:"许司令统一战线的高论,兄弟佩服得五体投地。不过,您对部队的约束方面,兄弟却不敢恭维呀!前几天,贵军隔河打伤我方一名士兵,这事想必许司令也深知内情吧?"

许光达一听,从容地笑了笑:"这件事我是亲眼所见。"

"哦?"高致国不解地望着许光达。

许光达把玩着酒杯说:"凡事都有个来龙去脉。那天,我军正在河滩上训练,是贵方士兵首先开枪打伤了我方战士,我方部队才被迫还击的。"许光达调整了一下姿势,声音也扬了扬:"各位跟我军打交道都不是一天两天了,大概也知道我军历来的原则吧,那就是:人不犯我,我不犯人;人若犯我,我必犯人!"

政训处处长把头摇得像拨浪鼓:"我早就查实,我方打伤贵军士兵纯系走火,并非有意挑衅呀。"

"处长先生,看上去你也有几年兵龄,怎么连常识都不懂?隔着一条黄河,如不是瞄准射击,能够击中人吗?如果真像你说的那样是枪走火,也该打中你们自己的弟兄才是呀,怎么偏偏打中一河之隔的我方士兵呢?"

包括高致国在内的几名国民党军陪军官,全都低着头,没有言语。

不行!许光达想,得让高致国表态!于是,他转问高致国:"高团长,你说我的话有道理吗?"

"这个……在理,在理。"高致国结结巴巴地朝政训处处长白了一眼。

许光达穷追猛打:"既然如此,高团长总不会听之任之吧?"

"容兄弟进一步查实,重责不贷!"高致国在无路可走的情况下,表了一下态,并故作姿态地对政训处处长喝道:"回头给我好好查一查。"

"是。"政训处处长瘟头瘟脑地答应了一声。

许光达露出满意的笑脸,起身举杯相邀全场:"诸位,国难当头,生灵涂炭,两党合作是历史的必然。我们都是炎黄子孙,不论政治见解怎样,父母之邦总不能不要。我们的口号是'中国人不打中国人！'大家都是中国军人,凡是有点血气,就该枪口朝外,共负守土之责！高团长,你有一团之众,理当为国效命沙场。让我们挽起手,做一番民族英雄的业绩,流芳千古！而绝不做民族的罪人,遗恨子孙！望团长三思而行。"

话到酒到,许光达一饮而尽。

高致国是真被打动了。他也举起酒杯朝满桌的十几张脸打量一遍,说:"许将军金玉良言,我高致国今后如有半点负罪之心,就他妈不是中国男人！"

大家鼓起掌来。掌声中,许光达举杯提议:"为河东、河西两军真诚结成统一战线,干一杯！"

接着一片叮当碰杯的声音,举座开杯。就连那个政训处处长也不得不做出诚恳的样子,举起酒杯一饮而尽。

这次赴宴很成功。许光达发现年纪不大的高团长,倒还真有一点民族责任心和正义感。除此之外,还有别的什么意图吗？许光达分析,高致国还想试探一下我军的态度。而这后面,甚至会潜藏着日本人的影子！

河西的情报很快证实了许光达的判断。最近一个时期,日军对高致国下了不少本钱。这让高致国左右为难：日本人有钱有势,但要投靠日军,不但河东的八路军会吃掉他,当汉奸的名声也背不动;可是,投靠八路吧,八路军能顶得住日本人吗？他心里七上八下,摸不着底。

许光达想:那就让他来见识见识我们八路军吧！他让陈阳春"好好整理一下队伍",又让刘惠农亲自给高致国送去一份请柬。"有来无往非礼也,我们也请他一次,如果他们肯来,说明对统战有几分诚意;如果他们不来,我们也做到了有理、有利、有节,今后关系搞不好,责任就在他们。"陈阳春和刘惠农这两件事办得都很漂亮,许光达坦然地等候高致国的消息。

日子到了,高致国不失约。随员也是三人,其中包括那个政训处处长。

许光达同样迎到渡口,握手之后,说:"时间还早,高团长有没有兴趣逛一逛保德,看看我军的训练和生产情况。"

这正是高致国求之不得的,立即满口应承。

许光达胸有成竹地陪同高致国一行参观了八路军的训练、生产,又参观了保德城的抗战秩序,特别是民兵的地雷战演习,看得高致国目瞪口呆。他怎么也

没想到,日军反复地扫荡,竟不能使抗战军民的斗志有丝毫削弱。相反,整个保德城斗志昂扬,秩序井然,军民团结,生机勃勃。他没法不在心里暗暗吃惊:八路军这个队伍,不可等闲视之。

"许将军治军有方,卑职敬服!"高致国趁着同许光达单独走在一起时,小声嘟哝了这么一句。

许光达摆摆手:"不,不是我许光达个人有什么能耐。保家卫国,众志成城,这是我们中国人的传统精神!今天,谁人坚持抗日,谁人就能得到民众的拥护。这个道理,我相信高团长不会不明白。"

高致国连连点头:"中国男儿要都像许将军这样,咱国家就有希望了。可惜呀,太少太少啦!"

"话不能这么说,高团长就很有血性嘛!"

"惭愧,惭愧!惭愧之至。"

许光达豪迈地说:"我们中国是不能灭亡的。我们是一定能够战败日军的。现在,一些中国军人得了恐日症,连那些小脚老太太都不如!日本人有什么可怕的?他长了三头六臂啦?你知道,前不久日军扫荡晋西北,牛皮吹上了天,结果呢,我们在甄家庄一个歼灭战,就干掉他七百多鬼子,外加一百多伪军。日军的五十九旅八十五大队,被我们打个稀里哗啦,进犯保德的日军也被打得狼狈逃回,这些都是明摆着的事实嘛。我还可以告诉你一个数字,来保德的田村大队日伪军,被我们一口气吃掉三百三十多人!"

"嗬哟!"高致国张大嘴巴。

许光达略略抬高声音问:"听说高团长同这个田村还有过交道?"

"误传误传,全是误传!"高致国的脸一下子红到耳根。

什么"误传",许光达讲的全是事实。田村的确派人来找过高致国,向高实施诱降,而且开出的条件还很高。

见高致国尴尬至此,许光达的口气转换过来:"误传就好,我想高团长也不是那种人。"

高致国顺竿子就往上爬:"我高某不敢说气节,良心还是放在这里的!"他朝自己胸口按了按:"给日本人当狗,留千古骂名,我才不干哩!"

"高团长,我知道你是个有气节的人。不过你在河西是看不清抗战形势的。

在我们河东,你会看到,日军的扫荡越多,我们就越能够发展。因为,战争的伟大力量,最深厚的根源是在民众当中,百姓才是不可战胜的。"

高致国感慨深重:"许将军不愧是黄埔高才生,言必成理,对兄弟的教益实在是太大了!"

"这可不是我许光达的理论啊。"

"那是?……"

"毛泽东!他说过,'战争伟力之最深厚的根源,存在于民众之中',事实也正是如此。"

提及毛泽东的名字,高致国不言语了,双方似乎都有点触电的感觉。许光达随和地笑了笑,避开敏感话题,说:"高团长,我们一向以抗日为重,注重同友军的团结,希望你不要听信挑拨,做出对不起朋友的事。"

"这话从何而起,我高某对朋友从不含糊。"

许光达看了高致国身后的政训处处长一眼,说:"据我所知,最近河西二五七团和你们二五八团又有些人在鼓捣袭扰我河防的事。我打算派人转告你们高双成师长。我想,我们都应该杜绝这类事情发生,否则,后果……"

"这事我怎么一点也不知道。"高致国摊开双手。

许光达说:"你不知道,你的政训处长怕是很清楚吧!"

政训处处长像针扎了一下:"这个……俗话说,一个巴掌拍不响,许将军的部下是不是也有……"

"我保证,我方如有不守信用之事,我将严惩不贷!"许光达严肃地挥着手。

高致国脚下一顿:"这也是兄弟我的决心。许将军,你放心,少数官兵滋事生非,兄弟回去后一定惩办!"说着朝政训处处长瞥了一眼,瞥得政训处处长打了个激灵。接下来整个宴会自始至终,这家伙再没说第二句话。

四天之后的一个清早,许光达刚到办公室,分区政治部的敌工科科长便把国民党军第二五八团那个政训处处长引了过来。一见面,政训处处长一躬到底,恭恭敬敬地递上高致国的一封信,说:"许司令,高团长差卑职前来,是有一事相求……"

保德最像样的秋天

河曲保德州,十年九不收。

丈夫走河口,一去不回头。

这首民谣把保德地方百姓的贫困历史,唱得淋漓尽致。何况时值抗日期间,战乱连年,日军野蛮的"三光政策"和国民党的经济封锁,双管齐下,使这个本来就土地瘠薄、干旱多灾的地方,更加财源枯竭,民不聊生,连产量极低的黑豆、莜麦之类也种不下去收不上来。老百姓除了远走他乡,就再也没有别的活路了。

八路军的困苦更是不堪言说。第二分区当时的供应标准极其低下:不论干部战士,没有菜金,没有油盐,每人每天唯一的主食是七两黑豆。被装方面就更谈不上了,一个班只发两条被子。晚上睡觉,四五个人躺成一圈,伙盖一条被子。吃黑豆屁多,大家开玩笑说,一个屁炸倒好几个伤员。

没有粮食,没有布匹,没有武器弹药,没有药品……许光达一到第二分区,什么都没有,脑袋立刻就大了。

开会时,大家眼睛都瞧着新来的司令员。许光达说:"司令员的皮剥下来也熬不出三两油,还是毛主席的那个老办法,自己动手,丰衣足食,延安大生产运动不也是这么搞起来的吗?延安能搞,保德为什么就不行?"

供给部部长史可全耷拉着脑袋:"大生产不是不想搞,手里连把镬头都没有。再说,肚子里没东西。"

"铁匠铺呢?"许光达头上冒着汗,"炉子不起火,空叹一辈子也做不出一把镬头啊!就开春了,种子该点的点,肥料该备的备,一家一家,男人下地女人纺棉花,袖起双手晒一冬天太阳也晒不出一件棉袄来!一万个零不如一个一,不去动手干,永远什么都没有。"

许光达让史可全拉个计划出来,从开春排起,所有部队都帮老乡把地种起来,一个班包两户,沟沟坎坎,只要有泥土的地方,都得种上庄稼。机关老老少少,全部发动起来纺棉花,任务分到人头,超额的有奖,完成不了受罚。

"武器、弹药和药品怎么解决呢?"

"找鬼子要啊！"许光达说，"我们的兵工厂在鬼子那里。"

这股旋风可刮得不轻。不到半个月时间，第二分区不论军民，没有闲人了。分区机关是一面旗帜，所有干部和家属都投入到生产中去，带头开荒种地、养鸡养猪、纺纱织布。

许光达家里有两台纺车。晚上，一盏煤油灯下，司令员两口子一纺就是一个通宵。

秋天就这么纺出来了。

这是保德地方最像样子的一个秋天。地里的庄稼虽然说不上好，可总归是有东西可收。老百姓的心是容易安的，部队的士气精神也不比往常。鬼子的扫荡多了一个名目：抢粮食。但是，反扫荡的军民觉得，这跟制造无人区的滋味大不一样啊。

河东的辘轳碾子和枪炮声响成一片，让毫无动静的河西感到眼馋。高致国第二五八团驻守的府谷县，这年颗粒无收。过河赴宴之后，他心事重重地想了好几天，终于派政训处处长带着一封信过河来求许光达，希望能到保德购买一批粮食。

1944年秋，许光达在晋西北麦子丰收后的喜悦

许光达看完高致国的亲笔信，问那个已经直不起腰来的政训处处长："难道你们的军粮还不够用吗？"

政训处处长的嘴脸变得出奇的难看："许司令员，您是有所不知，上头的军粮是看人下拨……"他立刻意识到自己说走了嘴："我团……已有半年没有领到军粮，数目字是有，那是写在账册上的，实打实的米面迟迟领不到手，上头让我们自己筹粮。您说，这自古以来就是吃粮当兵……唉，偏偏今年河西又歉收，弟兄们一日三餐没有一顿饱饭，都饿坏了！"

许光达脑子转了一下，决心便定了，但他脸上仍故作沉吟状："处长先生，如今的粮食就是老百姓的性命，这个忙，恐怕……"

"许将军！"政训处长急了，"我知道兄弟是没有面子，可高团长他……您

就不看僧面看佛面,我们有几千兄弟,您得开恩哪!"

"那好吧,你先去休息,待我们研究好之后,再给你答复。"许光达说。

这事不用研究,光是第二分区机关的干部战士就通不过。大家议论纷纷:"这不是养虎为患吗?再说,我们的粮食来得容易吗?"

许光达召集地委的同志专门开了会,反复研究后,做出了允许国民党军第二五八团过河买粮的决定。为了统一大家的思想,解除心头的不痛快,许光达亲自向分区机关和直属队的干部战士做解释:"二五八团迟迟领不到军粮,说明他们不是蒋介石的嫡系部队。我们应该利用他们内部的矛盾,把这个团拉住,巩固统战工作。大家想一想嘛,这个团在对日问题上,基本上保持了中立,没有倒向日本人的怀抱,这对我们很有利。如果我们不卖粮食给他们,逼着他们去找日本人要,麻烦就来了,我们就会腹背受敌。相反,我们适当卖点粮食给他们,同时讲点条件,要求他们卖给我们一些弹药、布匹和药品,也解决解决我们的燃眉之急,互通有无,打破国民党的经济封锁,何乐而不为呢?同志们不要感情用事,考虑问题要放长远一点嘛!"

问题一挑明,大家开了窍。这粮食,该卖!

几天之后,十几艘木船由河东驶向河西,船上装满了刚刚收获的新粮。高致国等候在岸上,船一到,连忙迎上来同随船而去的第二分区联络员握手,好不感激:"许司令够朋友!"八路军所需要的药品、布匹、弹药,他已全部运到河岸上,一手交粮一手交东西。高致国凑近联络员的耳边说:"回去告诉许司令,用得着我们的话,只管捎个信,我们一定尽力!"

许光达说:"这个口子要扩大!"

经过一番联络和协商,河东的第二分区同河西的国民党军第二五八团达成了八条协议。其中,除团结抗日、防止摩擦、打击汉奸、严惩挑衅肇事者外,还特意写上一条扩大双方贸易的条款。

从此,河东的粮食和煤炭,河西的弹药、布匹、食盐和药品,彼此交换不断。

保德,一盘死棋变成了活棋,成了晋西北一面真正的抗日旗帜。许多开明士绅、学子贤人,纷纷从敌占区逃出来投奔保德。

武进卿就是其中的一位。

武进卿是五寨县博学多才的老先生,大半生的心血都放在教育事业上,民族正义感十分强烈,为人刚直不阿。五寨挂上太阳旗之后,他不甘心当亡国奴,跑到保德。抗日政府就委任他为保德中学副校长,同校长范若愚搭档办学。

因为有了范若愚和武进卿,保德中学声名大震。不但晋绥地区十几个县的学生把读保德中学当作最高理想,就连蒋管区的豪绅弟子,也千方百计往这里送。

许光达被聘任为保德中学的名誉校长和兼职政治委员,这成为保德中学校史上的又一道风景。

讲课是许光达的拿手戏,自从到第二分区当司令员之后,这几乎成为他经常性的工作。他在第二分区机关的形势报告,原则上每月一次。听许司令员讲课,成为第二分区干部战士和家属们最享受的周末大餐。许光达在课上既讲述当前形势,又分析发展前景,解读毛泽东的持久战思想,捎带着结合当前斗争任务,做些诸如克服困难、坚定信念之类的工作动员,每堂课都讲得绘声绘色,总是大家还没能听过瘾,时间就到了。会场里里外外静默片刻,随即爆发出热烈的掌声。

1942年5月,中共中央北方局和八路军总部联合发文,号召华北各敌后抗日根据地,党、政、军、民齐动员,把反"蚕食"斗争当作紧急任务来抓。许光达给第二分区团以上干部讲课,提出反"蚕食"不光靠军事活动,还要加强政治攻势,同敌人"蚕食"政策和"治安强化"活动针锋相对。课后广泛讨论,"诸葛亮会"上新点子攒了一大堆,这项工作立马走在整个军区前面。

那时候第二分区干部的特点是,革命热情高,对敌斗争坚决,就是政治理论和军事知识水平低了点,有时候工作主动性不到位,标准也不够高。许光达就下大力抓营以上干部,特别是对各团领导干部整风文件的学习,抓得更紧。他精心备课后,循序渐进地给大家讲马列主义基本观点,讲毛泽东对中国革命特点阐述的思想理论,并理论联系实际开展批评与自我批评,总结以往实际工作中的经验教训。课后还要督促检查,抽阅学习笔记,一份一份写批语,把干部理论水平迅速搞上去了。大家很快懂得"一切从实际出发"、"没有调查就没有发言权"等这样一些重要的观点和工作方法,各项工作水平有了明显提高。

许光达到保德中学讲课,更是深入浅出,充满着激情,让学生们一听就心领神会,热血沸腾。他还有意地消融师生间的隔阂,课后与教师学生随便地交谈。许多革命道理和对时局的见解,就在这些正式和非正式的交谈中,润物细无声

地教给了师生们。他还常把地方上的一些著名学者,如保德中学范若愚校长等这样的有识之士,请到分区机关来讲课,开阔分区机关干部的眼界,也使军政、军民关系得到深度发展,达到很高的水平。

武进卿与范若愚两位老先生,渐渐成了许光达的至交。在武、范二老先生的眼里,许光达"礼贤下士,大有政治家的胸怀"。因此,被他们认为"获益匪浅"的求教,就成了老朋友之间的家常便饭。

武进卿是教历史的。国难当头,岳飞和杨家将成了他教案中每课必提的名字。讲着讲着,老先生自己也走进历史。他把自己的全部家产捐给了抗日民主政府,把两个心爱的女儿武鉴轩、武锦轩全都送进了革命队伍,儿子也牺牲在抗日战场上,他自己成了第二分区的参议员,不过这并非是他自己要当的,而是老百姓真心实意举手选举的结果。

对这一切,武进卿的解释是四个字:"近朱者赤。"后来,他接受许光达的建议,以岳飞精忠报国的题材,创作了一个山西梆子历史剧,叫《十二道金牌》。范若愚一看本子就拍案叫绝,自告奋勇地饰演岳飞。这成为1943年八一建军节轰动保德的一出大戏。

那一天,许光达和政治委员王德商量,组织起一个八千多人的庆祝大会,特地派人到河西,把高致国以下头头脑脑的一帮军官和他们的太太全都请到河东来看戏。

《十二道金牌》开台了,单是一篇《满江红》朗诵下来,高致国额上的汗珠就直往下淌。他实在坐不住了,一把抓住许光达的手,说:"高某虽无岳飞之志,却也是个顶天立地的五尺汉子,也是个忠孝节义的炎黄子孙。请您放心,从今往后,我二五八团将严守抗日统一战线和双方的协约,决心与贵军同生死共患难,绝不再有任何摩擦!"

果然,高致国回到河西就偷偷卖给了第二分区一部富余的电台。不久后一次日军扫荡,田村大队长联络高致国"配合行动",高致国说:"老子患病未愈,不能带兵打仗!"

河东来了双蓝眼睛

一场大雪将许光达秋天的心绪悄悄收藏起来。午后,雪花飘舞的世界,显示出万籁俱寂。许光达站在窗前,尽情领略这无边无际的寂静,便觉有个脚步正在朝自己走来。脚步声终于迫近,许光达仿佛听清了那扑通扑通的心跳。

这是1944年新年的钟声。

从上年年初,国际国内形势便已开始发生重大变化,德、日、意法西斯的不利地位渐趋明显,盟军正在欧洲与太平洋战场转入反攻。国内的敌后战场,已度过了最困难的两年,正在跑步进入到恢复和再发展时期。国民党统治区的广大民众因不满蒋介石的黑暗统治而纷纷举义。

按照毛泽东给中国抗日战争所划定的原则框架,此刻离那个淋漓痛快的"最后阶段"当为期不远。这一点,毛泽东早在当年的10月30日,便以电报的形式给晋绥军区做出了暗示。

毛泽东的暗示其实只有一个挤字——"把敌人挤出去"。他要求晋绥地区认真检查根据地迅速缩小的原因,制定出积极开展游击战争、同敌人争夺地盘的具体方案。同时,他还告诫军队和地方的领导,必须振奋民心、军心,向敌人采取积极进攻的战略。否则,根据地一缩再缩,前途不堪设想。

现在,许光达便捧着这封电报,使劲地琢磨着其中"游击战争"、"争夺地盘"、"积极进攻战略"和因为"否则"而糟糕透顶的"前途",还有那个特别令人颇费思量的挤字。

第二分区机关的一个大房间里,几十个团以上干部热气腾腾地围着许光达。而窗外,正是滴水成冰的天气。

许光达说:"毛主席在这里不是提把敌人赶出去,也不是说打出去,而是挤出去!这个挤字妙不可言,里面大有文章。"

这便是许光达不同凡响的地方。他绝不盲从,尤其是对毛泽东的文电,咬文嚼字已成为他铁定的习惯。此时,毛泽东满篇的报文,他就抠准了一个挤字。他从这个简单的字眼里面,联想到毛泽东关于抗日战争是军事、政治、经济、文化各方面犬牙交错的战争这一告诫,显然,所谓挤,也就包括了方方面面。它"既是对敌斗争的方针,也是对敌斗争的方法,不仅要靠军队,尤其要发动群众"。

许光达说话的声调不高,但智慧却从他的眼里火星似的迸发出来。这就足以让所有听话的人生出心灵的震颤。

干部们膝盖上的小本本都记满了,几乎全是由挤而生发出来的文章。它包

括总的指导思想,即要在军事上广泛地开展群众性的游击战争,坚决打击敌人,粉碎敌人的扫荡,通过各种途径,把敌人挤到交通干线上去,挤到据点里,并最终一个一个地拔掉这些据点,甚至包括挤的具体方法。

许光达说:"第一,包围、孤立敌人的据点,造成敌人的困难,迫其撤走;第二,伺机乘虚攻占之;第三,必要时策动伪军反正,里应外合占领之;第四,形势需要,条件可能时,集中兵力攻占之。"

接下来,便是大量地扩充和建立敌后武工队。

八路军武工队这个响亮的名字,随着许光达的一声令下,便在晋西北土地上广为传扬。许光达规定,根据各武工队活动范围的大小,分别配备一个加强班,或是一个加强排的兵力。遇有"拔点"任务时,分区一批准,大部队就来支援。

说破了,这实际上是孙悟空的战术。拔一把"毫毛"吹几口"仙气",一个一个小"大圣"就放出去了。这些多则二三十人,少则十来个人的小"大圣",各自挥舞着金箍棒,钻进了敌占区,宣传党的政策,争取和发动群众,并利用伪军亲属做策反工作,在伪军中建立内线关系。

许光达的要求细致入微,包括区别对待敌人组织的维持会、伪村长、乡长、保长、甲长:死心塌地投靠日军的汉奸,当然要坚决打击;一面支持敌人,一面应付我方的人,也要尽量争取到我们方面来;表面为敌人办事、实际拥护我们的人,要尽量不能使其暴露,让其工作更有效以及武工队与武工队之间防止误会,敌人据点的拔除需条件成熟一个拔除一个,不互相等待,不搞一刀切等。小"大圣"虽小,却是在敌人的覆盖下活动,其复杂的协调与周详的计划不比大兵团行动逊色多少。

敌后武工队像这样钻入敌营,里外一分化一瓦解,闹得日伪军顿时骨松筋软,没有招架之势:你捉它,别说捉不住,连找也找不着。队员们穿着对襟袄,扎着白头巾,比庄稼汉还要庄稼汉。可是,他打你,你却逃不脱,一个呼哨,大部队就上来了。要一个营有一个营,要一个团有一个团。他们的身后,站着全体老百姓和以许光达为首的第二分区全体指挥员。

许光达在晋绥第二分区先后组建起大小武工队五个,全都是从正规部队个挑个挑出来的干部战士,军政素质呱呱叫。队长、政治委员由营以上干部担任,斗争经验和政策水平当然也都是一流标准。许光达要求在全区范围内,以武工队为骨干,掀起一场群众性"挤敌人"大竞赛。

这一下,许光达可以坐镇东山,决胜天下了!

日军清水支队,曾是扫荡第二分区的"功勋"支队,牌子很硬。武工队带着部队几个大袭击,就灭了清水支队的气焰。尤其是该支队的辎重队被袭,抢来的粮食和拉来的民夫全都还给了八路军,补给顿成问题,扫荡也就无从谈起。

鬼子一缩头,维持会没有依靠,屁股亮出来了。许光达瞅准这个机会,把联合武工队往上一推,十来天工夫,三十七个伪政权全都被砸了个稀巴烂,并趁机把抗日政权建立起来。部队和地方一使劲,清水河地区的五十多个维持会顷刻之间被武工队瓦解光了。

神池县伪县长张芝纲要去五寨县接任县长,消息被武工队侦察员摸到了,在神池去五寨的老牛坡,一个伏击打下来,活捉了张芝纲和一个姓金的翻译。

许光达了解到,张芝纲是明白人。他与那些铁杆汉奸和新民会的特务不大一样,是可以争取的对象。于是,交代完我军的政策,他对张芝纲严肃地说:"我知道你跟他们不一样,只要你低头认罪,改邪从善,我们是给出路的。如果能立功,还可以受到嘉奖。"张芝纲一听,立刻表示愿意洗心革面,弃暗投明。

"那好,"许光达说,"你写一篇揭露日军罪行的文章,再给你的亲友和同事们写一封公开信,劝他们改邪归正,重新做人。"

张芝纲按照要求一一照办了。

两篇文章在晋绥出版的《抗战日报》上一刊登出来,敌伪顿时炸了营,明里暗里跑到八路军这边来建立"关系"的人络绎不绝。

偏关县城伪军大队长张镇戎经过一夜的失眠,给许光达写了一封信。许光达派敌工部部长去接触了一次,张镇戎就把手下二百多个伪军稀里哗啦地带到八路军这边来了。偏关不费一枪一弹,成了八路军的天下。

晋西北捷报频传,消息不胫而走,让一个金发碧眼的外国人产生了兴趣。此人名叫简士,是美军观察组的少校。

简士少校要到第二分区境内来"观察"。通报到许光达这里,他说:"来吧,只要不怕喝黑豆糊糊,想看哪里都行,我们都欢迎!"

这把部队一些战士搞糊涂了:"美国鬼子跑来了,你司令员不揍他,还欢迎他,这叫啥阶级阵线啊!"

最后一看《解放日报》都登出来了,战士们无话可说。毛主席和朱总司令都接见了他们,称他们是"战友",说明他们再坏也坏不到哪里去。于是大家去忙乎着张贴标语,欢迎美国客人。

但是,许光达还是集合部队,把道理认真地讲了一遍。

简士犹犹豫豫地下了马,一看标语,忙皱起眉头向翻译官打听。翻译官告诉他,标语上写的都是欢迎他的话。简士笑着嘘了一口气,随之,美国人的热度上来了,像较手劲似的抓着许光达的手,一个劲地说谢谢。

许光达在黄河沙滩上安排了一个参观点,内容是小分队袭扰敌据点攻防对抗演习。之后,还有一个八路军战士用迫击炮平射敌碉堡的实弹表演。这一下把简士震傻了!迫击炮平射,还弹无虚发,谁听说过?他揉了揉蓝眼睛问自己:"我没有看错吧?"

许光达告诉他,没有看错,全是真的。

简士疑惑地望着许光达,问翻译:"这都是他带的部队?"许光达只是笑笑,什么也不说。接着就参观养猪、种菜和纺纱织布,特别是来到保德中学和在土地雷厂参观,把简士的眼睛弄得不够用。然而这个喜欢刺激的美国人却不满足,他挑剔地提出,要看日军的战俘。当他得知第二分区没有关押俘房、过去的俘房都集中到兴县的军区机关关押时,遗憾地耸了耸肩。

"这很简单,"许光达说,"简士先生如果一定要看,就请跟我到五寨的前线走一趟。我专门给你搞一次夜间捕俘,当场抓一个日军俘房给你看看。"

这不亚于是给简士注射了一针兴奋剂。

夜间捕俘任务交给了分区侦察队的何会能。

入夜,许光达陪同简士在离敌人据点不远的一个老乡家等候。两人一边等,一边下棋。夜渐渐深了,门外静悄悄的,性急的简士哪有心思下棋。他一会儿竖起耳朵,一会儿东张西望。许光达心里很踏实,他对自己的战士了如指掌。这个何会能,智勇双全,完成任务从未拉过空档。不逮着一个日军俘房,他是绝不会空手回来的!

时间一分一秒地过去,简士的耐心已经有限。他已经不侧耳倾听,也不去窗口张望,而是一遍一遍掏出怀表,嘴角不时露出一丝讥讽的微笑。

许光达坚持不露声色,棋下得十分专注。

最后,翻译官也有点为许光达着急了,小声地问:"许司令,别是有什么意外吧?"

"意外?"许光达自信地笑了笑,"除非今天晚饭后日军全部撤出了中国!"

简士急忙向翻译打听许光达说了什么。翻译一说出口,简士就叫起来:"NO……"下面的话还没说出口,不远处突然传来两声枪响。简士浑身一震,迫不及待地奔到门口。

不一会儿工夫,一阵急促的脚步声由远及近。两名八路军侦察员抬着一副简易担架,急匆匆地冲进门。许光达一眼认出走在前面的正是何会能。

简士朝担架上瞅了一眼,失望地耸了耸肩。他还以为担架上抬的是八路军伤员呢!

何会能报告:"这家伙被我们抓住后,死活不肯走,只好把他绑在担架上抬过来了!"

简士伏在担架上看了半天,见果然是个日本兵,嘴里还塞着一团棉花。他刚要说什么,门外又响起脚步声,原来,另一组侦察员也凯旋,不仅抓着两名俘虏,还牵来一条日本军犬。这条军犬显然是走得热了,舌头吐得很长,进屋就冲简士扑去,幸亏戴着嚼子,不然简士就要吃大亏。

"日本狗也这么坏!"简士开着玩笑,兴奋地同八路军侦察员们握手,真诚地赞叹,"英雄!八路军战士是真正的英雄!"

"谢谢你!"许光达说,"我们士兵绝不会愧对你的称赞!"

回分区的路上,简士显得话多起来。他诚恳地对许光达说:"前不久,我读到斯诺写的一篇文章《六千万被忘掉的同盟者》,以为那里面对贵军的溢美之词是带有倾向性的。现在我明白了,斯诺的评价是公正客观的,共产党领导下的八路军是世界上一流的部队!"

简士结束了他在第二分区的"观察",就要离开这里了。许光达设宴为他送行。简士痛痛快快地喝了几杯酒之后,说:"亲爱的将军先生,请原谅,两个星期前,我刚来这里时,对这里的一切是持怀疑态度的。观察了这么多天,你们用事实改变了我的看法。重庆和昆明的一些国民党人士说你们破坏了抗战,游而不击,是不公道的……"

许光达的答词只有一句话:"事实胜于雄辩。"最后,他将过去自己亲手从日

本军官身上缴获的一把战刀和那天夜里侦察兵捕获的日本军犬,作为礼品送给了简士。

临别这天,简士对许光达竟有点难分难舍。

"我会永远想念你的!"简士款款地拥抱着许光达说,"十天以后,至多十天,我就会将自己这些日子亲眼所见的一切,报告给史迪威将军。哦对了,那时,许将军,您会在哪儿呢?"

"我要去一个山区,那是敌占区,很危险。"许光达说。

简士仰起脸,轻轻闭上眼睛,手在胸前画了个十字,小声说:"哦,愿上帝保佑您!"

深入敌占区的风险抉择

在敌后展开的这种小群多路、遍地开花的战法,把许光达希望揳入第一线指挥,甚至亲自与日军面对面交锋的心性,压抑已久。他实在不习惯于把战事中的血火硝烟变成枯燥的公文与电码。打仗就是打仗,身为某一地区的最高军事长官,睁开眼睛见不着血火,竖起耳朵听不到枪炮,心里非但不踏实,也毫无滋味。

它是许光达的真理,或者说风格。

随着1943年春去夏来,许光达认为是时候了。他要找一个最富有全局意义的点,像刀子一样扎进去,以实现晋绥军区关于对日军发动一次强力攻势,扩大根据地,为进一步把敌人挤出去创造良好条件的总意图。"要知被子有多宽,就得往被窝里面钻",这句湖南长沙百姓口头流传的俗语,成了许光达下一步行动的理论依据。

许光达把点选择在五寨到宁武之间的管涔山区。这里峰峦叠嶂,山势险峻,是黄河谷地、晋中平原、塞北平原之间的天然屏障,历史上一直为兵家所必争,山上至今还随处可见杨家将练兵的遗迹,同蒲铁路就横穿其间。显然,它是扼守这一交通命脉的重要关口。

"我决定,亲自到管涔山区走一趟。"许光达在分区党委会上,正式提出了自己的想法。

参谋长李文清首先站起来反对:"不行!去管涔山区要通过两道封锁线,进入敌占区就更危险,连武工队都是秘密活动,你身为司令员,怎么能冒这个风险呢!"

"风险是有一些,但这是必要的。"许光达耐心地摆出自己的理由,"前一时期,三十六团袭击了凤子头,消灭了二十多名伪军。九团在阎家凹到界碑之间打的那个伏击战,也很漂亮,歼敌九十多嘛!战场形势一天一个样子,局部反攻的条件已经成熟。现在,必须抓紧时间把具备攻克条件的据点拿下来。机不可失,时不我待。管涔山区是我们对付日军的第一线,自从武工队派出之后,我们分区领导还没有去过,这怎么能行呢?眼下,他们急需帮助,急需扩大战果,为最后挤走敌人创造条件。"

李文清承认许光达的分析有道理,但他说:"分区领导去,是必要的,那也得我去。你是司令员,要统筹全盘,指挥全局啊!"

"管涔山区对全局举足轻重。要是我把这个地区弄丢了,争别的地盘还有什么意义?"许光达说话的声音也高了。

李文清拗不过许光达,只好让步。

"但是,"李文清说,"我让警卫连护送你。"

许光达不同意:"你把我看成一块豆腐啊,那么多人捧着。最多一个班,足够了!"

李参谋长对此不肯退让:"你是司令员,我是参谋长。你有你的职责,我也有我的职责,我必须保证你的安全,万无一失!"

"同志,现在是什么时候?一兵一卒都很宝贵呀!"许光达诚恳地跟李文清商量。

李文清知道许光达的脾气,知道他决定了的事,就很难改变。于是,只好捏着一把汗,让作战科科长陈阳春带一个骑兵班随许光达行动。

去管涔山区的方案确定之后,许光达带着李文清到机关和直属队各部门、单位转了转。前一年大生产的任务完成得不错,上上下下都尝到了甜头,整个分区部队粮食自给有余,冬装也没用军区下发,另外还集资、筹粮支援了陕甘宁边区。

"今年嘛,"许光达边说边掏出小本本,那是 1943 年 5 月 7 日记下的一笔明细账目,他依次读给李文清听,"全区人口二十五万,主要产品有:纸二十万刀,自己用十四万刀,出口六万刀。枣预计年产十万斤,本地可销七万斤,还可出口

三万斤。羊十万只,每只出毛一斤,共计收羊毛十万斤。果丹皮可产五万斤,出口一万五千斤。瓜果蔬菜除保证自己吃以外,还可出口五万斤。粮食:耕地是十二万垧,荒地十六万垧,能产三十万担细粮。全年吃去二十万担,大人小孩平均每人八斗,公粮六万九千斤,还余三万多担。菜油九十万斤,全年吃六十万斤,还剩三十万斤。布匹能织十三万四千匹,其中,老乡两人就有一匹,部队一共织了六千匹。还有分区机关养了大牛三十四头、小牛三头、肥猪三十七头、中等四十三头、母猪二十二头、小猪一百零三头,大白羊三百四十六只……油坊、粉坊、豆腐坊、磨坊等,仅粮油入仓价值就有一百六十多万元,出口货值三十多万元……"

李文清简直听呆了!真没想到司令员的笔记本上,居然记了这么一大摊子账目。

"文清,这也是一场战斗啊!"许光达语重心长,"毛主席说,抗日战争要打持久战,靠什么持久?吃穿问题都解决不了,能跟日本鬼子持久吗?眼下,国民党已经公开同日本人勾结,大肆破坏统一战线,对我们八路军百般刁难,不但停发军饷,还大搞经济封锁,我们只有这么干下去,才能把这种影响在我们二分区部队减少到最低限度。"

许光达已经把新的生产任务分头下达到所属各部队,连敌后武工队也不例外。任务数、质量和完成期限,都交代得很清楚。年底之前,不论交白洋,还是交布匹、皮毛,或者现成的棉衣,都可以。这会儿,整个根据地,纺车一天到晚都在嗡嗡响。即便如此,许光达还是不满足。他要赶在去管涔山区之前,给参谋长李文清再烧烧火。

一连看了几个小被服厂,都挺满意。许光达双脚不知不觉踏进郭府土地雷制造厂。这个厂是在他的建议下搞起来的。在根据地,算得上是个颇具规模的军工厂,主要解决民兵和游击队武器弹药不足的问题。

这时候,地雷厂已经生火开炼。干活的人都是民工,全打着赤膊,汗流浃背地往炉子里装填矿石。许光达站在旁边看了一会儿,劲头上来了,把外衣一脱,对李文清说:"出把汗吧。"两个人就和民工们一起肩挑手抬地干开了。这一炉矿石是由许光达亲手点火的,所以显得特别隆重。

回到家,已是掌灯时分。许光达往炕上一坐,心里顿觉冷清得难受。邹靖华带着已经从延安接过来的儿子延滨忙乎生产去了,桌上有碗菜叶黑豆糊糊,早就没有了热气。他端起来,却没有立刻去吃,思绪情不自禁地又想起死去的小玲玲,没有办法克制。一年多了,只要静下来,许光达就会这样痛彻心扉。何况,明天一早他就要离开保德去一个敌占区。

许光达无心吃饭,双脚不知不觉走出家门,走出县城,来到黄河岸边的一个小山坡上。那里有他心爱的小女儿孤零零的一堆沙土。

不知过了多久,黑地里摸过来邹靖华。

"问了几处,都说你不在,我就知道你在这里。"邹靖华轻轻地走近许光达,问,"明天就出发吗?"

"你都知道了?"许光达向妻子伸过去一只手。

邹靖华低头望着女儿安息的那丛野草:"小蓝都对我讲了,你放心去吧……"

河面上吹来阵阵晚风,让人觉出丝丝凉意。邹靖华默默地揽紧了丈夫。

好一会儿,许光达叮嘱道:"好好照顾延滨,他的身体也不好。"

邹靖华点点头,眼里有点湿润。

旧年秋冬相交,军委突然从延安拍来一封电报,告知儿子延滨得了重病,要许光达和邹靖华回延安探视。

这可急坏了夫妇俩,女儿玲玲还不到周祭呢!

那是个什么样的节骨眼啊!日军清水支队已在朔县集结,步、骑、炮兵加在一起是两千五百多人,还集中了大量民夫、大车,气势汹汹地赶来搞报复性扫荡。秋天就快来临了,敌人想用扫荡来恢复他们失去的据点,同时抢夺田野里成熟了的粮食。

第二分区迫在眉睫的事多如牛毛,许光达怎能在这个时候离开呢?

几天之后,正好要派支小分队把第二分区开展大生产运动兑换的一百块白洋作为党费送到延安去。许光达让妻子趁这个机会回延安照看儿子。

谁也不曾想到,这一百块白洋送到之后,却引来一场麻烦。检察部门派人查实来龙去脉。小小分区机关,一次送得出这么多白洋,可不是件容易的事啊,怎么看都有点不大正常,要求把许光达这些白洋的来路搞明白。听说第二分区种售罂粟,传得有鼻子有眼,这可是个出格的事啊!

原来在一年前,两面政权里工作的同志反映:日伪汉奸中,有许多人愿出高

价钱买大烟土。当时,第二分区个别地方很适合种植罂粟。分区领导就动起心思,为什么不有限地定点种植一些罂粟,专向供销给汉奸、日伪军,来换取枪支、弹药、药品和银圆,灵活地解决一下燃眉之急呢?

经过反复磋商,许光达拍板敲定了这件事,并下令:二分区所辖军民,一律不准吸食大烟,一经发现,严惩不贷!

这件事成了指控第二分区领导的口实。许光达难脱干系,邹靖华哪还有心思留下来照看儿子,她只好匆忙带着尚在重病中的许延滨,立马就返回了第二分区。

许延滨当时患的是肺炎。邹靖华告诉许光达,参谋总部首长极为关心,把许启亮专门从工作岗位上调出来照顾孩子。叶剑英还派人专程到西安买来特效药,给许延滨治疗。这给困扰中的许光达以精神上极大的安慰。

那时,日军清水支队已从朔县出发,穿过内长城,杀气腾腾地扑向第二分区东北部。结果,被八路军的地雷炸得人仰马翻。许光达抓住清水支队急于同八路军决战的心理,在黄家岭指挥部队摆出一个迎战的架势,采取声东击西、出其不意的战术,袭击了敌人的辎重队。供给线一切断,敌军不战自乱,不可一世的秋季扫荡就这样不了了之了。

两口子在女儿小小坟头静静地待了很久,才顺着原路返回家中。刚躺下去合个眼,警卫员蓝德明就来敲门了,是陈阳春让他来请示许光达是否上路。

此时,月亮和星星还都挂在天空,正是夜深人静的时分。

智攻八角堡,义收榆树坪

清脆的马蹄声在黎明的原野上骤响。曙光初起,渐渐地,太阳冉冉升起。

许光达带着陈阳春一行十几骑战马,在敌人封锁线的炮楼之间虚虚实实冲杀了一天,黄昏时分来到山北的一个抗日堡垒村。

正好,第九团的李副团长带着两个骑兵连和一个步兵连,正配合山北武工队在这一带筹划消灭神池日军重要据点八角堡。许光达一到,大家高兴坏了。

这一夜,战士们按老规矩打通铺睡在炕上,六七个人伙盖一条被子,大家都是和衣而卧。许光达和李副团长睡炕梢。一盏微弱的煤油灯,忽闪忽闪映着灯下的地图。两人就趴在地图上一点一滴分析敌情。

八角堡是个小镇子,也是敌人固守的中心据点。小镇四周砌起了高墙,并加修了炮楼。镇子里常驻日伪军有一百四十多人。八角堡据点西北有三岔据点,西南有义井据点,三点成犄角之势,形成所谓的"马蹄形堡垒线"。

李副团长对八角堡据点已十分熟悉。在许光达到来之前,他便从正面试探性地攻击了几次,但未成功。显然,强攻是有困难的。

许光达说:"难道八角堡的敌人常年就寸步不离镇子吗?"

李副团长恍然大悟:"可不是嘛!他们每月初一、十五都要到义井据点去搞粮食、蔬菜什么的。"

"八角堡去义井只有一条路,这是个死仗啊!"许光达笑着用一个手指敲敲李副团长的脑门。

"嗨,明天不就是十五吗!"李副团长被司令员点醒了。

部队和武工队睡到半夜被一个一个叫醒,李副团长集合队伍当即出发。一听说打伏击,战士们情绪十分高涨。他们长期在清水河、左云、右玉一带奔袭设伏,夜战早已是家常便饭。但这次不比寻常啊,分区的许司令员跟在他们身后一块儿行军呢!

老天爷好像有意要出点难题。队伍拂晓刚刚翻过一道山梁时,忽然下起了瓢泼大雨。晋西北的黄土地见不得水,雨水一浇,路上全是稀泥,不知有多难走!

许光达跟大家一样,浑身浇成了落汤鸡。他的眼睛不太好,泥泞中艰难地跋涉,摔了一跤又一跤。最后,他不得不抓住马尾巴,一步一步拖着走。

部队进入伏击阵地时,已是黎明。这时候雨也停了,一股小风清凉凉地吹过来。许光达和李副团长穿着一身湿衣服,满阵地检查火力配置和伪装。一圈转下来回到指挥位置,衣服也干了七八成。两人坐下来,赶紧嚼起炒黑豆。这就是早餐啊!

整整一上午,大家双眼一眨不眨地盯在八角堡方向的来路上。可奇怪的是,始终毫无动静。

"怎么回事?"许光达问武工队的班队长。

班队长也在纳闷:"按往常规律,敌人早该出来了,可今天……"

"今天下了这么大的雨,敌人就不会变一变计划?"许光达提醒大家,"敌变我也变,预伏不行诱伏行不行?"

李副团长和班队长受到启发。于是,一个引蛇出洞的方案立即确定下来。

午后的日头略略偏西,八角堡镇南的庄稼地里突然出现了二三十个土八路。他们牵着十几头毛驴,大模大样地抢割麦子,另有几个民兵端着枪,在地头走来走去。显然,那是警戒哨。

附近的维持会会长看到这个情形,连滚带爬地钻进了八角堡据点。

"太君,不好啦,土八路在抢咱们的粮食呢!那一大片快到手的麦子啊。"

日军中队长凶狠地逼视着汉奸:"你的,没有看错?"

按照鬼子的判断,八路军就是吃了熊心豹子胆,也不敢光天化日之下闯到他的据点旁边来抢收粮食,更何况还是土八路!

认定事实后,日军中队长的肺都要气炸了。但气归气,因有过去数次吃亏上当的教训,还是不敢造次。他只是派出据点里的伪军中队长带着一伙伪军倾巢出动,咋咋呼呼地扑到莜麦地,而日本兵一个也没动。

割麦子的土八路一见伪军,赶紧把割下的麦子装上车,抽着毛驴往山梁上跑。

伪军中队长一见土八路只有几支破枪,立刻来了精神,盒子枪朝军帽上戳了戳,大声喊:"弟兄们,给老子追上去,抓住活的皇军有赏!"

伪军们壮着胆子追上了山梁,一眨眼,土八路连个影儿都没有了,刚要问这是咋回事儿,就听不知哪个山旮旯儿里砰的一声枪响,一个伪军应声倒地。接着山上山下枪声大作,伪军们措手不及,中队长一声"他妈的"还没喊出口,已经丧命,没丧命的全都举手投降。

一个中队的伪军无一漏网。八路军战士押着一大串俘虏,扛着战利品凯旋。但是,没把日本鬼子引出来,李副团长和许光达都感到不太满足。

"这些鬼子兵无恶不作,老百姓恨之入骨,早就要求八路军收拾他们了!"李副团长愤愤地说。

许光达不言语,对着地图沉思默想了好一会儿,忽然微微笑道:"今晚你们只要按我的布置调整好部队,天亮前八角堡定叫它彻底报销。"

太阳快下山时,许光达让武工队集合,从八角堡对面的山上大摇大摆地下来,然后,向神五坪川走去。

日军中队长正在为丢掉一个中队的伪军而暴跳如雷,恨不得立刻抓住八路军生吞活剥了。忽听哨兵报告说发现了八路。他一溜烟爬上炮楼,这次他要亲自确认一下。果然,从望远镜里面清清楚楚地看到有一队八路军正在下山往神五坪川运动。

"梭嘎!"日军中队长打心眼里痛快!他狠狠地打出一个响指。

不一会儿,八角堡据点的日军悄悄地集合完毕,溜出据点。他们一直尾随着八路军武工队走了三十多里,眼见着天渐渐黑下来,八路军进了一个村子。日军中队长大喜过望,当即按照"夜间包围、拂晓进攻"的老战法,一点一点把村子包围得严严实实。

事实上,武工队早已从村子东头进西头出,除留下少数几名队员绕到鬼子身后监视敌人外,大部分人员早已赶到鬼子逃回八角堡的必经之路上,进入了伏击阵地。

日军抱着空心萝卜在草丛泥窝里吃了一夜苦头,满以为天一亮就会一口咬个糖心包子呢!谁知天刚破晓,忽听八角堡方向传来激烈的枪声。日军中队长傻了,赶紧收拾人马往回跑,还没走到半里地,就钻进了武工队的伏击圈。

日军扔下十多具尸体,拼死冲过去,仓皇来到八角堡镇跟前,正好遇上端掉据点的八路军队伍,一个回马枪下来,日军死伤大半,剩下几个命大的,眼看窝已没有了,只好黑着雷公脸往义井据点逃去。

连续几个据点一端,八角堡一带根据地扩大了好几倍,老百姓的抗日热情也水涨船高,武工队接下来的工作也好做多了。许光达决定再去神五二区武工队。

还是来时的那十几匹马,许光达和陈阳春商量,决定连夜行动。他们钻着敌人探照灯和巡逻队的空当,跋山涉水,鸡叫头遍时,便赶到一个叫大车沟的村子。那是神五二区武工队的驻地。

队长王展一见许光达,肚子里的话简直说不完。这里距第二分区机关有一百五十多里地,消息异常闭塞,是八路军真正的敌后前线。武工队要想与分区联络一次,必须通过日军的两道封锁线,危险性大尚且不说,时间也需要四五天。王展带着这支几十人的武装工作小分队,等于钻进了敌人的腹地,长期独当一面斗争,远离上级领导,积下了多少酸甜苦辣啊。

许光达对王展的工作十分满意。几十个人的小分队,硬是把管区内的敌伪

村政权,大部分搞成了"里红外白"的两面政权。敌人六十里的公路电话线,一夜之间把它破坏得无法修复。他们还破坏了管涔山区所有的森林铁路,公路也搞成半瘫痪状态,甚至把铁轨、电线全都运回根据地,为我所用。最让许光达感兴趣的是,他们经常偷袭火车,给同蒲铁路造成了极大的威胁。

晚上,许光达同王展就在一个炕上伙盖一条被子,两人通宵达旦地谈着管涔山区乃至整个分区、军区和全国的抗战形势,一点儿睡意也没有。

许光达反复强调:"目前抗战已进入关键时刻,管涔山区举足轻重,有什么困难没有?"

王展说:"别的困难倒是没有,就是宁武榆树坪有个被日军霸占的锰矿,矿上有个伪军大队长想起义,可又犹豫不决。派人做了工作,还是不见行动,估计是担心投了八路军得不到信任。这些人的手头都沾着矿工的血,心虚啊!"

许光达给了王展八个字:"既往不咎,立功有赏。"此外他承诺,如果这个伪军大队长能起义,他可以任命其为游击大队的大队长。

"还有困难吗?"许光达问。

王展憨厚地眨着眼睛想了想:"还有就是离首长太远,听不到指示。"

许光达饱含深情地拍拍王展的后脑勺笑了,王展也嘿嘿笑了。此时,东方已露出曙光,笑声过后,两人响起轻微的鼾声。

眯了不到两个钟头的觉,许光达却做了个梦。梦中的他,挎着雪亮的战刀,骑着一匹雪白的高头大马,一阵飞奔,跨越千山万水,站立在长城脚下。他欣喜地勒住缰绳,看着自己的部队,疾速穿过长城,向北挺进。

三天之后,许光达回到保德第二分区机关。他做的第一件事,是亲手签署了一份委任状,委任率部起义的原宁武县榆树坪锰矿伪军大队长为八路军游击大队的大队长。此外,准备了一部电台和一名熟练的报务员,限定陈阳春三天内送到管涔山区的王展手上。

第九章　北出西渡

喜宴饮狂风，雄师出雁门

天下文章总喜欢把1945年8月15日这天，描绘成一个又鲜又甜的"桃子"。这是说，日本帝国主义宣布无条件投降，只意味着苦孕了八年的果实，仅仅是在浓密的枝叶间展示出一派遐想。

是的，胜利的甜蜜并不真实。它的背后还隐含着大段的曲折愁肠。

即使如此，也足以让人陶醉！

喜讯传到保德。小县城的百姓把已经蒙上了尘土的锣鼓、唢呐等，全都翻箱倒柜地找出来，搬上街头，敲呀，打呀，吹呀！鞭炮、秧歌、高跷、戏装，这些听起来都有点陌生的玩意儿，使古老的黄河也突然年轻了百岁！

许光达和邹靖华也像孩子似的挤在欢乐的人群中，眼里闪动着激动的泪花。已经成为历史的那段岁月实在太过沉重！然而，两副肩膀终于挺过来了，终于在这块土地上与这些善良而坚韧的人民一同挺过来了！他们踏着鼓点和鞭炮的纸屑，随着狂扭的秧歌队伍，不停地走啊、走啊，尽情挥洒欢悦而将所有的苦难深深埋葬。

这时，政治部主任刘惠农手里举着一大叠纸，慌慌张张地跑过来："司令员，你看看，这真是喜上加喜呀。"

许光达接过纸卷一看，嗬！全是结婚申请。领头的不是别人，却是李参谋长！

"唉！都给抗日耽误了！"许光达感叹不已，"老刘啊，这件事不许潦草，要把

它当作政治任务来完成,搞得热热闹闹的,叫新人们一辈子也忘不了!"

许光达就在路边的一个小杂货铺,掏出笔在每张结婚申请上签批同意。

分区大张旗鼓地操办喜事,供给部部长可得掏家底了。他给新郎官每人特批了一双新鞋、一套新军装,伙房里专门杀了一头猪,机关和直属队干部战士全部会餐。

办喜事这天,还真是疯闹了一下。分区院内张灯结彩,摆满大大小小的桌子。大家看着十来对新人,个个脸上光鲜鲜地笑着,就觉得苦日子真是熬到头了,心里禁不住痒痒的。

许光达举着酒杯说话:"同志们,党中央提出了在和平、民主、团结的基础上,实现全面统一,建设独立、自由与富强的新中国。过几天,毛主席还要去重庆同国民党谈判。按说,好日子还长得很哪。但是,我要提醒大家,从来都没有什么便宜的和平……"

刚说到这里,天空突然响起飞机马达的轰鸣声。抗战期间,一听到这个声音,紧接着就会有大难临头。今天,抗战胜利了,人们相信日本飞机再也不敢来扔炸弹了。可不知为什么,心里还是有点胆怯。

许多双眼睛惊慌地投向许光达。

许光达凝神听了听飞机声,笑道:"大家不用怕,这是美式飞机……"话没说完,飞机猛地一个低旋,从黄河河面斜插过来,机翼几乎可以掠过树梢,从大家的头顶上呼啸而过。

顿时,满院狂风大作,树冠摇晃,纸屑和叶片乱飞。

这阵风在许光达的心中刮了好些日子。这些天,蒋介石一方面把毛泽东、周恩来和王若飞邀去重庆谈判,大肆宣扬和平;一方面又命令八路军、新四军原地待命,不准接收被日军侵占的地区和日军留下的一枪一弹。相反,国民党的接收大员们在全国飞来飞去,一派繁忙景象。

许光达隐隐约约感觉到的那一天终于来到了! 毛泽东"以革命的两手对付反革命的两手",很快便推出具体的举措:成立吕梁、雁门、绥蒙三个区委和军区,任命吕正操为雁门军区司令员,许光达为副司令员兼独立第二旅旅长。

就在毛泽东等人飞赴重庆谈判的8月底,吕正操与许光达奉命出发。二位战将犹如离弦之箭,率部出偏关,向长城以北挺进。

许光达的梦境成了现实:他骑在一匹雪白的战马上,豪情万丈地望着自己的队伍穿越长城古关。

当天,咽喉重镇清水河便一举风卷残云。接下来,连续解放了左云、和林格尔、凉城和新堂。马占山的东北挺进军第五师,还没有明白是怎么回事,就被击得溃不成军。之后,许光达又指挥独立第二旅第三十六、第二十七团,直扑新堂以东的岱海滩,一口吃掉了国民党军暂编第十七师第一团。

只是一个多礼拜的时间,独立第二旅势如破竹,连战皆捷,许光达坐在新堂,心情很不一般。他翻开地图,沿着近在咫尺的铁路线,由集宁、呼和浩特到包头,细细琢磨过来,真希望即刻能够会一会强敌,打上像样的一仗,给重庆的谈判增添一点新意。

新的敌情是在毫无预兆的情况下,突然降临的。

根据敌情通报,敌人早已在八苏木方向集结了重兵。可是,当吕正操和许光达的目光在八苏木方向凝视了一个上午后,侦察员突然报告:与八苏木互成犄角的三苏木方向,发现有一千多人的敌骑兵,正向新堂恶浪似的滚滚而来。

许光达的第一个反应便是:其中有诈!

"说说意见吧光达,你有什么想法?"情况紧急,吕正操紧绷着脸。

许光达立断:"三苏木方向的敌骑兵肯定是佯攻,目的是吸引我注意力,以掩护其规模更大的攻击行动——这便是八苏木之敌。如果我没有判断错,八苏木之敌现正向我侧后迂回,企图一举将我部围而歼之。"他顿了顿,双眼冒着火:"情况十分严重。我若后撤,三苏木敌骑兵趁势掩杀,使我失去控制;我若不撤,远在我兵力之上的八苏木之敌,已迫近我侧后,断我退路,与三苏木的敌人前后夹攻。我旅极有可能被吃掉。"

吕正操满脸阴云密布:"老许,看来只有直奔商都了。"

商都驻扎着苏联红军,吕正操征询地望着许光达,意思是明确的。

"狭路相逢勇者胜!"许光达说,"我们就走这着棋!既不后撤,也不迎战三苏木的骑兵,偏偏打他的八苏木。只要能够退敌一部,闯出一道口子,我们就能北去商都,然后,再会合苏联红军,杀他个回马枪!"

独立第二旅政治委员孙志远极为赞同这一意见,他强调说:"现在要抓紧动员部队,树立必胜信心,绝不能被敌人的气势吓趴下!"

吕正操来回踱了两步,一锤定音:"就这样,我决定了,部队晚9点出发,对表!"

拂晓前,独立第二旅赶到八苏木,结果大出意料:不但八苏木空无一人,就连它周围的村子也不见国民党军的一兵一卒!

难道敌人已经察觉到我作战部署?不,一定有一个更大的阴谋在运转之中!许光达坚定不移地相信这一判断是正确的,当即与吕、孙二人沟通。三人还没有最后对隐蔽之敌真实意图达成共识,上级的敌情通报下来了:敌第十五战区集中了五个师的兵力,正以南北两路分进合击,冲着已处于孤立状态下的独立第二旅疾进!五个师对一个旅,可见敌人吃掉独立第二旅的决心有多大。

此后不到十分钟,独立第二旅便在一个叫田家村的地方与敌先头部队接触上了。后来才得知,这是国民党军第三十一师。在独立第二旅到达的同时,该师已抢先一步占领有利地形——王帽山,居高临下,封锁了前进的道路。

"敌强我弱,趁敌人没有站稳脚跟,一分钟也不能耽误。冲过去!"许光达横下一条心,向部队下达死令。

可就在此刻,派去掌握部队的一位参谋报告:"二十七团没有跟上来!"

这个团在撤退时耽误了两个小时,到晚8点才出发,出发后又走错了路,刚下过雨的泥泞路很不好走,结果越拖越糟糕,到八苏木时竟然天已大亮,而这时主力早在王帽山下。

显然,如果丢下一个团,力量更为分散,情况更加危险。

因为这个突然的情况,部队犹豫了一下,敌人此时已在山上站稳脚跟,构筑起简易工事。再想冲过去,已经不可能了!

情况实在危急,令人心急如焚:前有敌人阻拦,后有追兵逼近,左边是黄旗海,右边是王帽山,独立第二旅欲进不能,欲退无路。

黎明前的黑暗中,弹迹如织,枪炮声和喊杀声直冲云霄,分不清哪方对哪方,打得一团糟!

正面敌人越打越多,先说有千把人,待抓到一个俘虏一审问,才搞清是三个团四千多人。独立第二旅被死死地咬住了,一分一秒的拖延都要付出巨大的牺牲。吕正操、许光达和孙志远额上都在大把大把地出汗。

"不行!"许光达说,"天就快亮了,不能再拖下去了!"

三人简单碰了碰头,当机立断:由吕、孙率机关和后梯队,撤至附近马头山上,许光达则赶到前沿指挥所,亲自指挥部队,以激烈的战术行动,掩护吕正操和孙志远相机突围。

　　许光达一到前沿,立即给部队交底:"同志们,现在我们唯一的生路,就是打垮敌三十一师。否则,死路一条!无论生死,我许光达今天跟大家战到最后一口气!"说完,他将身边的通信科科长和一名参谋叫过来,命二人分头去第三十六团和第三十二团,传令必须在半小时内解决战斗。

　　警卫排排长已被许光达支派去掩护吕、孙撤退,眼下许光达身边只有一个警卫员蓝德明。身处前沿,流弹如雨,通信科科长对许光达的安全放不下心,犹犹豫豫不肯离开。

　　许光达一眼瞪过去,厉声喝道:"执行命令怎么婆婆妈妈的!"吓得科长拔腿就跑。

　　接着,许光达就招呼蓝德明:"小蓝,给我。"

　　蓝德明跟许光达久了,两人心领神会。听到招呼,蓝德明赶忙拧开身边的水壶盖递上去。那里面不是水,是一壶在新堂镇备下的白酒。许光达咕了一口,说:"小蓝,你也去帮帮卫生员,组织后送伤员。"

　　"首长那您……"蓝德明急了。他知道许光达在战斗激烈时不喜欢身后跟着许多人,但他从来都是例外的。

　　"婆婆妈妈的。"许光达不满地瞪了一眼,一边从蓝德明手中夺过马缰绳,一边晃晃水壶,"快去,把这些留下就行了。"

　　蓝德明情知不可违拗,刚要转身,冷不丁与一位匆匆过来的侦察员撞了个满怀。

　　"报告司令员,身后山脚下发现敌骑兵!"侦察员块头很大,报告时顺手把蓝德明往旁边一搡。

　　"多少人马?"

　　"一千多!"

　　"多少?!"

　　"一千三百!"

重伤员干部抬,轻伤员骑干部的马

等了半天,第二十七团没等上,倒等来一大堆敌骑兵。这让许光达心头咯噔一下,更加感到沉甸甸的。

此时,天已大亮。许光达见刘惠农和几个机关参谋、干事正在不远处忙乎开设指挥所。旁边还有一个建制步兵连在待命。他知道这肯定是吕、孙的意思,心里禁不住涌起一股暖意。

许光达朝刘惠农招招手。刘惠农立刻带着参谋、干事和那个连队的连长跑步过来。

侦察兵报告的敌骑兵就在山下,从望远镜里看过去,黑压压一片,与山上的许光达身边百把号兵马遥遥相对。

"要是这股敌人撒开马队冲击我们一家伙……"刘惠农惊恐地说。

许光达举起望远镜,朝周围的地形扫视了一遍,不觉浑身出冷汗。黑咕隆咚的夜里,并不清楚脚下这个小山头竟是一块名副其实的绝地:依山傍海,身后已是峭壁,敌人成半圆形围定。如果第三十六、第三十二团不能尽快攻破敌第三十一师防线,即使敌人追兵再无后续部队,仅山下这一千三百名骑兵,就足以置独立第二旅于死地了!

前方的枪炮声越来越激烈。许光达深知第三十二团和第三十六团处境之艰难。他抹了把汗水,对刘惠农说:"我们只能唱空城计了!"

"情况危险,还是从前面调一点部队来吧?"刘惠农征询着请示。

"仗打到这个时候。前面还能抽人?半个人也不能动!"

一个参谋建议:"要不我们撤一步,同主力靠紧一些。这么多骑兵,就一个连怎么顶得住!万一……"

许光达果断地否决了:"我们丝毫都不能动!这是敌人的先头部队,还不摸我们的底。我们一撤,立刻露底!"他想了想,很有把握地点点头:"估计他们不敢贸然行动,只是在山下同我们顶着,等待主力。"

"那我们……"

许光达叫过连长:"你把全连撒开,抢占有利地形,居高临下,封锁敌人通路。只要敌人稍有冲击的表示,就给我狠狠打,坚决堵住他们,为三十二团和三十六团争取时间!"

山下的敌骑兵越聚越多,从望远镜里判断,已经远不止一千三百人。后来得知,这是往张家口开拔的两个骑兵团,半路上转了回来。

大家的目光一起集中在许光达身上,个个手心里捏着一把汗。

许光达站在一块岩石旁,表情镇定,纹丝不动。不时举起望远镜,山下敌人骑兵部队的一举一动都在他的严密监视之下。

时间过得实在太漫长了!

许光达的心一直牵挂着第三十六团和第三十二团阵地。他给出半个小时,可半个小时已经过去好几分钟了,仍不见前方传来只言片语。

于是,隐约的马蹄声又在心头响起。那是敌人两个师的追兵在一步步进逼!

许光达开始数自己的心跳:"一、二、三……"

不知不觉间,前方的枪炮声渐渐平息下来。黑暗中有一个晶亮晶亮的小红点,随着许光达的心跳一起跳动起来。

突然,不远处的小山包后面转出一彪人马,领头的不是别人,正是第三十六团团长!

刘惠农和一个参谋急不可耐地奔了过去。

一口长长的气流从许光达胸中徐徐吐出。报告他已不需要听了:道路已经打通,敌第三十一师被击溃,吕、孙已顺利通过关卡……

"他们正在前边的厂汉营等着您哪!"团长站在许光达面前,兴奋地咧着嘴。

许光达抓住团长的双臂:"谢谢……谢谢同志们!"随即。他转身对刘惠农轻轻下令:"撤!"

这场被许光达看作是"颇为幸运"的战斗,同稍后围攻包头一仗的失利,构成了许光达1945年军事生活中的两幅特殊图景,给他一生的战争记忆中都烙下了深刻的印痕。

那已是年底,中央军委决定:组成以许光达为司令员、孙志远为政治委员的许孙纵队。第一仗便是在以贺龙为首的野司统一指挥下,同兄弟纵队协同配合,围攻包头。

这从一开始就注定是场没有结果的战斗。天气寒冷,部队疲惫且衣衫单薄。病倒的贺龙躺在担架上指挥部队……而国民党把包头看作是绥远的一颗钉子,

不惜任何代价,殊死拼守。

冰天雪地的包头城郊,朔风凛冽。失利的情绪带给部队的是一片低迷。

数十公里的战线上,伤病员铺天盖地。

许光达和孙志远从队头走到队尾,心中隐隐作痛。一双双熟悉、不熟悉的眼睛期待着他们。特别是那些缺胳膊断腿、头上打着绷带、身上还在流血的伤员,个个都紧咬着嘴唇,忍住疼痛,等待有人来抬送他们去往野战医院。

但是,能抬担架的人却微乎其微。战士们谁都拼到了极限,精疲力竭。攻城仗一打就是几十天,附近村庄里的老百姓早跑光了,民工一时也找不着。

部队的情绪牵动着指挥员的心。

许光达与孙志远默默地对视了一眼,不约而同走向一副担架。

担架上躺着一位重伤员。许光达和孙志远一前一后,轻轻地抬起了他。

"那不是司令员和政委吗?"有人惊疑地喊叫起来。

"怎么让司令员、政委抬担架!"有人来抢许光达和孙志远的担架。更多的人则纷纷找到同伴,抬起一副担架跟在司令员、政治委员身后走。

警卫员们忙坏了,拉着首长的马,四处找人。而那些够得上称首长的干部都已抢到一副担架,学着许光达和孙志远的模样。一时间,担架反倒不够用了。大家争来争去,伤员们被感动了,部队精神为之一振。

孙志远停住脚步朝大家喊:"都别争了同志们!重伤员由干部抬,轻伤员骑干部的马,其他的同志拿起武器,咱们打起精神,跟上队伍,出发!"

许光达和孙志远抬的那副担架上,躺着一位受伤的班长,腹部伤势很重,一直昏迷着。这会儿醒过来,见是司令员和政治委员抬着自己,说什么也不干,拼命挣扎着要坐起来:"首长,这怎么行,放下我让我自己走!"

"别动!"许光达威严地喝了声,转而言语和缓起来,说道,"我的同志哥,要听话嘛!首长也是战斗一员嘛,怎么就不能抬担架?"

受伤的班长不挣扎了,闭上眼睛,泪水却流了一脸。

部队跟着许、孙不声不响但精神抖擞地走进石拐子沟。沟里有条盘缠河,队伍就顺着小河的沟底盘来转去。

许光达和孙志远的担架要过河。河面上结着一层薄冰。雪末像银粉似的掸在冰面上,犹如一块磨砂玻璃。寒风卷着雪末,呼呼作响。

"不能让首长蹚冰水过河!"几位参谋和警卫排的战士跑上来,说什么也要抢下这副担架。

许光达急了:"不要多事,都给我到前面踩路!"

参谋和警卫战士不好再抢,争先恐后地扑到冰上,咔嚓咔嚓地踩起路来。

薄冰踏碎了,两位首长毫不犹豫,一步一步蹚进齐腰深的河水中,把担架举到肩上。寒冷刺骨,他们禁不住打起寒战,但谁都不吭一声,浑身水淋淋地爬上对岸,继续往前走。

两个人的行动成了所有人的行动。

当晚,部队就在盘缠河的河口露营。疲惫到了极点的战士们,几个人一伙,随便找个避风的塍坎,倒头就进入了梦乡。风卷雪花打在他们的脸上、手上,慢慢地融化成冰水。

许光达和孙志远顶风冒雪沿着沟坎来查铺。大家还是老传统,三四个人伙挤在一块打通铺。许、孙二人每见到一只冻红的手露在被子外面,总要蹲下来抓住它放在自己手心焐一焐,然后再轻轻塞进被子里。这样的夜晚、这样的营地,听着这些如歌的呓语,看着这些刚毅的脸膛,许光达和孙志远激起了满腔的战斗豪情。

查铺回来的路上,他们一前一后,默默踩着各自的心路,谁也不说一句话。

警卫员把他们领到沟口的一间破房子里。有房子和没有房子可不能比。一跨进门槛,他们立刻感到浑身暖融融的。

这间小屋安置了十几名伤员。重伤员躺在炕上,轻伤员靠着自己的背包挨墙打地铺。他们相互重叠得很紧,显然,地方太挤,很难躺得下,有人只能倚靠着墙根半坐半躺着。

一名小卫生员给许光达和孙志远每人端来一碗辣汤。

"大家都有吗?"许光达问。

"都有。"卫生员回答说,"炊事班熬了一大锅,今晚每人必须喝一碗。"

许光达这才张嘴挨到大铁碗边吸溜着喝了一口。他边喝边笑着问:"哪一个给你们找的这块屋场,跟外面比,这里面真是天堂啊!"

"前站设营的同志安排的。"卫生员回答。

"这就对了!伤员同志,身体本来就弱,着不得凉。"孙志远带着表扬的口气,

"你们的工作想得周到。"

许光达和孙志远各喝了一碗辣汤,额头上竟微微有些汗意。他们走到重伤员身边,伸手摸摸炕问:"冷不冷?"

伤员们争着回答:"不冷,炕烧得好,热得很!"

又看轻伤员。许光达说:"地方小,大家挤一挤,抓紧时间合个眼吧,明天的路还长着呢!"

接着,蓝德明把两位首长引到隔壁一间收拾得较为齐整的屋子,说:"纵队部首长都在这里休息。"又得意地告诉许光达:"这是四科科长特地安排的。"

一屋子警卫员,都在为自己的首长铺被子。

许光达怔了怔,一股无名火涌了上来:"这简直是胡闹!"

蓝德明和所有的小警卫员全都懵了。

"同志们都在沟里露营,我们又不是伤员!"孙志远说。

许光达一挥手:"不用多说了,小鬼们,快把被子收起来,这间屋子要让给卫生队,你看那边的伤员都挤不下。"

蓝德明嘟哝开了:"那……你们首长也总得有个地方宿营吧。"

"这还用讲,部队在哪里,我们也去哪里嘛!"许光达边说边自己动手收拾被褥,"走,老孙,我们都到沟底去!"

警卫员都跟着许光达和孙志远来到沟底,找个背风的地方解开马褡子。

孙志远说:"老许,我们也来打通铺好不好啊,刚好四个人嘛,越挤越暖和。"

"好好好,很好!天当被,地当铺!我保证这里比屋子里睡起来要香得多……"许光达边说边往被子里钻,还没说完便响起了轻微的鼾声。

陕北搏杀从高家堡开始

1946年就在这打通铺的温馨中悄然而至。

新年之夜,全国老百姓的情绪多少与往年不同,毕竟日本鬼子投降了,国共虽然各自心里铆着劲,但整体上还在不断施放着和好的空气,所以这个新年很多地方都能看到些喜庆的色彩,尽管那欢乐中带着丝丝忧虑。

忘乎所以的宴饮酗酒大有人在,被重庆和平假象迷住双眼的人也不在少数。

许光达很晚还没有睡。他在专心地写日记。这是多年养成的习惯,无论环境多么艰苦、生活多么紧张，许光达临睡前总要想想当天的所见所闻，随意记点东西。

"报告！"司令部参谋段传兴轻轻推开门，"司令员，野司急电。"

段传兴是段德昌的儿子，许光达通过贺老总把他调到身边，当作自己的孩子一样看待。他抬头见是段参谋，就随便支应了声，说："念给我听吧。"

"国民党军郭青山部两千多骑兵，趁我过年之机，向凉城我军奔袭！野司首长命令我们，火速赶去救援！"

许光达腾地站起身，边扎腰带边对段传兴说："通知孙政委和李参谋长，马上到司令部碰头。"

一刻钟后，许光达亲率第三十六团向凉城跑步前进。沿途的村庄不时传来鞭炮声，而赶到凉城一看，满城一片祥和，县长正在设宴招待各界知名人士，许多人喝得酩酊大醉，县长本人也已舌头短了一截还在拼命劝酒，城门口没有岗哨，自卫队还在喝酒中，毫无警惕可言……许光达怒火万丈，敌军已经接近凉城西门，血腥的屠杀就在眼前，而这些思想麻痹的人居然一无所知。

当西门方向传来枪声时，县长还蒙眬着眼举杯劝酒："喝……"

许光达飞起一脚踹开门，闯了进来。

县长惺忪着眼被惊得一个激灵，认出是许光达，慌忙端起一碗酒，摇摇晃晃聚到许光达面前："司、司、司令员，来、来得正好，咱喝、喝一杯！"满屋子的人也都醉醺醺地猜拳行令，围了上来。

许光达气愤到了极点，挥手打翻酒碗，又抬脚踢翻了一张桌子，大吼一声："岂有此理！"

县长和全场醉酒的各界名流，全被惊得瞪大了眼睛。这时，激烈的枪声伴着喊杀声从大街小巷传来。郭青山的骑兵与许光达带来的第三十六团，几乎同时由东西两侧冲进凉城县城，双方在街心相遇，你死我活地较量开了。

吓醒了酒的县长呆呆地望着许光达，一时毫无主意，不知如何是好。

"快，调自卫队参加战斗。"许光达平静地命令道，"其他人不要动，都听我指挥……"

如梦方醒的县长慌慌张张地应声而去，赶紧集合自卫队。

这场战斗时间不长，因许光达率兵及时赶到，且又在街区作战，敌骑兵的优势没有得到充分发挥，我军及凉城县的损失才不至于太大。战斗结束后，县长羞愧地请求处分。许光达说:"这件事敲响了警钟,天下并不太平,麻痹思想要不得!虽然有惊无险,但教训十分深刻,以后一定要认真吸取教训!"

这是个战、和难测,国共两党政治和军事交互角逐的季节。随着形势的发展,毛泽东需要从风尘仆仆的队伍中,选调几位充满政治智慧与外交才干、富有斗争经验的将领,去担当一项特定历史条件下的特殊使命——参加由美国政府、国民党、共产党三方代表组成的军事调处执行部工作,投入外交周旋。

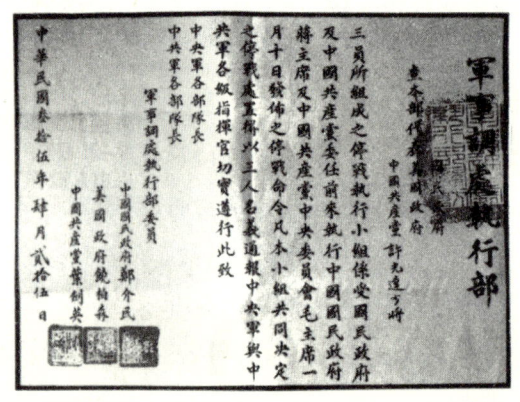

1946年4月,军事调处执行部对许光达的任命书

在军事调处执行部时的许光达

许光达是中共中央与中央军委钦定的第一个名字。他奉命改任第三军事调处执行小组的中共代表。为了不辱使命,这位刚刚还在睡炕头、打通铺的老八路,不得不与宋时轮、李聚奎、耿飚、陈赓、韦国清、孙志远、段苏权、方方、黄镇等一起,临时穿上佩戴少将军衔的国民党军装,在山西大同和太原及东北沈阳、本溪的国民党议会大厅,用纯粹职业化的外交辞令,与美蒋代表诸如赫尔利之流,款款地碰杯。

"干杯,为了真正的和平!"

"干杯,人民需要真正的和平!"

但是,和平终究还是被蒋介石的响指敲碎了!

在中国面临着两种命运、两个前途决战的历史转折关头,许光达撤出了军调小组,返回部队,回到他那匹雪白战马的身边。

1946年6月,遵照中央军委指示,许光达撤离抚顺,经北平回到丰镇,被任命为晋绥野战军参谋长。到11月,中央军委根据形势发展需要,撤销了原晋绥、晋北两个野战军司令部，晋绥野战军统一整编为中国人民解放军第一、第二、第三纵队，许光达被任命第三纵队司令员，同时担任纵队的党委书记。孙志远任政治委员，贺炳炎任副司令员。

在许光达心里，带野战军打仗和担任一个军分区的司令员，责任和思考问题的焦点不太一样了。任职后不久的12月5日，他在部队驻

1946年，军事调处本溪执行小组在调查情况，图为许光达（左一）等在调查现场

地山西朔县，给全纵队干部做了一次重要的报告，题目是《怎样贯彻人民军队的建军思想》。许光达特别强调了全心全意为人民服务的建军宗旨，要求部队必须牢固树立"一切为了群众，一切向人民负责，相信和依靠人民群众的思想；在一切工作中要注意启发群众的自觉和自动，开展政治、军事、经济三大民主，密切官兵关系，加强群众纪律，热爱群众，反对军阀主义、官僚主义和命令主义，反对单纯惩办主义；在作战训练上，要求防止练兵不练官、练技术不练思想的作风，以及驻军时练、行军打仗时不练等偏向"。这是许光达给自己所率领的部队定下的一个基调，也是他对黄埔作风具体的继承与发展，勾画出了许光达心目中理想化的新型人民军队的精神特质。它对部队的军事和思想建设，既有面对当下任务的针对性价值，更有关系到长期建设发展深远的指导意义。

三天后，许光达率纵队主力南下作战，于1947年1月中旬，参加了汾（阳）孝（义）战役。12月17日晚，许光达命独立第二旅协同第二纵队独立第四旅和晋冀鲁豫野战军的第四纵队一部，首攻孝义城，拉开汾孝战役序幕。此战十二小时，歼敌两千余人，配合第四纵队主力包围了汾阳。这时阎锡山以主力赶来驰援，许光达亲率独立第二旅投入西盘梁抗击战，密切协同兄弟部队连战半月，取得汾孝战役胜利。

从重庆谈判开始，蒋介石就做好了全面进攻解放区的准备。及至两军对阵，共产党在不长的时间里初露锋芒，他才突然感到小视了自己的对手。共产党已不是当年的共产党，它所领导的这支军队，也不是当年他开口闭口挂在嘴边的

"赤匪"。虽然,蒋介石手上拥有八百万之众,但他也不能不以军事谋略的眼光,收缩兵力,集中打击共产党最为突出的两翼。

这就是蒋介石决定对陕甘宁和山东解放区分别发动重点进攻的缘起。

1947年2月间,蒋介石慎之又慎地飞到了西安。显然,在他的重点之中,仍然还有重中之重。

2月1日,中共中央政治局讨论了毛泽东起草的《迎接中国革命的新高潮》。这是一份历史性的党内指示。它向全党宣告:"中国时局将要发展到一个新的阶段。""我军已在几个战场上开始夺取了主动,蒋军则开始失去了主动。"显然,军事形势"已向有利于人民的方向发展"。针对蒋介石的重点进攻,毛泽东指出,争取新的人民大革命高潮,关键是要大量地歼灭敌人的有生力量。他甚至进行了具体的指标量化:"必须在今后几个月内再歼蒋军四十至五十个旅。"为此,必须继续坚持中央军委关于集中优势兵力、各个歼灭敌人的作战原则。

对于蒋介石心中的延安与陕甘宁边区这一重点来说,他的主要信心建立在小兄弟胡宗南身上。胡宗南集团是当时蒋介石在全国最大的一支战略预备队。为了体现对于重点的信心,他一口气调集了三十四个旅(师),约二十五万兵马,如数押到胡宗南的名下。这还不包括宁夏的马鸿逵、青海的马步芳和榆林的邓宝珊三大集团从西线、北线的策应。

当然,还要体现美国气派——制空优势。国民党空军副总司令王叔铭早已奉命坐镇西安,数百架美制战斗机、轰炸机、运输机,已陆续集结到西安至鄠县(今户县)、郑州至太原一线。只要蒋介石一个眼色,王叔铭就可以用成吨的炸弹,随时把陕甘宁夷为平地。

单纯从军事上看,解放军的兵力与强敌相比,简直是个可笑的数字:第一纵队第三五八旅、独立第一旅和教导旅、新编第四旅加起来,总数也不超过两万人马。至于装备上的差异,那就更不必说了。

毛泽东的法宝,是以忍痛放弃延安为前提的"蘑菇战术"。这在当时的情形下,除了可以称之为一个信念之外,实在看不出有什么奇异的色彩。

蒋介石的算盘是占领延安,夷平陕甘宁,再回师东进,而毛泽东的主意则是,把国民党军队拖在陕北,消灭在陕北,支援全国其他战场。

显然，蒋介石的自负已经打了折扣，但其性急且锋芒毕露，还是无法掩藏。美军联络组刚刚离开延安七个小时，他就让王叔铭用六架飞机在延安上空投下了第一批炸弹。相比之下，毛泽东的情怀中所包含的含蓄、谨慎以及那份永远不倒的自信，却在与日俱增。国民党军距延安城只有十来里路了，他居然还不想离开简陋的办公院子。站在窑洞前的窗格子前，最后一眼回望延河水、宝塔山，仿佛还有起兴吟哦的兴致。

那么多的百姓都要跟着撤离。这让毛泽东在雄伟的气魄之下，更有些许怜惜和愧疚。他们的院子、窑洞，圈里的羊和栏里的猪，毛泽东都要求各级机关一一关照给士兵。所有的不同凡响，都凝聚在最后那句话上："我们还是要回来的。"

这一切，事实上已经拉开了"蘑菇战术"的序幕。令人深思的是：毛泽东所有的幕布都由蒋介石来揭开，一如将要发生的这场陕甘宁大战。

1947年3月，西野按照新的编成，晋绥军区第一纵队所辖部队是第三五八旅和独立第一旅；第二纵队辖第三五九旅和独立第四旅，外加教导旅和新编第四旅，兵力两万六千人；第三纵队辖独立第二旅和第五旅。真正的序幕是由较早云集陕甘宁的王震拉开的，他带领第二纵队第三五九旅和第四旅，首先进入边区指定位置。紧接着，第一纵队跃马上阵，在延安飞机场接受毛泽东等中央领导同志检阅，可称之为大战的起势。到许光达上场，大战已经展开，任务具体明确，第三纵队独立第二、第五旅（第三旅仍留晋绥）刚刚西渡黄河，上场就是攻击榆林外围据点高家堡。

如果按照毛泽东对沙家店战役的评价——中国革命，或者说解放战争"过山坳"的话，称榆林攻城时期为"黎明前的黑暗"恰如其分。当时每支部队都在高喊着"保卫党中央、保卫毛主席"的口号，马不停蹄奔赴陕北战场。但对于许光达而言，这些响亮的鼓动口号不仅仅只是口号，而是又一场搏命的引言。

野司组织的第一次榆林攻坚战，可说是"无言的结局"。然而，第三纵队在高家堡的胜利却能够写成一部书。高家堡是榆林之役中唯一被击碎的敌外围钉子据点，陕北警备司令部少将副司令张子英、国民党军第二五六团团长李含芳及所属官兵两千多人，均被一一生俘。

在胡宗南的战报上，可以把榆林写成"固若金汤"，而对高家堡却不敢有微词。小小一个高家堡的攻坚战，把许光达的指挥才能一下子来了个近距离的亮

相,它蕴含着杰出的军事智慧和沙场骁勇,有强攻,有智斗,有诈降,有悲悼。它对于彭德怀的触动最大,成为其后来在西北战场角逐中调兵遣将的重要参照。

许光达本人则不然。同样是个不小的触动,只是那触动所包含的意义,却是另一层面的。许光达亲眼看见他的战士竖起云梯,爬上城墙,云梯断了,许多人摔下来,马上又有一副新的云梯竖立起来;亲眼看到炮火掩护下的战士们,从炸开的城墙一角扑进城区的时刻,他最喜爱的团长张野炬一马当先倒在血泊中。张野炬是许光达一年前出任军事调处执行部第三执行小组中共代表时,最为得力的助手。当时随许光达前往大同的翻译程光烈,参谋单而谷、张野炬及收发密码电报的机要人员等七人中,张野炬胆大心细,最合许光达的心意。

记得赴军调组临行之前,第十七团团长闵洪友赶来送行,握别时问许光达:"司令员,眼下国共《双十协定》都签订了,仗还会不会再打下去啊?"

许光达微笑着回答:"现在的斗争更复杂了,原来我们是搞直接的枪炮斗争,现在多了个思想斗争。枪炮斗争从望远镜里看得见,思想斗争拿望远镜却看不见。你们要善于观察了解情况,思考分析问题,经常注意形势的发展变化,以利于胜利地进行斗争。"

时间才过去多久?短短不足两个季节,形势变化得如此迅速,直接的枪炮斗争早已取代了思想斗争,许光达数月以前的美好愿望,被无可争辩的残酷现实击得粉碎。

战场上,流血牺牲当然是常见的事情,但有的牺牲却叫人终生都无法承受!许光达正是带着这一"无法承受"的承受,投入到沙家店战役之中的。

命令是1947年8月16日由彭德怀亲自签署的。当时,中共中央机关被国民党胡宗南集团整编第二十九军,死死围困在陕北葭县以西几十公里的狭小地区,陷入生死存亡的绝境。彭德怀在此危急关头,一面建议中央机关火速向葭县西北方向转移,一面给许光达发出了那封历史性的急电。

一个平平常常的夜晚被十万火急的军情碾碎了!

在距野司五十里外的一道山梁子上,十几匹快马从塬上迎着风雪疾驰而去。骑在最前面那匹高大白马上的,便是第三纵队司令员许光达。

"中央机关的安危系于我三纵一身啊。同志们!"战前动员时,许光达便在全纵官兵的心头压上了一块沉重的大石头。

雨中的山峁,如同狮群在低吼着、蠕动着,无边无际,莽莽苍苍。所有季节河都在发怒。天,比湿透的高原还要重,已分不清白昼还是黑夜。甚至,眼前这一切的一切,是否都是真实的境况,也让人疑惑不清。参加过当年行军的老战士们,至今还依稀记得的情景,就只有"从峁顶滚到沟底,爬起来,又往前跑。浑身湿透,泥猴子样,泥里水里,谁也不把它再当一回事。大家铆足一股劲,什么也不说,只朝着一个方向没命地跑。因为许光达司令员说了,那边就是党中央的方向,是毛主席所在的方向!"

队伍展开之后,各旅主官自然而然地奔到许光达身边。

集中野战军主力,在运动中吃掉钟松,对于旅长们已不是秘密。但是,中央机关"处境困难"这一点,当时大家还未知深浅,一上来就有人悄声向许光达打听:"党中央、毛主席他们……"

许光达只是指了指紧随其后的电台。

电台的铁疙瘩里,只有一片模糊的无线电噪声。它仿佛就是陕北高原上这个雨夜所隐藏的全部秘密。

许光达向各旅主官大体介绍了敌情、交代了前进方向后,除命令电台同总部、野司保持不间断的联系,各旅密切注意敌人动向之外,就再也没说什么了。

雨越下越大,高原上沟沟坎坎,到处在流水。水裹挟着黄土,浓浓的,滚滚而下。

马是不能骑了。许光达随着队伍一同在泥水里滚来滚去。他不时抬起头遥望前方那片天。那片天黑沉沉的,像是无底的深渊。一想起中央机关就在那里,心弦就紧得不能再紧。他一千遍一万遍地预感到某个时刻或许就要来临,一千遍一万遍地向旅长们交代:"哪怕是敌人的炮弹落到身上,也绝不许后退一步!"他渴望着有一场血淋淋的恶战,由此,他开始渴望声音,哪怕一声划过长空的枪响或者是几声隆隆的爆炸,就像不久前在高家堡,张野炬团突破城垣的那个时刻。

但是,直到天快亮时,许光达身边仍旧万籁俱寂,只有风雨。

保卫"脑壳",三纵生死置之度外

这是1947年8月18日凌晨,战场主动权对敌我双方任何一支部队,时间

余地不过只有四五个小时。

许光达指挥的第三纵队和绥德警备区第四、第六两团,已经插到了乌龙铺与沙家店之间的当川寺。部队保持高度警惕,在乌龙铺地区寻寻觅觅。与此同时,第一纵队的独立第一旅、第三五八旅,第二纵队的独立第四旅、第三五九旅,也在沙家店地区张网以待。

全线都在千钧一发之际,许光达焦急地注视着地图,汗水顺着眼镜的边框直往下滴。他一会儿点燃一支莫合烟,继而又掐灭它;一会儿取下眼镜,用掌心抹去镜片上的雾气。满窑洞的人连咳嗽都不敢大声,生怕打断了司令员的思路。

"报告!"作战参谋吴世恒进来,也许是脚步太轻,报告声让许光达一惊。

"说!"

"野司急电,中央机关因葭芦河水猛涨,无法北进,只好顺着河沿向偏西方向移动。"

许光达双眉拧成一个疙瘩,伸开手指在地图上判定方位与距离。

"二旅位置到了哪里?"

"乌龙铺以北,大概……"

许光达厉声:"不许大概!立即给我联络,要准确位置。"

吴世恒满怀愧疚地匆匆奔去。没几步,突然又被许光达叫住:"回来!"

吴世恒疑虑地回转身。

"来不及了。"许光达的眼中含着锐利的锋芒,"电告各旅并绥德分区四、六团,独二旅在乌龙铺以北,独五旅及四、六团在乌龙铺以南,迅速占领有利地形,绝不能让敌人靠近葭芦河半步!要不惜一切牺牲,切断敌一二三旅与敌一四四旅、五十旅和十二旅的联系。另外,纵队指挥部立即靠近葭芦河!"

"司令员,敌众我寡,指挥部靠得太近,恐怕……"

"执行命令!"许光达不容商量。

吴参谋还想说什么,许光达脸一沉:"现在是拼命!敌人要我们的脑壳哩!"他掷地有声:"中央机关若是损失一根毫毛。你、我、我三纵全体官兵,就绝无生还之理!"

"是!"吴世恒浑身微微颤动了一下,眼里涌起一团热意。

此时,孤军冒进的敌整编三十六师第一二三旅旅长刘子奇,已下令不顾一切地向西出接应的敌第一四四旅靠拢。如能得逞,该敌十之八九要穿过葭芦河,与中共中央机关狭路相逢。

然而,许光达的第三纵队已经展开,这使得以为进入了无人之境的刘子奇,毫无思想准备。他刚要向旅主力发号施令,冷不防相隔百多米的对面山头第三六七团阵地上枪声一片,大约有一个营的解放军冲上山头,不由分说,与山上的国民党军混战为一团。士兵们纷纷扭打起来,喊杀声搅和着兵器金属相撞的叮当声,场面惊心动魄。在刘子奇站立的位置上,正好尽收眼底。

"射击!开枪!还傻愣个甚!"刘子奇先怔了怔,接着便朝身边屈指可数的官兵指手画脚,大喊大叫。

刘子奇的山头居高临下,距离适当,尽管火力不密,杀伤力却极为大。敌兵一急眼,可管不了那么多,瞄个大概就打,许多子弹都打在了他们自己人身上。这让第三六七团的敌兵昏头昏脑摸不清底细,以为对面高地已被共军占领,一些有心眼的老兵,干脆抱支枪就往沟底下滚。

这的确是一场毫无章法的遭遇战。冲上山峁的是许光达第三纵队第十九团第三营。因为山峁直耸上去,从沟底下面看不到顶上,第三营在爬上峁顶之前,并不能肯定上面是否有敌人。

那是上午 10 点多钟,第十九团奉命背靠葭芦河展开。背水近战是兵家大忌,许光达岂不知这个道理?但他必须破除常规。只有这样一个山头一个山头地向外推进,才能使葭芦河两岸留出较宽的空隙,以保证中央机关安全撤离时,有个较大的回旋余地。

第三营营长赵瑜按照团指挥所指定的位置,带领部队顺一条雨沟绕了几道弯,发现正面矗立的几堆高峁十分显眼,便和教导员赵瑜、副营长廖银五商量:"这几个制高点一占领,一大片地盘就控制住了,咱们上去看看咋样?"

廖银五年轻,刚在高家堡战斗中由连长提拔起来,是个能打仗亦能吃苦的大汉。赵瑜的话一出口,他立刻赞同,便说:"我带一个排上去!"

"不行,"赵瑜说,"一个排太单薄,万一有敌人,白赔!"他转对赵增喜说:"教导员,你跟银五一块上,带上七连,再给一挺花机关枪,够了吧?其余的人跟我占领对面山头!"

赵增喜认为这样比较稳当,点头同意。

因为雨下得时间太长,往峁顶的路很不好走。原本挖好的土阶,差不多全被冲溃了,加之先上去的国民党军队人踩马踏,再经雨水搅和,弄得一塌糊涂,像是抹了香油一样。

赵增喜和廖银五把第七连分成两路。赵增喜和第七连连长马新良带第二、第三排从左边大坎子上成梯次往上冲,廖银五和指导员李金生带第一排绕到山峁另一面,从一个比较陡的小坎子上攀到山腰,以突然的火力支援第二、第三排,形成两面夹攻的态势。

两路人马带开之前,赵增喜对马新良说:"你集合一下队伍,我讲几句。"

赵增喜一向以带兵精细、点子多而闻名于第三纵队。这时候,他看到一路小跑过来的战士们个个精疲力竭,头上虚汗直挂,知道大家顶不住了。全团昨天一天才领到七斗黑豆,分到连队就只能数颗粒了。战士们长年连顿黑豆糊糊都吃不上,这些日子过到河西,更是三天两头挂空。大家还是头天晌午喝了碗粗粮掺黑豆粉做的"革命糊糊",冲冲杀杀一夜多,肚子里还有什么?如果不问青红皂白一道冲锋令下去,遇有敌情不拉稀才怪!赵增喜想给战士们留下喘口气的机会。

"有吃的都拿出来,大家嚼一口。"赵增喜说着,先从自己身上解下那条半鼓半瘪的粮袋,往战士们面前一丢,"这还是打高家堡那会儿,许司令特批给咱营两位功臣的黑豆钱钱(压扁的黑豆),如今两位都光荣了,留在我这里也没舍用,正好,现在充公!"

马新良一听站起来反对:"教导员,你这是怎么说的,咱连的困难咱连解决⋯⋯"说着朝队尾的司务长直使眼色。

司务长为难地皱起眉头,眼睛看向别处。

"革命也不能革到功臣头上呀,"战士们横竖往地上一躺,七嘴八舌嘟哝开了,"有本事杀敌立功,自己挣黑豆!"

赵增喜笑嘻嘻地说:"你们舍不得打我的土围子,那我就自己来,都把手给我伸出来!"他抄起粮袋,倒出一把黑豆钱钱,走到战士们面前,要给大家分。

可是,战士们一个也不伸手,眼睛都盯着马新良。

赵增喜两眼一瞪,把倒出的黑豆钱钱重新装进粮袋,往马新良面前一扔,满脸络腮胡子一抖一抖地吼道:"马连长,你给我分!"

马新良给唬住了,拾起粮袋悻悻地说:"那得先从你来。"

赵增喜朝就近一个人高马大且同样有一脸大胡子的老战士身边一屁股坐下去，娃娃似的伸出大巴掌。马新良第一个在赵增喜手里放进大半把黑豆钱钱，然后给战士们每人几瓣几瓣地分开了。

战士们也纷纷把身上或多或少的一点吃食拿出来相互匀着吃。一时，全连匀水匀粮，热乎乎地忙活着。

赵增喜往嘴里丢了几瓣黑豆钱钱，一眨眼，趁身边大胡子战士不留神，一把将黑豆扣到他的手上。那战士一急就要叫，被赵增喜一把捂住嘴："你看，你一脸胡子，咱也一脸胡子，还不能通个人情？"

胡子战士愣巴巴地看着手心，好像捧着什么烫手的玩意儿，一个劲咕哝："这、这……"

"这个啥，嚼你的吧！"赵增喜忽然发现什么似的，问："你叫个啥？是新入伍的？"

"俺是从高家堡刚解放入伍的。"

"怪不得呢，七连哪有我叫不上名儿的。"

"俺叫冯二狗，记住了不？"

"好记好记！你真走运，刚入伍就赶上这一茬。"赵增喜边起身边掩起胡子拉碴的嘴凑近冯二狗耳朵，"咱现在是直接给党中央、毛主席警卫呢，就算光荣了，也值。"

赵增喜说是给部队呱啦几句，事实上什么也没说，但比说什么都强。

接下来部队就按计划冲上了山峁，打起来了。这次战斗中，赵增喜牺牲了，廖银五牺牲了，马新良也牺牲了，后来闻讯赶过来增援的营长赵瑜负了重伤。第三营总共只活下来十七人，冯二狗是其中之一。一个月后，许光达亲自在他的胸前戴了一朵大红花。

敌第一二三旅旅长刘子奇当然不能不付出代价，而且伤亡远远超过第三营。他心惊肉跳地目睹了这场厮杀之后，拢住部队好久不敢轻举妄动。这期间，他用一种大难不死的口气，一个劲地向整编第二十九军军长刘戡诉说种种委屈，以掩饰内心那份说不出口的胆怯。

这个同志一向靠得住

这天,中央机关在葭芦河边兜了差不多有一百里路,到晚上 11 点多钟,才在一个雨沟边的小村舍里找了个避雨的地方。

管理干部提盏马灯把毛泽东、周恩来、任弼时等几位领导同志引进一孔不大的窑洞,指着一溜土炕说:"就全在这儿,没法子,只好委屈一下。"

毛泽东说:"有么事委屈?革命自愿嘛!我们要求不高,有块黄土放放脑壳就享福了。"

大家附和着,还没来得及在土炕上坐下,彭德怀向沙家店之敌发起总攻的电报就到了。

毛泽东看完电报,一边递给周恩来一边笑着说:"老彭一动手,胡宗南又要心疼啰!"

"我们马背上的日子要结束了吧?"任弼时显得颇兴奋。

周恩来拧着眉毛,认真地说:"沙家店地区我军一打响,刘戡就会发疯,中央机关的安全警报还是不能解除啊!"

毛泽东说:"不怕,我们有许光达嘛!"他想了想,又说:"这个同志,久经考验了,一向靠得住。"毛泽东的这句话,当然不仅仅是对许光达作战能力的肯定。这一点,周恩来心里清楚得很,他深以为然地点点头。一定意义上说,毛主席的态度也就是他的态度。

被毛泽东认为"靠得住"的第三纵队司令员许光达,这时正在距离中央机关约莫五公里的另一条雨沟里,组织旅团干部交代任务。

许光达明显消瘦的脸,被暗红色的马灯一照,益发显得棱角分明,那股少有的刚毅之气也扑面而来。他介绍完野司总的战役意图后,将围在灯下的几位旅团长极有分量地扫视了一遍,接着低声对大家说:"同志们,下面的这一天一夜,对我们每个人都是生死考验。大家都晓得啰,现在,党中央、毛主席和中央军委的领导同志们,就在我们不远的地方,东面是敌人,西面是敌人,南面也是敌人,北面有一条葭芦河,水急浪高,过不得。他们能不能在今明两天脱离险境,野司在沙家店的作战计划能不能完得成,就看我们大家能不能把刘戡的整编二十九军军部和他那三个旅抗住,能不能把刘子奇的第一二三旅拖住。我们抗住了,拖住了,野司的作战计划就成功了,中央机关也就平安了!"

这时候,窑洞里鸦雀无声。门外深沟的哗哗流水和远近零零星星的枪声,隐约可闻。许光达取下眼镜,放在潮湿的衣袖上轻轻擦拭,一边擦一边接着说:"这对全国战局有着不可估量的影响啊!"他停了停,重新戴上眼镜,低着头一字一句地向大家吐露心迹:"我老实告诉大家,若是我们抗不住、拖不住,党中央、毛主席有个三长两短……"许光达说不下去。

不知谁在身后轻轻地拨动了一下手枪机头,悄悄地刮响火镰,点着一支莫合烟,呛人的辛辣味,在人群中飘散开来。随之,滚滚的烟雾中,有只长满粗茧的大手将一支点着的莫合烟送到许光达的面前。许光达看清了,那是数月前向他提问题的第十七团团长闵洪友。他会意地点点头,接住烟就抽。

这一口烟,许光达吸得极其猛烈。

第三纵队主力并绥德分区第四、第五团已在乌龙铺以南与刘戡的整编第二十九军军部及所属三个旅全面接火,独立第五旅也在乌龙铺东北的龙王庙及其西山一线,与刘子奇的第一二三旅战得难解难分。

许光达侧身在地图上看了一眼,话头转向具体战局:"五旅前段打得不错,拖住了回援沙家店之敌,给新四旅、教导旅等兄弟部队腾出了手。"他挺直腰杆,下意识地丢掉烟,两手情不自禁摸摸风纪扣和那条扎得很结实的宽大牛皮腰带,略微提高声调:"但是,死的人太多,一个营就给我留下了十七个人,了得!"独立第五旅旅长嗫嚅着想说什么。

"不用说了!"许光达将手在空中比画了一下。稍停片刻,补充道:"等中央机关平安了再说!"他在原地兜了一圈,好像自言自语:"说什么呢? 无非是仓促应战、地形不熟、敌情不明等,有没有我们组织指挥上的问题呀? 同志哥呃,我们要以一当十,靠什么呀? 我们指挥员多动一分脑子,就少死一个人,一个人就是一份战斗力呀!"

"司令员,你别说了,是我的责任,你……枪毙我吧!"第十九团团长低着个脑袋站了出来。

"枪毙枪毙,你一颗脑壳有几斤几两?!"许光达恨铁不成钢地望着面前的第十九团团长,许久说,"要是枪毙了你,敌人就打垮了,党中央就安全了,我倒是省事啊!"

"我只有一个请求,"第十九团团长说,"打完这一仗,党中央、毛主席脱了险,你再执行纪律。"

许光达叹口气,手在团长肩上轻轻拍了拍,小声问:"三营补齐了没有?"

"补齐了。"独立第五旅旅长代答。

许光达点点头,口气和缓了些:"减少牺牲,不是怕死。打仗嘛,哪有不死人的。更何况眼下,我纵的处境万分艰难。前面有刘戡主力压过来,后面是葭芦河,我们是背水一战哪!这在兵法上是个大忌,但是,只要能保证整个战役的胜利,能让党中央、毛主席安全地转移出去,明知山有虎,我们也要偏向虎山行,多大的牺牲,我们都只能认了。"

这时,警卫员小张按事先的约定,过来轻声提醒许光达:"1点钟到了!"

许光达掏出怀表:"大家记住,3时30分是野司总攻时间,我们还有一百五十分钟,战斗准备要迅速,现在对表。"

1947年8月18日3时30分,彭德怀发出"以伏击姿态歼灭敌三十六师"的命令。外围解放军部队大炮一响,敌师长钟松彻底绝望了。他将嗓子喊冒了烟,刘戡的回话依旧是那两句:"要坚持住!一定要坚持住!"

钟松只好直呼胡宗南。

胡宗南最有力的声援,就是允诺:"飞机马上就到!"他心里实际上早已明镜似的,此时即便能给刘戡插上一双翅膀,对钟松也是于事无补了。这并不等于说,胡宗南会坐视下去。他以西安绥靖公署主任的名义,给刘戡下了一道死令:"钟师不测,唯你是问!"

刘戡捧着这八个字,细细地玩味了半天,最后冷冷一笑,丢在旁边,对参谋长刘振世说:"胡先生的心意,我刘某岂当有不知。不过,这一次我定要让他开开眼界。"他一边慢腾腾地给钟松发了一封电报:"已令五十五旅就近来援,主力继后即到!"一边吩咐刘振世:"你今晚熬点夜,给我火速去办件事。"

中国革命"过山坳"

差不多在许光达与旅团干部对表的同时,刘戡的参谋长刘振世来到他的第一四四旅第四三〇团。由该团团长张亮支挂帅,五百名手枪队已集合完毕,且清一色换上了陕北农民的着装。这些个家伙,都是从全旅特务分队挑选出来的,个个杀人不眨眼。

刘振世往黑乎乎的队前一站,说:"诸位都是党国的忠臣,我刘某多的话不说了。养兵千日,用兵一时,现在诸位就要去担当一个非常的使命。我想,诸位为党国效忠的时刻到了,应该感到万分的荣幸。"

五分钟后,这些"万分的荣幸"的"党国忠臣"就直扑葭芦河并溯流而上。他们分成若干小组活动,意欲摸清中共中央机关的具体位置,准备为刘戡制造一条世界级的爆炸性新闻。

这是一段大战前的静默,一切都在悄悄地进行。

第三纵队主力的前沿阵地上,早已投入紧张的忙碌之中。战士们把工事加固了又加固,弹药一一到位。特别是手榴弹,拉环一律取出来了。新缴获的七八门日式山炮,按照许光达的具体指导,安排在纵深内一个得体的地形位置上,所有炮弹的火帽都拔开了,全部装备齐整。许光达十分看重这个由自己亲手谋划的小小炮群,头天晌午专门跑到阵地上,足足花费了两个钟头,操练了一批解放入伍的新战士,让他们与老兵混编在一起,组成一支重火力队。

第十七团的阵地紧紧连接着葭芦河。河岸边有座几十米高的山峁,环抱着山峁有条雨沟,与河道差不多是个直角。防御工事就设在高峁的半腰上,从雨沟方向一直延伸到河道方向,顺着峁壁的走势弯弯曲曲组成九十度半圆形。

驻守河口的是第十七团第一营第二连。刚好,第一排在雨沟边,守住前面大约二百到三百米的小丘陵地;第二排在河道方向,任务是警戒河面,防止敌人在河道上做文章;第三排做预备队,放在峁顶。需要时,从山峁背面修起的交通壕,一转就进入阵地。第二连连长肖芝玉站在峁顶拍拍手,对几位排长说:"除非敌人能搬走这座山,否则,他休想从咱手上过一个人!"

这时候,团长闵洪友袖口高高挽着,从工事里一段一段看过来了。钻到第一连第二排阵地时,正好碰上第一营的靳长发营长。靳长发和闵洪友是同时入伍的伙伴,感情很好。虽为隶属关系,平时说话谈工作却很随便。当即,闵洪友在堑壕中拍拍打打看了两圈,说:"老靳,这段可是个火山口啊!你给我把部队调整一下,河道这边的战士都要会水。"

"嗨,放心吧,这不才调整完么。"靳长发粗大的嗓门答道。

闵洪友满意地又有点惊奇地说:"啥时变得这么细致了。"

这句话让靳长发从里往外舒服。要说打仗,冲锋陷阵,靳长发从不含糊,就是有时候缺点心计。为这个,他战功没少立也没少挨批。

"俺这功劳也不能独吞,"靳长发嘿嘿一笑说,"司令员他晌午过来看过,特意指示过俺哩。"

"我说呢!"闵洪友将一支卷好的"喇叭筒"烟丢给靳长发,"过过瘾吧,脑子清醒些,别叫司令员为咱们下面操心。他肩上的担子够重了!"

靳长发说:"可不是么。"他将闵洪友给的"喇叭筒"点着了,叼在嘴角:"俺就是粗啊,司令员批得狠哪!"

"司令员就是那样,你有成绩,他猛表扬你;你有毛病,就猛批评你。大事小事,他啥都明白,啥都喜欢讲个理。你想拧他,不成;你想蒙他,也没门!"

"你是体会深啊。"靳长发话中有话。闵洪友一听就明白了,伸手在靳长发的腋窝一捣:"去你的!"

那是高家堡战斗刚结束,打扫完战场,第十七团满载而归。闵洪友骑匹高头大马来见许光达。

"神气的你哟,闵洪友!"许光达刚从战场下来,边解武装带边打量这匹模样不俗的坐骑,禁不住赞叹,"嗬,果然是'鹰膀子',名不虚传!"

闵洪友一惊:"司令员,您咋知道它叫'鹰膀子'?"

许光达笑着指指闵洪友:"你呀,小聪明!"

闵洪友得意地斜睨着司令员说:"一点小收获,您要是喜欢,就送给您骑吧。"

"当然喜欢!"许光达走过来抚着火一般红光发亮的马鬃,"多威风的家伙呀。"突然,他眉毛一闪:"不对,闵洪友,少来这一套,你跟我打埋伏了!"

闵洪友一怔,随即嘻嘻笑道:"嗨,司令员您话说哪里去了,我怎么会跟您打埋伏呢。"

"那好,你给我把'小汽车'交出来!"许光达盯住这位年轻团长的眼睛。

"啥?啥'小汽车'、'小火车'的,我听不明白。"

"好你个闵洪友,还学会装糊涂了。"许光达胸有成竹地说,"我的情报千真万确,高家堡藏着两匹宝驹,一红一白,'鹰膀子'红似火,'小汽车'白如雪。现在'鹰膀子'来了,'小汽车'哪去了?"

一看瞒不过去了,闵洪友口气软和下来央求道:"我就知道蒙谁也蒙不过您。不过司令员,那匹千里驹就留给我吧。"

许光达把脸一放:"我看,彭总他们更需要!"

没有什么好说的了,闵洪友当即把"鹰膀子"和"小汽车"全都拉过来。第二天,许光达就派人将这两匹千里驹送到了野司指挥部。消息很快传遍了全纵各部队,靳长发揶揄闵洪友,指的就是这件事。

"比起司令员的觉悟,咱还都差一大截哩……"闵洪友正要发表感慨,忽听阵地上一阵嘈杂。还没来得及细问,第一连连长肖芝玉已经上气不接下气地跑过来了。

"啥事,吵吵嚷嚷的?"靳长发抢着问。

"几个老乡,说是起大早逃难,走迷了路。"

"这有啥了不得了,"靳长发释然地一摆手,"让他们离开,这里要打仗!"

肖芝玉转身就要去,闵洪友喊道:"慢!"他皱紧眉头想了想:"我们去看看。"

当闵洪友和靳长发随着肖芝玉刚刚跑出去十来步,就听吵闹的地方突然响起了枪声。一问才知道,战士们在那几个"老乡"身上发现了手枪,待要扣住他们查个仔细,被他们一挣脱,逃掉了。几个战士冲上去朝他们开枪,但黑天黑地的,且对方四散分开,再没有办法能追着了。

情况立即报告到纵队指挥部。许光达一眼盯住地图上的葭芦河口,拿起铅笔狠狠画上一个圈。然后,立即电告各旅团,要求战斗中加强警戒。不论军民,一律卡死。按照后来老战士们的回忆,许光达给部队的具体指示是:"要用身体为中央机关筑起一道密不透风的铁栅栏!"

几乎在许光达命令到达前沿的同时,刘戡的大规模进攻便开始了。铺天盖地的炮火轰击了十多分钟之后,黑蚁般的步兵漫山遍野一起涌了上来。等到最前面的敌人冲到离我方前沿阵地可扔手榴弹的距离时,许光达给他的炮群下达了第一个射击命令。

炮弹在距前沿一千米左右的沟沟坎坎遍地开花,冲到前面的敌兵见屁股后面隆隆爆炸声起,顿时慌了,来不及反应,解放军阵地上的手榴弹便雨点般地打了过来。敌阵大乱,像一群无头苍蝇,在烂泥地上胡奔瞎窜,也不管雨沟、低洼或是积了水的深川,忽东忽西,一团糊涂。

闵洪友从高崾边的指挥所看到这一切,高兴坏了:"奶奶的,还守着窝干啥?

出击呀！"

靳长发早就憋不住了，往堑壕上一跳，驳壳枪举过头顶，拿出吃奶的力气喊了声："杀——"

第十七团全线出击。战士们端着刺刀，一鼓作气冲入混乱的敌群。一场肉搏战，直杀得天昏地暗。

就在这时，团指挥所电话响了。

闵洪友操起电话，听出是许光达的声音，立即喜滋滋地报告："哎哟哟，真过瘾啊，部队打得呱呱叫哩！"

"团预备队在什么位置？"许光达的话语沉静而简洁。

考虑到与兄弟团结合部的安全，闵洪友把预备队放在远离葭芦河的第二营阵地侧后一个便于机动的位置。

"不对！"许光达语气果断，"立即向一营方向移动！"

闵洪友刚把预备队位置调整的命令下达完毕，敌人又一次发起了冲击。原来，刘戡将三个旅排成了队，采取不间断的轮番进攻战术，反复往上冲。这显然是以多欺少，想让守备一方没有喘息的机会，最后拖垮对方，一举破阵。

敌强我弱，为了保存实力，许光达不得不指示各旅团在炮火掩护下，出击的兵力迅即返回阵地，以逸待劳。

国民党军新一轮冲击，比前一次人数更多。显然，敌兵的战术动作更为谨慎，差不多齐头并进，冲在一条线上，没有人敢冒进。而后续兵力也比较干净，尾巴夹得紧紧的，生怕被我方的炮火打着。

"敌变我变，近战歼敌，发挥手榴弹的威力。"闵洪友指挥若定。但就在此刻，一个令他意想不到的新情况出现了：第一连守在葭芦河口的战士报告，河对岸有一股敌兵正在翻过一座高崅，好像是要溯河而上。

不难想象，如果敌人越河抄到我方阵地的后面，哪怕只有一个连，中央机关的安全也会受到很大威胁。

许光达的额上不知不觉渗出一层细汗。大半支雪茄夹在指间，点着了又熄灭，熄灭了又点着。"我敢肯定，敌人对中央机关的具体位置已有掌握……这才叫来者不善啊！"他边说边走到电台旁边，松开衣扣，像是早有预料似的从容命令："纵队炮火支援十七团预备队渡河，务在黄昏前全歼葭芦河北岸之敌。"

命令下达后,许光达即进入漫长的等待。五分钟过去了,十分钟过去了,半个小时也过去了……

电话、电台联络都没有回音。

许光达情不自禁地将手中剩下的半截烟卷掐得粉碎,一口凉气徐徐地吸进肚子里,又悠悠地吐出来。他转身走到门前,举起望远镜,借着黄昏的一丝冷光,朝雨沟对面看去。正巧,对面的山梁上有一支队伍在缓缓地前进。只见那队伍中有男男女女、老老少少,挑担的、拉牲口的,看得出有一大摊家当。山梁的拐角避雨处,隐约可见电台的天线……天,这不正是转移中的中央机关吗?

许光达眼皮一跳一跳的,心里重得像压着一座山。

夜幕终于彻底降临了,阵地上的枪炮声越来越激烈。许光达滚油浇心似的咬了咬牙,将腰带紧了一个扣眼,随手操起手枪,装进一匣子弹,啪的一声打到位,朝警卫员大喊:"马!"

马牵来了,许光达助跑几步,从侧面一个飞跃跨了上去,缰绳一抖、双腿一夹,那匹快马的四蹄立刻飞跑起来,惊得警卫员和一名参谋在后面打马便追。

此时,令许光达牵肠挂肚的闵洪友,正处在昏迷之中。

两小时前,担任预备队的第十七团第三营冲过了葭芦河,并与对岸抢先一步占领有利地形的敌两个连兵力,展开生死搏斗。双方从交火到肉搏直至最后第三营全歼残敌,整个过程用了不到一个半小时。

战斗中,我方牺牲一百二十九人,其中有十八人是在刚冲到河心时,被河水卷走的。

闵洪友在河口指挥这次战斗。就在战斗进行到半个小时左右时,我方已突破敌人火力封锁并拼命登岸时,一颗不知从什么方向窜来的流弹,击中了闵洪友的脑门。他当即倒地,血流如注。简单包扎之后,闵洪友被立即转移到后面的急救所。这时候,过河的部队来不及登岸,正面阵地又在拼刺刀,战斗打得一片混乱。旅指定由靳长发代替闵洪友的指挥位置。

靳长发是个烈性子,几轮冲锋打下来,早就打毛了。当时,他身上就已有好几处伤口,浑身血淋淋的,分不清是别人的血还是自己的血。团指刚宣布旅的决定,他便跳到阵前的高坎子上大声吼道:"全团听我的号令,给我压过去!"嘴上喊"压过去",双脚就飞一般地扑向敌阵。当时,战士们也都打红了眼,大家心中

只有一个念头:保卫党中央、保卫毛主席的安全,死了也光荣。那种誓死的决心,经靳长发一鼓舞,一发而不可收。全团顿时形成一股锐不可当的声势。正面敌人招架不住,兵败如山倒,连连后退。靳长发哪里刹得住步子。杀声一起,遍地吼开了,大家借着气势一追再追。约有百人紧随靳长发冲出去几公里远,见前面山坡上扎开一片营帐,也不管深浅,立刻闯了进去,十几个敌兵从帐篷里被揪了出来,稀里糊涂当了俘虏。后来才知道,靳长发他们已经冲到了刘戡的整编第二十九军军部。那些俘虏都是刘戡警卫连的士兵。

靳长发是从俘虏嘴里知道自己深入了敌阵。当即趁着敌人没有反应过来的机会,组织大家用交替掩护的办法且战且退,一口气撤出战斗,返回到阵地上。他万万没有料到,许光达这时候正在团指挥所等着他。

许光达一见面就严厉地发问:"猛张飞,你拼掉我多少人?"

靳长发低头不语,火鸡似的立在灯光里。

两人这么相持了好一会儿,许光达嘘了口气,扔给靳长发一支烟,说:"打仗不是你这么个打法……算你走运!"

离开第十七团指挥所,许光达沿着阵地往前走。几十年了,他总喜欢在这样的时候静静地想点什么。一场大战刚刚过去,黑暗中的沟沟坡坡零星地冒着烟。战士们有的在加固工事,有的忙着从阵地前横一具竖一具的敌我双方尸体上搜集剩余的弹药。堑壕里,一些战士在相互包扎伤口,另一些战士把仅有的几瓣黑豆钱钱从衣缝里抠出来,放在嘴里细细咀嚼,火药的辛辣味和黑豆的焦糊味以及只有战场上才会有的人生滋味,一块儿嚼在口中……许光达与每一只沾着黏液的手紧紧相握,历史将又一个无言的时刻镂进了他那记忆的深处。

这是在彭德怀报告中央军委沙家店决战计划之后的三个多小时,战场格局已发生了根本性的变化。沙家店地区的钟松所部已被我军第一、第二纵队分割为数块,成了案板上的肉:刘子奇的第一二三旅早在午后即被新四旅、教导旅"包了饺子",胡宗南反复承诺的飞机又始终没有兑现;心情复杂的刘戡同许光达的第三纵队从头一天上午一直打到第二天深夜,代价惨重却寸步难行。他再也无心恋战,一门心思寻找下台的阶梯。

最艰难、最惊险的午夜时分过去了,毛泽东与中央机关终于在镇川堡正北八十里一个叫梁家岔的老苏区,与西野主力会合,历史上中共中央机关惊心动魄的十九天艰险大转移终于结束。以毛泽东与彭德怀通话中抛掉了"李德胜"这个化名为标志,被称为"陕北战局转折点"的沙家店战役载入史册。

1947年8月23日,彭德怀在前东原召开旅以上干部会。毛泽东、周恩来、任弼时等中央领导人亲临会场,向指战员们祝贺胜利。

在长时间的掌声中,毛泽东笑眯眯地走到那张小木桌前。他双手一举,把大家的掌声按下去,说:"沙家店这一仗确实打得好!对西北战局有决定意义!我们最困难的时期已经过去!用我们湖南的话来说,陕北战争已经过坳了!"

毛泽东的话一句一个手势,一句一片掌声。特别是后一句,他习惯地抡起左臂,在空中猛地一推,令人一眼便看出这个"山坳"过得是那么不容易,而又是那么潇洒。

一个伟大的历史时刻,就这样在掌声中凝固了。

毛泽东再次按住掌声,接着谈军事:"侧水侧敌本是兵家所忌,而我们的彭老总……"

这一次,彭德怀没法不动声色。他起身接替了毛泽东讲话的位置,说:"毛主席讲'过坳'了,这是对我们的鼓励。我们要真正'过坳',还要多打几个大胜仗!"

彭德怀的话没说完,只见台下便有一个人带头鼓掌。毛泽东循着掌声望去,不禁会意地点点头笑了。随即,他转过脸对凑上来的周恩来悄声说:"许光达功不可没哟。"

此时,掌声的浪潮已经淹没了会场里的一切。毛主席笑了,周副主席笑了,任弼时同志也在笑,连平时难得展一展眉毛的彭德怀司令员也笑出了一脸深纹。只有许光达,他只是一个劲地鼓掌,却没有笑。不知为什么,他总在回味前几天黄昏时分那一幕幕惊险。假如河对岸的那股敌人溯河而上,假如那场恶战再推移几个小时……他不敢想象后面的结果。

然而,"假如"终究没有出现,仿佛事事有定的历史,就这样自然而然地跨入了一个新的起点。

第十章　鏖战大西北

兵临清涧，枪炮未响先攻心

历史就这样喘了口气，毛泽东把化名李德胜扔掉了。接着，他便精心起草了一个党内指示，潇洒自如地把"举行全国性的反攻"作为抗战胜利后第二年各部队作战的基本任务。

这篇锦绣文章出来不到一个月，彭德怀就动起来了。

1947年9月23日，彭德怀把第一、第三纵队和教导旅、新四旅指挥员召集到一个无名小地方安家渠，不动声色地敲定了一场颇具战略意义的进攻行动——先取延长、延川，再打清涧。

一个星期后，许光达的第三纵队会同教导旅便一举攻克延长和延川，稍后，又把清涧外围收拾得一干二净。特别是把清涧守敌与延安守敌之间的联系割裂开来，显得意义非同寻常。

彭德怀用兵的周密和细致是世人皆知的。清涧之"一发"，无疑会牵动延安、绥德、瓦窑堡等"全身"。于是，他命令新四旅到青化砭，看住延安之敌；教导旅到清涧以北的九里山，阻击绥德之敌；绥德警备区第四、第六团，监视围困瓦窑堡的敌人。打清涧的重任交给第一、第三两个纵队。

任务一部署，大家即分头准备。彭德怀叫住了许光达："光达慢走，你还有么子想法？"

许光达望着彭德怀，猜想彭老总问话的用意。

"你莫猜,老实讲嘛。"

"你想要我讲么子呢?讲攻城为下、攻心为上?"

彭德怀难得地笑了,知道许光达和自己想到了一个点上,说:"都讲你精明,我相信啰。"说着,脸一沉,严肃起来:"我查过了,清涧守敌七十六师师长廖昂,是胡宗南的一张王牌,和你也很相熟啊?"

"是的,我们是黄埔同期。"

"你给他写一封信。"

"可以。"许光达说,"不过,以我对他的了解,这恐怕是个游戏。"

彭德怀哼了一声,认真地点点头:"写吧,一个星期后,他就不敢这么看了。"

这一天,廖昂刚刚例行公事开完一个军事会议,又抓起一副牌盘腿坐上炕头自顾自地推开牌九。正推着,一声"报告",警卫连连长押进一个倒剪双手、胡子拉碴的军官。

"啥子事?"廖昂并不抬头,亦不停手。

"报告师座,这家伙是被共军俘虏过的,说给你带来什么信,八成来替共军搞赤化!"

"不!师长,卑职是师工兵营长赵明顺啊!被共军俘虏不假,但并不是来搞啥赤化。卑职是受您的一位黄埔学友之托,特来给您送一封信啊!"

廖昂缓缓地抬起头来。他认识赵明顺,但此时却熟视无睹:"我的学友?他是哪个?叫啥子名字?"

"他叫许光达,是一位共军的长官。此次围攻清涧,就是他的队伍!"

"许光达?"廖昂挠挠后脑勺,想不起这个名字。他起身从炕上下地,来到赵明顺跟前,板着脸孔,"信拿出来我看!"

"把信交出来!"警卫连连长狐假虎威地吼道,并悻悻地解开捆赵明顺的绳索。

赵明顺脸上露出几分得意,活动了下筋骨,从怀里摸出一封信,双手呈到廖昂面前。

廖昂撕开信封,抽出信纸,用力一甩,先不看内容,而是迫不及待地找着后页的署名。一看,不觉脸上的肌肉松了下来,随即朝警卫连连长挥挥手。

警卫连连长无奈地退到门外,带上门。廖昂不管赵明顺,径自往躺椅上一

倒,默默读起信来。

许光达的信原文写道:

廖昂兄:

别来无恙!

军校毕业,分手二十年矣,不期在清涧相遇,真乃有缘!可惜,炮火连天,工事阻挡,你我只能隔城相望,不能握手言欢,实乃憾事!

站在清涧城郊,不由得使我回想起与廖兄军校同窗时的生活。那时,你我同为热血青年,秉承总理遗愿,致力军事救国,渴望建功立业……岁月流逝,几经沧桑,往事仍然历历在目。尤以在军校填写《学员政治面貌登记表》时的情景,令我铭心刻骨,终生难忘。当时,廖兄执意留在国民党内,并力劝我脱离共产党,无奈人各有志,你我只能分道扬镳。记得那时你说:"试看今日之域中,竟是谁人之天下?"二十年过去了,而今,我仍引廖兄的话来试问一句:"试看今日之域中,竟是谁人之天下?"明眼人已不难看出,国民党倒行逆施,早已违背总理遗愿,众叛亲离,日暮途穷。虽然尚有数百万军队,皆因师出无名,士无斗志,人命危浅。而共产党和人民解放军,乃是顺乎潮流,代表了民众的意志,从小到大,从弱到强。事实证明,跟着国民党走,是没前途的。积二十年之经验,廖兄还不能幡然醒悟吗?

眼下,我军已将清涧团团围住,援军被我阻击,也是自身难保。清涧是朝不保夕,破城在即。我念及与你同窗情谊,不忍亲睹城破之日你身陷囹圄,故陈说利害,劝兄迷途知返,弃暗投明。

我党的政策历来是既往不咎,立功有赏。你若能率部起义,使生灵免遭涂炭,乃我民众之大幸,望兄三思而行。切!切!

同学许德华(光达)
一九四七年十月八日

读完信,廖昂默然许久,抬头问赵明顺:"你见到此人了吗?"

"见到了,信就是他当面交给卑职的。他还让我告诉师长,希望您尽快回话,他等着您呢!"赵明顺一直低着头。这几句话,显然是他事先想好了的。

"唔……回话,还要赶快!"廖昂极不自然地在原地兜了两圈。

"师座,据卑职所知,围城的共军中还有一位长官也是您的老同学,他叫张宗逊……"赵明顺翻着眼偷偷看了看,见廖昂表情木然,并无不当的反应,于是接着又说,"恕卑职直言,您的老同学所率这支共军队伍,来势凶猛,不出三天,延长、延川就相继失守,清涧虽然固若金汤,可孤掌难鸣啊,而且……"

"胡说!"廖昂不等赵明顺把话说完,突然歇斯底里地吼叫一声,惊得门外警卫连连长立即带着十几个兵破门而入,乌黑的枪口一齐指向赵明顺。

廖昂哗啦哗啦把许光达的来信揉成一团,狠狠地掷在地上,虎着脸走到赵明顺面前,拉开长腔:"赵营长,你知罪吗?"

"卑职只知为师座着想,却不知有甚罪。"赵明顺的脾气似乎也很倔强。

廖昂疾步奔到办公桌跟前,一拳打在桌子上:"混蛋!拉出去,枪毙!"

赵明顺突然醒悟似的抬起头,一双疑惧的眼睛瞪得溜圆:"师座,您不能这样!您不能这样啊……"

警卫连连长指挥手下的士兵,早已把赵明顺架起来,拖出去了。

屋里突然安静下来。

廖昂在窗口静了静心气,情不自禁地回过头朝地上那个小纸团瞥了一眼。之后,他挺挺身子,整整松开的军服,走过去,重又拾起地上的那个小纸团……

许光达的两个旅是10月3日连夜赶到清涧城东的。此时,第一纵队的独立第一旅和第三五八旅在清涧城西。新四旅和教导旅都在外围警戒敌人的援兵。

部队一进入阵地,抓紧时间睡了一觉。这期间,许光达把营以上干部召集起来,到实地去勘察地形。

清涧在陕北诸城中举足轻重。它位于延安、绥德之间,坐依九里山,是咸榆公路的必经之地。小城四面环山,城北部依托九里山支脉,城西笔架山与城东制高点隔河相望,构成小城东西两面的天然屏障。河叫清涧河,缠绕小城由西向东流出,小城也因此而得名。

许光达想,把这样一个战略要冲交给廖昂的第七十六师,据说,他进驻清涧后,身边两名副师长也另调他职,这说明胡宗南对廖昂这名"常胜将军"是相当

信任的。

透过望远镜可以看出,城东主要地形是个制高点,敌第七十团的两个营在把守,工事严密,白天在几百米远的小山坡上都能一目了然。

攻城是炮兵和工兵最能显身手的时候,所以许光达特意把几名炮兵和工兵干部拉到一边,用望远镜指示出几个重点目标,然后具体做指示。

"炮火务必要准、要狠,"许光达结合实地边说边比画,"第一个集火就要上目标,大量杀伤敌人。接着打小间隔,使敌人不敢伸头,给工兵爆破准备争取时间。炮火一停,就是你们工兵的事了。这个城防经营了一年多,几度加固,除了少数工事是土木结构,多数都是青石条砌的,炸药包分量就得足一点!一定要在五分钟内给步兵开辟通道!"

李参谋长插话:"配合点有两个关键,一个是炮兵和步兵,一个是炮兵和工兵。"

许光达把话题又转向炮兵:"距离摆在这里,地形也摆在这里,只能搞放列观察射击。步兵一露头,炮火就得延伸。"

"向东北方向,图上距离是三百四十米,那是敌人的核心防御阵地。"作战科的时科长补充了一句。

炮兵指挥员赶紧在小本本上记录。他们反映,别的可以没有,没有地图不行。缴获来的两张清涧地区图,都老掉牙了,许多地形地貌都不准确。

许光达严肃地说:"不许等,条件就这么多,可以搞点侦察手段嘛!怎么搞我不管,反正炮弹一出去,你得给我敲准地方。"

时间紧迫。这一点,彭德怀在马家店召集野战军前委开会时,就一遍一遍强调了多次。到了许光达这里,进一步细致化了。他让时科长把作战计划做到"秒",战斗准备阶段,连以上干部,半天对一次表,一丝一毫都不能有误差。

炮兵和工兵在许光达身边享受"特殊待遇"的时候,步兵分队的干部就在一旁议论作战方案。

这时候,许光达把大家拢到一起,让旅团长轮流发言。有不同意见举手,重复的话不说。这些规矩都已经在第三纵队扎下了根,大家闭着眼睛都能遵守。

许光达极耐心地听大家把话说完,而且边听边记,最后的方案就是在这过程中形成的。许光达宣布攻城方案:第五旅以敌第七十团第一营阵地为进攻正面,由东北向西南攻击前进,发展战果;第二旅以敌第七十团第二营防御阵地为进攻正面,由东向西攻击前进,发展战果。

从任务的划分来看,第五旅的任务好像更为艰巨。因为第五旅进攻方向的纵深内便是清涧城防御核心阵地,地势较高,工事较密集,还有敌人的炮阵地。敌人自然会死守不放,而第二旅进攻正面更易于撕开口子。这对于破城来说,当然就不能不引起指挥员的高度注意。

许光达在给营以上干部做着这些分析时,思想已经翻过了另一座山谷。进行战斗准备的一天多时间里,他始终思考着这样一个问题:攻城一线,破城一点。清涧城要打下来,这个点应落实在何处呢?

部队正在开"诸葛亮会"。许光达把这个极为有分量的问题,交给了战士们。

按照作战计划,必须尽快肃清小城外围的据点。这项工作进展非常顺利。5日晚上,许光达带一班参谋和他们的头儿到所有外围据点检查了一遍,显然这个任务目标都已达成,所有外围据点都已被我军占领了。

距总攻时间越来越近,许光达几乎没有睡觉的时间。困急了,就在炮弹箱上趴一会儿,眯一小眼,睁开眼又是新的工作。

这天许光达刚合眼,作战科一个参谋和时科长就跑过来了。参谋为难地看着科长,时科长虽说满心的不忍,却还是推了推司令员:"司令员,野司来电。"

许光达一惊:"方案批下来了?"

"批了。"李参谋长不知什么时候过来接过话头,"彭总还表扬我纵战斗准备工作做得细呢!特别是炮兵侦察。另外在火力运用和步炮配合方面,还给了许多具体指示。"

野司来电就是下达彭德怀的战斗指示。许光达一看电文,顿时心中电闪雷鸣。这正是自己几天来苦苦思考的问题啊!

彭德怀的指示说:"……根据守敌的配备及战斗力,各纵队必须准备数日的连续攻城作战。要发扬高度的英勇、坚决、顽强、不怕疲劳的战斗精神;在战术上,攻击每一个据点,都要有充分的准备,不草率从事;要隐蔽接敌,突然发起攻击,打敌措手不及;要集中优势兵力,先以一点突破,然后扩大突破口,割裂敌人阵地,向纵深发展;各纵队要密切协同,先打弱敌,后打强敌。"

对于彭德怀指挥作战的务实作风,许光达打从西渡黄河便开始领教了。经

过打榆林外围据点高家堡、沙家店战役的乌泥铺阻击战,彭德怀的权威正在以一种无法抗拒的魅力让许光达倾倒。直至晚年,彭德怀的用兵也是许光达心中最高的山峰。

"他总是谋定而动,从来不说含糊话,"许光达说,"但又从不把人框死。"

这两条都是指挥作战的高标准。后人对此多有评价,在共和国高级将帅中,能做到其中一条的,恐怕只有一人,而两条皆能兼得的,绝无仅有。正因如此,彭德怀的战场指示一般没有办法更改,甚至连串讲也比较困难,除了原原本本地传达到底,别无选择。

许光达要求时科长:"立即通知团以上干部到前指,把彭总指示灌下去!"

就在许光达心急火燎给团以上干部贯彻彭德怀作战指示时,清涧城里同样也进入了文电交驰的高峰阶段。廖昂和他的参谋长刘学超三番五次提出那个让胡宗南一听就生气的意见:将守备绥德的整编第一六五旅及守备瓦窑堡的第七十二团调回清涧,以加强本城防务。甚至不惜夸大事实,说什么"敌围攻甚急,战斗激烈"。

"激烈"什么?攻城还没有开始呢!

胡宗南倒真给蒙住了,热火朝天地开来两架飞机"助战",但对于调兵增援一事,他始终持审慎态度。胡宗南有胡宗南的考虑:围城打援是共军惯用之策,谁知这次把清涧团团围住,其用心是真是假?

在所有部属眼中,这位胡长官如同是个庸医。不管你得的什么病,永远就是那帖方子:加强工事,准备歼灭来犯之敌,并继续查明情况具报。

廖昂无可奈何地对刘学超说:"老天爷刮他三天三夜东北风就好了,让他娘的延安也别太清静!"

其时,胡宗南总指挥正坐镇延安。

老天爷好像故意跟廖昂作对,偏偏不刮东北风,却在当天夜里刮起西南风,这使处在下风口的第三纵队干部战士把清涧城里哭哭啼啼声听了个一清二楚。这晚,谁也睡不踏实。许光达伏在煤油灯下对李参谋长说:"城内的哭声说明两点:人心不稳,军心浮动!"

这和几天来俘虏房兵口中"粮弹充足、兵员不足"的情报,恰好构成一幅活灵活现的图景。于是,许光达想起那个帮他送信的敌工兵营营长,想到彭德怀的总攻命令也许就在今夜?他打开笔记本,开始写1947年10月5日的战斗日志。

倒吊柳进攻受阻,闵洪友计退"一号"

1947年10月6日凌晨,彭总给张宗逊和许光达下达了攻城命令。

大约是敌人最后一班夜哨刚刚下岗,大队人马还躺在被窝里呢,突然间,城外炮火连天,杀声震天动地。顷刻,敌人防御阵地上响起隆隆的爆炸声,顿时火光一片。烟雾滚滚之中,工兵上去了,步兵也上去了,各种火器一齐向敌人阵地发起猛烈的攻击,打得清涧城头国民党军鬼哭狼嚎。

约莫过了半个钟头,被轰击的国民党军阵地缓过劲来,还击也开始了,打得同样猛烈。因为对方有阵地凭借,防御体系完备,火力配置有序,弹药也很充足,使得第一、第三纵队进攻立刻受到强有力的阻碍。工兵靠不过去,步兵抬不起头,炮兵的火力又伸展不开。而在这时,胡宗南的飞机凑热闹来了,一个劲地朝解放军阵地上俯冲、扫射,一时造成攻城部队很大伤亡。

第三纵队前指差不多跟旅指挥所齐头并进了。许光达特意选择了这个可以观察前沿的小高地,从第一声炮响就一直举着望远镜,静静地盯着前沿铁丝网、鹿砦前面那一块开阔地,连排长的指挥和战士们的战术动作,都能隐约看得见。

攻击受阻、伤亡很大的情况报告上来了。

许光达仍然手不离望远镜,一边看一边说:"基本部署没有错,问题出在分队的攻击点没有找准,团的正面不合理,太宽,火力分散。炮兵的头起得不错,但步兵火力没有形成规模,威力差了一点。"

作战参谋心里惊道:"这跟各旅报告的情况基本一致嘛!"

许光达转身,下达第一道指示:"命各旅,收缩兵力,集中优势,攻敌薄弱环节!"

作战参谋就要去发报,又被许光达叫住:"相互倾斜火力,在接合部形成集火。五旅正面左移一百米,以五旅为主,重点攻击敌七十团一、二营接合部。"

许光达补充说:"我看了半天,唯有敌人一、二营接合部是便于突进的弱点。"

参谋长说:"这并不能减少伤亡。"

"关键是火力集中、人员疏散,这应成为一条原则,平时训练就应贯彻下去。单兵动作就是要靠训。我看解放战士有的比我们老兵动作都好很多!这是个问题,得好好总结一下。"许光达说着,又举起望远镜。

午后,野司通报,第一纵队已在城西南突破敌人阵地一部,引起敌人极大恐慌。

许光达一听,操起电话就要第二、第五旅指挥所:"利用这个机会,加速攻击!"

下午和第二天守城虽无突破,但部队已在一寸一寸地向前推进。第三天傍晚时分,外围据点已基本解决。攻城难点集中在东山北面一个叫倒吊柳的制高点上。这是颗硬钉子,点上有一个营的守备兵力,梯次配置,弹性很大。最重要的是,此处有一条交通壕直通清涧城里,是第三纵队理想的突破口。

正当倒吊柳久攻不下之际,野司的又一个通报来了:第三纵队的老冤家、敌第二十九军军长刘戡,率五个半旅从延安赶来增援,已经到达距离清涧只有一天行程的永坪!也就是说,第一、第三纵队攻城战斗必须在一天内得手,否则就将腹背受敌,后果不堪设想。

这个效果是廖昂喊破嗓子、连蒙带骗争取来的。

第一天午后城西南阵地一部失守,廖昂就大为着慌。当时,城外据点一个一个丢失,守备部队事先将兵力摆放得特别死,没有机动兵力。阵地一丢,团营连既不主动组织力量恢复,师旅一级又未做出强行要求,大家都在睁一只眼闭一只眼装猫头鹰,只顾能对党国交差,不管清涧城最终能否守住。这样,城防地区就眼见着一步一步缩小。

参谋长刘学超脑子活络。明明城内不缺粮弹,但为了求援,报告战况时却大肆渲染:"粮弹均将告罄,如不早派重兵驰援,将陷于弹尽粮绝之境。"

胡宗南纳闷:真有这么严重吗?他立即在例行的回电中,半明半暗地道出疑问:"据侦察,清涧外围只有一旅之众,并非主力,着再详查具报。"

玩出如此一个滑头滑脑的手法,着实激恼了廖昂。他愤愤然地让刘学超一气拟出数百字的长电,除了一五一十陈说清涧外围千真万确是解放军主力外,还之乎者也地援引了一段司马公的话:"能战则战,不能战则守,不能守则走,既不能战,又不能守,又不能走,惟死与降耳!"

这一下胡宗南心慌起来,黎明觉也不敢睡,赶快复电:"已饬刘戡军长率五个旅来援,着固守待援,并与刘军长确取联络为要。"想了想还不够分量,又加上一电:"准明(8)日派飞机空投,注意对空联络。"

天上地下一起来了,廖昂无法不大喜过望。他把胡宗南的电文翻来覆去看了好几遍,可做梦也没有料到,这一切居然又是个臊味十足的大尿泡!接下来的事实是:那个令人兴奋的刘戡,千呼万唤就是不能抵达清涧,借口是"遭到共军阻击"。共军能有多大的兵力阻击?你刘戡所率是五个半旅啊!就只能等飞机空投吧,结果,空投倒是来了,沉甸甸的大铁皮箱打开一看,天,既不能吃,也不能穿,更不能装填枪炮,却是三十亿元的法币。

倒是胡宗南的这个声势,让许光达受到刺激。

三天三夜的苦战啊,流了多少血,连第三十六团团长柴枫都牺牲了!许光达想,如果再不能在一天内拿下倒吊柳,所有的流血牺牲都将前功尽弃。他像困兽一般,在指挥所苦苦踱了一个多钟头:满地都是烟屁股,最后痛下决心调整部署,重新组织攻击部队。

这时,第十七团已按计划完成了攻取外围据点的任务,正集结在南关外的一个小山下待命。该团在高家堡攻坚战和乌泥铺打阻击中,都有出色的表现。尤其是团长闵洪友,智勇双全,仗一向打得比较过硬。

现在不把好钢用在刀刃上更待何时?

"闵洪友,"许光达对这位爱将从来都是直呼其名,"三十六团进攻受阻,柴枫牺牲了,你给我上去打个增援,把倒吊柳拿下来!"

"坚决完成任务!"闵洪友伤愈不久,跑步赶来接受任务,喘息不定。

"你想怎么打。"许光达问。

这在来的路上闵洪友就想好了:"正面攻击肯定不行。"

"对,你从侧面迂回过去,动作要突然、要猛。"

第三十六团打得并不弱,虽然团长牺牲了,攻击的劲头却一点不减:倒吊柳的国民党军勉强守住了阵地。国民党军没料到侧翼会突然杀出一个团的人马,阵脚顿时大乱。第三十六团第三营教导员一见机会来了,带上第七连,乘势甩出一排手榴弹。趁着爆炸的硝烟冲天而起,一嗓子"杀"声吼出来,人就冲上了山

头。早就预备好的炸药包飞快地安放起爆,轰隆隆几声巨响,所有的碉堡都飞上了天……

倒吊柳突然之间平静了。

喜讯传到纵队指挥部,许光达只轻轻点了一下头,立刻传令:"命十七团和三十六团抓紧打扫战场,做好总攻准备。"

许光达自然轻松不了。此时的城西,仍旧枪炮声一片,第一纵队还在蚂蚁啃骨头似的攻打笔架山,张宗逊在电话里连说了三个"怎么办"。他也是一员智勇双全的虎将,不到万不得已,是不会如此焦躁的。

的确,笔架山对攻城威胁太大。悬崖峭壁,都是经过国民党部队人工做过的,极难攀缘。第三五八旅付出了很大的代价,却一直没有攻下来。

而站在解放军这边,当时还看不出任何迹象可以断定援敌刘戡会见死不救。那是一个巨大的阴影,情报一个接着一个,个个都表明刘戡的五个半旅在向清涧步步紧逼。

许光达跟司令部交代了几句,拉上警卫员蓝德明,打马就去前沿部队。他要亲自将攻城准备工作再仔细检查一遍,做到万无一失。

已是10日的拂晓,一轮残月挂在西天,城郭抵在眼前。阵地上,硝烟尚未散去,空气中仍弥漫着浓烈的辛辣气息。骑在马上,晨风吹拂,让人感觉又清凉又刺激。许光达忽然想起彭总对于廖昂的揣测,进而推想这位黄埔同窗此时此刻的心境。

部队正在抓紧嚼食干粮。聪明的营团长留下值班分队,让大部队就着堑壕呼呼睡一觉算一觉。

许光达屏住气,脚步在沉睡的战士们身边迈得很轻。除了非得交代几句不可时,他才跟干部们小声地说几句话。

就在这会儿工夫,第一纵队的第三五八旅攻下了笔架山。外围据点一一扫清,清涧光秃秃地只剩下一座孤城。

笔架山下的国民党守军逃到城里大喊大叫。全城都已暴露在解放军的有效火力下,连面对笔架山的第七十六师指挥所跑来跑去的参谋人员,也统统成为解放军战士的过眼风景。廖昂着急了,趁着天不亮,亲自指挥警卫部队在指挥所前面赶筑一道隐蔽墙。这时,他的另一位黄埔同学张宗逊,也送去了一封劝降信。

张宗逊给廖昂的信,没有瞒过第二十四旅旅长张新的眼睛。他像是见着了一根救命稻草,力主廖昂接受老同学的劝说:"放下武器,打开城门。"

廖昂已生不得气,他成了热锅上的蚂蚁。但是,要他主动地"放下武器,打开城门",谈何容易!

"放下武器?那怎么可以!"廖昂做出处变不惊的"节妇"模样。

参谋长刘学超心中早已看透前途,见廖昂态度如此,自己夹在中间进退维谷,但他想起前几天廖昂在电报中援用司马公"惟死与降耳"的话,还是忍不住试探着问:"这件事关系重大,望师长能详加考虑,权衡利害,早下决心。"

廖昂迟疑片刻,还是那句话:"再怎么说也不能放下武器!"他的"钓鱼"之心,已经看得很明白。

而后,大家便心猿意马地讨论反攻笔架山,讨论接应援兵,讨论死守城门所需要的石料和木料……事实上,全不过是一群大孩子在吹肥皂泡。

21时整,彭德怀的总攻令如期而至。

三发红色信号弹刺破星空。接着,无数条曳光弹划着长长的亮线从四面八方指向城头。冲杀声乍响,此起彼伏,地动山摇。

闵洪友嗓子都喊哑了。他指挥第一梯队两个营直扑城边。

敌人的炮火打得很猛,指挥所前后左右不住地响起爆炸声。借着炮弹爆炸的闪光,闵洪友看着战士们一个个勇如猛虎,心中平添了几多豪情,不时地挥舞着拳头自言自语:"隐蔽!""低姿匍匐!""瞄准了再开火。"

突然,有个熟悉的身影在眼前一晃,是许光达!闵洪友本能地一个箭步朝人影冲过去。

"司令员。你……"话没喊出口,十几步远的地方,一枚炮弹落地,气浪把两人同时掀了个趔趄。他们趁势趴到地上,轰隆一声,炮弹爆炸了。

"司令员?司令员……"

"喊么子嘛,我这个人命大,死不了。"

闵洪友拉起许光达,为他拍打身上的灰土:"你怎么又来了,多险哪!"说着,一把将司令员拽进了团指挥所。

"大惊小怪!"许光达不急不慌地说,"全国没解放,我们的使命还没完,怎么好意思去见马克思嘛!抬头三尺有神灵,你不信我信。"

这虽是一句玩笑话,闵洪友听来却惊心动魄。西渡黄河以来,许光达逢凶化吉的惊险场面,他还真的经历过几次。

从晋绥渡黄河的第一天傍晚,部队在一个村子里宿营,国民党飞机上的一枚炸弹落在许光达住的窑洞顶上。当时许光达正在窑洞里打电话,全然不知发生了什么事。当旁观者闵洪友冲进窑洞拉他往外跑时,他还瞪着闵洪友不肯走。幸亏这是一枚哑弹,才虚惊一场。打高家堡时,许光达也赶到闵洪友的团指挥所,在一堵高墙的豁口处举着望远镜观察敌情近半个小时。刚放下望远镜离开,他的警卫员站过去,就飞来一颗流弹。警卫员当场牺牲,前后只差半分钟。还有一次骑马行军遭到敌机袭击,战马身上打了好几个窟窿,而压在战马底下的许光达却安然无恙……

闵洪友实在不敢让许光达站在他的团指挥所,好说歹说,要求他离开,说得许光达都火了:"我碍你么子事?你指挥你的,我看看热闹,都不行吗?"

"有你一号首长在,哪有我团长说话的地方。要么你亲自指挥,要么你离开这里,你看着办吧,首长!"闵洪友也不客气,边说边摘下手枪,送到许光达面前。

这一招果然管用。许光达给了闵洪友一拳,笑着说:"都说你难斗,名不虚传。好,我走!"

许光达一走,闵洪友忙把手枪插在腰带上,掩着嘴偷偷地笑了。

生擒同窗话玄机

风雨飘摇的清涧城,在枪林弹雨中度过极不平常的一天一夜。

廖昂拒绝了所有部下的劝降,把包括参谋长在内的军官统统臭骂一顿之后说:"我绝不束手就擒!给我集合特务营。我要部署核心阵地,抵抗到最后,以待援兵!"

此时已近拂晓。廖昂的特务营还没有来得及集合,许光达的独立第二旅第三十六团就已用连续爆破的方法炸开了清涧城东门。随后,独立第五旅第十五团也与第一纵独立第一旅部队相互配合,炸开了北门。

东门与北门,两股洪流遥相呼应。城内的巷战还没有展开,国民党军已纷纷举手投降。廖昂除了找来木棍抵紧窑门之外,再无高招。

与许光达相见,是在一个小时之后。

许光达骑在马上,从长长的俘虏队伍中一眼认出了廖昂。

廖昂被带到指挥所。站在许光达面前,他依旧挺胸收腹,一言不发,沮丧之中不乏傲气。

许光达指着身旁一条凳子:"坐吧,老同学!"

廖昂犹豫了一下,左跨一步,身体笔直地坐下去。

许光达掏出烟,自己点上一支,递一支给廖昂:"我的信你看到了吗?"

"看到了。"

"那为什么还要死守?"

"军人,唯有战死。你也会这样!"

许光达嘴角牵出一丝嘲讽:"战死?你不是活得好好的吗?"

沉默。

沉默中,廖昂接过许光达递过来的烟火,对着了香烟。吸烟的廖昂,腰背微微显出随意的佝偻来。

稍许,许光达打破沉默:"我们有好多年没见面了。"

"是的。"廖昂吐出烟,低下头,声音很小。

"没想到是在这里见面。"

"是的,没有想到。"

"不过这是迟早的事!"

"我没有料到来得这么快。此次胡长官用兵失当,一个师尚且不足,让我守清涧简直是同我开玩笑!"

"恐怕不单是这个原因吧?"

"还有……援军不力。如果援军早到,也不会是这个结果。"

许光达笑笑:"看来,你还不服气。要我说,胡宗南用兵并无大错,刘戡的援军不能如期抵达也在情理之中。清涧城破是必然。"

"我不知道这一仗到底是怎么输的,"廖昂负气地说,"要是再有机会……"

许光达表情严肃起来,正气凛然:"你真是长居鲍鱼之肆,久而不闻其臭。你只知胡宗南拥兵几十万,装备精良,粮弹充足,而我军只有几万人马,兵少武器

差。可你却不知道,我军这几万人是情同手足,生死与共。我军不论干部战士都是以平等的关系投入伟大的事业。我军同一百五十万陕北老百姓是血肉相连的!你睁开眼睛看一看,陕北的哪个山头、哪条河川、哪个城镇和乡村,没有民兵在为我们站岗放哨,你们的一举一动都在老百姓的监视之下。他们随时都来向我们报告,这个优势,你们能比得了吗?你们当官的欺压当兵的,中央军欺压保安队,军队走到哪里都鱼肉百姓、祸及地方,老百姓都叫你们是'刮民党'啊!别看你们声势浩大,有的是美制武器,可你们是瞎子、是聋子。他刘戡还没有动,我们就得知了消息,他怎能知道我军在运动中就集结了主力……你要是不服气,我可以放你回去,你再去要一个师来,我们重新较量!"

这一番话,字字句句打在廖昂的心上。他的信念本来就那么不坚定,经这一打就彻底垮了。

刚刚过去的一天一夜猛地涌上廖昂的心头:先是第七十团团长彭晓棠脸部受伤,被抬到了指挥部;接着,该团第一营营长王定超在执行"封锁突破口"的命令中,又被炸伤下颚,也抬到指挥部;连第二十四旅参谋长李铮和第七十团前任团长朱冕群,居然都躲到司令部堆放档案的立柜后面!满屋子的人都在说"与共军交涉",唯有廖昂硬着头皮要"突围"。可是,"突围"了吗?自己最终还是翻箱倒柜地找到了一套士兵服……

刘戡拥有数万之众,可他的援兵在哪里?

胡宗南的飞机多如牛毛,可他除了下投下三十亿元擦屁股纸之外,还能做什么?

最可恶是那两个县党部的头头,大难临头,平时"党国伟业"那一套早不管用,就知道拉着当兵的痛哭流涕。

大厦将覆,兵败如山倒,谁也挡不住啊。

廖昂面如土灰,腰背更加明显地佝偻下来,额上滚出豆大的汗珠,嘴里也连声喏嗫:"不敢,不敢。"

这时,电话铃响了。许光达操起话筒一听,是彭德怀:"许光达,把那个廖昂送到野司来。"

"彭德怀司令员要见你。"放下电话,许光达告诉廖昂,并示意卫兵把廖昂带下去。

廖昂顺从地起身,向许光达行了个举手礼,小声说:"德华兄不吝赐教,在下谨当三思。"

许光达盯着这位黄埔老同学，轻轻叹了口气。

部队撤出清涧，又立即投入了第二次围攻榆林邓宝珊集团的战斗。邓宝珊唯恐凶多吉少，跑到北平、张家口找张垣绥靖公署主任傅作义搬兵。结果，把宁夏马家军整编第十八师师长马敦静搬来了。这个恶魔似的家伙，率第一六八旅、整编第九旅、骑兵第十旅及四个宁夏保安团，星夜兼程，从"三边"东进，气势汹汹地赶来援榆。

彭德怀本想乘胜扩大战果，拿下榆林，扫除北线的障碍，保证中央机关的安全，也为日后主力南下到外线作战解除后顾之忧。没想到惹出一个马敦静。只好留少数部队盯着榆林，而主力集结到榆林以西的袁大滩，迎战马家军。

11月的天气，塞北的风已是相当扎人。许光达骑在马上，随部队开赴袁大滩，一路都在思考着野司的战役意图。快到目的地时，纵队司令部的一位参谋突然跑上来报告："彭总急电，要你火速赶到野司。"

将帅战前谈兵论道

彭德怀极有主见，但在战前却也喜欢小范围地吹吹风。这次，他希望许光达谈谈对付骑兵的战法。

在苏联学习时，步兵打骑兵曾是一门功课。许光达在理论上并不陌生。

"骑兵，就是力量和速度在起作用。当年拿破仑所谓快速战术就出过不少风头。因为快，跟步兵的战术很不相同。归纳起来，大致有这么几点：一是判断情况要准确，弄清敌人的攻击方向；二是要构成有效的火力网和火控区，区分射击目标，会打集火，灵活实施火力转移；三是要善于用机枪打马，不要瞄人，因为人的目标那么一点点，马的目标大，打倒了马，骑兵就成了步兵，步兵对步兵，我们的优势就出来了；四是阵地要有堑壕，人千万不能离堑壕。就是敌人骑兵过来了，你在堑壕里待着，他也不能把你怎么样。他不下马打不着你，一下马就好办了，要离开堑壕，人跑不过马，马刀一劈，不死也残。"

彭德怀细心地在小本本上记着，什么也不说。两人的这股"小风"吹了足足一上午。

回到袁大滩时,部队正在构筑工事。许光达立即召开连以上干部会,介绍他的几点理论,并强调:"理论是理论,运用是运用,关键是不要害怕,要以快制快。"

这话就说着了。当马敦静的骑兵潮水一般涌来时,无论如何,理论的堤坝是堵不住的。第三纵队的指战员光听说骑兵,亲眼所见还是头一次。新一套没有操练,都不会;老一套,是对付步兵的,不灵验。炮火准备之后,工事还没来得及恢复,敌人的骑兵就到眼前了。所有浅表阵地形同虚设,部队没有依托,干部战士们往堑壕里跳,因为时间短,挖得不够深,只好四散奔跳。正好让敌骑兵快速追杀,居高临下,左砍右劈。两条腿哪里跑得过四条腿,旷野上无遮无拦,干部战士们无法躲藏。

部队这一次吃了大亏!

"太晚了!太晚了!"彭德怀跺着脚喊。

"太晚了!太晚了!"许光达急得在指挥所恨不能揪出自己的心肝来。

又有一个电话报告敌情。许光达的手哆嗦着,不忍去接。不忍接也得接,刚听到头一句,他的脸色刷地白了!

第三十六团新任团长李嘉兴牺牲了!他的一个营长带领全营在前沿阻敌,一见潮涌般的马群,慌了神,竟然撒腿就跑。敌骑兵乘势追杀,直到团部。

李嘉兴原为第三纵队教导队队长,军事素质棒极了。指挥打仗,多谋善断,大小战斗,几乎没有失过手,深得许光达的喜爱。清涧战斗后,教导队学员毕了业,他被任命为团长刚刚三天。

站在烈士被砍去半个脑袋的遗体旁边,泪水在许光达眼里直打转转。

"这么好的一位团长……"许光达小声嗫嚅,"卫生员,你把他好好包扎一下再埋。"

仗,肯定不能这么打下去。寒冬腊月了,彭德怀决定整军冬训。

这个整军,就是史上著名的"两忆三查"新式整军运动。

随着连战告捷,西野部队数量激增,兵员结构发生了巨大变化,从国民党军队中解放过来的士兵人数,多达百分之八十。这些解放战士刚加入到人民解放军的行列,身上的衣服变了,佩戴的徽章变了,彼此的称呼变了,眼瞅着当官的和当兵的、当兵的跟老百姓的关系,确实与国民党那边大不一样。可在国民党队伍那边养成的许多习惯还在心里根深蒂固,多数人想的是"吃谁家的粮当谁家的兵",部队生活困难,吃不上粮了,就到老百姓那里动心思,违犯群众纪律的情况时有发生……风气很快在部队中蔓延开来,一些非解放战士也跟着来了,连少数老红军、老八路出来的干部身上,都滋生了一些骄傲自满、斗志不强的毛病,有的甚至谎报军情,打滑头仗,完成战斗任务打折扣等。

这些问题在二打榆林整体受挫的情况下,表现得更为突出。

因此,西野从1947年12月开始,在陕西米脂、绥德、清涧、靖边、晋南的曲沃,展开了以诉苦"三查"(查阶级、查思想、查斗志)为主要内容的冬季整训。第三纵队驻扎在清涧,许光达那些日子忙坏了,带头下到基层连队,发动战士普遍展开诉苦,搞清楚剥削与被剥削的关系,用这个方法启发部队的阶级觉悟,在"三查"的思想准备方面,功夫下得很大。他说:"为谁打仗、为谁扛枪的问题,是部队所有政治思想工作最要紧的任务。这个问题不解决,部队战斗力很难真正提高。"这句话让部队越掂量越有味道,而许光达走到哪里讲到哪里,从战争年代一直讲到新中国成立后,成为他治军带兵的口头禅之一。

第三纵队"两忆三查"搞得颇有声色。部队的措施很多,比如用自报公议的办法,评定了每个人的成分,查清了所有人的政治面貌。光一个独立第二旅就查出阶级异己分子六十三人,查出三十三人参加过反动党派,参加过迷信组织的有八人,还有两人当过叛徒,五人曾是敌伪人员,两人当过旧军官,兵痞流氓三十二人,蜕化分子三十一人,存在其他复杂问题的有一百一十七人……有情况的人,当然不是一棍子打死,而是分别根据党的政策做出处理。这样一来,阶级阵线一下子搞清楚了,部队存在问题的源头得到了有效控制,内部团结也为之一变,大批出身好、有工作能力、作战勇敢,又能够密切联系群众的优秀骨干,被提拔为干部,发展为党员。独立第二旅就发展了三百二十一名新党员,提拔干部一百五十五人,其中包括冲在战斗一线的正副班长一百一十六人。

这场特殊的整军运动,作为特定历史条件下的军队思想建设,所结出的丰硕成果,得到了毛泽东和中央军委的高度肯定,并载入史册。

两个月后,过春节。彭德怀又把许光达叫去,表扬第三纵队"两忆三查"搞得不错,但他重点还是要跟许光达谈军事。彭德怀见面就说:"这次不谈骑兵,谈步兵。"说着,递给许光达一张作战地图。

许光达一看,心里明白了七八分。这是张陕北富县、宜川地区的地图。他笑

着问彭老总:"部队要出门了?"

富县和宜川在东西一条线上,南北平行,正好是陕北通往陕中的门户要冲。

彭德怀让许光达谈谈陕北乃至全国的战斗形势,谈谈对形势的见解。

1947年冬至1948年春,解放军三路大军挺进中原,是全国人民瞩目的事。刘(伯承)邓(小平)二十八天鲁西南的"序幕之战"和千里跃进大别山;陈(赓)谢(富治)的晋南强渡黄河,进军豫陕鄂边;陈(毅)粟(裕)华野西线兵团的组成及在苏豫边区战略展开,都在许光达的密切关注之中。剩下的就是许(世友)谭(震林)华野东线兵团和彭老总的西野,须在山东和陕西战场,也就是所谓南线两翼钳制敌人,策应刘邓、陈谢和陈粟三军的中央突破。许光达说着,就在地图的背面左一个箭头、右一个箭头标画出来,全国战略形势一目了然,欢喜得彭德怀咧着嘴笑。

许光达说:"这些,你老总还不比我清楚?不过是考考我罢了。"

"你说考你,就算是考你。"彭德怀特别看重许光达那股执拗的样子,"你再给我说说西北战场。"

西北战场,许光达是身在其中,开口便讲国民党的军力。国民党在西北战场虽然还有二十九个整编旅,号称三十三万多人,但其战斗力已大大削弱。

"胡宗南这个绥靖公署主任不好当啊!"许光达说,"我们一口一口吃他,蒋介石迫于全国战局,也抽他的筋、扒他的皮。你看,一个裴昌会集团就干掉他整编一、三十、三十六和六十五师,四个师啊!胡长官赔血本啰。现在,裴昌会东出潼关,胡宗南实际上只剩十七个旅跟我们干了。"

接着,彭德怀就和许光达扳着指头算胡宗南的这十七个旅。

"刘戡第二十九军军部和第二十七、九十师集结在洛川、黄陵地区,是机动兵力用的,一有情况,北援延安、东援宜川,或者阻止我军南下。"许光达开始借助于地图指指点点。

彭德怀撅着嘴:"这是块肥肉啊!"

许光达点头沉思。他在揣测老总及中央军委可能推出的新举措。刘戡是条肥嘟嘟的大黑鱼,又奸又刁又有肉,要钓他,得有块好饵啊!眼下,整编第七十六师第二十四旅第七十二团和陕西保安第六团驻守韩城、禹门口,算不得是块好饵;何文鼎整编第十七师第十二、第四十八旅和陕西保安第十一团驻守延安,这倒是关乎痛痒的一个位置,但是,延安对于推动全国战略格局和解决我军现实的物质补给来说,没有实际意义,只图虚名的事情,军委领导和彭老总是不会干的;至于宁青"二马"和榆林的邓宝珊可以排除在外,目前还不到收拾的时候。再说,要让刘戡去增援他们,刘不那么傻,胡也不会那么傻。

那么,剩下就只有整编第七十六师第二十四旅的另外两个团,他们驻守宜川,那可是蒋介石的一块骨头啊!许光达低头一看地图,明白了:"彭总莫不是想拿宜川做诱饵?"

"正是嘛!"彭德怀笑嘻嘻的。

这是中央军委的意思。全国战局发展很快,西野须迅速发起春季攻势,转入外线作战,向南进攻,协同太岳兵团打击胡宗南的南部。

彭德怀收起笑容:"光达,我们目前最严重的问题是粮食。再攻榆林吧,那里除了沙子,么子也没得,实在没有吸引力。指战员肚皮都饿得瘪瘪的,打么子仗?西进陇东吧,也不合适,那地方也缺粮。最重要的是全国一盘棋。我们只有首先歼灭咸阳至延安公路两侧敌人的有生力量,打破他们的机动防御部署,解放黄龙山区,再以此为依托,乘胜向南进攻,直逼西安,策应中原,才是唯一正确的路线。"

"是啊,关中一破,人力、物力都解决了。西安受到威胁,裴昌会兵团就拖住了腿。"许光达心领神会,"围宜打援,一举多得!"

彭德怀说:"先打宜川,这是毛主席的决策。无非有两种可能:一种是,围宜川,敌人置之不理,那就坚决地一口吞下宜川,然后长驱直下黄龙;二一种可能是,宜川被困,敌人闻风而动,立即赶来增援。援军不是裴昌会,就是刘戡。"

"肯定是刘戡。"许光达说,"裴昌会远在潼关之外,而刘戡的两个整编师近在咫尺。一个在洛川,一个在黄陵,到宜川徒步也只是一两天的路程。"

"是嘛!现在就看他怎么走啰。"

许光达指着地图说:"无非三条路线:一条是沿着洛川到宜川的公路,差不多由西向东,快到宜川时,须经过一个小镇,叫瓦子街;另一条是由黄龙到宜川,自南而北,走到一半时,经过圪台镇;还有一条就是从洛川北面的金狮庙梁到宜川。三条三个地形,打法各异。"

"你看他会走哪条路?"彭德怀皱紧双眉。

许光达盯着地图思量许久,忽然抬起头:"最有把握的是第一条,取道洛宜公路,必经瓦子街!"

"为什么?"

"刘戡的战术是黄埔根基,求实、求稳,喜欢在常势中出奇巧,而且优劣条件掂量得很细,绝不肯做吃亏的买卖。显然,第一条路直趋宜川,地形相对比较简单,劣势在我,优势在他;再说,第一条路线显'常'而不显'诡',最易让刘戡表现朴拙机巧的功夫,也最能吻合胡宗南清高孤傲的心气。还有一个非常实际的问题,那就是,我军刚刚围困榆林而无结果。在我前期围宜阶段,以胡宗南的秉性,必存轻视心理。宜川工事是蒋介石亲自布设的,对此,胡宗南自信有余。等我军加大攻城力度后,守城部队一呼救,胡宗南又会惶恐于失守而仓促用兵。因而,刘戡这次出师,十之八九是匆忙上路。时间急迫的情况下,不取洛宜公路这条近路,难道还会绕到黄龙而舍近求远吗?"

彭德怀频频点头,激动地望着许光达:"讲下去!讲下去!"

"西渡黄河后打了这几仗,我总觉得胡宗南集团致命弱点是将帅不协调。胡和蒋的关系太深、太亲密,所以蒋介石独断专行直接影响了胡的风格。加之他身居要职,一人之下万人之上,哪个也不敢在太岁头上动土,这就促使他喜欢高高在上,不了解实际情况。战场上的指挥官们了解实际情况,也有指挥水平,却不敢不受君命。加上部属之间尔虞我诈,嫡系非嫡系之间你争我夺。打仗时,士兵们头开得好,也能打得顽强。可要是没有开好头,一击则乱,这一点,他们没法跟我军相比。"

彭德怀真希望许光达一直这么讲下去,他舒舒服服地听着,心中云舒云卷,比吃红烧肉都够味!

偏偏许光达及时地刹住车。他觉得自己是不是谈得太多了,让深受敬重的彭老总见笑。于是,他急切而不露声色地问起那个最想知道的问题:"老总,还是谈谈我们三纵的任务吧。"

彭德怀踱了几步:"还是攻城。不但三纵,所有攻城部队都交给你!"

破宜川打扫战场绘风景

宜川城防值得吹嘘。

城西是外七郎山,与城内的内七郎山相连;正北是老虎山,西北角有座太子山,东北方向是座凤翅山。几个山头都有一百米左右,四周城墙就以这些山为根基,坚固而陡峭。城东南还有一条小溪,形成天然防护层。

整个地形中,内外七郎山和凤翅山最为重要,是所有城防工事的核心。

1948年2月24日下午,许光达带着参谋人员和各旅旅长登上了距宜川城一箭之地的万灵山,例行战前看地形这一老套工作。

"这个张汉初,不简单啊!"许光达放下望远镜,感慨万端。

张汉初是宜川守军整编第二十四旅旅长。他早先是在董钊的麾下混军粮。在当初董钊免去军职而当上陕西省主席、一派树倒猢狲散的情势下,张汉初曾一再表示不愿带兵。怎奈胡宗南就是看上了他,偏偏将他任命到这么一个举足轻重的要塞旅,管着两千七百多兵马和两个私交浅的团长,自然有说不出的苦衷。

宜川城防是阎锡山时代请英、美、日、法多国军事顾问打下的老底,到胡宗南统治,又派出多位军事专家按照蒋介石的旨意精心改造,反复加固。张汉初当然不敢怠慢,上任之后,几乎每天都要派两三百名民夫,配合部队在城外修筑外壕。外壕的深、宽一拓再拓,都在四米以上。他还将东门外的河水引入城内,一来当作防御措施,二者也防止被围困时断了水源。在重点防御地区的凤翅山和内七郎山半山腰,除了悬崖峭壁外,各处都设置了鹿砦、铁丝网和大量的地雷。

下了万灵山,许光达领着大家又向宜川城靠近了一些,再看。这是他给第三纵队立下的规矩,战前地形勘察必须反复看,指挥员脑子里要形成活地图。

围宜打援的所有工作,都在秘而不宣地循序渐进。此时,许光达的部队已完成了对宜川的包围,第一、第四两个纵队也悄然进入指定位置,王震所率第二纵队在前一天强渡了黄河禹门口,正向宜川以南的圪台镇奔袭而来。可以说,万事齐备,只欠攻城。许光达手中牵着这一巨大行动的机关,自然压力不小。

"从敌人的工事数量上可以判断,内外七郎山的防御兵力应为一个营,内七郎山上应该还有一个营的预备队,旅团指挥所也肯定设在此处。你们看,山上还配置了三门火炮。"许光达看得是那么专注,一有新的发现,立即给大家指点。

旅团指挥员们都被许光达精细的发现和精彩的分析所吸引。谁也没有注意到,就在这时突然有一枚六〇炮弹带着尖厉的哨音从天而降,不偏不倚,在许光达身边爆炸了。许光达飞快地卧倒在地,灵活地一个翻滚……烟尘和雪末淹没

了他,吓得警卫员蓝德明大叫一声猛扑上去:"司令员、司令员、司……"

许光达被搀扶起来,居然安然无恙!他看着大家惊恐的神色,便一边拍掸身上的尘土,一边轻松地说:"没事,没事。"说是"没事",脑子里还是警觉起来,嘱咐大家:"不要大意啊,要注意安全!"

刚回到离宜川城不远的韩圪崂村指挥所,前沿部队来电:"报告首长,彭老总到前沿看地形来了!"

这下急坏了许光达,操起话筒就嚷着要彭德怀随行人员听电话。

听电话的是西野副参谋长王政柱。

许光达说:"彭总的脾气你是知道的,可要好好注意一下彭总的安全,不能随便让他往靠近敌人的地方跑。"

那边彭德怀把话筒抢了过去:"你呀,又在管闲事。我到前边看一看,有么子好担心的嘛!"

许光达笑着,说是不担心,但接下来的作战会议上,浑身总觉得不自在。后来这种不自在渐渐变成了一个痛点,真真切切地贴在自己的后背上。

会议结束后回到驻地,许光达从司令部机要室叫回妻子邹靖华。她在司令部机要室担任机要秘书。

"靖华,你看看我背上是怎么了,有点疼痛。"

邹靖华撩起许光达的衬衣,惊叫起来:"啊呀!伤了呀!在哪里受的伤啊?"

想不到有一块六〇炮弹皮,竟然刺破了许光达的大衣,嵌进他的背上。

"你这个人真是的,自己负了伤都不知道。"邹靖华心疼地埋怨起来。

"心里想事……"许光达憨笑道。

"我去叫医生来。"

"不必了。"许光达说,"你替我包扎一下吧,糊一糊过去再说,这种时候,指挥员负伤对部队情绪会有影响。"

邹靖华忙找出急救包、红药水,为许光达包扎。她望着多半嵌在肉里、少半露出皮外的弹片,几次忍不住伸手去拔,却又缩回了手。

"能拔就帮我把弹片拔出来吧。"许光达催促说。

这时,警卫员蓝德明不知深浅地冲了进来,一见伤口也惊叫一声,转身就要找医生,被许光达喊住了。

"小蓝,你来给我拔。"许光达说。

蓝德明捏住弹片,眼睛一闭,拔出来了。顿时,伤口鲜血如注。邹靖华赶紧在一旁止血、消毒、包扎。

"这事就你们俩知道啊,谁也不准乱讲!"许光达边穿棉衣边吩咐道。

当日黄昏,许光达按野司要求,命令各部队突然向宜川城防发起猛攻。不一会儿工夫,独立第二旅旅长张开基电话报告,说口子炸开了,一个营正准备进。

"打得好!"许光达表扬一句,但立即命令,"一个就够了,不许再开口子,也不许进口子,就在口子附近猛打,组织好掩护部队,打十分钟就撤一次,其他方向还要打猛些。"

这个窟窿眼打在张汉初的心上。他一听到消息,就知道解放军是来者不善。对此他已早有准备,毫不犹豫地发出求援电报。

宜川城墙上有了一个口子,许光达心里踏实了许多。他交代参谋长掌握部队,自己带上警卫员要赶到尚无明显动静的第五旅去看看。

马背上一颠,许光达的伤口疼痛难忍。到第五旅指挥所下马时,就支持不住了。蓝德明急忙上前扶了一把,轻轻说:"休息一下吧,三天三夜没有合眼,背上还……"

"住口!"许光达朝蓝德明使了个眼色。

蓝德明摘下水壶,拧去口盖,一股酒香骤然飘出来。他将水壶递给许光达:"给!"

许光达疲惫地笑笑,接过水壶,咕咚咕咚灌了两口,说:"没事了。"

此时,因在清涧增援不力而撤职留任的国民党整编第二十九军军长刘戡,已奉胡宗南之命,亲率两个整编师四个旅共两万四千多人,沿洛宜公路,奔宜川而来。他是一朝被蛇咬,十年怕井绳,干脆连作战会议也不开,原封不动地按胡宗南的电示,拉起部队就走。

然而,刘戡手下的第二十七师师长王应尊却动了脑子。这是因为他的士兵2月25日在洛宜公路一侧的观亭附近,发现了解放军第一纵队的尖兵部队。"共军既围宜川,为何又在观亭集结大队人马?"王应尊发问,并提出先打观亭、再经金狮庙梁前往宜川的主意。这样,队伍就避开了瓦子街。

刘戡表示同意，但他必须请示胡宗南。

胡宗南一听就反对，严令刘戡仍按原计划前进，以解宜川之急。

胡宗南的情绪线总是牵系着宜川城。

从许光达攻城开始，张汉初就不停地向刘戡呼救。为了表达情况的危急，他的声音中揉进了大量的悲剧色彩："刘军长，务请电转胡先生，看在党国的分上，速派部队增援……"

然而，刘戡一电不复。

张汉初呼不出刘戡，只好改频直呼胡宗南："胡先生，共军攻打宜川的部队绝非两个旅，起码是三个纵队！我军伤亡甚大，太子山、外七郎山、老虎山阵地均已丢失，宜川城危在旦夕……务必火速增援！"

绥署参谋长盛文皱起眉头："不可能吧，空军的情报应该是准确的。"

"准个屁！"胡宗南气急败坏，"几次误事不都是他们在天上看走了眼吗？我告诉你，宜川丢不得，宜川要是一丢，西安的麻烦就大了！"

"假如其中有诈，援兵贸然一动，共军在半路上来一下子……"

盛文做了个宰杀的手势，然后揉着布满血丝的眼睛，强忍着哈欠自言自语："围点打援可是彭德怀的老把戏呀。"

胡宗南见盛文那个做派，气就不顺："这种时候你就不要'假如'、'可能'了。彭部共军三分之一是游击队编成的，现在有三个纵队攻打宜川，还有一个纵队远在河东，他拿什么兵力来打援。"

彭德怀精心布设的口袋阵，就这样装进了敌一个整编第九十师，又装进敌一个整编第二十七师，外带敌整编第二十九军军部。王应尊是硬着头皮，刘戡是闭着眼睛，而敌那个整编第九十师的师长李明，则完全是一派糊涂。

小小瓦子街，突然变成一个数万人的搏杀场，沟沟坎坎，黄色和灰色两种军装混战一处，弄得胡宗南的飞机在空中一筹莫展。

偌大的一个"口袋"，要扎起来，勒紧它，不是一件容易的事。一度，王震的第二纵队没有赶到位，"口袋"差点儿漏气。彭德怀的腹案也是险情迭出，兵力不足，使他急得把帽子都甩一边了。

这时，野司作战参谋报告："三纵电报！"

彭德怀想，宜川攻城可别再出岔子啊！

"念!"彭德怀提着心等待着。

参谋念道:"守敌目前已无力接应,我克宜在即,可于城南抽出部分兵力增援狙击部队的弹性纵深,请指示。许光达。"

彭德怀脸上荡起缕缕春风:"这个许光达,有点名堂,复电同意!"

彭德怀复了电,第三纵队司令部还有一些参谋人员表示不解:"一号,打援那边的部队够多了,我们就这几个人,任务也不比他们轻松啊!"

"同志啊,要知打援是战役的关键所在!总体战役计划要靠所有部队协同完成。这叫全局观念嘛!"

围城第七天下午,彭德怀终于把瓦子街"口袋"中的敌人如数收拾完毕了。第一个电话就打给许光达:"怎么样啊?可以了吗?"

"问题不大!"

"拂晓开始吧?"

"好,就拂晓开始。"

"那我就等着吃庆功酒啰!"

"一定。"

现成的口子,入城只是个过程。10点钟光景,枪炮声都平息下来,正是一把好阳光,风儿拂去浮尘和硝烟,许光达带着警卫部队进城。他察看了宜川风貌和城头各点的防御工事,诸多中外军事专家们留在山城的点点妙思杰作,让许光达不断地驻足,不断地凝神沉思。他要求随行的参谋们把所有的防御配系,统统描画下来。

"嗨,一号,仗不是打完了吗?该抓紧时间打扫战场啊!"一位年轻参谋说。

"这不就是打扫战场吗?"许光达笑着拍拍小参谋的肩膀,"把活儿搞精细一点,'风景'绘得美一点,过几天彭总要来喝庆功酒,这是最好的下酒菜。"

大西北最后一仗总攻推迟

从1948年春天开始,地平线上每一轮东升的旭日和每一轮西下的夕阳,都饱含着深刻的寓意。如果把这幅仪式般的图景仅仅看作是两个政权的简单翻转,未免过于肤浅。因为在政权的背后还有人心。人心是个舞台,跳舞的是阿波罗神。

许光达当然也不例外。

西野在马栏镇召开旅以上干部会议,研究进军西府的作战方案,是1948年4月12日。到8月的兰州人们看见最高层楼顶上升起第一面红旗,听到全城吹响此起彼伏的凯旋曲,不过四个半月的时间。毫无疑问,中国已经实质性地完成了一次日出日落的辉煌仪式。

这的确是一段既短暂又漫长的人生经历。

打完宜川之后,许光达和他的战友们也许自己都没有料想到,战局会突然发展得如此快速,甚至令人猝不及防。国民党军那些金刚怒目似的"固若金汤",仿佛在一夜之间如泥委地,真是兵败如山倒啊!连延安守军、整编第十七师师长何文鼎这样的将级军官,过去出入官邸是何等的威风凛凛,如今一纸撤退命令,也立刻如惊弓之鸟、丧家之犬,放火、打劫无所不为。更不用说那些靠巴结、奉迎过日子的土劣官员,个个如丧考妣。往日费了多少心机才敛聚到手的金银细软和姨太太们,一时全都成了吞又吞不下、吐又吐不出的赘物!倒是老百姓,突然被他们视作救命稻草,何文鼎拿出浑身解数,软硬兼施,拉来两千多老百姓。到洛川后,又加上一个杨荫环,三个旅的兵马和两地被裹胁的百姓男女老少,会合一处共有三万多人,军民混杂,熙熙攘攘,把陕北塬脚的每一条土路上都弄得尘土飞扬,遮天蔽日。

许光达奉命率第三纵队追击这支"罗马大军",一追就追了数百里。

和这支蚁群似的队伍打交道,所有战术行动都变得不伦不类。没有大仗可打,但许光达却被折腾得心力交瘁。他实在不忍心生灵涂炭,不忍心伤害无辜的老百姓,正因为这一点,何文鼎和杨荫环屡占便宜。

许光达并不因此而后悔。从截住敌人之后的"虚留生路",到竞渡洛河时的"半

1948年5月,许光达在洛(川)白(水)战役祝捷大会上讲话

渡而击"，他总是小心地将军人和老百姓这两个概念分辨开。这让部队吃了许多苦头，而总是战绩平平，没有什么起色。

在许光达的信念中，情与理总是和谐的。由此，战争既是情的升华，亦是理的深入，是以惩罚的方式来拯救灵魂，是手段而不是目的。当这种手段成为研究对象而不是拷问对象时，许光达才完成了他的人文形象。

这场追击的终极战报是：第三纵队歼敌第六十一旅第一八二团、第四十八旅第一四四团、第十七师师部及其野炮营，共三千余人；解救出无辜百姓两千多人。何文鼎侥幸逃到西安，被胡宗南免了职，杨荫环混在人群中下落不明。

然而追击的过程，比一场大战还要丰富多彩。

那天的行进途中，一场奔袭下来，战士们发现了三辆坦克，庞然大物，许多人都没见过，谁也不敢靠近。想炸，架子太高炸药送不上去；用炮打，距离太近也无法瞄准，只好去找一肚子学问的司令员。许光达过去看了看，告诉战士们，这是坦克，而且是轻型的。他稍稍传授了几下绝招，结果有两辆坦克被炸毁，有一辆被俘获。他设法打开了这辆被俘坦克的炮塔门，里面走出来的，居然是国民党军第十七师副师长四五岁的儿子和一条逗人喜爱的巴儿狗。

第二天，第三纵队开战评会，贺龙到会。

在这个会上，许光达列举了整个追击中的失误，几条原因找得发人深省。

许光达说："首先是战术思想不对头，老觉得白天不好攻击，要等晚上打。这是传统的游击战术，在大兵团作战的今天，非改变不可。"

这是许光达第一次明确提出"大兵团"的概念，也是他第一次明确对传统游击战术提出质疑。当时大家听起来有些新奇，但很快就悟出了其中的道理。它在后几个月国共两军激战大西北的各个战役中，都给西野（一野）部队灌注了一种新的生气与力量。

许光达还毫不客气地指出："由于个人感情而对战争消极，因意见不一致而置战争于不顾，都是错误的。"这当然是针对具体问题而有所指的。显然，部队在战场形势过于顺利的情况下，多少滋生出一些骄傲、轻敌的情绪，这与许光达的处事原则与作战风格完全不符。对于生命的热爱，是许光达；对于坦克的热爱，也是许光达。而感情与战争的不可调和、传统与现实的矛盾纠葛，需要有一个科学的解决之道。它都得求助于理性。

许光达代表了一个时代巨大的需要。1949年2月至4月,中国人民解放军实行统一编制,西野整编为一野;第一、第二、第三、第四、第六纵队整编为第一、第二、第三、第四、第六军。许光达被任命为第三军军长,辖第七、第八两师。

四个月后,一野又以第一、第二、第七军组成第一兵团,王震为兵团司令员兼政治委员;又以第三、第四、第六军组成第二兵团,许光达为兵团司令员,王世泰为政治委员。

作为一个具有伟大政治目的的军事集团来说,成功的桅杆已能远眺,战斗也就到了最后的关头。然而,战场的角逐一刻也不能停止。兵团成立之前,许光达率第三军参加了1949年春季攻势和陕中战役。之后,他的兵团在扶郿战役胜利结束时,又与第六十三军及第一兵团组成左翼兵团,配合第十九兵团追歼向陇东败逃的马鸿逵和马步芳。

"春季攻势"这个明媚而响亮的军事词语,在1949年2月19日到3月22日这段时间里,是胡宗南最忌讳听到的。因为它是中共新组建的一野初始亮相,旨在打乱胡宗南集团的退却计划,发展西北解放区的大好形势。

这时的胡宗南,手里还有十三个军三十三个师约十七万人的本钱。这样的兵力及其相应的地盘,足以支撑他还能够说几句硬话。他的心火还是很旺的,要以四川为后方,凭借秦岭、巴山设防"跟共党决一死战"。鉴于这样的气度与决心,他一边将西安绥靖公署的机关、学校、眷属等陆续南迁到汉中、广元,做好随时撤退的准备,留好后手;一边重新展开战略部署:命第十八兵团部及第六十五、第九十、第一、第三十八军,固守富平、阎良、三原、泾阳,第五兵团部及第十七军(缺第二十八师),在咸阳、户县、西安、临潼、渭南、华县集结,第二十八师驻守潼关。此外,第五十七军沿彬县、永寿、乾县、礼泉一线驻防,第十四师第四十四团在口头镇担任警戒。

这个阵势乍看起来,还是很有点派头的,而对于崭新的一野来说,只是需要悠着劲尽可能就地一点一点吃掉的大烧饼。

按照野战军预定方案,春季攻势于2月9日在渭河以北的泾、洛两河之间展开。许光达的第三军奉命攻占了蒲城、富平后,移师澄城县的王庄镇,抓紧整训。其间,中共七届二中全会召开了,传达会议精神,迎接全国解放成为部队整训中一项重要的内容,也是非常令人振奋和愉快的话题。

在快乐的春风中,一野主力相继解放了乾县以西、宝鸡以东广大地区。第三军作为预备队相机使用。进入6月,输急了眼的胡宗南拉着青海马步芳、宁夏马鸿逵,联合向关中反扑,许光达奉命率部在乾县地区打掩护。在这场让兄弟部队唱主角抗击胡、马疯狂进攻的战斗中,第三军"战果辉煌"但"损失惨重":以伤亡一千二百余人的代价,毙伤马步芳部一千九百人,俘三十三人。

这一仗让胡宗南和马步芳、马鸿逵都大大受挫,由此开始后撤,转入比较保守的防御,试图凭借有利地形,挡住一野的进攻。

1949年6月26日,毛泽东致电彭德怀、张宗逊、赵寿山,提出"钳马打胡"的作战方针。电报指出:"根据近日情报,马匪各部业已准备向彬(县)长(武县)撤退,胡匪各部势必同时向宝(鸡)凤(翔县)撤退,决不会再前进了,也不会保守不退。在此情况下,你们应当集中王(震)周(士第)两兵团全力及许(光达)兵团主力取迅速手段,包围胡匪四五个军,并以重兵绕至敌后,切断其退路,然后歼灭之……许兵团留下必要兵力监视两马,以待杨(得志)兵团赶来接替。"

一野7月6日在咸阳第十八兵团司令部召开前委扩大会,各军长、政治委员都参加。彭德怀主持开会,贺龙也出席了会议。自然,首先传达中央军委和毛泽东的作战意图,集中讨论一个问题:先打"胡"还是先打"马",利弊得失统统摆出来。讨论的结果是"钳马打胡,先胡后马"。具体就是,以一个兵团钳制住"二马",集中三个兵团在扶(风)郿(县)地区,歼灭胡宗南的主力,迫使他的残部退守到汉中,让"二马"彻底孤立起来。

这是西北战场解决胡宗南决定性的一仗,彭德怀把帽子抓在手上,给许光达下达任务:"你们二兵团的任务,就是给我把胡宗南的退路切断!这是整个战役的关键啊!你们心中要装着这个大目标。部队隐蔽开进,路上遇到小股敌人,要果断甩掉它,千万不要纠缠,要达成突然性,不要拖泥带水,让敌人想不到,突然插到敌人后面,直逼渭河。在占领青化镇、益店镇之后,立刻向罗局镇、眉县车站进攻,强占蔡家坡,切断陇海路,阻止敌人向宝鸡撤退……这些战役目标达成,此役就成功了!"

这是要从胡宗南退兵的屁股后面,快速赶到它的先头部队之前,拦住敌人的退路啊!速度和风险不用说许光达也明白。他赶紧把兵团几个军的主官找来

研究部署，要求各部两天内必须完成所有战斗准备。

三天后的 7 月 10 日晚，野战军主力发起进攻，扶郿战役由此拉开序幕。

隐蔽待命的许光达第二兵团三个军悄无声息地从武功以北、乾县西南地区出发，越过漆水河绕道西进，在法门寺、益店镇及其南北地区，以多路平行队形攻击前进。担任穿插任务的第四军第十师，动作就像疾风似的，一夜之间就赶了七十多公里的山路，到第二天早上 7 点钟的时候，部队就已占领罗局镇和眉县车站，并顺便把准备西退的敌人先头部队干掉了。

不到 11 点 04 分，兵团主力就占领了益店镇和青化镇，然后由北向南快速迂回，神不知鬼不觉地到达胡宗南的第三十八、第六十五军和第一一九师侧后。紧接着，许光达亲率的第三、第六两军，由青化砭东西一线向南攻击。

战斗苦苦打了十多个小时，扶风打下来了，渭河北岸的大量残敌，都被压在渭河一线。这成为一道历史的风景，让很多一野的老战士们骄傲了几十年。西府地区的国民党军做梦也没有想到，短短的一天之内，堂堂国军悉数分崩离析，被圈在岐山、扶风、眉县之间的罗局镇以东，午井镇以南的渭河滩上，进不能进、退不能退，成了一群无头苍蝇。

到 11 日的夜间，国民党军才醒过神来，其第十八兵团部组织第六十五、第三十八军沿陇海铁路向宝鸡急退。然而晚了，扼守罗局镇的许光达第二兵团第四军的第十、第十一两个师，已在那里等候多时了。

"部队要不惜一切代价，务必做到寸土不失！"许光达给第四军下达了死命令，"堵住敌人，就是胜利！"

这个口号立即在罗局镇的每一处防御阵地上连片响起，第四军全体指战员决心与阵地共存亡，那股气势让许光达心里有几分踏实。

第十、第十一两个师拼了最大的决心，连续打退国民党军两个军的集团式轮番冲击十多次。仗打得十分惨烈，阵地前的敌我双方尸体，几乎堆成了小山，遍地都是血泊，泥土全都染成了红色。到最危急的时候，我军师职干部也带着警卫、通信人员投入了战斗。第二十九团的第五连最后只剩下五个人，仍然坚守在阵地上。第三十团的第三连和第七连，连续打退敌人九次冲击，人几乎打光了，伤员守在阵地上，没有后退半步。该团干部阵亡后，下级自动代理，伤员死也不下火线。失掉联络的连队,自动归并组织抗敌……军史记载:"此役,第四军虽然伤亡很大,但战斗作风顽强,打出了威风,为战役的胜利立了大功。"

到7月12日下午3点多钟,许光达下令发起全线进攻。

没有招架之势的国民党军企图南渡,但已经来不及了。接下来五个小时的激战,除少数渡水逃脱的敌兵之外,其余全部被歼。仗一直打到当天半夜,第二兵团和第十八兵团会师了。按预定计划,许光达率部乘胜西进,攻克了凤翔、宝鸡,惊天动地的扶郿战役才算正式结束。在这个战役中,胡宗南主力一个兵团部、四个军四万四千人马彻底报销了,其余残兵败将,乱哄哄地退守到了秦岭。

"钳马打胡"取得决定性的胜利后,彭德怀根据中央军委指示,转而开始"钳胡打马"。这是个"拔钉子"的细活儿,一野西北征战从此翻开了新的一页。

1949年8月20日,许光达率第二兵团来到皋兰山下。

野战军决定:以许光达第二兵团三个军和第十九兵团两个军(欠第六十四军)分两路围攻兰州。由第一兵团附第六十二军突破敌人的右翼向青海的马匪老窝迂回,以动摇军心,并且拦阻、歼灭从兰州败逃的敌人,而后西渡黄河,直下西宁。另外,以第十九兵团的第六十四军,在固原一带向马家军的骑兵佯动,随时准备阻击来援。以第十八兵团(欠第六十二军)及第七军等三个军,沿川陕公路前进,以钳制胡宗南的部队。

彭德怀张开五指向在以兰州为中心的那一块版图上狠狠地覆盖下去,说:"马家军、牛家军,这一次,叫他插翅难飞!"彭德怀的话深深地激发了许光达。他想象着那五个手指便是围攻兰州的五个军,而且,它很快成为约定俗成的共识。

侦察完地形回到指挥部,许光达召开作战会议。他一眼发现大家这一天全都换上了新军装,宽皮武装带扎得很紧,个个英姿勃发。这给许光达一个启发:他坚持站着说话,也要求大家坐成一个方正的队形,而不是像从前那样驼背躬腰地窝在一块儿。

"同志们,"许光达目光炯炯地扫视全场,"我先给大家透露一个消息:北京正在召开政协会议,商讨新中国成立的有关事宜。"

兴奋的情绪立刻洋溢在整个会场。

接下来再谈打仗,滋味大不一样。

"兰州战役是我军在解放战争中的最后一个战役,在大西北,是一仗定乾坤啊!消灭了胡、马,就可以兰州为中心,纵横驰骋,青海、甘肃、新疆的解放就在眼前。当然,全国解放的进程也就加快了。"

的确,兰州自古以来就是大西北的一颗珠子。它的光芒足以照耀到无边无际的蛮荒之地。国民党拿它做大西北的一根柱子,军政长官公署都放在那里,而马家军的老窝也在此地。胡宗南败逃之后,蒋介石就把兰州作为一个象征物送给了"二马"。马步芳掌管军事指挥大权,马鸿逵当上了甘肃省主席。

作为对"中央"的回报,马步芳立誓要把兰州变成一个大"墓场"!他的兵"活着,兰州是阵地;死了,兰州是墓场"。而对"共军",他要凭借险要地形与坚固工事,"把他们吸引到兰州周围,聚而歼之"。

马步芳把自己放在"挽狂澜于既倒,定乾坤于西北"的位置上,自然牛皮就吹得有点不着边际,所谓"拿下西安,杀出潼关,砥定中原,占领全国",除了以博后人一笑,没有别的价值。倒是他发给每个士兵的那三块银圆和在少数民族中鼓捣的一些名堂,使这座黄河上游的古城注定流血最多。

然而这一点,许光达在给各军分配任务时,并没有想得太具体。

教训接踵而至。第一天,许光达想以所属三个军一锤子砸开兰州马家山、营盘岭、沈家岭这"三把锁"的决心便碰了钉子:三个军激战了一天,伤亡惨重,却没有夺到一块阵地。

这是皋兰山上三个要点啊!它环抱古城,峰峦高耸,是兰州的天然屏障。满山都是国民党军抗战时期修筑起来的永久性工事,过去的抗战口号中,有"攻不破的铁城"之称。

许光达组织三个军的师以上干部,从热热闹闹的争辩,到打着哈欠扳手指,认认真真检讨了一夜,得出两个字的教训:"轻敌!"

轻敌、骄傲肯定要碰钉子,骄兵必败,历来如此。许光达说:"责任由我们兵团领导承担,下面轻敌,是我们领导感染的!乖乖,了不得了,扶郿战役一下子吃掉胡宗南四五万人,他马步芳算老几,净吹大牛!所以,心里老觉得姓马的守兰州是做做样子,因此潦潦草草就给部队下达攻击令,怕失去战机。我们向野司首长如实反映情况,揭露问题,不藏着不掖着,老老实实做检讨。"

检讨报告打到彭德怀那里。彭老总是又生气又服气,第二天晚上就发个指示过来:总攻推迟,两个兵团用三天时间好好整整轻敌思想。甚至连中央军委也对兰州攻城作了指示:"集中兵力,充分准备,连续进攻,攻克兰州,坚决歼灭青马。"一看就是毛泽东的大手笔。

两个指示让许光达好几个晚上没睡觉,最后提出一串要求:"深入进行动员,反复侦察敌情,摸清地形道路,组织沙盘作业,开展军事民主,制订具体作战计划。"这可以看作是许光达战役指挥实际操作的经典。三十八个字,字字突出了重敌二字。

以许光达的脾气,当然不会抛出几句指示了事。他拉着兵团参谋长,一头扎到第四军,跟军、师、团、营、连各级干部,甚至班长和战士们座谈,一点一滴抠那个进攻失误的21日。

"不抠得血淋淋的不放!"许光达的话让大家直竖汗毛,但是能治病。

又是一个拂晓,昏睡的兰州城一片寂静。许光达站在阿干镇兵粤指挥部的山上,面对远处那一排排幽暗的路灯、黑沉沉的城郭,轻轻做了一个深呼吸。他抬腕看了一眼表,正好4点30分。他转身走进指挥部,平静地说:"可以开始了。"

三发红色信号弹腾空而起。

顷刻间,枪炮骤响,古城东、南、西三面山麓爆炸声天崩地裂,兰州淹没了:山、树、楼、街道……

许光达背着手,出神地望着沙盘。身前身后、电台电话一片忙碌,参谋们在奔跑着,世界掀翻了! 唯有一处是静的,那就是许光达的心里。

许光达在静静地等待。

第四军第十一师攻占沈家岭,第十师攻克狗娃山。

第六军在炮群支援下,连续突破三道人工峭壁,击退敌人三次反扑,占领了南山要点营盘岭。

第六十三军已攻克窦家山。

第六十五军占领机场以南制高点马家山。

许光达的兴奋一半藏在心里,一半写在脸上。他掏出一支烟,点着后使劲吸了一口,想象着兰州城里会是一幅什么样的情景。

这时守城敌人的指挥大权,实际上在马步芳的儿子马继援手上。马步芳在前一天给蒋介石拍了封电报,就匆匆飞往西宁去了。

马继援也要走了。他将指挥大权交给了副参谋长彭铭鼎。

彭铭鼎可不想当替死鬼,也来了个三十六计走为上。他即刻传令:"派兵增援北塔山,加固工事,不惜代价,保护铁桥。"他想,只要黄河上的这座铁桥不垮,夺路而逃的机会总还有的。

"看样子敌人要死守?"作战参谋望着许光达凝神的眼睛,轻轻地问。

许光达皱着眉头一挥手:"不,敌人要跑!死守只是假象。铁桥是他们唯一的逃路!命——"许光达伸出食指,点在相应的沙盘位置:"三军马上攻击,抢占西关,控制铁桥,截断敌人退路!"

这个等待漫长极了,许光达浑身微感燥热:"黄新廷位置在哪里?"

"黄军长亲自在黄河岸边指挥。"

许光达略显安定,忽问:"六军位置?"

"部队正在向城里压。"

天已放亮,清晨的空气扑进指挥部。许光达看看表。

这时,黄新廷报告:"我已占据铁桥,截断敌人退路,现七师已进入城内,正与南山逃敌在中华路巷战。"

"告诉三军,迅速占领城内制高点。"许光达用力握着拳头比画着说。

王世泰插话:"可以搞一搞政治攻势,喊喊话,瓦解敌军!"

彭铭鼎眼看大势已去,带着残兵败将宣布起义,打起白旗。不管怎么说,他是西北军政长官公署的副参谋长,影响很大。

兰州,已胜券在握,稳操即可。

王世泰对许光达说:"得通知部队,严守纪律。特别是对待回民,要讲民族政策。"

许光达说:"好!我们进城看看去。"

许、王率兵团机关进入兰州时,城内还时有枪声。

五天之后的8月30日,野司隆重举行兰州入城仪式。这一天,战士们都换上了新军装。兰州城欢腾一片,到处挂着彩旗,贴满标语。工人、商人、学生、市民纷纷涌上街头,人人手中举着小红旗,几十个秧歌队打着腰鼓、舞着彩绸,活跃在街面上。

"天摇了,地动了,兰州人民解放了!"

这是当时东涌门上的一条标语,后来成为兰州解放时民心的标志。

彭德怀和野司其他领导应邀与各界代表、民众团体代表一起，站在高台上，喜气洋洋地检阅入城仪式和游行队伍。

8点30分，入城仪式开始，许光达和他的兵团部队一起，排着威武雄壮的队形，从城外步入兰州街头。

许光达坐在敞篷车上。这种情景总能勾起他的很多联想。兰州之役中，第二兵团的牺牲同样是巨大的，仅第四军就有三千多人牺牲或负伤，其中有十三名是团级指挥员。此时此刻，许光达没法忘记他们。

战士们在欢迎的人群面前，迈着矫健、整齐的步伐。

黄新廷带的第三军过来了。这是许光达的老部队，夺取黄河大桥那天，铁桥上挤满敌人的步兵、骑兵和汽车，第八连连长许士奎端起一挺刚缴获的机枪大喊一声："同志们，绝不能让敌人跑掉！"便冲入敌阵，结果，被敌人的马蹄踏得脑浆迸裂……这个连长，许光达非常熟悉。在阅读战况报告时，许光达曾默默地脱下帽子，摘下眼镜……

检阅队伍是按照步兵、炮兵、摩托化步兵和高射炮兵的顺序，缓缓通过主席台的。欢迎的人群中响起热烈的欢呼声和掌声，天真烂漫的学生们，将彩色的纸屑撒在炮车和指战员们的身上……

那幢被炸塌的楼顶上飘扬着一面红旗，各团司号员登上楼顶，排成长长的一队，同时吹起凯旋曲！许光达看着、听着，心里默默念着："天摇了，地动了，兰州人民解放了！"

第十一章 新中国铁甲元勋

大事业从小饭店起步

年底,许光达随彭德怀由兰州前往北京。在中南海,他协助彭德怀起草一野给中央人民政府的报告。工作之余,彭德怀问:"光达,解放了,你对工作有么子想法。"

"跟枪炮打惯了交道,就干这个也无妨。"许光达随意地答道。

彭德怀笑了:"可有的领导同志提出,要让你到外交战线工作,不知你愿不愿意啊?"

"外交战线?"许光达有点意外,"我恐怕胜任不了。"

"么事胜任不了。你懂外语,到外国学习过,又多次同外国人打过交道,外事经验丰富嘛!要我看,只要干,就胜任。"

"这么说,老总你是希望我去做外交工作啰?"

"不是我的意思。我的意见,你还是搞老本行,给我搭个手,一块建设军队。"

五个月后的一个周末,已被中央军委任命为中国人民解放军装甲兵司令员兼政治委员的许光达,接到命

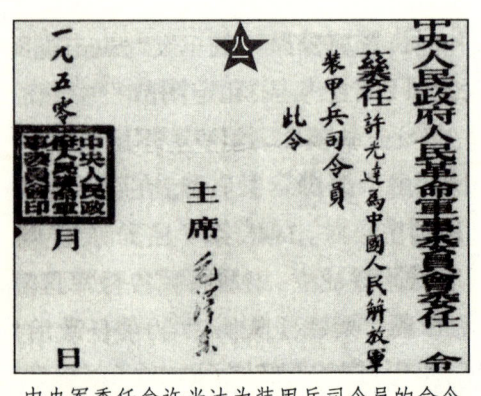

中央军委任命许光达为装甲兵司令员的命令

令匆匆由兰州赶到北京,即和彭德怀全家被彭的岳父浦老先生邀到家里共进午餐。饭后,彭、许两家同游北海公园。彭总的夫人浦安修和许光达的夫人邹靖华,带着孩子们爬山去了,彭德怀和许光达则踅进半山腰的一条林荫小道,慢慢散起步来。

"搞装甲兵,担子不轻哪!光达,有困难我们一起想办法。"彭德怀午餐小酌了几杯,口风中喷着阵阵酒香。

许光达说:"这个问题我想了多少年啰!现在要搞起来,国家工业这么落后,困难肯定不会少。但是,有困难不怕,克服嘛。毛主席不是说'有困难、有办法、有希望'么!"

"对啰!"彭德怀兴奋的脸上微微泛红,"我们过去用惯了土枪土炮,精神要发扬,武器嘛,该进博物馆了。我们现在要搞飞机、搞军舰、搞坦克、搞原子弹,逐步实现国防现代化。这方面,你就带个头吧,先把装甲兵搞起来,为军队的现代化闯一闯路子。"

"放心吧老总,党把装甲兵建设这个任务交给我,我就一定会尽力而为!"许光达站了站,透过丁香树叶眺望北海的一片水面,若有所思,"我想好了,前半生跟您后面打仗,这后半生就交给装甲兵了!"

彭德怀满意地点点头。他就像战场上决断千军万马那样,用力抿一抿嘴:"我不赞成坦克制胜论,西方军界这个观点有问题。但我认为,未来战争中,随着火器更新,特别是常规武器的发展,坦克部队肯定占有举足轻重的地位。所以,我们的装甲兵必须搞好!这是建设现代化军队重要的一着棋!"

许光达打心眼里赞同彭总的见解。他也将自己近来的一些思考和盘托出:"什么叫现代化军队?现代化军队就是带枪的人加上机器,还有原子弹、导弹。军队的完备,需要机器、原子弹和导弹,这不仅对空军、海军来说是很明白的,对陆军来说,也是同样迫切的要求。"

彭德怀不住地点着头,额上渗出一丝细汗,看得出他很激动,连声赞叹:"讲得好!讲得好!"

许光达自谦地笑了笑:"还没有想成熟……"他一向喜欢留有余地,别说"没有想成熟",就是再成熟的观点,许光达也决不轻易地抖搂。

可是,彭德怀却不依不饶,见许光达刚开个头又收住了,便连声催促:"讲下

去,讲下去,讲下去嘛!"

许光达沉吟片刻,决定在彭德怀面前破例一回。毕竟是跟随多年的老总么,他想把初步思考的一些想法全部说出来。

"现代化战争要求陆军都能坐上车子,也就是说要摩托化,并且要求这些车子要有一定的防护力、强大的火力、快速的通行力和良好的通信能力,从而构成军队强大的突击力。所以,陆军需要装甲坦克,需要机械化和摩托化。这是一个未来战争的必然趋势,也是军队建设的大方向。"

这几句话让彭德怀兴致极高,说:"好嘛!这个意见,可以向主席报告,跟全体高级干部也要大讲,讲透些。"

这番话是有很强针对性的。当时迫切的现实情况是,人民解放军即将面对与拥有现代化装备的美军作战!朝鲜战争虽处在风起云涌的前奏,但在彭德怀心中,早已引起密切关注。这种心理超前的预判,只有相随相伴、叱咤风云过的许光达能够感觉得出。

隐隐风动的抗美援朝战争还要在五个月之后才会揭晓,所以谈话不可能再深入下去。两人心照不宣地对视了一下,便向山下走去。

许光达筹建装甲兵机关第一次会议的会议室:北京前门乡村饭店

半个月后,"光杆司令"许光达根据中央军委的决定,带着刚从一野工兵团调来的二十二名干部,住进了北京前门外一个叫乡村饭店的小旅馆。还沉醉在欢庆解放幸福之中的首都百姓,没有人知道这竟是一个开天辟地的筹备小组。中国人民解放军一支崭新的兵种部队将从他们的手中诞生。

好日子选在9月1日。首先成立的是装甲兵司令部。继而,又从各军区坦克部队选调一批干部,把政治部、技术部和后勤部成立起来。"四大部"的大牌子一立,许光达就可以着手整编全军的坦克部队了。

坦克部队当然要有坦克,要有会开坦克、会操作坦克枪炮的人。解放军的天

北京东四条32号,1950年9月1日,装甲兵司令部成立时的地址　　许光达在摩托装甲兵司令部成立大会上讲话

下一向认为是靠小米加步枪打下来的,至于坦克、装甲车,别说兵器库没有,连指战员的脑袋瓜子里也没有。

军委开会的时候,老总们开玩笑说:"就那么点儿家底,全交给许光达,让他拿去拨弄拨弄吧。"

许光达真的是很挠头,急得吃不香、睡不着。"拨弄拨弄"的工作,可以把从国民党手里缴获来的那几辆破坦克整到一起,收拾收拾。可是干部呢?技术力量呢?没有现代化的知识,又不懂得坦克、装甲车的性能技能,怎能谈得上建设现代化的装甲兵呢?

"不用着急,"彭德怀说,"适当的时候,我们再送一些干部去苏联学习,坦克兵可以多送一些去。"

朱德也说:"可以办学校嘛。国家勒一勒腰带,迅速组建一个坦克学校,部队刚组建起来,缺的就是专业人才,搞个学校很有必要。"

当时,全军被视为"火种"的现有坦克部队,仅有两个战车师、一个坦克团,都是从火线上闯过来的功勋部队。可是,在编制、训练和作战使用上,也还只是停留在低级徘徊阶段。装备的残缺、落后自不必说了,建制上也分散得到处都是,东一撮、西一伙,很难形成战斗力。

"我就从编制做起,编制落实了再搞别的。"许光达说。

老总们一齐关照:"缺什么就说句话,军委和总部全力以赴。"

缺什么呢?什么都缺。装甲兵离不开机械设备,技术性强,装备复杂,前边的

路没人走过,一没有经验,二没有参考方案,连苏军的资料也很有限。唯一不缺的是信心和干劲。许光达把各大军区一些有指挥坦克作战经验的指挥员,全部请到北京来,开座谈会,反复跟大家研究、推敲。

这天深夜1点多钟,坦克师、独立坦克团及独立坦克营三种坦克部队的编制方案,终于画上了最后一个圆圈。一班人喘了口气,冲许光达嚷嚷:"首长,放几天假吧,剃头、洗澡全耽误了,你看都成老大爷了,现在任务告一段落。"

许光达揉揉发红的眼睛笑着说:"放假,可以,今天就到这里结束。明天上午休息,我批准了。"

大家不满足:"就半天呀!还不够伸伸懒腰的。"

"没法子呀,"许光达带着一点儿风趣说,"我许光达只有半天的权限,哪个要嫌不够用,超过半天,可以打报告,请毛主席批。"

一班人齐声"嗬"了起来,赶紧收拾材料,好好去享受这难得的半天假。可还没走出门,许光达就把大家叫住了:"都慢着,我的话还没有说完呢!"

"莫不是要变卦?还是——延长半天?"

大家都伸长脖子,焦急地期待着。

许光达摆摆手:"我这半天假也不能白给呀,还得附带完成个小任务!每个人利用半天假期给我作篇小文章,题目是怎样多快好省地建设中国装甲兵。"

"嗬呀——"大家一阵起哄。

许光达笑着挥挥手:"不要跟我'嗬呀',完不成任务,不管哪一个,都得打屁股,每人五十大板!"

人都散去了,许光达重新在办公桌前坐下来,不慌不忙地点起一支烟,猛地吸了几口,然后在面前铺开的白纸上一字一字地写道:"根据聂荣臻代总长的指示,计划在三年内(1953年底)使我们拥有一千辆坦克的摩托装甲部队……"

1953年,许光达摄于复兴路26号军委装甲兵司令部办公楼前

在老大哥和鬼子之间选择

1951年4月26日,许光达跨过了鸭绿江,一马打到彭德怀的志愿军总部。

显然,抗美援朝的背景给许光达的好戏收紧了锣鼓点儿。早在春节前后,彭老总就隔着鸭绿江给许光达打电话说:"你的坦克先遣团打得还不错,发挥了作用,可以好好总结一下。"

这是一个中肯的意见。战场上的经验对于新成立的装甲兵至关重要。装甲兵比不了步兵,一人一支家伙,上了战场,指挥员站起来把手枪一挥就上去了。坦克可不行,自己内部有通信联络,要编队,要集中统一指挥,同时,还得讲究与步兵的协同作战,方方面面的环节,哪一个环节出点差错,战斗力的发挥就要大受影响。何况,许光达手中刚组建起来的这支坦克部队,装备简陋,技术薄弱,要调教的内容实在太多,靠常规训练的按部就班,短期内想搞出个子丑寅卯来,绝对是天方夜谭。

"在战争中学习战争。"毛泽东这句富有哲理的话,给许光达的思考提供了一个基点。

当时有两种倾向:一种认为,把新组建起来的坦克部队一股脑儿抛到朝鲜战场上,让他们跟美国佬边打边学。有的老同志说:"过去红军时代,哪有什么训练呀,当兵一天就是老兵,打枪、瞄准、战术动作,都是跟敌人学的。"这种意见不光把大量的传统做法经典般地引用一番,还表现为很合时宜。抗美援朝刚打响一阵子,全国老百姓那个热乎劲,谁能挡得住啊!装甲兵组建没几天,大家从各个不同的单位走到一起,官兵之间,工作学习都是瞟着来的。在抗美援朝这样的"头等大事"面前,谁不想表现表现?请战书血写的、墨写的,每天都像雪片一样飞到机关。许光达把警卫班都拉上来做帮手,信也看不完。最后,警卫战士们也集体行动起来,人人都咬破手指写血书。官兵们的这股现实情绪,许光达当然不能熟视无睹。

还有一种倾向,认为宁可湿鞋不能乱步。过去当兵一天成老兵,那是什么年代?战士们手中甚至连支像样的家伙都没有!现在不同了,一辆坦克就是一个小阵地,攻防都在里面。除了驾驶操作,枪呀、炮呀,什么玩意儿都应有尽有,不正正规规训他几年,怎么谈得上实战?再说,从苏联引进的一批坦克也到位了,老

大哥态度很积极,坦克到顾问也到。按他们的经验,不搞一两年的正规训练,最后肯定要煮夹生饭。许光达自己也说过,坦克部队的干部战士技术基础一定要打牢,优秀乘员必须经过学校的培养!这话曾让老大哥们好一阵鼓掌。坦克部队的建设是国防长久大计,不能因为有了个朝鲜战争,就降低标准呀!

是把部队送到战场跟美国人学,让美国鬼子边打边训,还是留在国内交给苏联老大哥一课一课来,打磨他一年两年再上前线?

"两种意见都有可取之处。"许光达在新成立的装甲兵党委会上说,"我认为,将原定的一年训练时间,缩短为三个月,先以迅速的动作掌握技术,战术问题主要到战场上去真刀真枪地解决。"

所有人都在关注着这样做的理由。以大家对许光达的了解,提出意见之后,必然有一个令人信服的论证。他的发言历来逻辑缜密。

许光达接着便扳起指头分析自己的理由。他认为缩短训练期、平战结合,一是战争的要求,部队士气高;二是坦克乘员中的老兵多、战斗英雄多,思想素质好;三是可以改革训练方法,突出重点;四是不一定全部学会,先掌握要领,急用先学,其他技术到战争中去学。

这几条都是实实在在的"干货",看得出,许光达经过了深思熟虑。虽然他一再地"请同志们看看",但事实上它是无懈可击的。

只用三个月搞技术训练?苏联老大哥吓得直耸肩膀。

许光达从来都是说了就干的作风。计划一下达,他带着工作组也就下去了。天寒地冻的季节,许光达一到部队就忙着赶场做时事报告,用他自己的话说:"天这么冷,得把指战员们心中的那团火烧起来!"

光烧火还不顶用,训练器材就那么一点。一辆坦克上好几个人围着转,车上的人忙得不亦乐乎,车下的人只好抱着手哈气。一天八九个钟头,一个人在枪炮上摸不了几下,手脚还没活动开就完了。战士们都听了报告,谁都知道时间的紧迫,可这样磨洋工,要磨到猴年马月!有脑袋瓜机灵的,就开始想点子了。

许光达扎到班排转了几圈,心里有了谱,立刻把部队的主官们叫到一块,说:"用三个钟头,你们把车下看给我变成车下练,行不行?"

有的同志皱起眉头:"首长,坦克有限,驾驶仪也就那么几副。"

"没有制式器材就不能练了?"许光达说着拉来两个战士,对他们说,"你们当着大家的面表演表演!"

两个战士往地上一坐,四只脚伸开了。他们就互相以对方的脚来模拟离合器和油门,并且在彼此中间立两根木棍,当作操作杆。这样,一招一式的动作要领就体会开了。

"这……有效果吗?"有人怀疑。

两个战士说:"往车上一坐也是这个意思。车下体会体会,车上纠正纠正,两天的训练课目,一天就做完了!"

这不是效果是什么?大家茅塞顿开。要是这么个搞法,技术活当中能简易操作的地方还多着呢!

许光达说话了:"具体怎么练,没有强求一律的东西。关键是要动脑子呀同志们。'司令部'不工作,仗怎么打?战士们积极性高得很,他们肚里有的是'货',你不掏,出不来。你们拿主意去!不要等上面发红头文件,不要等上面发驾驶仪嘛!三个月内,你把我乘员都搞合格了,能过鸭绿江了,就一切全有了!"

彭德怀听到这些情节哈哈大笑:"你这个许光达呀,硬是有股牛脾气!好好好,中午我就在坑道里请客,给你接风。"

许光达在炮火连天的志愿军总部,跟彭德怀吃了这顿难忘的午餐。边吃,许光达边向彭德怀汇报自己赴朝的想法:"军委指示,新组建的坦克部队三个月训练期满后,随时准备赴朝参战。我想在这之前到先遣坦克团去看看,刚好有个到东北开会的机会。"

"战场情况千变万化,战场经验最值得重视,来看看,我赞成!"彭德怀嘴里含着一口饭,"赴朝这几天有何感受?"

许光达停下筷子感慨地说:"战场嘛……"他忽然想起途中见到的一件事,便说:"这场战争要毁掉多少坦克啊!"

那是距志愿军总部几百公里的一个山沟里,许光达透过车窗猛然发现路边有十几辆坦克正在燃烧。他急忙让司机停车,要看个究竟。

许光达跳下车,来到烈焰腾空的坦克旁边。尽管火焰熏得人睁不开眼睛,他还是看清了那些被烧红的铁疙瘩,竟都是M3、A3式的。

"这么老贵的家伙,就这样白白地报销了?"许光达问旁边担任防空哨的战士。

哨兵告诉许光达,这些坦克全是美军新年攻势被我军打垮后,败退时让我

军缴获过来的。还没来得及拉走,就被敌机炸毁了。美国鬼子生怕这些坦克便宜了我们,炸了一遍还怕不彻底,隔一阵又炸,最后索性投下凝固汽油弹,硬是把这批好端端的战利品烧成一团。

"说实在话,我真是心痛啊!要不是烧掉了,修修补补起码可以装备我两个连!"许光达说得很动情,"我正在为装备一千辆坦克奋斗,一千辆啊,我的老总!"

彭德怀低头想了想,表情严肃地说:"这是个教训,应该组织一支徒手坦克部队入朝,配备足够的修理工,用缴获的敌人坦克来装备我们自己。"

三十六个数据与一行王八的幽默

与其说这是一份兵种司令员向总参谋长的工作报告,不如说它是许光达对总部乃至中央军委所做出的书面承诺。无论中国人民解放军的装甲兵部队将来会发展到怎样的高峰,这份珍贵的文件仍具有无可替代的意义。

文件的第一部分是《组织计划》,它的六条意见中三十六个数据,每一个数据都是许光达用心血打磨出来的:

  首先在三年内,组建十一个坦克旅。这种旅的编制按两个坦克团、一个摩托化步兵团的规模,均以小团制列编。每旅坦克九十辆,运输和特种车辆五百八十四辆,装甲车及装甲输送车二十五辆,摩托车四十二辆,野炮十二门,迫击炮八门,人员共五千名。

  以十一个旅计,坦克一千辆,运输和特种车六千四百二十四辆,装甲车及装甲输送车二百七十五辆,摩托车四百六十二辆,野榴炮二百四十二门,迫击炮八十八门,人员共计五万五千名。

  为此,要建立四个军区坦克兵司令部(华北、华东、华中、东北)。每个司令部二百五十人,汽车十辆,共计一千人,汽车四十八辆。

  建立三个中心修理基地(工厂),每个基地八百人,汽车十八辆,共计两千四百人,汽车五十四辆。

  建立三个中心仓库,每库一百二十人,汽车十辆,共计人员三百六十名,汽车三十辆。

1956年，毛泽东等中共中央政治局常委在北京怀仁堂接见装甲兵积极分子代表大会全体代表

建立一个坦克学校，训练排以上坦克军官和机械师（技术员）。领导机关和教职人员共一千六百名。

建立一个坦克编练基地，训练车长、射手、报务员，共计八千人。

许光达是以破釜沉舟的决心来施行这个计划的。他将1950年到1953年的四年依次分成四个步骤，一步一榔头地把桩桩件件落到实处。

1950年以现有基础为起点，整编两个坦克旅，并着手组建坦克学校，第一批招收六百名学员，打算用两年时间，从1950年的11月份开学，到1952年冬季毕业。与此同时，组建坦克编练基地，招收两千名学员。此外，再组建一个中心修理厂和一个器材中心仓库。

万事开头难，1950年的根基打扎实了，1951年以后的工作路子就顺顺溜溜地有了头绪：坦克学校训练，1950年所收学生六百名，到1951年夏再收新生五百名；编练基地训练，1950年所收学生两千名至秋季毕业，再收新生三千名。这年的秋季，还要新组建华北、华东两个坦克旅，先以原两个旅的旧坦克装备，排以上干部由原两个旅调配，各种专业技术人员，则在编练基地毕业生中解决，摩托化步兵与炮兵，拟请军区与炮兵司令部解决。

此外，全年还要组建华北、华东两个军区的坦克司令部，购买三百辆坦克及三个旅的各种运输保障车辆，包括补充1950年建成的一个旅全部车辆。

1952年，坦克学校春季招收学生五百名，加上1951年夏招收的五百名学生，学生一千人，1950年夏所收学生五百名于1952年秋季毕业。编练基地的训练，1951年所收的三千名乘员于秋季毕业，同时招收新乘员三千人。这年秋季新组建三个坦克旅，排以上干部由学校毕业的学员充任，各种专业技术人员由编练基地解决，步兵与炮兵则请军区与炮兵司令部解决。

1952年还得在华中组建一个坦克司令部，组建一个中心修理基地，组建一个中心仓库；此外，继续购买三百辆坦克及四个旅的各种保障车辆，包括补充1950年组建的一个旅的车辆装备。

1953年的坦克学校继续训练，1951年夏和1952年春所招收的学生，到来年夏冬分两批毕业，总数达到一千人；编练基地训练，1952年招收的三千名学生至秋季毕业；秋冬新组建的四个坦克旅，排以上干部由学校毕业生解决，专业技术人员由编练基地解决，步兵与炮兵则由军区与炮兵司令部协调解决。

在前两年华北、华东、华中各组建一个坦克司令部的基础上，再在华北组建一个军区坦克司令部；组建一个中心修理基地、一个中心仓库，并再购买四百辆坦克及四个旅的各种车辆。

没有人能够确切地掂量得出，这样一份计划包含了多少难以胜数的工作环节。单是其中办学这一件，就足以让许光达寝食难安，忙到没有喘息的余地。

1953年10月1日，右起：许光达、陈赓、刘亚楼、萧克在天安门城楼上

1953年12月，装甲兵首届功臣模范代表大会在北京召开。朱德（前排中）、许光达（前排左）等与功臣模范合影

许光达身兼坦克学校校长。军校这一套,他当然不陌生。几十年的戎马生涯,他已有过三次扎扎实实的军校经历。丢开黄埔与国际马列主义学院及东方大学不说,仅是抗大教育长和第三分校校长这段任职的积累,就够他拳打脚踢施展一阵子了。

正因如此,许光达没法把校长这个兼职定在"原则领导"的位子上。他太熟悉诸如课堂教学、训练场见习、教学大纲和教学法等一类在军校使用频率极高的关键词了。所以,深入课堂、训练场,参与研制教学大纲,帮助教员改进教学方法,提倡教学相长,甚至亲自登上三尺讲台为学员讲战术理论课,几乎成了他无意识的惯性。而这些对于一位担任着整个装甲兵草创时期军政一把手的他来说,又是多么沉重的一笔"债务"啊!

是的,这里蕴含着许光达无法摆脱的现实:将要从他手中成长起来的这支装甲兵队伍,最直接的战斗力支点在哪里呢?

1951年11月15日,在装甲兵的一个集训会议上,许光达首次响当当地提出了"技术"这个字眼。技术对于装甲兵来说,意味着什么呢?意味着其军事价值的全部!"没有技术就没有装甲部队。"毫无疑问,装甲兵的"一切工作都要围绕着技术工作,离开了技术工作,既无建设可言,也就没有装甲部队"。

那么,技术问题怎么解决呢?自然需要科学的教学程序。

"我们大家都来自步兵,是步兵的优秀指战员,有很高的政治素质和战术技能,而缺的是文化和技术。这两条够不上,就不能使手中的武器发挥应有的作用。那就不能称之为中国的装甲部队了,还是中国的步兵。"这番话早在装甲兵机关刚刚成立的时候,许光达几乎逢会必讲。

许光达的观点从装甲兵的大小会议一直传到中央军委。当然,传上去的还不单单是观点,还有一大堆让人笑不出来的逸闻。像苏联顾问在徐州发脾气那件事,连毛泽东听了也忍不住要追问一句:"许光达,你那里有多少赵明奎呀?"

赵明奎是谁?赵明奎是一位坦克团团长。有一次,许光达陪着苏联顾问到部队去考核团以上干部想定作业,赵明奎因为文化少,记不清众多的战术标号,居然在1:50000的地图上,画上一长溜小王八来标示坦克行军纵队。苏联顾问捧着那张地图左看右看,怎么也弄不明白,便问翻译:"这是什么符号?"

翻译也是丈二和尚摸不着头脑,看了半天,同样稀里糊涂,便连猜带蒙地回

答道:"看上去……好像是一群爬行动物。"

翻译的尴尬和幽默,让周围的人哄堂大笑。这下伤了苏联顾问的尊严,当即勃然大怒,红胡子在肥嘟嘟的腮边一翘一翘的,冲着许光达公牛似的吼道:"不撤了这个团长,我不干了!"

许光达忙上前做解释,心里又好气又好笑又有几分伤感。他太熟悉像赵明奎这样的一些部属了,出身贫苦,小时候没进过学堂,帮地主家放猪、放牛,大字不识一个。参加革命了,军队就是他们的家,南征北战,出生入死,几十年歇不得一口气,哪来工夫学文化。可是,对部队建设、对革命工作的那份赤诚,摸起来都烫手啊!能因此而处分他们吗?不能,绝对不能!就说赵明奎,淮海战役中是立过大功的。当时敌人的一个暗堡打了几天几夜就是拿不下来,死了不知多少人,他上去用迫击炮抛射炸药包,在一只眼睛被打瞎了的情况下,硬是手捂着血淋淋的眼球完成了任务,被评为全国特级战斗英雄!

然而,能因为赵明奎是战斗英雄,就可以原谅他把坦克标号画成王八吗?

"坦克部队不懂坦克,是绝对不允许的!"许光达冷着脸,寒霜里面透着盈盈深情,"如果我们大家横一横心,掌握了这门技术,那我们不就如虎添翼了吗?不就无敌于天下了?"

一批"赵明奎"噙着泪拉着许光达的手说:"司令员,您的话句句在理,我们学!难道那玩意儿比当年打老蒋的山头还难吗?"

许光达也动了感情:"我带着大家学!我们都是四十好几的人了,过去么子战役没打过?么子苦没吃过?今天为了我们的装甲兵,再拼上一回嘛!"

白发学子的紧急制动

1959年的一个夏日,许光达只身来到位于京郊的坦克学校,说:"我今天是正正规规地来当学生,系统地学习一下坦克技术。"

教员们一看老校长来了,谁都知道他在1955年当大将之前就能把坦克开得呜呜叫了,学术文章也发表了几十篇,那会儿,现在的许多教员上讲台小腿肚子还打哆嗦呢!"老首长,您这个玩笑我们可担当不起呀!"大家敬着礼、握着手,都以为许光达是在开玩笑。

许光达说:"大家都这么忙,我哪有工夫开玩笑啊,我这是真的!"

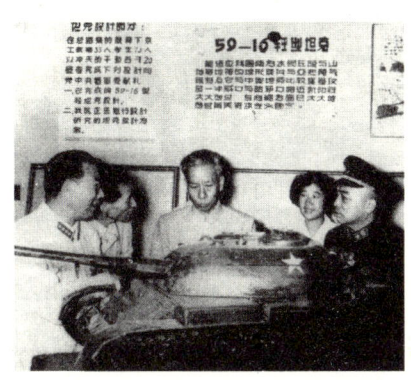
1959年9月,许光达(左一)陪同刘少奇(左三)、彭德怀(左五)观看59式坦克模型,并介绍坦克性能

1959年,庐山会议之前,许光达夫妇摄于宿舍楼前

"天,这是真的!"校领导和教员们大眼瞪小眼。他们知道,眼前这个已生白发的人,从未同他们说过假话。

那年许光达已经五十一岁。9月,他被任命为国防部副部长,是中央委员,还兼着装甲兵司令员。

"就你吧,"许光达随手从教员堆里拉出了熊道明,"我正式向你拜师,请你收下我这个学生。"

熊道明还没反应过来,许光达已经恭恭敬敬地向他鞠了一躬。这怎么得了!熊道明脸上的汗水挂了一脖子。

怎么学呢?从头学起吧。熊道明给许光达讲第一课:坦克的心脏——发动机。

熊道明打开讲义,先不讲课,先给坐在面前的许光达倒了一杯水。

许光达惊讶地起身:"嗨,教员,你这是做么事哟?"说着,双手把水杯重新捧到熊道明跟前:"要喝,你喝!"

熊道明一时不知所措,搓着手说:"那……首长您要是想抽烟,您就抽吧!"他早就知道许光达的烟瘾大,而且看见许光达手上夹着的一支雪茄,迟迟没有点火。

许光达把烟横在鼻子底下闻了闻,重新装进口袋,笑了笑,示意熊道明开始讲课。

"首长……"熊道明还想说什么。许光达摆摆手,不满意地说:"现在我是你的学生,不要老是首长首长的。"

熊道明只好咽下所有课外的话,把目光回到讲义上,从坦克发动机的构造到功能,一点一滴展开讲解。许光达俨然是个小学生,规规矩矩伏在案前,一丝不苟地做着笔记。

课讲完了,许光达的笔记本上满满地记了五大页。可他还是皱着眉头问:"教员,你刚才说马力的定义,我没有听明白。"

熊道明一愣,这个问题难道自己没说清楚吗?他重复道:"所谓马力,是指发动机的功率单位,一马力,大概要相当于一匹马那么大的力气。"

"不,教员,我想知道的是这个概念的确切定义。"

熊道明恍然大悟:"司令员,您是说我刚才的讲法不够准确、不够科学是吧?"他一边歉疚地解释,一边打开讲义,快速地翻页,找到"马力"一词的确切定义,补充说:"马力准确、科学的定义应是:用一秒钟把七十五公斤的物体提到一米的高度所做的功。"

许光达满意地笑了,握着熊道明的手连声道谢。熊道明的心中却翻腾开了,真没料到,一个年过半百的将军啊!自己过去教了那么多学员,还没有谁对马力相当于一匹马的力气这个解释提出过疑问呢!

接下来要训练实车驾驶课目,熊道明心中小鼓乱敲,这可比不得在室内上理论课啊,万一碰着、磕着的……临上车了,他还一再小心地问:"司令员,您看……行吗?"

嘴上说"试试看吧",许光达已经把坦克发动起来了。

坦克在起伏不平的训练场上,野马似的奔跑开了。熊道明坐在旁边心都提到嗓子眼上了,眼睛瞪得溜圆,学校领导的嘱咐一再在耳畔响起:"首长的安全是第一位重要的,你得十二分小心才是。"

下一个课目是分离转向。这是个很耗体力的操作项目。

"司令员。您……"熊道明是想提醒说您年纪大了,受得了不?

许光达还是那句话:"试试看吧。"说着话手已经用力拉起了操纵杆,一只脚慢慢踏上油门。只听坦克突然呼啦一声吼,沿着一个大半径的曲线,平稳地转了一圈。

"不简单啊,完全符合教学规范的要求!"熊道明险些叫出声来。

这时,只见许光达全神贯注,有条不紊地一脚踏上离合器,增加一挡,坦克又听话地朝一个下坡全速冲击。熊道明还没来得及松口气,猛地,一个斜坡出现在了眼前。显然,许光达对面前的情况也缺乏思想准备。他来不及拨转车身,坦克便顺着斜坡威猛地冲了上去。刹那间,熊教员满脑子的惊险,轰一声就要爆炸,已经什么也说不出来了,只感到身体伴随着坦克大幅度地倾斜起来。"不好!要翻……车!"熊道明刚要吼出这声惊惧,坦克戛然停在斜坡上,车身歪向一边,差不多就要翻跟头!

马达扑通扑通地响,两人的心也在扑通扑通地跳。

好大一会儿,熊道明才发出惊叹:"好悬啊!"他周身冷冰冰的全是汗,见许光达额上也有汗,料知刚才同样有一阵紧张,便说:"首长,您下车,我把坦克开过去。"

"不,坦克是我开上来的,还得由我开下去。"

"首长,这太危险,还是让我来吧。"

"要是别的学员遇到这种情况,你怎么处理?"

熊教员老老实实答道:"就让学员开下去。"

许光达二话不说,挂上挡,把坦克从斜坡上开了下去。当坦克平稳地停下来时,两人相视,会心地笑了。

学习结束时,熊道明被许光达请到家里吃饭。许光达特意吩咐做了几个家乡菜招待客人。席间,他举起酒杯一再敬熊道明酒:"为教我学技术,你担了那么大的风险,吃了许多苦,我谢谢你!"说完一饮而尽。

熊道明说:"司令员您这是说得哪里话。当初,我们刚到坦校时,是您指示我们要刻苦钻研业务。这七八年攒下这点专业知识,还不多亏您的教育。"

提起当初,许光达感慨万千:"那时候,坦克学校刚搞起来,条件多艰苦!当教员的连张像样的桌子都没有,大家都趴在炮弹箱上备课。坦克学校能有今天,多少同志费了心血啊!"

"记得您每次开会都鼓励我们,要发挥主观能动性,要敢于创新。我们教员当中出现学术争论,您总是很高兴,还说:'学术上有争论好,脸红脖子粗也不要紧,毛主席都提倡百花齐放,百家争鸣嘛!'这句话我一辈子都忘不了。"熊道明喝了两杯酒,越说越激动,脸上泛着红光。

许光达说:"部队要提高战斗力,学校就要出合格人才嘛!学员送出去,接收

单位不满意,带兵打仗又用不上,那就是废品。工厂净出废品,那可不行啊!"

"咱装甲兵部队钻研技术的好作风,硬是给您带出来了!"熊道明感叹,"不光是学校,学校是搞教学的,那没得说了!机关带头作用也发挥得好啊,这个好风气,对部队影响多大呀!"

当年装甲兵机关大学技术的高潮,仿佛又出现在许光达的眼前。就为这个,曾有人提出过异议,认为许光达是单纯军事观点。

"我永远不改变这个观点,没有技术就没有装甲部队!"许光达沉入兴奋的回忆之中,"那时机关刚组建起来,大家都来自步兵,哪个懂坦克?坦克部队的领导机关,都不懂坦克,大笑话嘛!没别的法子,只好一边工作一边学技术,多办些讲座。我曾经提出过,机关干部每人要学会一门驾驶技术,要么开坦克,要么开汽车,至少也要会开摩托车。当时,机关大院专门备有坦克、汽车和摩托车,随时都摆在那里,想练练手,方便得很。我这点技术,就是那时捣鼓起来的。"

熊道明忙说:"司令员太谦虚了,您的坦克其实开得蛮不错,动作规范,也很熟练,反应快,一个新手训大半年还达不到您这个水平呢!"

许光达哈哈大笑:"熊教员,你的分数打高了。"他呷了一口酒,忽然收住笑容,若有所思:"搞教学也好,搞训练也好,一定要把兵搞活,不要太死板。要把要我学变成我要学,一个积极性变成两个积极性。不要小看了我们的战士,许多创造发明,都在他们中间。1951年春天,我到朝鲜前线看我们先遣坦克团,对这个问题就感受很深……"

这个话题许光达在很多场合都说过,而对于熊道明还是第一次。他悄悄地从口袋里摸出了小本本和圆珠笔。

此时,灯光已经悄悄亮了。他们谈话的兴致越发高涨,窗外透着薄薄的月色,屋子里满是醉人的酒香。

光荣与梦想:战车是我,我是战车

到达先遣坦克团驻地的那条山沟,是凌晨时分。战士们都还在休息,团长王怀庆拉着许光达的手亲热得不行,一个劲地说:"谢谢首长到朝鲜前线来看我们!"并说:"首长辛苦了一夜,先找个地方睡一会儿吧。"

许光达看看周围一片都是工事,汽车停在小松林里,部队条件相当艰苦,就说:"不要麻烦了,还睡么子觉,在车上打个盹,不就解决问题了嘛!"

"那就……先简要汇报下情况?"王怀庆说。

"莫慌,先别汇报了,去看看部队吧!"

他们沿着那条破破烂烂的公路,来到一个叫新幕郡的小县城。说是县城,早已被美国飞机炸成残垣断壁了,别说住人,连根完整的烟囱也看不见。各个坦克连都疏散开了,分别配置在附近的山沟沟里,车距百米左右,一律都做了伪装。

许光达暗想,这要遇到刮风下雨怎么办?战士们连个安身的地方都没有呀!他心情沉重地走近一辆坦克,只见车底下挖了一个长方形的土坑,口小肚大,不走到跟前都看不出来。坦克乘员都蹲在坑内,叮叮当当地在忙乎着些什么。

听说司令员来了,车底下的战士们都兴奋地钻出来,向许光达敬礼、道辛苦。许光达一一同他们握手,并说:"我们在后方,条件好,吃的、用的什么东西都有,谈么子辛苦。辛苦的是你们啊,同志们吃没吃的、住没住的,还要跟美国鬼子打仗。"

有个机灵点的小战士抢着表示:"为了祖国的安宁,我们苦点没什么!"

许光达(右)视察基层部队

许光达一听这话说得漂亮,过去拍拍他的肩膀,夸他讲得好,并随手指着坦克下面的土坑问:"大家都钻到坦克底下做么子事?"

王怀庆介绍说:"我们管它叫地窝子,是战士们发明出来的,这办法土是土了点,战场上还真管用。您瞧瞧,乘员们白天在里面保养机件,做好战斗准备,头顶上就是坦克,多方便呀!晚上在里面睡觉,既能防空袭,又可以随时从安全门进入车内的战斗位置,整车立即投入战斗,比任何集合、发动都要隐蔽,多实用啊!"

"好,很好,是个很好的创造!"许光达赞不绝口,说着就躬起身子钻进了地窝子。这是在地下呀,又是雨季,空气都能拧出水来。许光达伸手摸了摸战士们的被子、衣服,全潮乎乎的,忍不住发问:"晚上就靠这么一条被子加件大衣过

夜吗?"

王怀庆声音低了八度:"没办法,战场条件就这么多。"停了停,又补充一句:"许多同志的裆部都烂了。"

好半天,许光达不吱声。回到团部,许光达语重心长地对两位主官说:"一定要想法子弄点干草在地洞里铺一铺。"他想了想:"这要不是有很强的政治思想觉悟,就那么个水坑,蹲半个钟头恐怕也坚持不下来。它告诉我们,战术、技术一旦同政治思想工作结合起来,我们的兵就比钢铁还要硬!"

这既是许光达自黄埔出道以来修身养性的原则,亦是他带兵练兵的原则。他的座右铭就是:"只有政治觉悟加上技术能力,才能无敌于天下。"因而,他识别人的目光,也就常常入木三分。

1965年7月,部队有份重大事故通报,说坦克第二师工兵营第一连班长王杰奉命执行民兵训练任务时,在意外爆炸中丧生。王杰是因为掩护在场的十二名民兵和人武干部,主动扑向爆炸点的,这让许光达心里非常不平静:一个人在生死关头能奋不顾身掩护别人,难道是轻而易举的事吗?从

1965年5月9日,苏联战胜法西斯德国二十周年招待会上,许光达(左)与叶廖缅科元帅谈话

部队管理来说,这固然是一起事故,但事故背后所隐藏的积极因素,却又有着多么深刻的意义!

许光达把自己的想法报告了总政,同时派人做深入调查。

于是王杰和王杰班成了一个时代的楷模,而毛泽东关于"两不怕"的那句话,更是化成了全军乃至全国人民的精神灵魂。一个人只要有了"一不怕苦,二不怕死"的精神,前进的道路上还有什么困难不能克服?而一支军队、一个国家和民族,都具备了这样的精神信念,社会和时代将会是怎样的一种面貌呢?

带兵的人,当然应该知道什么是战斗力。在许光达的眼里,战斗力是高强度的钢铁铸成的武器,加上"比钢铁还要硬"的人。既然,武器和人构成了战斗力的标准,"没有技术就没有装甲部队"的观点,就显得见识不凡而经得起时光的推

敲。它实际上是把人的因素旗帜鲜明地放到了第一位。历史的经验早已告诉我们：战争胜负的决定因素——人，永远不会是单色调的,其能量包含着技能和精神两个方面的综合作用力。那么,相对于武器而言,这两个方面不就显而易见地要从技术二字上体现出来吗?

怪不得《中国军事百科全书》的编辑在解释"许光达"这一条目时,非常睿智地给出了这样的判断,说他从政治经济学的角度,正确地阐述了生产力和生产关系之间的辩证统一关系,科学地表述了政治与技术、精神与物质、人与武器装备之间的关系,因此,称颂他有"远见卓识"就不是一句华而不实的空话了。

照这样看,许光达又是哲学家。哲学的许光达高就高在他用技术的呼声唤醒了人的心灵。他强调越是现代化,越要加强政治思想工作。因而,在任何一个有坦克的训练场、射击场、车场,都有一股浓浓的政治激情在不息地涌动。坦克乘员们都知道,只要打了优秀,政治部主任就会亲自赶来给自己戴红花,另外还要登报、上光荣榜。许光达的兴趣,就是看着这些登报、戴红花和上光荣榜的人,脸上露出自豪而又满意的笑容。

越是在高素质的士兵面前,许光达也就越渴望实现他那个装备一千辆坦克的神圣梦想。

一天,聂荣臻元帅把许光达找去,见面就送给他一个红绸包,说："送你个礼物,刚刚出炉的。这可是个宝贝啊,价值连城！"

许光达一接手,沉甸甸的,心中立刻猜到七八分。果不出他所料,那是一块厚朴朴、烈生生的钢疙瘩！许光达喜气洋洋地回到家,进门就冲在冶金部门工作的妻子邹靖华喊："快来鉴定鉴定,这是我们国家新研制出来的坦克钢板材料,这东西要是造出坦克来⋯⋯"

20世纪50年代末,国际形势变幻莫测,苏联老大哥说翻脸就翻脸,专家撤走了,坦克也不卖了,要是中国自己再造不出坦克来,他许光达梦想中的那一千

1957年11月,中国军事代表团访苏,许光达（左二）用俄语与苏军将领亲切交谈

辆坦克到哪里搞去呢?

许光达手中的材料一摞一摞的,都是基层单位打来的报告。装甲兵部队的人员编制早就搭起了架子。可是,坦克呢?空荡荡的戏台上,角儿迟迟到不了位,还唱什么大戏!

装甲坦克一天不落实,装甲兵部队的现代化就只能是纸上谈兵!

心急火燎的许光达终于抱着他的钢疙瘩迎来了第一辆59式主战坦克的样车。从风雪高原到海南热带丛林的万里试车途中,许光达跟着试车分队跑啊跑啊,恨不能把自己那双转战南北的大脚,安装到坦克履带上。

1959年10月1日,国庆十周年大典,许光达(右三)在天安门城楼上检阅国产坦克车队通过天安门

首批国产坦克出厂那天,坦克工厂的领导兴高采烈。他们带着一件"礼品"来见许光达。

一听说下面的同志带来了礼品,许光达就老大不高兴。他从来没有收受礼品的习惯,也最痛恨上下级之间搞那种毫无人情味的庸俗关系。

工厂领导笑着说:"首长,这件'礼品'您一定得收。它不是我们几个人的意思,是全厂干部工人们的一份心意。您若不收,就辜负了大家!"

原来,这是用不锈钢精心制作的一辆国产坦克模型。

"这是份厚礼,我收!"许光达眼眶湿润了。自从当年在莫斯科从苏联教员手中看到那辆坦克模型后,多少寒暑朝夕,他全部的光荣与梦想,就寄托在这个小小的钢疙瘩上了。

许光达专门请人做了一个玻璃罩子,把坦克模型装进去,端端正正地摆在自己的书房里。每当伏案之前,他都要顺便看它一眼。这一眼,便能使他饱览到共和国武装力量建设那个艰难崛起的时代,也能使他饱览到自己人生最辉煌与最黑暗的某一极限。有时候,他自己仿佛就变成了那辆战车,在人生命运的某个交汇点上,吼着激昂的战歌奋力迸发。

是的,他就是一辆铁骨铮铮的战车。

尾声　一缕忠魂随风飘去

那还是兰州解放、野司组织入城仪式的当天晚上，第十六师的红星剧社在兰州三爱堂演出歌剧《刘胡兰》。

1946年冬天，许光达率第三纵队参加汾孝战役，独立第二旅撤出山西文水县，阎锡山乘虚而入。文水县云周西村便出了个十五岁的英雄共产党员刘胡兰。典型是独立第二旅宣传科的黄少奎科长根据许光达指示，搜集整理、宣传出来的，最后惊动了毛泽东，题写了"生的伟大，死的光荣"八个大字。

这个戏，许光达当然要看。

开演之前，政治部的一位同志向许光达反映，第二兵团某师的五个主要领导每人给自己做了一件短棉袄、一件丝棉背心和一个斗篷，群众有议论。

戏看不下去了。许光达当即给这个师的师长打电话，狠狠批了一通："刚进城就办这件蠢事，延安精神搞哪去啦？这是不是毛主席在七届二中全会上讲的资产阶级糖衣炮弹啊？你们必须写出深刻的书面检讨，开会做检查！什么时候开，要通知我，我一定参加！"

后来，这个话题就一直跟着部队讲，从兰州讲到武威、讲到祁连山、讲到张掖、讲到酒泉、讲到破破烂烂的玉门油矿，不用讲了！在玉门油矿参观了一天，谁还能再漂得起来？新中国即将诞生，国家的工业就这么一个烂摊子，要搞飞机、搞军舰、搞坦克，什么都等着大家去搞，这些抱着枪炮征战了半辈子的人，脱下军装又得重任在肩，在这么薄的地基上建造高楼大厦，拿什么本钱翘尾巴。当时，组织决定第二兵团留一批干部接管玉门油矿，让许光达抓紧拟名单。

接到任务后,许光达一晚上不曾合眼。这可不是攻城占山头啊,人灵活、不怕死就行。搞建设,得有后劲,比方说读过一点书什么的。这样的人当时在第二兵团实在不好找。当然,还是硬着头皮找出了一批。日后石油战线上大名鼎鼎的康世恩,就是他们中的一位。他当时是第七师政治部主任,是许光达留下来挑大梁的,为了服从国家建设大局,才贡献了出去。

记得那是个清晨,许光达把这些耳熟能详的名字端端正正地抄在纸上,心里默默地与他们道着别:"再见了同志们!"他眼前情不自禁地蒙上了一层湿雾,急忙抬头朝窗外仰望。窗外已是曦光初露,凉飕飕的游云飘在天空,一行大雁呱呱叫着,从井架上方的云际缓缓远去……

这些日子,彭德怀已经进京参加开国大典去了!

收听开国大典实况转播的那天,许光达和政治委员商量,让政治部在露天会场架设了两个高音喇叭。当毛泽东那不朽的声音骤然响起时,部队用信号弹、照明弹当礼花。会场上,人们不管熟悉和不熟悉的,都紧紧地抱在一起,泪花闪闪。

第二兵团奉命回到兰州,兵团司令员按规定兼任甘肃军区司令员。政权建设迫在眉睫,百废待兴,要做的事情实在是太多了!许光达上下楼梯基本上都是小跑步,一步要跨两三个台阶。

与此同时,湖南长沙同样进入军管。军事管制委员会主任是第十二兵团司令员、湖南军区司令员萧劲光兼任。他在百忙之中,接待了一位白发苍苍、一身黑粗布衣衫的农家老汉。

"老大爷,您找我有什么事吗?"

"没么子事,想找我儿子。"

"您儿子叫什么名字,在哪个部队?"

"听人家讲,茶楼糊墙壁的报纸上写着,在么子二兵团,他叫许光达。"

"噢呀,您是许大伯呀!快请坐!快请坐!"

"长官,坐就不坐了,你跟我儿子同殿称臣,想必认得他,烦请帮我捎个信,叫他回一趟家。就说,我想他,我几十年没见他了……"老汉说着说着,落下泪来,哽咽着说不下去了。

因为萧劲光的报告,春节前夕,中央军委特别批准许光达探亲。于是,许光达带着妻子邹靖华、儿子许延滨以及包括警卫员蓝德明在内的四名随员,回到

1950年,许光达回乡探亲时的全家福

了阔别几十年的故乡。

许光达先到长沙,在萧劲光那里略事耽搁。他坚决谢绝了萧劲光为他准备好的一个警卫连,好说歹说,接受了一个排另一个骑兵班的跟随。他几乎是跑步赶到萝卜冲和苦竹园的。

因为许光达参加革命,这个普通的农家小屋,几十年灾祸连连,少有欢声笑语。父亲许子贵心头的石块压弯了筋骨,岁月的沧桑与苦难,早就使他老得不成样子了,若不是别人介绍,许光达怎么也不敢相信,那个瘦骨嶙峋趴在木凳上呜呜哭着的老汉,就是自己倔强自尊的老父亲。许光达喊了声"爹爹",泪水已经不能自禁。他毫不犹豫地在老人面前扑通一声跪下,邹靖华也随后跪了下去,小孙子许延滨也学着父母的样子刚要下跪时,已被老人一把揽在怀里。他用力

许光达故居

地亲着这个虎头虎脑的孙子,张开没牙的嘴破涕为笑:"好啰!都好啰!"

几位兄嫂和弟弟、弟媳也都过来了。兄弟几个这些年为自己担惊受怕的种种细节,又在许光达的脑子里一一浮现。

四哥许德富说:"这下好了,五弟当了大官,我们兄弟几个都能跟着享福了。"

许光达笑着说:"可惜我当的是共产党的官,不兴给亲属谋私利,只有你们为我受累,我却没么子帮衬你们的。"

弟弟许德强说:"那也讲不准的,日子长得很呢!"

果然,1960年全国闹粮荒,许德富、许德强在家饿得挺不过去了,就去北京找到当大官的兄弟许光达。

其时,许光达已是装甲兵司令员,住在装甲兵大院,干部亲属来部队填肚子"过关"的情况非常严重,即便部队供给制有保障,长期下去也存在很大的困难。再说,满院子的家属,非常影响正常的战备训练和机关工作。所以,装甲兵党委做出决议:所有干部亲属来队只许住三天。

司令员和党委书记当然要带头执行这项有点不近人情的决议。

吃饭时,许光达为两位兄弟斟酒、夹菜,邹靖华便婉言说出了装甲兵党委决议的话题。

四哥许德富一听,心里很不舒服,越想越生气,发起脾气来:"我们兄弟俩大老远地跑到北京来找你们,你们开口闭口只准住三天!么子决议不决议,这个地方就算你官最大,你不发话,哪个敢要我走!"

许光达和邹靖华把家里所有的积蓄和全国通用粮票,全部放到兄弟俩面前。火车票也买好了。

"四哥,你听我讲……"许光达张了张嘴,却不知该说些什么,有股温温的潮湿在眼圈直打转。他能说什么呢?骨肉之亲、手足之情,千里迢迢地奔着他这个出息了的兄弟而来,竟然为了吃粮的问题,这么大老远地把人往回赶!实在不忍心,于情于理都说不过去。

到底是兄弟情分,许德富还是忍下了这口气,体谅弟弟和弟媳的难处,答应第二天就回长沙。邹靖华翻箱倒柜,把家里能够倒腾出的衣服、香烟和其他日用吃穿,全都拣出来,交给兄弟俩,说:"万一顶不过来时,可以拿着换点吃的。"

临别时,许光达和邹靖华心情复杂地把他们送到车站。

"你们忙,就不要送了。"许德富又有点心疼弟弟、弟媳。

许光达说:"要送,再忙也要送。"

从火车站送人回来,夫妇二人闷闷不乐,总觉得胸口塞着一团棉花。

邹靖华实在憋不住了,小声嘟囔:"真是笑话,农民一年到头就是种庄稼、收粮食,到头来弄得他们倒没有粮食吃!这究竟是么子事啊,想不通!"

"我是中央委员,我们有责任!现在想想,战争年代,老百姓拿生命和乳汁支援革命、哺育我们,解放了,我们却不能给他们以温饱,不该呀……"许光达难过地闭上眼睛。全国解放了,有许多机会,他是能够去洪湖、去延安、去大西北以及生养自己的湖南长沙萝卜冲走一走、看一看的。可是,他却迟迟迈不开步子。他不知道在革命胜利了好多年的今天,该如何面对那些没吃没穿却还依然一往情深的乡亲们。

兄弟离去差不多两天了,许光达还是禁不住地心情烦躁。晚上,他强压着性子坐在灯下批阅文件,两位同胞手足浮肿发亮的脸和失去光泽的双眼,总在面前出现。他眼睛发涩、头脑发胀,揉了揉太阳穴,刚要放松一下,电话铃响了。保卫部门通知,说许德富、许德强回家途中,病倒在了河南安阳公安局。

消息突如其来,许光达的泪水夺眶而出,头发都竖起来了:"快快快,赶快把他们接回来!"

病重的是弟弟许德强,四哥许德富尚能勉强支撑。为了不给做大官的兄弟许光达为难,许德富含着一口气,拄着拐杖坚持回到了湖南老家。许德强无论如何动弹不得了,被许光达星夜接了回来。在北京站一下车,立马送到解放军总医院。可惜已经没指望了,许德强生命垂危,奄奄一息,见着许光达时,光是瞪着一双汪汪的泪眼,什么话都不会说了。

当天夜里,许德强就死在了医院。直到咽气时,那双眼睛依然瞪得很大,嘴巴也大大地张着。许光达站在弟弟的床前,泣不成声。他颤抖着手,轻轻抚平弟弟的眼皮,同意医生为许德强做了尸体解剖。结果发现,弟弟的胃里没有一丁点儿食物。他的胃因为饥饿,完全萎缩变形了!

弟弟是真真切切饿死的。他活生生地冲着自己而来,回去却只有一个骨灰盒。许光达把弟弟的骨灰盒紧紧拥在胸前,刚毅的脸上泪如泉涌。

"我许光达一生无愧无悔,唯有这件事,是个例外。"1969年,许光达委屈地失去自由,自己生命垂危时,还深深地记着这件往事。

许光达身为人子人父,他是那样看重手足亲情。多少次都发自内心地感慨:年轻时为了革命,和家人聚少离多,心中留下无数遗憾。只要条件许可,要尽量多和家人相守,享受天伦之乐。再残酷的精神和肉体迫害,也不能改变他这样一种生命的信念。可万万没有想到的是,就是这点人所共有的权利,在革命成功之后,在许光达成为共和国的高级将领之后的那个特殊年代,居然被轻易剥夺了!

岁月是一点一滴侵蚀过来的,直到20世纪60年代那个无理可讲的黄昏。许光达被强制关押去"交代问题",完全不能把握自己的命运,那双无数次引发过雷霆之力的战神之手,却要在落幕的瞬间无情地挥向自己。

1967年8月,许光达被关押期间与探视的儿子许延滨的最后一张合影

许光达专案组斗争的气氛逐渐升温、升级,那些经过精挑细选来的看守,实际上个个都是出手狠毒的打手。他们为所欲为,老子天下第一,恣意凌辱许光达,甚至发展到故意将面条倒在地上,让许光达趴在地上舔吃,并且得意扬扬地呵斥:"你中央委员有什么了不起,你大将有什么了不起,我们想什么时候斗你,就什么时候斗你;想怎么斗你,就怎么斗你!"

许光达默默地忍受着,任凭造反派威风八面,他只是沉默不语,听从发落。终于有一天,因为看守把他那活泼可爱的小孙女的照片,扔在了地上,一下深深地刺痛了他作为人的尊严。这时,只有到这时,顶天立地的大将军才不能不暴怒,而这最后一怒的结果,竟是他和家人长久地失去任何联系。家人只能远远从看守手中的饭盒,判断他是否安在。

最让许光达伤痛不已的是,因为自己的缘故使家人受到无端的株连。儿子许延滨在哈尔滨学习的宿舍竟被突然抄检,连儿媳曾正魁也遭到莫名的怀疑。她不敢回到娘家,也不敢回到学校,只有躲到四川成都亲戚家避难。孩子们离家东躲西藏,让邹靖华时时揪着心。她一边承受着挨批挨斗的屈辱,一边无时无刻不在挂念孩子。可造反派还见天盯着她要人,并放出谣言说许延滨和曾正魁叛逃了,成了"苏修特务",说许延滨在父亲授意下,两口子带着"苏修"赠送的佩剑,从黑龙江偷渡去了苏联……另又谣传亲眼看见他们从深圳河游过去偷渡到香港,公安部门在全国发出通缉令……这些传闻像刀子一样割着邹靖华滴血的心。

情况愈来愈加恶化,完全超乎想象。1968年2月的某一天,造反派突然闯入许光达家,立逼邹靖华另找房子搬家,并限定当天夜里12点前搬完,要求她只带简单的炊具和行李,其余所有家当全部查封。宣布从5月1日起,冻结许光达和邹靖华的工资,勒令邹靖华交出存折,规定许光达在押期间的生活费,由专案组从被冻结的工资中支出,每月全家只发给一百元……

4月26日,在许光达专案组人员的带领下,邹靖华所在单位有色冶金设计总院的造反派也闯到许光达家里,从病床上把邹靖华揪起来,恶狠狠地呵斥:"你不去接受革命群众的批判,竟然在家装病。"不由分说带去批斗。

邹靖华是有色冶金设计总院政治部副主任,任职后即赴云南参加"四清"工作,后因患面部神经麻痹在家休养治病,设计院好多人不认识她,也找不出什么"罪行",就准备了一块硕大的牌子,挂到邹靖华的脖子上,牌子上写着"许光达的臭老婆"。斗来斗去斗不出名堂,最后把她扔进牛棚,勒令她按照装甲兵造反派的要求,老老实实写揭发材料,交代自己的问题。

有一天,造反派在邹靖华随身携带的小包里,搜出了一张发黄的字条,却是许光达1938年与她分别十年后在延安重逢时,激情澎湃写给她的那首诗。三十年后的1967年8月14日,许光达被抓走的那天,曾经郑重地叮嘱妻子:"你要做好思想准备,准备再过十年那样的生活……"从此,邹靖华就把这首诗稿随时带在身边。

于是邹靖华又被拉去游街批斗,连续折腾好几天。

频繁地查抄家,早已失去了它本来应有的意义。许光达许多珍贵的生平笔记,是靠用孩子的尿布作掩饰,才得以保存下来的。

初春的一天,许光达被幸运地和"黑线人物"张文舟一起拉出来清扫装甲兵司令部的院子。趁这个机会,邹靖华带着全家人,站在远处路旁的一棵树下,遥

遥地望了他一眼。

许光达也欣喜地看到了家人。他的眼里闪着泪光，双手有些微微发颤。特别是他发现儿媳举在手中的幼儿，正在向他挥动着小小的胳膊，那是他的小孙女啊！他激动得几乎就要晕过去了！

那是许光达第一次见到自己的小孙女。

此后的许光达，健康每况愈下，咳嗽吐血，心脏病经常发作。然而，这些全都被认为是"不老实"、"装病"。他照样一次一次被打昏过去，照样一次一次用冷水激醒，照样一次次遭到批斗。最长的一次批斗竟然连续进行了五十三个小时，造反派们轮流吃饭、睡觉、休息，而许光达一直站在那里，倾听着激昂的怒骂，忍受着包括唾弃这样的种种凌辱。他终于支持不住了，心脏病发作，当场昏死过去……醒来后，专案组组长一口认定许光达是"装死"，当胸就是一拳。此后，拳打脚踢之风顿开，打手们纷纷赤膊上阵，多次打得许光达心脏病发作昏死过去，经在场医生简单处理一下，将人弄醒之后接着再打。

有人出主意，从装甲兵医院找来几个身体强壮的医护人员，专门很在行地出拳踹脚，打许光达要害部位，让他内伤累累，却不见血。然而，这样做又嫌不够刺激，专案组的打手们更愿意亲自上阵，打得许光达站不住了，就把他按在藤椅上继续打。有一次，一个黑熊般的壮汉飞起一脚，将许光达连人带椅踢翻在地，然后又把人揪起来扔回椅子里，血浸透了许光达的白色衬衣和被扒掉领章的军装，殷红色印迹留在椅背的白布罩上。

许光达的罪名显而易见是莫须有，让许光达无从辩解。但真相究竟在哪里，直到生命的最后，他也无法说清。他不相信那些隐隐约约的猜测是真的，但那么多的事实摆在面前，又不能不做出种种无力的联想。许光达宁愿把许多无聊的往事，看作只是一场又一场的误会。

那还是在1964年的春天，空军召开打扫卫生现场会，居然要求装甲兵司令员许光达必须亲自带领所属部队参加会议。许光达知道这又是林彪在树立样板、虚张声势。他一向不喜欢这种花架子的工作作风，因而明知来头很大也硬是悖逆了这件事，非但没有亲自带队去开这样的会议，还表现得十分厌烦，说："我们部队准备大比武，训练这么紧张，要我动员大家一天到晚抠暖气片缝，我不干。"这话很快就传到了林彪耳朵里。加之许光达一贯强调"没有技术就没有装甲兵"的观点,显然与林彪的"突出政治"、"政治挂帅"也是那么格格不入。

后来,对江青的《部队文艺工作座谈会纪要》、叶群的《广州部队某部蹲点调查报告》、王光美的《桃园经验》等此类文件,许光达都曾表现出过不满的情绪,认为这是些小题大作的官样文章,是作风不正的问题,并在不同场合发表过抵触性的意见。他总是坚持说:"我不相信党的基层干部都出了问题……我不相信那么多的人都反对我们的党和社会主义。"在实际工作中,许光达自然就有"借口逃会"、"贯彻不力"等消极抗阻行为。当全国刮起批判孔夫子的一股风之后,某次中央会议上,江青在军队小组会上声称:"我是毛主席的小学生,来这里是向将军大人们学习的。毛主席常常教导我们不耻下问……"许光达又控制不住自己的情绪,当即就回说:"不耻下问就是孔夫子说的啊!"这些言行在江青等人看来,当然都是大逆不道的。

中国人民解放军军事检察院(1982)检免字第7号《免予起诉决定书》中记载着以下凿凿事实:"1966年8月,被告人程世清在济南军区任二十六军政委期间,串联他人联名写材料,诬陷许光达同志'与苏修有勾搭、有联系,有里通外国之嫌疑','时机一成熟他就会出来将我们伟大领袖毛主席缔造的人民江山变成修正主义江山'。1967年8月,在中央文革一次碰头会上,康生提出对许光达有怀疑,叶群当即说:程世清给林彪写了一份检举许光达的材料,林彪很赏识。于是便决定对许光达进行专案审查,使许光达同志惨遭迫害。以上罪行,经审查核实,事实清楚,证据确凿。——1982年1月15日。"

程世清是原装甲兵政治部主任,自然对他的老上级许光达更为了解。后来风头过去时,他在自己的认罪书中直言不讳地承认:"我是提着许光达的人头上了贼船的。"

值得深思的是,在部属提着自己的脑袋"上贼船"的时候,也正是许光达发动全家为自己触及灵魂做检查的日子。1967年3月中旬到8月中旬,他不时地被造反派揪出去挂牌批斗,或是陪斗,或是劳动改造。有一天收麦子回来,许光达从大卡车上往下爬时动作慢了点,被监管的打手一脚踹下车来,跌下车时站立不稳,双膝跪地,膝盖和腿上鲜血淋淋。他只是伸手抹了一把,一声不吭。每次被批斗回到家中,孩子们就听许光达念叨:"这些人啊,下手那么狠,彭老总怎么受得了!""罗总长都那样了,他们怎么还下得了手?"可就是从来不讲自己的委

许光达在"文化大革命"期间被批斗现场

屈。他是那么不愿意让家人看到自己所受的苦楚,但妻子和孩子们还是从那无助的眼神里,从那蹒跚的脚步中,分明看出他内心所承受的剧痛。每次孩子们到大门口把他接回家时,扶着他躺到床上,给他红肿的伤口上药、轻轻地揉搓,他的眼里都会闪着莹莹的光晕。

巨大的精神折磨和肉体的摧残,把累累伤痕和重重疾病全都加到许光达本来健壮的身体上。他那威武的军姿、他那儒将之风,早已被折磨得不成样子……眼皮浮肿,两腮凹陷,脸色黝青,让人看一眼就禁不住落泪,但那些势头正旺的造反派们远远没有收手,折磨仍在永无休止地延续,许光达心里渐渐醒悟过来:他们是要置人于死地!

这天清早,许光达在经受了又一个不眠之夜后,突然胸闷头痛得厉害。他当即向看守反映很难受,谁知专案组接到报告,赶过来就是一顿训斥:"你又要施展那套阴谋诡计了,妄想逃避对你的审查吗?别做梦了!"

"我不是阴谋诡计,我是真的受不了啊……"许光达近乎哀求地报告说。

结果,许光达的这个"反革命动向"被装甲兵的领导认定了,指示"分两组给他来个连续作战,绝不给敌人以喘息的机会!"他们要"打下许光达,向九大献礼",所以,"不怕许光达死,就怕完不成无产阶级司令部交给的战斗任务"。

这天上午,专案组实行车轮式的滚动审讯。监审芦凤岐坐在一旁,目睹了军队"文化大革命"史上最残暴的一幕:

两个身高都在一米八〇以上的大块头,一左一右地反拧住许光达的胳膊,将他的腰摁弯九十度。

这两个打手姓氏生僻,二十年后还记得他们一个姓党(志壁),一个姓都(曼令)。

下面就是那天的审讯记录。它一直保存在中央军委——

主审人：说，你是何时被内定为贺龙兵变总参谋长的？

许光达：我是中央委员、国防部副部长、大将，党给我这么高的荣誉，我还要冒着杀头的风险兵变，而且才捞个总长，太不划算了么。我不干。

主审人：你老实交代，贺龙是如何指使你私自调动坦克参与兵变的？

许光达：不要说贺龙和我，就是国防部长林彪也不可能私自调动坦克部队。

主审人：诡辩。到这时候了，你还不老实低头认罪。

许光达：我工作中会有错误，但是没有罪。

……

审不下去了，记录中断。

那个姓党的打手吼了声："顽固不化。"一把揪住许光达的头发，问："你说不说？"

许光达怒视着他，一言不发。

姓党的恼怒万分，一拳接一拳往他腹部打，边打边狂叫："我干脆让你白刀子进来红刀子出去算了。"

他打乏了，姓都的上，也是边打边叫骂："过去你说我是小贝利亚，老子今天就打你这个老贝利亚。"

许光达咬紧牙关，顶着一记记重击不松口，可血却顺着他那线条刚毅的嘴角，抿不住地往外流。后来痛得实在受不了了，他就一个劲地高呼："毛主席万岁！"

姓都的累得牛喘，浑身是汗地主动退下来。这个打手就因为反许有功，几年后竟当上了兰州军区某军的副军长。

许光达身体的健康状况已经非常糟糕。他不能不被送到医院，去维持"专案组完成斗争任务的需要"。然而，科学冷冷地说出了真相：这位六十多岁的老人，已经被延误治疗有十八个月了！

即便如此，医院也绝不是清静之地。许光达所享受的是为专案服务的医疗。因为他"很顽固，谁和他谈，他都骂人"，许光达专案组不得不动员将军的儿子许

延滨、儿媳曾正魁,来做父亲的工作,希望他"赶紧认罪,做检讨,争取宽大处理"。并强调说:"林副主席是很关心他的。"

好,就认罪!1969年4月10日,许光达写下了如下的交代材料:

> 凡是已经做过坏事的人们,赶快停止做恶,悔过自新,脱离蒋介石,准其将功赎罪。
>
> 老实人、敢讲真话的人,归根到底,于人民事业有利,于自己也不吃亏。爱讲假话的人,一害人民,二害自己,总是吃亏。
>
> 只要通通(痛痛)快快承认错误,改正错误,就好了。就取得了主动。越吞吞吐吐,扭扭捏捏,就越会被鬼缠住越陷越深,老是被动,最后还得解决。
>
> 假的就是假的,伪装应当剥去……隐瞒是不能持久的,总有一天会暴露出来。
>
> 一切依靠帝国主义的寄生虫,不论如何蠢动一时,他们的后台总是靠不住的,一旦树倒猢狲散,全局就改变了。

许光达在"文化大革命"期间自我检查中警告坏人停止做恶的手稿影印件

今天,我们已不难看出,这满纸的荒唐之言,埋藏着许光达多么坚硬的骨头和敏锐的分析能力,也隐隐看出他的精神已经走到崩溃的边缘。

终于争取到了这么仁慈的一天,许延滨和曾正魁抱着他们仅一岁的女儿小雪青,赶到医院看望孩子的爷爷。

尾声　一缕忠魂随风飘去

病房里,照例顶面坐着专案组的三个人。门外,照例设有专人做着秘录。

"爷爷！爷爷！"孩子稚嫩的小嘴,一个劲地呼唤着,把许光达的心都揉碎了！他浑身战栗,泪水夺眶而出。

曾正魁见爸爸难过了,赶紧把孩子抱开。

许光达揩着泪,问:"她叫什么名字?"

"雪青。"曾正魁回答。

许光达点点头:"是个好名字。"他又从儿媳手中抱过孩子,慈爱地抚着她的头发,亲着她的小手,嘴里轻轻地重复着:"雪青！雪青！"

将军喊着喊着,思绪突然回到几十年前的黄河岸边。那清清的风、那静静的夜,他可爱的小女儿玲玲就无辜地长眠在那里……

"你妈妈还好吗？"许光达自然想起了邹靖华。

许延滨低着头,紧咬着嘴唇,没法跟父亲说。他总不能说妈妈被挂着牌子满街游斗并晕倒在台子上,总不能说那块牌子上写着"许光达的臭老婆"……

"爸,我给您听听病。"机智的许延滨朝身后的专案组人员瞥了一眼,突然掏出一副听诊器,凑近了父亲。

许光达明白儿子的意思,立刻想到坦克里的喉头送话器。趁着许延滨将听诊器贴近他的喉结时,小声说:"设法转告总理,我有话要和他讲……"

回到家,许延滨连夜给周恩来总理写了一封长信,请求周总理能派人找许光达谈一次话。他按照组织原则,正大光明地把这封信交给了专案组和装甲兵党委,希望能够转呈。

几天后的6月2日,专案组人员通知许光达,说那封信已经转交了。

6月3日晚上8点,专案组人员突然把许延滨叫到办公室。

"你爸爸病重,让你去医院看看。"专案组人员冷冷地说。

许延滨一听,拔腿就往门外跑,但专案组人员又叫住他:"别着急嘛,我们还有话要同你谈谈……"

将近两个小时,许延滨坐在那里,完全不知道专案组人员跟自己谈了些什么。直到10点钟左右,外面进来一个人,轻巧地说:"许光达死了。"

这是一个半小时前8时30分的事。

暮春的夜晚,一缕忠魂随风飘去。他的身上穿着一套褪了色的蓝制服,打着

些不规则的补丁,如同他一生的记忆。许延滨哭着狂奔到父亲的遗体边。他揭开父亲的衣服,要验看父亲身上的伤情,被专案组人员强行制止。问及火化的时间,回答是冷冷的:"需要请示。"

"第一条,要求尸检;第二条,我们要看尸检报告;第三条,没有我们的人参加,不能火化。否则,我们不会在死亡通知书上签字!"家属悲愤之极,痛苦无告,他们只能怒不可遏地做着无力的争取。

专案组人员的回答冰冷而坚硬:"你们不签,我们签。"

果然,当家属被强行送回家的同时,许光达的遗体已被火化。专案组所做的只是两天后派人通知家人,并同时退回了许延滨根据父亲的交代写给周总理的信——后来知道这封信压根就没有上交,而专案组人员的回答却是:"总理工作太忙,不管军队的事。"

许光达的遗物中有一份延安时期的党章,里面夹着女儿玲玲和孙女雪青的照片;他的另一份遗物,是一本《毛泽东选集》,扉页上是他亲手写的一首诗:

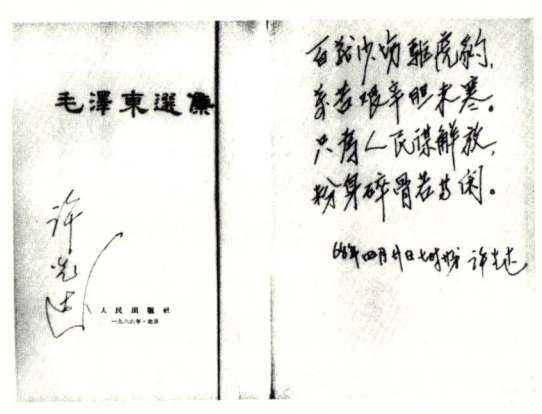

1968年4月27日许光达留在《毛泽东选集》扉页上的诗

百战沙场驱虎豹,
万苦艰辛胆未寒。
只为人民谋解放,
粉身碎骨若等闲。

许光达就这样走了,谜一样地走了。

直到1978年7月6日,中国人民解放军装甲兵党委沉重地向中央军委并总政呈送了一份《关于许光达同志被迫害致死的情况的报告》,称"许光达同志在文化大革命中遭受迫害,是林彪、江青反革命阴谋的一个组成部分"。进而,十

年前一个骇人听闻的事实被揭露出来:

……

1966年7月,康生诬陷贺龙同志搞所谓"二月兵变"。

8月,某军政委程世清向林彪写信,诬告说许光达同志对林彪"最不满、最仇恨","有里通外国之嫌疑","一旦有事,就是修正主义的旗手,一个大危险人物"。

9月8日,林彪在军委常委会议上,诬陷贺龙同志"要夺取政权",说"贺想利用许光达控制总参"。

1967年3月6日,装甲兵机关从此开始着手组织批斗许光达。

5月11日,装甲兵向全军文革报告:"请示审批将许光达、张文舟作为重点批判斗争对象。"

6月15日,装甲兵政委提出对许、张处派岗哨加以控制。

7月5日,装甲兵党委向军委报告,装甲兵政委主持装甲兵党委、常委扩大会议,非法决定成立"斗许、张专案组"。

8月12日,许光达同志被隔离关押。

11月13日,"斗许、张专案组"改组。分成"许光达专案组"和"张文舟专案组"。

1968年2月12日,"贺龙专案组"派朱铁铮等五人到"许光达专案组"直接参加迫害活动。朱铁铮宣称:许光达是"贺案中的二号人物"。从此,加紧了对许光达同志的迫害活动。

从1967年12月起,对许光达同志进行政治迫害和身体摧残。他们无中生有,编造假材料,诬陷许光达同志"参与贺龙篡军夺权","里通苏修","是混入我党的假党员",是"三反分子",并且有计划地一个问题一个问题地进行刑讯、逼供。把许光达同志硬打成"假党员"、"三反分子",剥夺了许光达同志出席党的"九大"的权利。

在一年多的批斗、审讯中,经常罚站、弯腰、请罪,多次搞"车轮战",其中一次长达三天三夜。还多次把许光达同志搞到外单位去游斗。许光达同志被整得昏厥过去,经医生抢救后,继续审讯。

专案人员都曼林、党志璧挥拳打在许光达的脸上、腰上,打得口流鲜血。

关押期间,降低伙食,室内空气污浊,夜里开大灯泡睡觉。

1968年11月中旬,许光达同志夜间咳嗽,出现痰中带血、吐血等症状。专案组人员毫无怜悯之心,照样频繁审讯和逼写材料。

从11月中旬到住院,两个月中,共审讯七十九次,逼写材料二十五次。

专案组不顾许光达病重,把病房当牢房,加紧审讯和逼写材料。据记载,在第一次住院的七十八天里,被审讯二十九次,逼写材料二十九次。出院后二十一天,审讯八次,写材料七次。

第二次住院,已是生命垂危,仍有审讯活动,直到逝世前三天,还被迫请罪。

……

显然,这里所有的数据与陈述,都是冷峻客观的。我们透过这些文字不难看出,许光达的所谓"罪过"在今天看来,多么荒诞不经!然而,正是这些荒诞不经,

1977年6月3日,中央军委给许光达恢复名誉的文件影印件

1977年6月15日,装甲兵机关及驻京部队代表在装甲兵司令部召开许光达恢复名誉大会

宣判了一个生命的终结。

1969年6月30日,专案组的人员通知家属:一同把许光达的骨灰送往八宝山革命公墓。并说:"许光达是贺龙的人,他跟着贺龙犯有严重罪行,由于林副统帅的关心,敌我矛盾按人民内部矛盾处理,骨灰盒可以放进八宝山革命公墓。"

1977年6月3日,许光达罹难整整八周年。时任中央军委主席的华国锋签署中央军委(1977)6号文件,为许光达恢复名誉。6月21日,驻京三军指战员及国防工业口的干部代表,在八宝山革命公墓举行许光达大将骨灰安放仪式。这年的清明节前夕,赵朴初怀着崇敬的心情,写下了《许光达大将哀词》,并以书法录写成条幅"奉靖华同志以存永念":

早岁举赤旗　　洪湖云从龙
卌年历艰险　　百战建殊功
堂堂雄傑兹　　落落坦荡胸
桓桓装甲兵　　保卫江山红
岂期千丈松　　落影遭射工
诪张复罗织　　环伺而围攻
哀哉己酉岁　　忠良罹鞠凶
双星先后陨　　大将又元戎
虽云疾病死　　实与牺牲同
幸赖尧日照　　昭雪得其公
正义终获伸　　一扫阴霾空
我数与公值　　万人广座中
恨未接谈笑　　久矣钦英风
清明逢老兵　　感慨话旧踪
夜深思英烈　　不知涕何从

一九七七年清明前五日

赵朴初

1977年清明节前夕，赵朴初为许光达书写的哀词条幅

许光达骨灰安放仪式

几个月后,赵朴初老人读到许光达被刑讯后的绝笔诗作,悲愤万端,潸然泪下,再次慨然命笔,写下诗句致敬,同样以书法录写:

> 刑威不能屈,烈火出纯钢。
> 节节皆忠骨,寸寸是刚肠。
> 句句腾正气,字字发奇香。
> 宜做军民范,永为邦国光。

2004年5月21日,许光达大将的夫人邹靖华走完了她人生的漫漫长路,溘然长逝。弥留之际,断续口述三条遗嘱:"第一,我走了,遗体由我所在党小组的同志和家人送到八宝山火化了事,此外不要再麻烦军队与地方的各级领导和其他同志。第二,我走了,不要搞什么仪式,搞仪式会打扰许多人。老年人来了会伤感,影响他们的身体健康,中年人来了会耽误他们的工作和学习。搞仪式还会花很多钱,花圈那样贵,花的又是公家的钱、人民的钱,我感到心痛。第三,我的存折上总共还有两万五千元钱,你们拿出一万元钱替我交上最后一次党费,剩下一万五千元钱,到你们爸爸一百周年诞辰时,替他出一本书,把他过去的那些文章印上,就印一百本,分送给他生前领导、老战友、老部下的晚辈和朋友做个纪念。这件事我办不成了,感到是个遗憾,你们要替我办好。"

遵照老人的遗嘱,丧事办得极为简约,家人告别仪式就在解放军总医院的地下室举行,而后遗体送到八宝山火化。这让所有老部下和晚辈们始料未及,也难以置信。2004年金秋时节,许延滨、曾正魁在父母亲结婚七十六周年纪念的日子,将他们合葬到北京西郊的福田公墓。子女们深深体会父母的心愿:让农民的儿子回到了人民之中。

2005年,湖南长沙市政府把许光达大将的出生地——湖南省长沙县萝卜冲,更名为光达村。湖南省重修了许光达故居,长沙市委、市政府在光达村隆重地竖起了一块红色大理石碑,名为让衔碑。当代国学泰斗季羡林先生,专门为许光达故居题词:"光被四表,誉达三江,清白传家。"2006年2月4日,时任中共中央政治局常委、国家副主席的曾庆红同志,专程来到许光达故居,拜谒这位共和国的开国功勋,缅怀将军一生的丰功伟绩和高尚品德。

从20世纪的三四十年代到六七十年代,短短不过三十年时间,如果硬要把它称作历史的话,那么,三十年毕竟太短太短。如今,时间刚刚迈过世纪的门槛,一切都已得到证明:这并不仅仅是许光达个人的悲剧。恰恰相反,作为纯粹个人的许光达,他并没有失去过什么。他为自己的所信付出了毕生的意志和执着。他全部的青春年华与聪明才智,都始终贯注在那无怨无悔、亦无愧疚的人生历程之中,贯穿在对于秩序化的理性社会的执着追求之中。他的人生,甚至可以说是充满着神秘光彩、充满着壮怀激烈的喜剧!但是,他作为共和国的开国大将,作为在共和国武装力量发展过程中有着重要建树、功勋卓著的一位革命家和军事家,作为中华民族风狂雨暴的那个时代,曾以生命经天纬地浴血奋战的英雄,那不容侵犯的神圣与庄严,被亵渎了!它象征着一座精神大厦的沦陷。

1997年6月22日初版竣于京西魏公村苦雨斋
2013年5月25日再版订于京西魏公村缀网斋